HESIOD

WERKE UND TAGE

EINFÜHRUNG

I

Man lernt es in der Schule: Am Anfang der griechischen und damit der europäischen Literatur steht Homer mit seinen beiden Epen ›Ilias‹ und ›Odyssee‹. Den Griechen gilt er als der Lehrmeister schlechthin, und seine Bedeutung und sein Rang innerhalb der europäischen Geistesgeschichte sind unvergleichlich.

Indes: Zusammen mit Homer nennen die Griechen oftmals auch einen anderen, dem heutigen Leser vermutlich weniger vertraut klingenden Namen, den Namen eines Dichters, dessen uns bekanntes Œuvre sich zwar an Umfang und wohl auch an literarischer Qualität mit dem Homers nicht messen kann, dessen Einfluß in der Antike jedoch nicht zu unterschätzen ist. Gemeint ist der im kleinen Dorf Askra bei Thespiai in der Landschaft Böotien geborene Dichter Hesiod.

Im frühen 4. Jh. v. Chr. verfaßt der Sophist Alkidamas eine unterhaltsame Geschichte, die von einem Wettstreit der beiden Dichter Homer und Hesiod in Chalkis, einer kleinen Stadt am Sund von Euböa, handelt. Alles deutet auf einen Sieg Homers hin. Hesiod konfrontiert Homer mit einer Reihe von Rätseln und Fragen, die dieser ohne Schwierigkeiten beantworten kann. Schließlich verlangt der Schiedsrichter des Wettkampfes von beiden Dichtern, Glanzlichter ihrer Dichtung zu rezitieren. Hesiod bietet den Beginn der Vorschriften für den Ackerbau aus seinem Gedicht ›Werke und Tage‹ (383–392), Homer seinerseits die Beschreibung der Krieger vor Troia, wie sie in enger Formation den Feind erwarten (›Ilias‹ XIII 126–133; 339–344). Erwartungsgemäß will die anwesende Menge den ersten Preis Homer zusprechen. Der Schiedsrichter jedoch entscheidet sich für Hesiod. Als Grund gibt er an, wer Vorschriften für Werke des Friedens gebe, sei einem Dichter vorzuziehen, der wie Homer von Schlacht und Mord spreche.

Alkidamas' Geschichte ist erfunden. Doch ist sie nicht zuletzt wegen ihrer Einschätzung der beiden Dichter bemerkenswert. Für den modernen Leser nämlich ist die Schiedsrichterentscheidung zweifellos unerwartet, und auch in der Antike wird der Autor mit ihrer überraschenden Wirkung gerechnet haben. Wie die Zuhörer in der Geschichte wird man eher Homer applaudieren wollen und trifft sich dabei mit der generellen Einschätzung in der Antike.

Und dennoch. Der Historiker Herodot sieht in Hesiod gemeinsam mit Homer den religiösen Lehrer der Griechen (2,53). Der Komödiendichter Aristophanes hebt Hesiods Bedeutung für das praktische Wissen der Menschen im Ackerbau hervor (›Frösche‹ 1033f.). Und der bedeutendste Dichter des Hellenismus, Kallimachos, preist Hesiod als den Begründer einer neuen Gattung: der didaktischen Dichtung.

Wenn schließlich dem modernen Leser das Werk Hesiods auch weniger vertraut sein mag als die Dialoge Platons, die Tragödien des Aischylos oder die Epen Homers, so ist der Einfluß von Hesiods Gedichten auf die europäische Geistesgeschichte nicht unerheblich. Noch heute bedienen wir uns einiger Ausdrücke, die direkt oder indirekt auf Hesiod zurückgehen. Wenn wir z.B. vom »Goldenen Zeitalter« sprechen oder von Pandora und ihrer Büchse, oder wenn wir uns in schwierigen Situationen Mut zusprechen in der Erkenntnis, daß »der Pfad zur Tugend steil ist«, daß »vor die Tugend die Götter den Schweiß gesetzt haben«, wenn wir uns bisweilen damit trösten, daß »die Hälfte mehr ist als das Ganze«, dann sind dies Bilder, die bei Hesiod zum ersten Mal zu finden sind und die bisweilen leicht verändert – von einer Büchse der Pandora sprechen wir erst seit Erasmus, bei Hesiod handelt es sich um ein Faß – Eingang auch in den deutschen Sprachgebrauch gefunden haben. Zahlreiche derartige Sentenzen, die auf Hesiod zurückgehen, findet man heute als »Geflügelte Worte« in der Sammlung Büchmanns.

Hesiods Lebensdaten sind nicht mit Sicherheit zu bestimmen. Es gibt aber gute Gründe für die Annahme, daß er vor allem im letzten Drittel des 8. Jahrhunderts v. Chr. dichtete. Das beste Zeugnis für eine ungefähre Datierung ist Hesiods Angabe, er habe an den Leichenspielen zu Ehren des Amphidamas in Chalkis teilgenommen und dort beim Sängerwettstreit den ersten Preis gewonnen (›Werke und Tage‹ 650–659). Ein antiker Kommentator berichtet, daß Amphidamas in einer Seeschlacht während des Lelantinischen Krieges zwischen Chalkis und Eretria umgekommen sei. Das genaue Datum dieses Krieges steht nicht fest. Doch spricht vieles für die letzte Dekade des 8. Jahrhunderts. Wir hätten dann eine ungefähre Angabe für Hesiods Lebenszeit. Denn der Vortrag des Gedichtes, mit dem Hesiod in Chalkis den Preis gewonnen hat – möglicherweise handelt es sich um die ›Theogonie‹ –, hat wohl kurz nach Beendigung des Krieges stattgefunden. Die ›Werke und Tage‹, die nach der ›Theogonie‹ verfaßt sind, gehören dann vermutlich an den Beginn des 7. Jahrhunderts. Man darf daher für Hesiod eine Lebenszeit von etwa 730 bis etwa 660 annehmen. Hesiod lebte also in einer Zeit, die manche Forscher auch für Homer annehmen. Es wird darüber diskutiert, ob in Hesiod vielleicht sogar der zeitlich frühere Dichter zu sehen ist.

Hesiod lebte in einer Zeit großer Umschwünge. Bevölkerungswachstum und steigender Wohlstand gingen einher mit wachsender Mobilität. Politisch hatte der Stadtstaat das feudale Königtum abgelöst. Städte an der Seeküste Kleinasiens begannen, Seehandel zu treiben. Es war die Zeit der Kolonisation, die sich bis Sizilien und Syrien ausdehnte. Besonders wichtig ist der enger werdende Kontakt mit den Hochkulturen des Orients, der mancherlei Einflüsse mit sich brachte. Die Übernahme des Alphabets von den Phöniziern gehört zu den folgenreichsten Importen dieser Zeit. Man kann annehmen, daß Homer und Hesiod sich der Vorteile bedienten, welche die Schrift für die Dichtung bot. Gedichte, obwohl weiterhin für eine Zuhörerschaft komponiert, konnten nun bewahrt und in feste Form gegossen werden. Homer und Hesiod stehen damit in der Tat an der Schwelle der griechischen Literatur.

Schon aus diesem Grunde verdient nicht nur Homer, sondern auch Hesiod Beachtung. Hinzu kommt, daß Hesiod sich durch einige Eigentümlichkeiten auszeichnet, die auch aus moderner Sicht von besonderem Interesse sind. Von Hesiods Werk sind neben Fragmenten einiger Werke vor allem zwei Gedichte erhalten: die ›Theogonie‹ und die zeitlich späteren ›Werke und Tage‹. Ein Blick auf diese Gedichte zeigt, daß Hesiods Werk durch Formelsprache und Wahl seiner Motive der mündlichen epischen Tradition der fahrenden Sänger nahesteht, als deren Höhepunkt Homers Werk anzusehen ist. Die Begegnung mit der epischen Dichtung der *Rhapsoden,* d.h. fahrender Sänger, machte ihn mit der Form von Aussage vertraut, mit deren Hilfe er seine Botschaft verkünden konnte. Wie Homer verwendet Hesiod den Hexameter und, obgleich er nicht aus Ionien stammt, den ionischen Dialekt. Wie man es aus der epischen Dichtung kennt, finden sich auch bei ihm schmückende Beiwörter, die nicht immer in einem Bezug zum Kontext stehen. Man kann diese als Kennzeichen für mündlichen Vortrag konzipierter Epen erklären.

Trotz dieser Ähnlichkeiten ist festzuhalten, daß Hesiod die traditionellen Vorgaben mit großer Freiheit verwendet. Besonders bemerkenswert bei ihm ist die Wiederholung von Schlüsselbegriffen wie z.B. »Arbeit« (298ff.) oder »Recht«. Durch diese Wiederholungen in unterschiedlichem Kontext werden die Begriffe mit verschiedenen Aspekten versehen; sie werden gleichsam definiert. Wenn dabei bisweilen der Eindruck von Unbeholfenheit entsteht, so ist die Ursache hierfür weniger in der Unfähigkeit des Dichters als in seiner Stoffwahl und der ungewöhnlichen Intention seiner Gedichte zu sehen, kurz in seiner Originalität, die sich gerade durch den von den antiken Quellen nahegelegten Vergleich mit Homer zeigt.

Sowohl in Hesiods erstem Hauptwerk, der Theogonie, in der die Genealogien der Götter und ihr Umgang miteinander geschildert werden und die seinen Ruf als Lehrmeister der Theologie begründet hat, als auch in den ›Werken und Tagen‹ stoßen wir nämlich auf im Vergleich mit Homer durchaus Neues.

2

Zunächst ist darauf hinzuweisen, daß Hesiod der erste Dichter ist, der uns in seinem Werk als Individuum gegenübertritt. Wir erfahren seinen Namen und einiges über sein Leben und seine Herkunft. Sein Vater kam von der äolischen Stadt Kyme, die südlich von Lesbos an der kleinasiatischen Küste gelegen ist. Sein Vater trieb Seehandel, wurde jedoch später durch Mißerfolg dazu veranlaßt, zum griechischen Mutterland überzusiedeln. Er ließ sich in dem kleinen Ort Askra nieder, der in Böotien liegt. In diesem Dorf wurden Hesiod und sein Bruder Perses geboren (›Werke und Tage‹ 633–640). Weiter erfahren wir aus Hesiods Leben, wie oben schon angeführt, daß er nach Chalkis auf Euböa gereist ist, um an den Leichenspielen zu Ehren des Amphidamas teilzunehmen. Dort trug er ein Gedicht vor und gewann den ersten Preis, einen Dreifuß, den er den Musen an dem Ort weihte, wo er von ihnen zum Dichter berufen wurde.

Eine weitere Besonderheit im Vergleich mit Homer fällt bei der Lektüre von Hesiods Gedichten auf. Wie der Schiedsrichter in Alkidamas' Geschichte schon festgestellt hat, berichtet Homer in seinen Epen breit vom Krieg um Troia oder den Irrfahrten des Odysseus. Aber nicht nur durch sein Thema unterscheidet sich Hesiod von Homer, sondern auch in der Weise der Darstellung. Sieht man von einigen mythologischen Partien ab, so tritt bei ihm das erzählende Element weitgehend zurück. Ein Grund hierfür ist sicherlich in dem Umstand zu sehen, daß Hesiod mit seiner Dichtung eine Botschaft vermitteln will:

In den beiden Hauptwerken, der ›Theogonie‹ und den ›Werken und Tagen‹, werden zum einen das Verhalten der Götter untereinander, zum anderen aber die Beziehungen der Menschen zu den Göttern und untereinander behandelt. Hesiod will die Macht des Zeus unter den Göttern und über die Menschen zeigen und dafür plädieren, daß Zeus diese Macht gerecht verwendet und daß die Menschen deshalb ebenfalls Gerechtigkeit walten lassen sollen.

Ist Homer eine derartige Belehrung eher indirekt zu entnehmen, so bietet Hesiod vor allem mit den ›Werken und Tagen‹ ein Gedicht, das sich die Belehrung des Adressaten für ein richtiges Verhalten im täglichen Leben zur Aufgabe stellt.

In den ›Erga‹ – wie das Gedicht, in einer Abkürzung seines griechischen Titels, auch genannt wird – hat sich Hesiods Denken ganz der Ethik zugewandt. Die Götterwelt wird dort im Zusammenhang mit einem Zeus gesehen, der als ein Verfechter von Recht und Ordnung vorgeführt wird. Daraus ergibt sich eine neue Aufgabenstellung von Dichtung. War bisher für das Epos die Vergegenwärtigung großer Ereignisse der Vergangenheit kennzeichnend, so ist das bei Hesiod anders. Die ›Theogonie‹ dient mit ihren Göttergenealogien und der Kosmogonie der Erklärung der Welt. Mit den ›Werken und Tagen‹ will Hesiod darüber hinaus unmittelbar auf die Gegenwart einwirken.

Wie ein alttestamentarischer Prophet ist Hesiod davon überzeugt, mit dieser Botschaft Wahrheit zu verkünden und Voraussagen zu treffen. So scheint es bezeichnend, daß wir z.B. die Prophezeiung (285):

Doch wer ehrlich im Eid, des Geschlecht wird künftig gedeihen.

bei Herodot in einer Prophetie des Delphischen Orakels (6, 86) wiederfinden.

Die Legitimation für einen derartigen Wahrheitsanspruch gewinnt Hesiod aus einer Begegnung mit den Musen, die ihn dazu berufen haben, als Dichter Wahrheit zu verkünden.

Im Proömium der ›Theogonie‹ erzählt Hesiod nämlich, wie er zum Sänger wurde (22–34). Als er einstmals auf dem Helikon Schafe weidete, so berichtet er, machten ihn die Musen zu einem Sänger. Bei einer Epiphanie der Musen wird er mit dem Lorbeerzweig versehen (30–32). Von den Göttinnen erhält er Wissen um Vergangenheit, Gegenwart und Zukunft. Damit stellt er sich in die Tradition der Sänger, die ihre Kompetenz durch Inspiration durch die Götter legitimierten. Insofern also darf man Hesiods Berufung als traditionell bezeichnen. Gleichwohl ist bei ihm eine Besonderheit zu konstatieren. Nach seiner Auffassung nämlich teilen die Musen nicht jedem die Wahrheit mit. Wahres und Falsches können die Musen vermitteln, und er, Hesiod, erklärt sich als den Verkünder der wahren Lehre der Musen (26ff.). Die althergebrachte Legitimation durch die Musen verliert bei Hesiod also ihre Allgemeingültigkeit. Sie gilt nicht mehr für jeden Dichter und jedwede Dichtung, sondern sie wird nur besonderen Personen verliehen. Und zu diesen Personen gehört nach eigener Einschätzung Hesiod. Die Inspiration durch die Musen befähigt Hesiod sogar dazu, über Dinge zu handeln, deren er nicht selbst aus Erfahrung kundig ist. So gibt er in den ›Werken‹ Ratschläge für die Seefahrt, obgleich er nach eigenen Worten davon gar nichts versteht (648–649):

Ich kann Regeln dir zeigen des vielaufrauschenden Meeres,
Ohne das Fahren auf See zu verstehn noch das Rüsten der Schiffe.

Nur einmal ist er selbst zur See gefahren, soweit man bei der Überfahrt nach Chalkis auf Euböa überhaupt von einer Seefahrt sprechen kann.

Aber ich sage gleichwohl den Willen des Zeus mit der Aigis;
Denn mich lehrten die Musen, allwissende Lieder zu singen.
(661–662)

Man kann in dieser selbstbewußten Äußerung durchaus eine Spitze gegen konkurrierende Rhapsoden sehen. Offenbar spricht Hesiod epischen Dichtungen, vielleicht sogar den Epen Homers, Wahrheitsgehalt ab.

»Allwissende Lieder« also singt Hesiod mit dem Anspruch auf untrügliche Wahrheit. In der Tat wird deutlich, daß Hesiod mit seiner Dichtung belehren will, daß diese Belehrung sich jedoch keinesfalls allein auf Genealogien in der Götterwelt und auf praktische Anweisungen für den Ackerbau beschränkt, wie man es nach den oben bei Herodot und Aristophanes entnommenen Nachrichten erwarten könnte. Vielmehr werden Probleme allgemeinerer Art angesprochen. So ist ein wichtiges Thema der ›Werke und Tage‹ die Frage nach dem Sinn der Arbeit und nach dem Recht, das Grundlage des Handelns der Götter, aber auch der Menschen untereinander sein soll.

3

Die ›Werke und Tage‹ verdanken ihren Titel zwei Partien, die nach Jahreszeiten geordnete Anweisungen für den Landbau und die Angabe von Tagen bieten, die für verschiedene Unternehmungen nützlich oder schädlich sind (765–828). Den eigentlichen »Werken« geht das Proömium (1–11) und eine lange Einleitung voraus (12–285), die mit dem Prometheus- und dem Pandoramythos und dem Mythos von den fünf Weltaltern die berühmtesten Partien des Gedichtes enthält und die eigentliche *Paränese* darstellt. Seine Forderung nach Recht und nach rechtschaffener Arbeit stellt Hesiod nicht mit Hilfe von Geschichten aus mythischer Vorzeit auf. Keineswegs veranlaßt etwa die Intervention eines Gottes den Autor zu seinen Ausführungen. Vielmehr ist äußere Ursache hierfür sein Streit mit dem Bruder um das väterliche Erbe. Hesiod nimmt also eine Begebenheit aus seinem Leben zum Ausgangspunkt für seine Überlegungen darüber, wohin es führt, wenn die Menschen der Macht Vorrang vor dem Recht geben. Dabei ist es nebensächlich, ob es sich bei den geschilderten Details aus dem Leben Hesiods um Fiktion handelt oder nicht. Wichtig ist, daß die Angaben glaubhaft machen sollen, warum sich der Autor in der Frage des Rechtes engagiert und glaubt, als Lehrer auftreten zu können.

Charakteristisch für die ›Werke und Tage‹ ist dementsprechend ein mahnender Zug, die Ermahnung der Adressaten, in denen Perses, aber auch die Richter zu sehen sind. Man hat deshalb auch von einem »Mahngedicht« *(Paränese)* gesprochen. Unmittelbarer Adressat ist Hesiods Bruder Perses. Doch ist er keineswegs allein angesprochen. Vielmehr ermahnt Hesiod in direkter Ansprache auch adlige Grundbesitzer, die »Könige«, von denen er sich ungerecht behandelt fühlt. Man darf aber sagen, daß Hesiod sich mit seiner prinzipiellen Forderung nach Recht und richtiger Arbeit an ein allgemeines Publikum wendet.

Der mahnende Charakter des Gedichtes beschränkt sich nicht nur auf den ersten Teil, in dem zur Wahrung des Rechtes aufgerufen wird. Auch die Schilderung der Arbeiten ist mit Aufrufen zu bestimmten Verhaltensweisen des Hörers verbunden. So soll z.B. die Beschreibung des Winters zum Hausbau anregen (504–535), die des Sommers zu Feier und maßvollem Trinken ermuntern (583–596). Das Gedicht insgesamt wird durch protreptische Abschnitte gegliedert; der Teil z.B., der über das Recht handelt, wird durch einen Abschnitt von der Schilderung der »Werke« getrennt (286–297), dessen Kern der berühmte Sinnspruch darstellt (289):

> Vor die Vollendung jedoch haben Schweiß die unsterblichen Götter hingesetzt.

Auch die Mythen sind keine bloße Einlage, sondern dienen der Argumentation.

Wie das Anliegen so ist auch die Welt, wie sie Hesiods Gedichten zu entnehmen ist, von der Homers unterschieden. Anders als Homer, der ein viele Generationen zurückliegendes, idealisiertes Gesellschaftsbild vor Augen hat, schildert Hesiod eine wirkliche Welt, die Welt der von sozialen Spannungen erfüllten Bauerngemeinden seiner Zeit in Böotien. Sieht Homer die Geschehnisse aus aristokratischer Sicht und beschreibt er die besonderen Taten der Helden im Krieg, so werden bei Hesiod die großen Herren aus der Perspektive des kleinen Mannes geschildert. Bezeichnend ist Hesiods Sichtweise des bäuerlichen Lebens. In Kontrast zu der idyllischen Beschreibung bäuerlicher Arbeit, wie sie Homer in der Schildbeschreibung im 18. Gesang der ›Ilias‹, der Eumaiosszene der ›Odyssee‹ oder generell in den Gleichnissen bietet, sieht Hesiod die harte Realität des bäuerlichen Lebens und reagiert auf die Ungerechtigkeiten des sozialen Systems. Die Welt ist für Hesiod voll von Kindern der Nacht, die dem Menschen Mühsal und Sorge bereiten. Doch wäre es falsch, deshalb von einem Pessimismus des Autors zu sprechen. Zwar ist die Welt voll von Übeln, doch gibt es nach Hesiod auch gute Kräfte in ihr, die hoffen lassen. Zu diesen positiven Aspekten gehört das Streben nach Recht und Arbeit. Daß mit deren Hilfe die Mißstände der Welt überwunden werden sollen und können, das ist Hesiods Botschaft.

Am Beginn steht der Musenanruf (1–2). Die Musen sollen ihren Vater Zeus preisen. Dann ist von der Macht des Zeus die Rede, der Großes klein und Schwaches mächtig machen kann (5–8):

> Leicht gibt strotzende Kraft, leicht drückt den Strotzenden nieder,
> Leicht läßt schwinden den Hochansehnlichen, wachsen den Niedren,
> Leicht streckt grade den Krummen und läßt verdorren den Stolzen
> Zeus, der Donnerer droben, der wohnt in erhabensten Häusern.

Bemerkenswert ist, daß Hesiod hier den viel umfangreicheren Gedankengehalt des Theogonieproömiums auf einen wesentlichen Punkt reduziert: Die Macht des Zeus über die Menschen bekundet sich in einem besonderen Bereich, dem des Rechtsstreites (9); Zeus soll für »grade Bescheide« sorgen. Das Proömium schließt mit Hesiods Anspruch, Wahres zu verkünden, und nennt den Namen des Gegenspielers im Rechtsstreit, Perses (10f.).

Das durch das Proömium angesprochene Thema, die Wahrung des zeusgeschützten Rechtes, zieht sich wie ein roter Faden durch das nun folgende, erste Drittel des Gedichtes (11–285). Hesiod mahnt seinen Bruder und will ihn zu einer Änderung seiner Lebensweise bewegen. Perses soll seinen Lebensunterhalt durch Arbeit verdienen und dabei auf das Recht achten.

Als Anlaß für die Aufforderung zu einem ethischen Verhalten ergibt sich aus dem Gedicht folgende Situation: Nach dem Tode ihres Vaters ist das väterliche Anwesen auf die beiden Brüder aufgeteilt worden. Offenbar ist Hesiods Vater also als Bauer in Askra recht erfolgreich gewesen und hat einigen Besitz erwerben können. In der Folgezeit hat sich Hesiods Bruder Perses weitere Anteile verschaffen wollen (37f.). Es kam zu einem Prozeß, dem lokale Adlige (*Basilees*), vermutlich in Thespiai, der größten Stadt in Südböotien, vorsaßen. Aus diesem Prozeß ging Perses als Sieger hervor, und er konnte sich vom väterlichen Erbe mehr aneignen, als ihm nach Hesiods Ansicht eigentlich zustand. Bei diesem Prozeß ist es zu Unregelmäßigkeiten gekommen. Perses hat durch Geschenke die Richter zu beeinflussen gewußt, was zwar nicht notwendig ehrenrührig ist, von Hesiod aber als Unrecht empfunden wird. Der Streit ist noch nicht ausgestanden. Zudem ist Perses über diesen Streit in Not geraten.

Aus dieser Situation resultiert das doppelte Mahnprogramm des Gedichtes: es geht um Recht und um Arbeit. Hesiod schlägt Perses vor, daß sie den Streit untereinander, auf der Basis eines nach Hesiods Ansicht wahren Rechtes, zu schlichten versuchen.

Hesiod unterscheidet also von einem nur scheinhaften ein wahres Recht. Über letzteres wacht als Garant der Göttervater Zeus. Zum ersten Mal in der griechischen Literatur wird hier allgemein die Erfahrung ausgesprochen, daß Realität und Postulat nicht übereinstimmen, und konkret, daß es ein Recht geben soll, das über allen steht. Sowohl adlige Richter als auch der aus dem gemeinen Volk stammende Perses werden aufgefordert, dieses Recht zu beachten. Daraus schon ergibt sich, daß das Werk sich an ein weiteres Publikum richtet, obgleich es sich beim Adressaten um ein konkretes Individuum handelt.

Auf der Suche nach Vorbildern für derartige Mahnreden, die Hesiod bei den ›Werken und Tagen‹ als Anregung gedient haben könnten, hat man in der neueren Forschung verstärkt auf die altorientalischen Literaturen aufmerksam gemacht. Zu verweisen wäre hier etwa auf die ›Sprüche‹ des Alten Testamentes oder auf Weisheitsliteratur bei den Sumerern, den Babyloniern, den Ägyptern oder in anderen Kulturkreisen, die durchaus Ähnlichkeiten in Form und Inhalt mit Hesiods Gedicht erkennen lassen.

Als Beispiel diene etwa Hesiods Warnung, anderen Leid zuzufügen (265 f.):

> Selber bereitet sich Schlimmes, wer andern Schlimmes bereitet;
> Schlimmer Wille und Rat ist für den, der geraten, am schlimmsten,

die an ›Sprüche‹ 26, 27 erinnert:

> Wer andern eine Grube gräbt, fällt selbst hinein;
> Wer auf andere einen Stein wälzt, auf den fällt er zurück.

Eine typische Situation in der Weisheitsliteratur ist die Belehrung eines Sohnes durch den Vater oder eines Törichten durch einen Weisen. Die Ratschläge betreffen Freundschaft, Heirat oder das Verhalten bei einem Rechtsstreit. Empfohlen werden Arbeit, Freundlichkeit oder Selbstbeherrschung. Auch Fragen der Gerechtigkeit werden – z.B. mit der Ma'at in Ägypten – angesprochen.

Auf der anderen Seite hat man auf Homer verwiesen. Auch bei ihm finden wir Beispiele für Mahnreden. Zu denken ist hier etwa an die Reden des Nestor und des Phönix. Ein Blick auf derartige »Vorbilder« kann lehren, das Besondere bei Hesiod besser zu würdigen.

Bemerkenswert und gegenüber den orientalischen Vorbildern neu bei Hesiod ist, daß er die Teile der ›Werke und Tage‹ einem Grundgedanken unterwirft, dem Versuch nämlich, ein allem übergeordnetes, von Zeus verwaltetes Recht zu postulieren. Als zweiter Grundgedanke tritt die Forderung hinzu, den Lebensunterhalt durch ernsthafte Arbeit zu erwerben. Konkrete Anweisungen für das Arbeitsleben unterstreichen diese Forderung. Mit dem Appell an Perses' Arbeitswilligkeit kommt in den ›Werken und Tagen‹ ein Gesichtspunkt zur Sprache, den Hesiod in der ›Theogonie‹ nicht berücksichtigt hat. Er wird dort geradezu verhindert. Denn in der ›Theogonie‹ bezeichnet Hesiod die Mühsal als ein Kind der Streitsucht (Eris) (226ff.), die ihrerseits eine Tochter der Nacht ist (224).

Arbeit ist also etwas Negatives, und es liegt nahe, daß in der ›Theogonie‹ kein Aufruf zur Arbeit zu finden ist. Schließlich geht es in diesem Gedicht ja auch um Götter und weniger um Menschen wie in den ›Werken und Tagen‹.

In den ›Werken und Tagen‹ hingegen stellt die Aufforderung zur Arbeit einen wesentlichen Punkt der Belehrung darüber dar, wie das Leben zu meistern ist. Eine Umwertung der Arbeit ist also notwendig, und diese bietet Hesiod denn auch in Form einer Selbstkorrektur. Er unterscheidet dort nämlich von der bösen Eris der ›Theogonie‹, die als destruktive Rivalität nur Zank, Streit und Mühsal hervorbringt, eine gute Eris, die als positiver Wettbewerb zu Wohlstand führt (11–41). Wenn man als Anhänger der guten Eris seiner Arbeit nachgeht, folgt man nach Ansicht Hesiods dem Gesetz des Zeus (308 f.):

Tätigkeit ists, die die Männer an Herden reich macht und Silber;
Und wer zufaßt beim Werk, den Unsterblichen ist er viel lieber.

Um die Aufforderung an Perses zur Wahrung des Rechtes und zur Arbeit zu unterstreichen, erzählt Hesiod zwei Mythen, welche die Notwendigkeit der Arbeit und die Existenz des Leides in der Welt begründen bzw. illustrieren sollen: die Geschichte vom Betrug des Prometheus an Zeus und von Pandora, deren Neugierde zur Strafe an den Menschen führt (42–105), sowie den Mythos von den Weltaltern. Von Prometheus und Pandora weiß Hesiod auch in der ›Theogonie‹ (510–616). Jedoch wiederholt der Dichter in den ›Werken und Tagen‹ die Geschichte nicht einfach, sondern paßt sie dem veränderten Beweisziel an. Die Geschichte wird jetzt so umgeformt, daß klar wird: Die Notwendigkeit der Arbeit ist eine Folge des Zornes des Zeus über Prometheus (42–105).

Als Folge dieses Zornes nämlich erschwert Zeus die Nahrungssuche der Menschen und zwingt sie dadurch zur Arbeit (42–49). Und als Ursache für das Leid der Menschen, das als Folge von Prometheus' Untat über die Menschen kommt, wird nicht wie in der ›Theogonie‹ einfach die Existenz der Frau angegeben, wobei dort unklar bleibt, inwiefern sie als »großes Unglück« anzusehen ist (›Theogonie‹ 571–612). Vielmehr erzählt Hesiod jetzt, eine Frau namens Pandora sei von allen Göttern mit reizenden, aber auch bedenklichen Gaben ausgestattet worden. Epimetheus (»Nachbedacht«), Prometheus' (»Vorbedacht«) Bruder, habe sie aus »Nachbedacht« aufgenommen. Aus Neugierde habe Pandora ein Faß geöffnet, in dem sich alles Leid für die Menschen befand. Hesiod begründet auf diese Weise, wie Pandoras Existenz mit dem Leid unter den Menschen zusammenhängt. Gleichsam als alternative Erklärung (106) fügt Hesiod dann den Mythos von den sukzessive sich verschlechternden Weltaltern bzw. Geschlechtern (106–201) an, um den Zwang zur Arbeit und die Gefährdung des Rechtes im letzten – eisernen – Geschlecht zu illustrieren (176–178):

> Denn von Eisen ist jetzt das Geschlecht. Und niemals bei Tage
> Werden sie ruhn von Mühsal und Weh, und niemals zur Nachtzeit
> Sind sie verschont, und die Götter verleihn dann quälende Sorgen.

Hier im letzten Geschlecht, zu dem die Menschen gehören, kommt zu den Schrecken, die Pandora aus dem Faß hat entweichen lassen, noch die sittliche Verkommenheit hinzu.

Mit seiner Darstellung einer Geschlechterfolge, die jeweils durch Metalle (Gold-Silber-Erz-Eisen) charakterisiert werden, folgt Hesiod einem im Orient und insbesondere im Iran vorgegebenen Schema. Zwischen dem ehernen und eisernen Geschlecht fügt er jedoch ein weiteres Geschlecht ein, das Geschlecht der Heroen. Dieses war zwar besser als das vorhergehende, ging aber in den Kämpfen um Troia und Theben zugrunde (161–165). Auf diese Weise gibt er in dem vorgegebenen Schema Raum für die Erinnerung an griechische Geschichte.

Die sich anschließende Fabel vom Habicht und der Nachtigall, die erste Fabel der europäischen Literatur, soll schließlich illustrieren, wie es in der von Unrecht beherrschten Welt zugeht: Es regiert das Recht des Stärkeren, wie der Habicht der gefangenen Nachtigall mit brutaler Offenheit klarmacht (202–212, bes. 207–209):

> Seltsame du, warum schreist du? Dich hält nun ein weit Überlegener;
> Du wirst gehn, wohin *ich* es will, auch wenn du ein Sänger.
> Werde zum Mahl, wenn ich mag, dich verzehrn oder lasse dich laufen.

Damit ist die Haltung beschrieben, die nach Hesiods Meinung das eiserne Zeitalter kennzeichnet und gegen die er sich wendet.

Doch läßt sich Hesiod durch diese Erkenntnis keineswegs zu bloßem Pessimismus verleiten. Das eiserne Geschlecht nämlich, zu dem wir Menschen gehören, weist bei allem Elend auch eine Beimischung von Gutem auf (179). Daher besteht auch jetzt noch die Möglichkeit, Frevel zu meiden. Deshalb erhält Hesiods Mahnung an Perses zu gerechtem und arbeitsamem Leben Sinn. Zwar ist der Weg des Rechtes und der Arbeit steil und beschwerlich, denn, wie wir schon wissen (289):

> Vor die Vollendung jedoch haben Schweiß die unsterblichen Götter hingesetzt.

Allein durch Arbeit ist Hunger zu vertreiben (299); Arbeit bereitet keine Schande, nur das Nichtstun, wie Hesiod in einem berühmten Vers betont (311). Zwar ist sich Hesiod durchaus im klaren, daß das reale Leben voller Ungerechtigkeiten ist, und bisweilen zweifelt er, ob es sich lohnt, ein gerechtes Leben zu führen (270ff.). Doch vertraut er auf Zeus und seinen Gerechtigkeitssinn (273):

> Doch noch läßt das, so glaub ich, nicht zu Zeus, schaltend und waltend.

Der schlechte Mensch erleidet, was er verdient (282ff.). Wer in einer Gemeinschaft Unrecht begeht, bringt Unglück nicht nur über sich, sondern auch über die Gemeinschaft. Demgegenüber steht der glänzende Lohn, der gerechtem Handeln winkt. Hesiod verspricht, daß das gegenwärtige Elend überwunden wird, wenn man das Recht, das Hesiod als eine Göttin ansieht, verehrt.

Aus der ›Theogonie‹ (901ff.) erfahren wir, daß Dike, die Göttin des Rechtes, eine der Horen ist, die Zeus mit Themis, der Rechtssatzung, gezeugt hat. Die Horen sind ursprünglich alte Naturmächte. Bei Hesiod jedoch werden sie in den Bereich des Ethischen versetzt und heißen Eunomie, Eirene und Dike: »Gesetzlichkeit«, »Frieden« und »Recht«. Wenn nun Dike von den Menschen verehrt wird, dann ergibt sich Wohlergehen für alle in einer Gemeinschaft. In leuchtenden Farben schildert Hesiod in den ›Werken und Tagen‹ (213–285) das Glück, das eine Stadt erfährt, die die Göttin Dike verehrt, und malt in düsteren Farben das Unglück, das eine Stadt mit ungerechten Bürgern erleiden muß. Diese Beschreibung ist von besonderem Interesse, weil hier deutlich wird, daß Hesiod in der Tat Vorstellungen aufgreift, die aus dem Orient stammen, diese aber auf eine Weise umdeutet, die für die künftige Entwicklung in Griechenland wegweisend ist.

Wenn in einer Gemeinschaft das Recht wie eine Göttin verehrt wird, dann gibt es keinen Hunger, die Felder bringen Ernte und die Frauen gebären Kinder, die ihren Eltern gleichen. Bei Mißachtung und Vertreibung des Rechtes hingegen gibt es Pest, Frauen können nicht gebären und das Volk geht zugrunde. Hesiod hat auf die Göttin Dike Vorstellungen übertragen, wie wir sie vor allem aus dem Orient vom Gottkönigtum kennen. Diesen Vorstellungen zufolge hängen vom Monarchen soziales Glück und der natürliche Verlauf der Dinge ab.

Doch hat auch hier Hesiod fremdes Gedankengut nicht einfach übernommen. Vielmehr soll die Göttin Dike ja von allen Mitgliedern der Gemeinschaft verehrt werden. Die Veränderung ist darin zu sehen, daß die Verantwortung für das Wohl der Gemeinschaft von einer Person, dem gottähnlichen Herrscher, auf alle Mitglieder dieser Gemeinschaft übertragen wird. Hesiod hat damit die vorgegebene Vorstellung in einem Sinne umgewandelt, der für die weitere Entwicklung des griechischen Gemeinschaftsdenkens grundlegend ist: Ein Beispiel für die Haltung, wie sie später der Autor einer pseudoplatonischen Schrift programmatisch formuliert (Epinomis 987 D):

> Was wir von den Barbaren übernehmen, das bringen wir zu größerer Vollendung.

4

Nach der allgemeinen Aufforderung, das Recht zu wahren und zu arbeiten, gibt Hesiod spezielle Anweisungen (342–382) für das Arbeitsleben in Form von Sprichwörtern. Sie betreffen das Verhältnis zu Nachbarn und zu Freunden und preisen die Sparsamkeit. Im anschließenden Bauernkalender (383–617) werden Regeln für den Ackerbau, aber auch andere Geschäfte gegeben. Vorgeschrieben wird, was zur Gründung eines Bauernhaushaltes nötig ist (405 ff.):

Erst einmal ein Gehöft, eine Frau, einen Ochsen zum Pflügen,
– Diese gekauft, nicht gefreit, die auch fähig ist, Ochsen zu treiben –
Dann das Gerät auf dem Hof, gut tauglich alles, dir schaffen ...

Für die konkreten Anweisungen geben astronomische Phänomene wie Sonnenwende, Jahreszeiten und die Monate des Jahres den Rahmen. Der Winter ist ohne viel Arbeit, weshalb die Nahrungsrationen herabzusetzen sind (559). Meldet die Schwalbe den Frühling, dann sind die Reben zu beschneiden (564 ff.). In den Sommer fällt die Getreideernte, dann die Weinernte (597 ff.; 609 ff.). Damit ist das Ackerjahr zu Ende (617). Manche der Anweisungen sind kurz und prägnant, manche aber auch bis zum Banalen einfach (354):

Gib, wenn einer dir gab, gib nicht, wenn einer dir nicht gab.

Auf der anderen Seite finden sich auch Abschnitte von großer Schönheit wie die Beschreibung der Hundstage (583 ff.), die an spätere Hirtenlandschaften in der hellenistischen Dichtung erinnert:

Zu der Zeit, wenn die Distel nun blüht und die laute Zikade
Sitzend im Baum unermüdlich herabgießt klingendes Singen
Unter den Flügeln hervor, zur Zeit des ermattenden Sommers,
Dann sind am besten die Ziegen genährt, und der Wein ist am reifsten,
Sind am tollsten die Fraun, doch die Männer am meisten von Kräften,
Weil ihnen Kniee und Kopf die Kraft des Sirius ausdörrt,
Und es trocknet die Haut von dem Gluthauch. Nun aber soll man
Endlich wählen den Schatten am Fels und würzige Weine,
Brei von Rahm und die Milch einer Geiß, deren Zicken entwöhnt sind,
Fleisch vom Rind, das nie noch gekalbt, das im Walde gegrast hat,
Und von Erstlingszicken.

Überraschend für einen Bewohner des »traurigsten Dorfes am Helikon« (639) im bötischen Hinterland formuliert Hesiod schließlich noch Anweisungen für die Seefahrt (618–694). Sie stellt für

Hesiod keine eigentliche Alternative zum Landbau dar und ist allein vertretbar für den, der Überschuß produziert. Seefahrt ist voller Gefahren und Seehandel voller Risiko. Hesiod erinnert dabei an das Schicksal seines Vaters; gleichwohl gibt er Hinweise, wie man am vernünftigsten verfährt. Die anschließenden, kurzen Sprüche (695–724) geben Ratschläge für richtiges Verhalten gegenüber Mitmenschen: Es geht um die Wahl einer passenden Frau (695–705), was in gewissem Widerspruch zu einer früheren Aussage (406) steht, wo vor der Heirat gewarnt wird; um den Umgang mit Freunden (707–714) und um geselligen Verkehr (715–724). Umstritten ist die Zuweisung der sogenannten Reinheitsvorschriften an Hesiod, die in bisweilen recht drastischer Weise Verbote aneinanderreihen (724–759), und die Zuweisung der ›Tage‹ (765–828). Letztere bestimmen für wiederkehrende Verrichtungen wie Kostzuteilung, Schafschur, Beschneidung von Stieren, Kinderzeugung oder das Zähmen von Hunden günstige bzw. für andere Handlungen ungünstige Tage.

Zwischen den beiden umstrittenen Partien stehen Verse, die von der wichtigen Rolle der Nachrede (Pheme) handeln (760–764):

Und nimm dich in acht vorm Gerede der Menschen.
Denn das Gerede ist schlimm: ganz leicht ists, wenn du es aufliest,
Ohne Bemühn, beim Tragen ists schwer, und zäh, willst dus lossein.
Und ein Gerede vergeht nie ganz, haben einmal es viele
Leute im Munde geführt. So ist es denn auch eine Gottheit.

Wie zu Beginn der ›Werke und Tage‹ der Streit (Eris), so wird hier, wo viele Interpreten den Schluß des Gedichtes sehen möchten, ebenfalls ein Abstractum als Göttin anerkannt.

Die letzten Verse unseres Textes preisen u.a. die Kenntnis der Vogelzeichen und könnten als Übergang zu einem Gedicht über die »Vogelkunde« gedacht sein. In der Tat gab es unter Hesiods Namen ein uns verlorenes Gedicht mit dem Titel ›Ornithomanteia‹ (»Vogelweissagung«).

5

Blickt man auf die Wirkung, die Hesiods Gedicht in späterer Zeit hatte, so beruht diese weniger auf den konkreten Anweisungen zur

Bewältigung von Problemen des Bauern. Hier haben etwa die später von Solon vorgetragenen Reformen weit mehr dazu beigetragen, bei Mißständen Abhilfe zu schaffen. Hesiods Wirkung beruht vielmehr auf den in den ›Werken und Tagen‹ artikulierten Grundgedanken und auf der Form, in die er sein Anliegen kleidet.

Hesiod denkt in den ›Werken und Tagen‹ über die Rolle des Menschen in der Welt nach und über die Prinzipien, die ihm helfen sollen, sein Leben zu meistern. Bei diesen Überlegungen kommt es zu einem Ineinander von mythischen Vorstellungen und ersten Anfängen abstrakten Denkens. Es werden Grundfragen der Ethik aufgeworfen und auf eine Weise beantwortet, die zeigt, wie Hesiod sich bemüht, das Denken von mythischen Vorstellungen zu befreien. Man hat in ihm deshalb den Beginn der griechischen Philosophie gesehen, die die von ihm berührten Probleme immer wieder reflektiert.

Am konkretesten faßbar jedoch ist die literarische Wirkung der ›Werke und Tage‹. Hesiod steht am Anfang der Geschichte des Lehrgedichtes, das lange Zeit eine anerkannte literarische Gattung blieb. Über den direkten Einfluß von Hesiods Gedichten zu seinen Lebzeiten läßt sich nichts sagen. Wohl aber erlangten sie innerhalb weniger Generationen Berühmtheit. Dafür spricht, daß ihm andere genealogische oder didaktische Gedichte zugeschrieben wurden. Nur Reste von ihnen sind erhalten, wie z. B. von einem Gedicht mit dem Titel ›Schild des Herakles‹ oder von einem anderen mit dem Titel ›Katalog der Frauen‹, das an die ›Theogonie‹ angefügt wurde.

In eine erste Phase der von Hesiod begründeten Gattung »Lehrgedicht« gehören die philosophischen Lehrgedichte des Xenophanes, des Parmenides oder des Empedokles. Mit der wachsenden Bedeutung der Prosa verliert das in metrisch gebundener Sprache verfaßte Lehrgedicht an Bedeutung. Es kommt zur vieldiskutierten Problematik einer Verbindung von Dichtung und Lehre, wie wir sie z. B. bei Aristoteles in der ›Poetik‹ und später wieder bei Goethe finden. Für Hesiod jedoch existierte das Problem noch nicht, weil zu seiner Zeit eine Darstellung in Prosa noch gar nicht in Betracht kam.

In der Zeit des Hellenismus kommt das Lehrgedicht wieder zu hohem Ansehen (Arat, Nikander). Bei den hellenistischen Dichtern fehlt allerdings der moralisierende und persönliche Impuls, den wir in Hesiods ›Werken und Tagen‹ vorfinden und der das Besondere an Hesiods Gedichten ausmacht. Die Ratschläge fachwissenschaftlicher Art spielen ja nur eine Nebenrolle in Hesiods Argumentation für eine bestimmte Lebensweise. Gerade diese Ratschläge aber haben Tradition gebildet.

Weniger direkte Belehrung als systematische Abhandlung schwieriger Inhalte in anspruchsvoller, künstlerischer Form wird von den hellenistischen Lehrdichtern als reizvolle Herausforderung empfunden. Daß auch jetzt Hesiod das Maß abgibt, an dem sich Lehrdichter auszurichten haben, belegt Kallimachos' Würdigung des Lehrgedichtes ›Phänomena‹ von Arat in einem Epigramm (Anthologia Palatina 9, 507):

> Das ist Singen und Art Hesiods. Also nicht dem geringsten Sänger
> macht es der Solier nach, sondern, ich weiß nicht, vielleicht
> dem allerköstlichsten Epos der Welt.

Auch in Rom wirkt Hesiod nach, wie die Werke des Lukrez, des Vergil und des Ovid zeigen. Wenn sich Vergil im ›Landbau‹ ausdrücklich als römischen Hesiod vorstellt (II 176), dann belegt dies, wie sehr Hesiod auch hier, und damit für die europäische Literaturgeschichte, den Status eines Klassikers erlangt hat.

Michael Erler

WERKE UND TAGE

Musen, ihr vom piërischen Land, deren Sang den Ruhm gibt,
Hierher kommt und kündet von Zeus, lobpreist euern Vater!
Sind durch ihn doch die Männer die sterblichen ruhmlos und ruhmvoll,
Unbekannt oder bekannt, nach Zeus' des Erhabenen Willen.
Leicht gibt strotzende Kraft, leicht drückt den Strotzenden nieder,
Leicht läßt schwinden den Hochansehnlichen, wachsen den Niedren,
Leicht streckt grade den Krummen und läßt verdorren den Stolzen
Zeus, der Donnerer droben, der wohnt in erhabensten Häusern.
Höre mich, sieh und vernimm, am Recht richt grad die Bescheide,
Du, Herr! – Ich aber werde dem Perses Wahres verkünden.

Falsch wars, daß eins nur des Streites Geschlecht sei; nein, auf der Erde
Gibt es zwei. Den einen wird loben, wer ihn gewahr wird,
Tadelnswert ist der andre. Entgegengesetzt ist ihr Trachten:
Der mehrt nämlich den Krieg, den bösen, mehret den Hader,
Roh und verrucht, kein Mensch hat ihn gern, doch gibt man gezwungen
Nach der Unsterblichen Willen dem drückenden Streit seine Ehren.
Doch ist der andre zuvor von der Nacht, der finstren, geboren,
Und es setzte ihn Zeus, hochthronend, himmelbewohnend,
Tief in die Wurzeln der Erde, und vielmals besser den Menschen;
Auch einen hilflosen Mann, wie die andern, weckt er zur Arbeit;
Denn auf den Nächsten blickt einer hin und drängt nun zum Wirken,
Auf einen Reichen, der emsig sich rührt beim Pflügen und Pflanzen
Und beim Bestellen des Hauses. Den Nachbarn stachelt der Nachbar,
Wenn er nach Wohlstand strebt. *Der* Streit ist gut für die Menschen!

Und zwischen Töpfer und Töpfer ist Groll, zwischen Zimmrer und Zimmrer,
Und zwischen Bettler und Bettler ist Neid, zwischen Sänger und Sänger.

Perses, leg du dieses ins eigene Herz und bewahr es!
Laß nicht vom Streit, dem Böses gefällt, am Schaffen dich hindern,
Daß nach Händeln du spähst, das Ohr bei des Marktes Gerede.
Wenig Zeit bleibt nämlich zum Zanken und Reden am Marktplatz,
Wenn nicht daheim ein Vorrat fürs Jahr zum Leben bereitliegt,
Ernteertrag, wie die Erde ihn bringt, der Demeter Kornfrucht.
Hast du davon in Fülle, magst Zank und Händel du mehren,
Trachtend nach fremdem Besitz: *dir* wirds kein zweites Mal freistehn,
Solches zu tun. Nein, hier jetzt laß uns entwirren den Hader
Grade und klar nach dem Recht, wie's Zeus will, wie es das Beste.
Teilten wir doch unser Erbgut bereits, und vieles darüber
Schlepptest du raffend hinweg, manch Stück den Herren verehrend,
Gabenschluckern, die gern auch diesen Prozeß noch entschieden;
Toren, und wissen es nicht, wieviel mehr als das Ganze die Hälfte,
Noch wie sehr auch in Knolle und Kraut ein kräftiger Nutzen.

Nämlich die Götter verbargen des Unterhalts Mittel den Menschen.
Mühlos würdest du sonst und an *einem* Tage erwerben,
Daß übers Jahr hin genügend du hast, und wärst du auch müßig.
Schleunigst hängtest du wohl das Steuer weg in den Rauchfang,
Und was die Rinder beackern und zähen Mäuler, verkäme.
Doch Zeus hat es verborgen, ergrimmt in der Tiefe des Herzens,
Weil ihn mit List hinterging Prometheus, wendig im Denken;
Darum also ersann er den Menschen leidvolle Sorgen,
Und er verbarg das Feuer; das wiederum stahl für die Menschen
Iapetos' wackerer Sproß dem Zeus, dem planenden Walter,
Innen im Mark des Narthex, vor Zeus, dem Blitz-Herrn, verborgen.
Ihn aber redete an ergrimmt Zeus, Herr der Gewitter:
»Iapetos' trefflicher Sohn, vor allen findig im Planen,
Freust dich, daß du das Feuer entwandt und mich schlau hintergangen,

Großes Leid für dich selber und auch für die kommenden Menschen.
Denen werd ich für das Feuer verleihn ein Übel, das allen
Freude bereitet im Herz, wenn ihr eigenes Weh sie umarmen.«
Sprachs, und lachte heraus, der Vater der Menschen und Götter.
Und er hieß den Hephaistos, den kunstberühmten, aufs schnellste
Erde benetzen mit Wasser und menschliche Stimme und Leben
Dreintun, aber im Antlitz den todfreien Göttinnen ähnlich
Machen die lockende Schönheit des Mädchens; aber Athene,
Werke sie lehren, zu weben am Künstliches wirkenden Webstuhl;
Und dann Liebreiz schütten ums Haupt Aphrodite, die güldne,
Und auch quälendes Sehnen und gliederverzehrendes Herzweh.
Einzupflanzen scharwenzelnden Sinn und verschlagene Artung,
Gab er dem Hermes Befehl, dem Geleiter, Töter des Argos.
So sein Geheiß. Die folgten dem Kronossohn Zeus, dem Gebieter:
Alsbald formte aus Erde der weithin berühmte, der Klumpfuß,
Was aussieht wie ein Mädchen voll Scham, nach dem Ratschluß Kronions;
Gürten und Ordnen des Kleids war Werk der Göttin Athene;
Göttliche Grazien legten ihr an und die Herrin Beredung
Ketten von Gold, rings über die Haut. Und ringsum bekränzten
Horen, herrlich gelockte, mit Frühlingsblumen das Mädchen.
Doch in die Brust gab ihr ein der Geleiter, Töter des Argos,
Täuschung und schmeichelnder Worte Gewalt und verschlagene Artung,
Wie es der Wille des Zeus, des Donnerers. Setzte die Stimme
Ihr auch ein, der Bote der Götter; gab dann den Namen
Diesem Weib: Pandora; weil all die Bewohner des Himmels
Ihr ihre Gabe gegeben, zum Leid den geschäftigen Männern.
Als er die List nun vollendet, die unwiderstehliche, jähe,
Zu Epimetheus entsandte der Vater den Töter des Argos
Mit dem Geschenk, den Boten der Götter. Und Epimetheus
Dachte nicht dran, was Prometheus geraten, nie eine Gabe
Anzunehmen von Zeus dem Olympier, sondern sie wieder
Rückzusenden, daß ja kein Übel käm zu den Menschen.
Er nahm sie an, doch als er das Übel besaß, da bemerkt' ers.
Nämlich zuvor, da lebten der Menschen Stämme auf Erden

Frei von allen den Übeln und frei von elender Mühsal
Und von quälenden Leiden, die Sterben bringen den Menschen.
Doch als das Weib von dem Tonfaß den mächtigen Deckel emporhob,
Ließ es sie los; es brachte ihr Sinn viel Unheil den Menschen.
Einzig die Hoffnung blieb da in unzerstörbarer Wohnstatt,
Innen unter dem Rande des Krugs, und flog nicht ins Freie
Auf und davon; denn vorher ergriff sie der Deckel des Kruges,
Wie es der Träger der Aigis gewollt, Zeus, Herr der Gewitter.
Aber die andern durchschweifen, unzählbare Plagen, die Menschheit;
Nämlich voll ist die Erde von Übeln, voll auch die Salzflut;
Krankheiten kommen bei Tag zu den Menschen, andre zur Nachtzeit,
Wie sie wollen, von selbst, und bringen den Sterblichen Schaden,
Schweigend, denn ihre Stimme nahm fort Zeus' planender Wille.
So ist's gänzlich unmöglich, dem Sinn des Zeus zu entkommen.

Doch wenn du magst, umreiße ich dir eine andre Geschichte,
Wahr und nach Regel und Kunst, doch du nimm sie an und bewahr sie:
Daß dem Gleichen entstammen die Götter und sterblichen Menschen.
Golden haben zuerst das Geschlecht hinfälliger Menschen
Todfreie Götter geschaffen, die himmlische Häuser bewohnen.
Das war zu Kronos' Zeit, als er noch König im Himmel.
Und die lebten wie Götter und hatten nicht Kummer im Herzen,
Fern von Mühen und frei von Not, nicht drückte das schlimme
Alter auf sie, sondern allzeit behend an Beinen und Armen
Lebten sie freudig in Festen, weitab von allen den Übeln;
Starben, als käme ein Schlaf über sie. Und alle die Güter
Waren ihr Teil; Frucht brachte der nahrungspendende Boden
Willig von selbst, vielfältig und reich. Vollbrachten in Ruhe
Gerne und froh ihre Werke, gesegnet mit Gütern in Fülle.
Doch als dieses Geschlecht das Geschick dann mit Dunkel umfangen,
Sind sie Geister genannt, auf Erden wirkende, reine,

Gute, Beschützer vor Bösem, der sterblichen Menschen Bewacher;
Die geben acht aufs Sprechen des Rechts und frevelnde Taten,
Wandeln in Nebel gekleidet umher aller Orten auf Erden,
Segenspender; sie haben dies Königsvorrecht zu eigen.
Darauf als zweites Geschlecht, als weit geringeres schufen
Dann das silberne sie, die himmlische Häuser bewohnen,
Dem aus Gold an Gestalt nicht gleich und nicht an Gedanken.
Sondern es wuchs das Kind einhundert Jahre und spielte
Töricht herum bei der Mutter, der sorglichen, drinnen im Hause;
War es dann aber gereift und zur Jugendfülle gekommen,
Währte nur kurz noch die Zeit ihres Lebens, eigene Torheit
Brachte das Weh; denn sie hatten nicht Kraft, maßlose Gewalttat
Untereinander zu bannen, und ewige Götter verehren
Mochten sie nicht und am hehren Altar den Seligen opfern,
Wie sichs für Menschen geziemt, je nach Wohnstatt. Diese hat schließlich
Zeus der Kronide verborgen im Grimm, weil gebührende Ehren
Nie sie gegeben den Göttern, den Seligen oben im Himmel.
Aber nachdem nun auch dieses Geschlecht die Erde umfangen,
Nennt man diese mit Namen die sterblichen Seligen drunten,
Minderen Rangs, aber dennoch erweist man Ehre auch ihnen.
Zeus der Vater erschuf hinfälliger Menschen ein drittes,
Andres Geschlecht, aus Erz, dem silbernen nirgendwo gleichend,
Eschenentstammt, so furchtbar wie stark; die trieben des Ares
Keuchend Geschäft und die Tat der Gewalt, und Kornfrucht vom Felde
Aßen sie nicht, stahlhart war ihr Herz im trotzigen Drängen,
Rüde Gesellen, gewaltig die Kraft, unheimliche Arme
Wuchsen hervor aus den Schultern am mächtigen Bau ihrer Leiber.
Ehern waren bei ihnen die Waffen, ehern die Häuser,
Ehern ihr Ackergerät: noch gabs kein schwärzliches Eisen.
Und dann gingen auch die, von den eigenen Armen bezwungen,
Fort in das dumpfige Haus, zum frostigen Hades hinunter,
Namenlos; und der Tod, so entsetzlich sie waren, der schwarze,
Raffte sie fort, und sie ließen der Sonne strahlendes Scheinen.
Aber nachdem auch dieses Geschlecht die Erde umfangen,
Hat noch ein anderes dann auf der nährenden Erde, ein viertes

Zeus der Kronide geschaffen, gerechter und besser geartet,
Das der Heroen, ein göttlich Geschlecht, man nennet mit Namen
Halbgötter sie, das Geschlecht vor uns auf der endlosen Erde.
Nun hat auch diese der böse, der Krieg und der grausige Schlachtruf
Teils im kadmeïschen Land, vorm siebentorigen Theben,
Hingemäht, wie sie kämpften im Streit um des Ödipus Herden,
Teils vor Troja, wohin über dunkele Tiefen des Meeres
Er sie auf Schiffen geführt, der haarschönen Helena wegen.
Dort hat die einen denn also umhüllt das Ende des Todes,
Andern verlieh, weit fern von den Menschen, Nahrung und Wohnstatt
Zeus der Kronide, und hat sie gesetzt ans Ende der Erde.
Und die haben nun Wohnstatt, ein Herz ohne Sorgen im Busen,
Dort auf der Seligen Inseln, an strudelnden Tiefen des Weltstroms,
Selig Heroengeschlecht, dem süß wie Honig die Früchte
Dreimal im Jahre gereift darbringt kornspendender Acker.
Müßte ich selber doch nicht danach hier unter den fünften
Menschen sein, nein, wäre schon tot oder lebte erst später!
Denn von Eisen ist jetzt das Geschlecht. Und niemals bei Tage
Werden sie ruhn von Mühsal und Weh, und niemals zur Nachtzeit
Sind sie verschont, und die Götter verleihn dann quälende Sorgen.
Dennoch wird auch für sie zu den Übeln Gutes gemischt sein.
Doch Zeus tilgt dann auch dieses Geschlecht hinfälliger Menschen,
Wenn schon bei der Geburt ihr Haar an den Schläfen ergraut ist.
Dann wird fremd sein der Vater den Kindern, Kinder dem Vater,
Nicht wird lieb sein der Gast dem Wirt, der Freund seinem Freunde,
Nicht ist der eigene Bruder mehr lieb, wie es früher gewesen.
Bald mißachten sie dann ihre altersgebeugten Erzeuger,
Mäkeln an ihnen und fahren sie an mit häßlichen Worten
Rücksichtslos und scheun nicht die Götter; geben dann auch nicht
Ihren greisen Erzeugern zurück den Entgelt für die Aufzucht.
Eidestreue wird nirgends gedankt und nie das Gerechte,
Redliches nie; wer Schlimmes vollbracht und Gewalttat verübte,
Der ist der Mann, den man ehrt. Das Recht sind die Fäuste. Die Ehrfurcht

Gibt es nicht mehr. Und der Schlechte gewinnt und schädigt den Beßren,
Deckt mit krummem Gerede den Trug und beschwörts mit dem Meineid.
Scheelsucht wird allerorts die elenden Menschen begleiten,
Übeltönend, vom Schlimmen erfreut, mit schädlichen Blicken.
Dann wird es sein, daß fort zum Olymp von den Straßen der Erde
Tief ins weiße Gewand ihr herrliches Aussehn verhüllend
Gehn zu der Sippe der Götter hinweg von den Menschen die beiden:
Ehrfurcht und rechtes Vergelten. Doch bleiben die bitteren Schmerzen
Hier bei den sterblichen Menschen – und nirgends Rettung im Unheil.

Jetzt will ein Gleichnis ich sagen den Herrn, so klug sie auch selber.
Also zur Nachtigall sprach, zur buntgefleckten, der Habicht,
Der mit den Fängen sie griff und hoch in den Wolken dahintrug;
Die aber klagte, die Seiten durchbohrt von gebogenen Krallen,
Jämmerlich; *er* aber herrschte sie an mit den höhnenden Worten:
»Seltsame du, warum schreist du? Dich hält nun ein weit Überlegner;
Du wirst gehn, wohin *ich* es will, auch wenn du ein Sänger.
Werde zum Mahl, wenn ich mag, dich verzehrn oder lasse dich laufen.
Töricht der Mann, der begehrt, sich Stärkren entgegenzustellen;
Geht verlustig des Siegs und hat zur Schande noch Schmerzen.«
So der windschnelle Habicht, der flügelspreitende Vogel.

Du, mein Perses, höre aufs Recht, mehr' nicht die Gewalttat.
Nämlich Gewalttat bekommt nicht dem Kleinen; doch auch ein Hoher
Ist nicht sie mühlos zu tragen imstand, ihr Gewicht wird ihm lastend,
Stößt er mit Unheil zusammen. Die andere Straße geleitet
Besser vorbei, die zum Rechten. Das Recht übertrumpft die Gewalttat,

Setzt am Ende sich durch. Erlitt ers, merkts auch der Dummkopf.
Nämlich der Eid spürt nach sofort einer krummen Entscheidung.
Murren gibts, zerrt man die Göttin des Rechts, wenn Richter sie wegziehn
Gabenschluckend, mit krummem Bescheid auslegen die Sätze.
Sie bleibt nah, beklagend die Stadt und die Heimat der Sippen,
Hüllt in Nebel sich ein, und Böses bringt sie den Menschen,
Die sie nach draußen getrieben und sie nicht grade verteilten.
Die aber rechten Bescheid Einheimischen geben und Fremden,
Grade und schlicht, und weichen nicht ab auch nur etwas vom Rechten,
Denen gedeiht die Gemeinde, und in ihr blühen die Sippen.
Friede beschirmt die Jugend im Land, und es läßt nicht bei ihnen
Unglückseligen Krieg entstehn Zeus, Späher ins Weite.
Nie wird der Hunger Begleiter bei rechtlich handelnden Männern,
Nie der Ruin, sie vollbringen ihr Werk für festliche Freuden.
Reichen Ertrag bringt denen ihr Land, und auch auf den Bergen
Bringt der Eichbaum Eicheln im Wipfel, Bienen im Stamme.
Und ihre wolligen Schafe sind schwer von lastenden Flocken.
Und ihre Weiber gebären den Eltern gleichende Kinder.
Unaufhörlich gedeihn sie an Gütern. Und nicht auf Schiffen
Fahrn sie hinaus, es bringt ihnen Frucht kornspendender Acker.
Doch denen Unrecht, das schlimme, gefällt und frevele Taten,
Bringt das Recht der Kronide zum Ziel, Zeus, Späher ins Weite.
Oft schon trug eine Stadt insgesamt eines Schlechten Verschulden,
Der hinterging und betrog und schändliche Dinge erdachte;
Denen sandte vom Himmel herab viel Leiden Kronion,
Hunger und Seuche zugleich; hinstarben die Leute in Scharen.
Und es gebären die Frauen nicht mehr, es schrumpfen die Häuser
Nach Zeus' Willen und Sinn, des Olympiers; oder es hat auch
Denen den stattlichen Heerbann vertilgt, eine Feste genommen
Oder die Flotte auf See, zum Vergelt, Zeus, Späher ins Weite.
Adlige Herrn, ach wolltet auch ihr von euch aus bedenken
Solches Gericht. Denn nahe, inmitten der Menschen verweilend,
Geben Unsterbliche acht, wenn Männer mit krummen Bescheiden
Einer den anderen peinigt, der Götter Auge nicht scheuend.
Nämlich dreimal zehntausend sind da auf der nährenden Erde

Todfreie, Wächter des Zeus für die todverfallenen Menschen;
Die überwachen die Wege des Rechts und schändliche Taten,
Dicht in Nebel gehüllt, überall unterwegs in den Landen.
Dann ist auch *sie* da, die Jungfrau, das Recht, Zeus' eigene Tochter,
Hehr und geachtet den Göttern, die droben den Himmel bewohnen.
Tut ihr ein Mensch nun etwas zuleid und kränkt sie mit Ränken,
Setzt sie sogleich bei Zeus-Vater sich hin, dem Sohne des Kronos,
Und erzählt von dem Trachten der Schändlichen, daß die Gesamtheit
Büße das frevele Tun ihrer Herrn, die verderblich gesonnen
Beugen und drehn die Bescheide des Rechts, verbogen sie fällend.
Davor hütet euch wohl, ihr Herrn, fällt grade die Sprüche,
Gabenschlucker, schlagt ganz aus dem Sinn euch krumme Bescheide.
  Selber bereitet sich Schlimmes, wer andern Schlimmes bereitet;
Schlimmer Wille und Rat ist für den, der geraten, am schlimmsten.
  Allüberschauend das Auge des Zeus und alles bemerkend
Blickt es, sofern er nur will, auch auf dies, nicht bleibt ihm verborgen,
Was für ein Recht nun mit diesem Prozeß die Gemeinde beherbergt.
  So wie es steht, mag weder ich selbst noch gerecht bei den Menschen
Leben und auch nicht mein Sohn. Denn schlimm, als Gerechter zu leben,
Wenn das größere Recht dem Ungerechten zuteil wird.
Doch noch läßt das, so glaub ich, nicht zu Zeus, schaltend und waltend.
  Du, mein Perses, jedoch leg dies hinein in dein Innres
Und hör hin auf das Recht, schlag ganz aus dem Sinn dir Gewalttat.
Dies ist nämlich die Ordnung, die Zeus den Menschen gegeben:
Fische und wildes Getier und geflügelte Vögel, sie sollen
Eines das andre verzehrn, denn es gibt kein Recht unter ihnen;
Aber den Menschen verlieh er das Recht, das weitaus als Bestes

Sich erweist; denn ist man gewillt, das Gerechte zu sagen,
Wenn mans sieht, dann schenkt einem Glück Zeus, Späher ins Weite.
Wenn aber einer, ein Zeugnis bewußt mit Meineid beschwörend,
Lügt und trügt und schädigt das Recht, unheilbar verblendet,
Der hinterläßt ein vergehend Geschlecht den künftigen Tagen;
Doch wer ehrlich im Eid, des Geschlecht wird künftig gedeihen.

Ich seh dein Bestes und sags dir an, Narr, großer du, Perses!
Ja, das Geringe und Schlechte, das kann man in Haufen erhalten
Ohne Bemühn, schön eben der Weg, ganz nahe, da wohnt es.
Vor die Vollendung jedoch haben Schweiß die unsterblichen Götter
Hingesetzt; steil steigend und lang ist der Pfad, der dorthin führt,
Und voller Steine zuerst; doch hast du die Höhe gewonnen,
Wird es leicht, auf ihm weiter zu gehn, so schwierig er anfing.
Der steht allen voran, der selbst ein Jegliches einsieht,
Wenn er bedenkt, was danach und hin bis zum Ende das Beste.
Tüchtig ist zweitens auch der, der dem Gutes Ratenden folgsam.
Doch wer es selber nicht sieht und auch nicht, hört ers vom andern,
Sich zu Herzen es nimmt, *der* Mann ist nicht zu gebrauchen.

Du aber meiner Gebote zu allen Zeiten gedenkend
Arbeite, Perses, erlaucht von Geburt, auf daß dich der Hunger
Meidet voll Haß, doch dich gern hat im Schmuck ihres Kranzes Demeter,
Würdig und hehr, und mache von Nahrung voll deine Scheuer.
Denn der Hunger ist treuer Kumpan dem trägen Gesellen.
Dem verargen es Götter und Menschen, welcher in Trägheit
Hinbringt den Tag, wie die Drohnen, die stachellosen, es lieben,
Welche der Bienen geduldig Bemühn vertilgen in Trägheit,
Fressend die Tracht. Du mache dich gern an das Maß deiner Arbeit,
Daß dir der Jahreszeiten Ertrag ausfüllt deine Speicher.
Tätigkeit ists, die die Männer an Herden reich macht und Silber;
Und wer zufaßt beim Werk, den Unsterblichen ist er viel lieber.
Arbeit, *die* ist nicht Schande, das Nichtstun jedoch, das ist Schande.
Bist du fleißig am Werk, wird rasch dich der Träge beneiden,
Wenn du dann reich. Den Reichtum begleitet Würde und Ansehn.

So wie das Los dir fiel, ist dies, das Schaffen, das Beßre.
Wenn du von fremdem Besitz abkehrst dein törichtes Trachten,
Hin zur Arbeit es kehrst, ums Brot sorgst, wie ich dich heiße.
Scham ist kein guter Begleiter für den, der von Mangel bedrängt wird,
Scham, die ein mächtiger Schaden den Menschen, mächtiger Nutzen,
Scham, die mit Armut geht, doch Frechheit geht mit dem Reichtum.
Güter sind nicht zu erraffen, viel besser sind göttergeschenkte.
Wer mit der Hände Gewalt sich mächtigen Reichtum genommen,
Oder ihn auch mit Worten sich raubt, wie es hier auf der Erde
Häufig geschieht, wo gern den Verstand der Menschen Gewinnsucht
Schmeichelnd verführt, und Scham von Unverschämtheit besiegt wird.
Leicht lassen diesen verlöschen die Götter, lassen das Haus ihm
Schwinden, und wenige Zeit ist der Wohlstand treuer Begleiter.

Gleichen Frevel begeht, wer dem Gast, wer dem, der um Schutz fleht,
Leid antut, wer das Ehbett besteigt seines eigenen Bruders,
Wer sich ohne Bedenken vergeht an hilflosen Waisen,
Wer seinen greisen Erzeuger am schlimmen Rande des Lebens
Feindselig schilt, ihn hart mit kränkenden Worten mißhandelt.
Wahrlich, Zeus höchstselbst ist empört über den, und am Ende
Sucht für sein unrechtes Tun er ihn heim mit schwerer Vergeltung.
Du aber halte von solchem ganz fern dein törichtes Trachten!
Wie dus vermagst, vollziehe den todfreien Göttern die Opfer,
Rein und in heiliger Scheu, verbrenn ihnen stattliche Schenkel;
Sonst aber stimme mit Güssen vom Trank und mit Weihrauch sie gnädig,
Wenn du dich niederlegst, wenn empor das heilige Licht steigt,
Daß sie ein gnädiges Herz und freundlichen Sinn dir bewahren;
Auf daß anderer Land du erwirbst, nicht deines ein andrer.

Wer dein Freund, den lade zum Mahl, unterlaß es beim Feinde.

Den aber lade vor allem, der nah dem deinen sein Haus hat;
Sollte sich nämlich bei dir auf dem Hof einmal Schlimmes ereignen,
Kommen die Nachbarn im Hemd, beim Anziehn säumen die Vettern.
Schlechter Nachbar ein Kreuz, so sehr wie ein guter ein Segen.
Dem ward Geltung zuteil, dem ein wackerer Nachbar zuteil ward.
Und kein Rind kommt abhanden, wenn nicht dein Nachbar ein Schelm ist.
Gutes Maß laß dir geben vom Nachbarn, gutes gib wieder,
Und mit demselben Gemäß, auch reichlicher, kannst du es irgend,
Daß du, wenn dus brauchst, ihn später gefällig noch findest.
Such keinen krummen Gewinn; ein krummer Gewinn ist wie Schaden.
Zeig dich dem Freunde als Freund, und dem, der dir beisteht, steh du bei.
Gib, wenn einer dir gab, gib nicht, wenn einer dir nicht gab.
Gern gibt jeder dem Geber, dem Nichtgeber gab noch keiner.
Gabe ist gut, Errafftes ist schlecht, gibt Tod und Verderben.
Denn so ists: gibt willig ein Mensch – und ist es auch Großes –,
Freut ihn die eigene Gabe, und froh ist er innen im Herzen;
Nimmt einer selber jedoch, von Unverschämtheit beredet,
Ist es auch noch so gering, fällt Reif auf das Herz des Betroffnen.
Also, wenn zu Geringem auch nur ein Geringes du zulegst
Und dies häufiger tust, wird bald ein Großes auch daraus.
Wer zum Vorrat hinzuträgt, der wehrt dem brennenden Hunger.
Und was im Hause gesammelt, das schafft einem Mann keinen Kummer.
Besser im Hause das Gut; denn leicht bringt Schaden das Draußen.
Aus Vorhandenem wählen ist schön, doch quälendes Herzleid,
Nichtvorhandenes brauchen; ich heiße dich dieses bedenken.
Satt sich essen am Anfang des Krugs und wieder am Ende,
Sparsam sein in der Mitte; das Sparen am Boden ist peinlich.
Abgesprochener Lohn soll fest auch bleiben beim Freunde.
Und auch beim Bruder, mit Scherz, aber doch einen Zeugen hinzuziehn.

Zutraun hat schon genauso wie Mißtraun Männer vernichtet.
Laß nicht ein Weib deinen Sinn, das den Steiß dreht, listig betören,
Gleisnerisch süß dich beschwatzend, den Blick auf den Vorrat im Hause.
Wer einem Weibe vertraut, der Mann hat Vertrauen zu Gaunern.
Ein Sohn, aber nur einer sei da, daß des Vaters Besitztum
Sicher besteht. So wird in den Kammern wachsen der Wohlstand.
Spät erst mögest du sterben, den Sohn hinterlassend als Nächsten.
Leicht kann auch mehreren Zeus verleihn unendlichen Segen.
Mehrere mehren die Sorge, doch ist auch größer der Zuwachs.

Du aber, trägt nach Wohlstand das Herz in der Brust dir Verlangen,
Handele so; und Arbeit auf Arbeit stetig verrichten.

Wenn das Gestirn der Plejaden, der Atlastöchter, emporsteigt,
Dann mit dem Ernten beginnen, mit Sän aber, wenn es hinabtaucht.
Vierzig Tage und Nächte hindurch war vorher dies Sternbild
Unsichtbar; dann scheint es im Lauf des kreisenden Jahres
Erstmals wiederum auf, zur Zeit, da die Sichel gewetzt wird.
Das ist die Regel, die gilt für das Saatland, ob nun die einen
Nahe dem Meere zuhaus, ob tief in den Schluchten der Berge
Weit von der wogenden See entfernt auf fruchtbarem Boden
Andre zuhaus. Nackt säen die Saat, nackt lenken die Rinder,
Nackt abschneiden das Korn, wenn du willst, daß zu ihren Zeiten
Demeters Werke du alle besorgst, auf daß dir ein jedes
Zu seiner Zeit aufwächst, daß du später nicht etwa im Mangel
Dich in den Höfen der andern herumdrückst, und du bekommst nichts.
So wie du jüngst zu mir kamst. Doch ich werd dir gar nichts mehr schenken
Und keinen Scheffel mehr leihn. An die Arbeit, törichter Perses,
Arbeit, wie sie die Götter verteilt und den Menschen befohlen.
Daß du nicht einst mit Weib und Kindern, Kummer im Herzen,
Bettelst um Brot ringsum bei den Nachbarn, die aber wegsehn.
Zweimal, dreimal vielleicht gehts gut; fällst weiter du lästig,
Wirst du zwar gar nichts erreichen, doch viel Vergebliches reden.

Unnütz gibst du der Rede den Weg frei. Ich aber rat dir:
Sieh du zu, daß die Schulden du zahlst und wehrest dem Hunger.
Erst einmal ein Gehöft, eine Frau, einen Ochsen zum Pflügen,
– Diese gekauft, nicht gefreit, die auch fähig ist, Ochsen zu treiben –
Dann das Gerät auf dem Hof, gut tauglich alles, dir schaffen,
Daß nicht den andern du fragst, *der* ablehnt, dir aber fehlt es,
Und die günstige Zeit verstreicht, und die Arbeit ist Stückwerk.
Und niemals verschieben auf morgen und spätere Tage!
Denn nicht füllt seine Scheuer der Mann, des Arbeiten unnütz,
Noch der immer verschiebt; doch zufassen fördert die Arbeit.
Stets hat der, der Arbeit verschiebt, mit dem Scheitern zu ringen.

Zu der Zeit, da die Macht des stechenden Helios nachläßt
Mit schweißtreibender Glut, und herbstliche Regen herabschickt
Zeus der machtvolle Herr, da der Sterblichen Leib sich verändert,
Vielmals behender sich zeigt – denn Sirius wandelt zu *der* Zeit
Nur noch kurz überm Haupt der zum Tod aufwachsenden Menschen
Während des Tages dahin und hat größeren Teil an den Nächten –
Da bleibt am ehesten wurmfrei das Holz, geschlagen vom Eisen,
Wenn es die Blätter zur Erde verstreut und aufhört zu treiben.
Dann also schlagen das Holz, rechtzeitiger Arbeit gedenkend.
Drei Fuß hoch den Mörser abhaun, doch den Stößel drei Ellen;
Sieben Fuß lang die Achse; denn grad so ists für dich passend.
Hast du ein Achtfuß-Stück, kannst du draus einen Schlegel noch hauen.
Drei Spannen lang für ein Zehn-Hand-Rad aushauen die Felgen.
Oft gibts gebogenes Holz; doch ein Stück für den Krummstock nimm gleich mit,
Wenn dus entdeckst, die Berge durchstöbernd oder die Fluren,
Steineiche; die nämlich hält beim Pflügen mit Rindern am besten,
Wenn ihn Athenes Knecht in der Sohle des Pfluges befestigt
Und mit Pflöcken verkeilt an das Deichselende gefügt hat.
Zwei Pflüge stelle dir her, im eigenen Haus dich bemühend,
Einfach den einen, den andern gestückt; Vorsorge ist besser.
Brichst du den einen entzwei, vor den andern spannst du die Rinder.

Lorbeer und Ulme gibt Deichseln am ehesten sicher vor Wurmfraß;
Eiche der Fuß, Steineiche der Stock; neunjährig die Rinder,
Ein Paar Ochsen, dir halten; denn die haben Kraft, die nicht nachläßt,
Haben noch Jugend genug; die taugen am besten zur Arbeit.
Diese bekommen nicht Streit, so daß der Pflug in der Furche
Dir zerbricht, und du treibst sie vom Feld, und die Arbeit ist nichtig.
  Mit dem Gespann soll gehn ein vierzigjähriger Jungmann,
Der ein Rundbrot bekommt, vier Viertel, jedes acht Stücke.
Der, umsichtig am Werk, wird gradaus ziehen die Furche,
Hält nicht nach Altersgenossen mehr Ausschau; nein bei der Arbeit
Hat er den Sinn. Ein andrer, der jünger ist, kann sich nicht messen,
Gilt es, gut zu verteilen die Saat und Nachsaat zu meiden;
Denn ein jüngerer Mann gafft stets nach Altersgenossen.

Aufgemerkt, sobald du vernimmst des Kranichs Trompeten,
Der hochher von den Wolken herabschickt jährlich sein Rufen:
Der gibt zum Pflügen und Sän das Signal und kündet des Winters
Regen dir an. Dem beißt es ins Herz, der dann kein Gespann hat.
  Dann das Rindergespann gut füttern, das dir im Stall steht.
Ist es leicht doch gesagt: ein Paar Rinder leih mir und Wagen.
Leicht aber lehnt sichs auch ab: meine Rinder sind leider beschäftigt.
  Meint wohl ein Mann, wohlhabend im Geist: rasch bau ich den Wagen;
Tor der und kennt sich nicht aus: der Wagenhölzer sind hundert!
Vorher um diese sich kümmern, so daß sie im Hause bereitstehn.
  Gleich also wenn zum Pflügen die Zeit für die Menschen gekommen,
Dann an die Arbeit gegangen, die Knechte und du miteinander.
Feucht oder trocken den Acker gepflügt, wenn es Zeit zur Bestellung,
Ganz früh morgens schon tätig, damit deine Felder sich füllen.
  Pflügen im Lenz. Im Sommer erneun wird nie dich enttäuschen.
Säen ins Brachland im Herbst, wenn vom Pflug der Boden noch locker.

Brachland Fluchabwehrer, Besänftiger jammernder Kinder.
Bete zum Zeus in der Tiefe und Demeter drunten, der reinen,
Lastend komme zur Reife der Demeter heilige Feldfrucht,
Machst du den Anfang mit Pflügen und Sän, wenn das Ende der Sterze
Du ergreifst und den Stecken erhebst zum Rücken der Rinder;
Die nun anziehn die Stränge am Pflock. Doch hinten ein kleiner
Knecht mit dem Karst in den Händen soll schwer es machen den Vögeln,
Bergend den Samen im Grund. Ist Sorgsamkeit doch das Beste
Sterblichem Menschenvolk, Nachlässigkeit aber das Schlimmste.
So mögen wohl die Ähren gedrängt sich neigen zum Boden,
Wenn Gott selber sodann das Ende zum Guten geführt hat.
Wirst aus den Krügen vertreiben das Spinnweb. Wirst dann auch, denk ich,
Fröhlich sein, wenn vom Vorrat du wählst, der drinnen geborgen:
Reichlich versorgt erreichst du den Frühling. Und nicht nach andern
Schaust du dich um; der andre wirds sein, der deiner bedürftig.
Pflügst du zur Sonnenwende jedoch das göttliche Erdreich,
Wirst im Hocken du mähn, mit der Hand nur wenig ergreifend,
Wirst, wenn dus bindest und setzt, voll Staub, nicht eben zur Freude,
Trägst es im Korbe nach Haus, und wenige werden dich preisen.
Doch ist ein andermal anders der Wille des Zeus mit der Aigis,
Schwer ist er für die Menschen, die todverfallnen, erkennbar.
Hast etwa spät du gesät, so bringt dir dies vielleicht Rettung:
Dann wenn der Kuckuck Kuckuck ruft in den Blättern der Eiche
Erstmals im Jahr und die Menschen erfreut auf der endlosen Erde,
Dann lasse Zeus drei Tage es regnen ohne zu enden,
Daß eines Rinderhufs Spur es füllt, nicht drüber noch drunter;
So kann der späte vielleicht den zeitigen Pflüger erreichen.
Heb in der Brust das alles gut auf. Nicht laß dirs entgehen,
Kündet der dunstige Frühling sich an oder herbstlicher Regen.

Geh vorbei an der Werkstatt des Schmieds und der Wärmstube Fülle
Nun in der Winterszeit, wenn Frost den Mann von den Feldern

Fernhält, jetzt wo im Haus, wer zugreift, tüchtig vorankommt,
Daß nicht des Winters Hilflosigkeit im Verein mit der Armut
Dich überkommt, und dürr deine Hand das geschwollene Bein drückt.
Oft hat ein müßiger Mann, auf nichtige Hoffnungen bauend,
Missend das tägliche Brot, zu sich selber Böses gesprochen.
Hoffnung ist niemals gut, wenn den darbenden Mann sie geleitet,
Der in der Wärmstube hockt und hat nicht sicher zu leben.
Zeig den Knechten es an, solang es noch Mitte des Sommers:
Nicht allzeit wird dauern der Sommer. Bauet euch Hütten!
Doch vorm Monat Lenaion, den bösen, schindenden Tagen,
Nimm vor dem dich in acht, und dem Glatteis, das auf der Erde
Einem beim Blasen des Nords heimtückisch Schmerzen bereitet;
Quer durch Thrakien stürmt der, das pferdenährende, peitscht dann
Fallend die Weite des Meers, aufbrüllen Erde und Wälder;
Viel hochwipflige Eichen und manch eine mächtige Fichte
Streckt an den Hängen er hin auf die vielernährende Erde,
Fährt er hinein, und dann heult weithin der unendliche Bergwald.
Frierend beben die Tiere, sie klemmen den Schwanz ans Gemächte,
Wenn auch ihr Balg von Zotten bedeckt ist; doch auch durch diese
Bläst der eisig hindurch, so dicht ihre Brust auch geschützt ist.
Auch durch des Rinds Haut geht er hindurch, nicht kann sie ihm wehren,
Und auch die Geiß durchbläst er, die zottige; nicht so die Schafe,
Weil dichtwollig das Vlies übers Jahr wuchs, diese durchbläst nicht
Boreaswindes Gewalt. Den Greis aber bringt er zum Traben.
Auch durch die samtene Haut des Mädchens kann er nicht blasen,
Das tief drinnen im Haus verweilt bei der Mutter, der trauten,
Noch nicht kundig der Werke der goldenen Aphrodite;
Wäscht hingebend die Haut, die samtene, reibt sie mit fettem
Salböl ein und legt sich, im innersten Winkel geborgen,

Hin am grimmigen Tag, wenn der »Ohnegebein« an dem Fuß nagt
Drunten im Haus ohne Herd und dem traurigen Dämmer der Wohnstatt.
Denn nicht weist ihm die Sonne die Trift, daß gern er sich aufmacht;
Sondern zu Volk und Gemeinde von dunkelhäutigen Menschen
Macht sie die Runde, und kurz nur leuchtet sie rings den Hellenen.
Dann also eilt, was im Walde zuhaus, horntragend und hornlos,
Zähneknirschend vor Frost durchs Gehölz der Hänge und Klüfte
Flüchtend dahin, und alle begehren nur eines im Herzen,
Daß auf der Suche nach Schutz sie ein bergendes Lager gewinnen
In einer Höhlung im Fels. Dann gleichen dem »Dreibein« die Menschen,
Dem das Rückgrat gebeugt ist, der Kopf zum Boden hinabblickt,
Dem gleich gehn sie dahin, vorm weißen Gestöber sich duckend.
Und was den Leib gut schützt dann anziehn, so wie ichs sage,
Beides, den flauschigen Mantel und bis an die Knöchel den Leibrock –
Weit einrichten die Kette und reichlich nehmen den Einschlag! –
So einen Mantel tu um, daß die Haare sich ruhig verhalten,
Nicht sich sträuben am Leib und aufrecht starren wie Stacheln.
Doch um die Füße dir Schuhe, vom Rind, das vom Beile gefällt ist,
Passend gefertigte, schnüren, die drinnen mit Filz du gefüttert.
Ferner von Erstlingslämmern, sobald erst richtig der Frost naht,
Felle vernähen mit Sehnen vom Rind, daß über den Rücken
Du sie als Schutz vor Regen dir legst. Auf dem Haupt dann darüber
Tragen den Filz, mit Sorgfalt gewalkt, daß die Ohren nicht triefen.
Nämlich die Stunde der Frühe ist kalt, wenn der Boreas einfällt;
Und vor Tag ist rings übers Land vom sternreichen Himmel
Nebel gebreitet auf weizentragenden Feldern der Reichen;
Der aus den Flüssen zuvor, den allzeit strömenden, aufsteigt,
Hoch dann über die Erde sich hebt im wirbelnden Winde:
Manchmal regnet es dann gegen Abend, manchmal verwehts auch,
Wenn das dichte Gewölk der thrakische Nord vor sich hertreibt.
Komm ihm zuvor und beende die Arbeit, kehre nach Hause,
Daß nicht vom Himmel herab die finstere Wolke dich einhüllt,
Tropfen läßt deine Haut, und die Kleider schwer sind vor Nässe.

Nein, sondern weiche ihm aus! Denn der böseste Monat ist dieser,
Stürmisch und kalt, so böse dem Vieh wie böse den Menschen.
  Dann gib den Rindern die Hälfte, je Knecht aber etwas darüber
Tagesration; denn die Nächte sind lang und wackere Helfer.
Dieses beachte genau, und bis das Jahr sich vollendet,
Teile du zu nach den Nächten und Tagen, bis dann aufs neue
Erde, die Mutter von allen, dir vielerlei Früchte hervorbringt.

  Wenn nach der Wende der Sonne nun sechzig Tage des Winters
Zeus bis hin zum Ende geführt hat, dann ist die Zeit da,
Daß Arkturos der Stern aus Okeanos' heiliger Strömung
Erstmals glänzenden Scheins in fallender Dunkelheit aufsteigt.
Nach ihm fliegt schrill klagend Pandions Tochter, die Schwalbe,
Auf ins Helle den Menschen, wenn frisch der Frühling sich aufmacht.
Ehe sie kommt, die Reben beschneiden. So ist es richtig.

Doch wenn die »Hausträgerin« vom Grund an den Pflanzen emporsteigt,
Meidend den Brand der Plejaden, dann weg mit der Hacke vom Wingert;
Sondern die Sicheln gewetzt, und aufgescheucht deine Knechte.
Schattige Bänke vermeiden und langen Schlaf bis zur Helle
Jetzt in der Stunde der Mahd, wenn die Haut in der Sonnenglut röstet.
All diese Tage sich sputen und heimwärts fahren die Feldfrucht,
Früh in der Dämmerung auf, daß der Vorrat ausreicht zum Leben.
  Frührot schafft nämlich weg den dritten Teil deines Tagwerks,
Frührot bringt dich voran auf dem Weg, voran in der Arbeit;
Frührot, das schon so manch einen Mann auf die Straße getrieben,
Leuchtet es auf, und manch einem Rind auf den Nacken das Joch legt.

Zu der Zeit, wenn die Distel nun blüht und die laute Zikade
Sitzend im Baum unermüdlich herabgießt klingendes Singen
Unter den Flügeln hervor, zur Zeit des ermattenden Sommers,
Dann sind am besten die Ziegen genährt, und der Wein ist am reifsten,
Sind am tollsten die Fraun, doch die Männer am meisten von Kräften,
Weil ihnen Kniee und Kopf die Kraft des Sirius ausdörrt,
Und es trocknet die Haut von dem Gluthauch. Nun aber soll man
Endlich wählen den Schatten am Fels und würzige Weine,
Brei von Rahm und die Milch einer Geiß, deren Zicken entwöhnt sind,
Fleisch vom Rind, das nie noch gekalbt, das im Walde gegrast hat,
Und von Erstlingszicken. Dazu trink feurigen Roten
Lässig im Schatten gelagert, das Herz vom Schmausen gesättigt,
Gegen den kühlenden Hauch des Westwinds wendend das Antlitz.
Und vom lebenden Quell, der abfließt und nicht verschlammt ist,
Dreimal Wasser geschöpft, doch zum Vierten gießen vom Weine.

Und deine Knechte ermuntern, der Demeter heilige Feldfrucht
Auszudreschen, wenn erstmals sich zeigt der Riese Orion,
Dort wo der Wind gut streicht und die ebene Tenne sich rundet.
Füll mit dem Scheffel genau die Behälter. Aber sobald dann
All der Vorrat geborgen und drinnen im Hause verwahrt ist,
Wähl einen Taglöhner dir ohne Hausstand, rat ich, und suche
Dir eine Magd ohne Kind; eine Magd mit Anhang ist mißlich.
Nimm einen Hund auch mit scharfem Gebiß – und das Futter nicht sparen! –
Daß nicht ein Mann, der den Tag durchschläft, deine Habe davonträgt.
Und dann Futter geholt und Spreu, genug daß es ausreicht
Für deine Rinder und Mäuler das Jahr über. Dann aber endlich
Gönne den Gliedern der Knechte die Rast und löse die Rinder.

Wenn dann Sirius schon und Orion mitten am Himmel
Stehn, und es sieht den Arktur die rosenfingrige Eos,
Perses, dann in die Lese, und all deine Trauben nach Hause;

Breite sie aus in der Sonne noch zehn volle Tage und Nächte;
Fünf in den Schatten sie legen, am sechsten fülle die Krüge
Mit des freudvollen Bakchos Geschenken. Aber sobald dann
Regengestirn und Plejaden mitsamt dem Riesen Orion
Untergehn, dann ist es soweit, ans Pflügen zu denken
Zu seiner Zeit. Gut ende das Jahr mit der Saat unterm Boden.

Packt dich die Sehnsucht jedoch nach der Seefahrt rauhem Geleite:
Wenn die Plejaden zuhauf vorm mächtigen Jäger Orion
Flüchtend hinab in den Dunst des dämmrigen Meeres sich stürzen,
Dann ist die Zeit, dann bläst es und stürmt von hier und von dorther;
Und dann nicht mehr mit Schiffen befahrn die purpurne Salzflut,
Sondern den Acker bebaun mit Bedacht; so wie ichs dich heiße.
Ziehe das Schiff dann weit aufs Land und setze von Steinen
Rings einen Wall, als Schirm vor der Kraft feucht wehender Winde;
Nimm auch den Stöpsel heraus, sonst läßt Zeus' Regen es faulen.
Alles fahrende Gut und Gerät leg nieder im Hause,
Falte schön sauber die Schwingen des meerdurchfurchenden Schiffes;
Aber das Steuer, geglättet und fest, häng hoch in den Rauchfang.
Selber harre der Stunde der Fahrt, bis schließlich sie eintritt.
  Und dann das hurtige Schiff ins Meer ziehn, drinnen die Ladung,
Passende Güter, verstaun, damit du nach Hause Gewinn bringst.
So wie der Vater von mir und dir, Narr, großer du, Perses,
Häufig zu Schiff unterwegs war, im Drang nach besserem Leben.
Der kam einst auch hierher, nachdem er viel Wasser befahren,
Ließ das aiolische Kyme und kam auf dunkelem Schiffe,
Nicht auf der Flucht vor der Fülle und nicht vor Reichtum und Segen,
Nein, vor der Armut, der bösen, die Zeus austeilt an die Menschen;
Ließ sich im traurigsten Dorf am Helikon nieder, in Askra,
Übel im Winter, im Sommer verwünscht, und angenehm niemals.
  Doch sei du, mein Perses, bedacht auf jegliche Arbeit
Dann, wenn die richtige Zeit, bei der Seefahrt aber besonders,
Lenkst du wirklich dein Herz voll Leichtsinn hin auf die Kauffahrt,
Trachtend der Not zu entkommen und niederdrückendem Hunger.

Lob das bescheidene Schiff, doch das Gut in ein großes geladen!
Größer die Fracht, die es faßt, und mehr wird Gewinn zum Gewinne
Einkommen – wenn nur die Winde nicht widrig wehn oder stürmen.
Ich kann Regeln dir zeigen des vielaufrauschenden Meeres,
Ohne das Fahren auf See zu verstehn noch das Rüsten der Schiffe.
Nämlich nie sonst fuhr ich zu Schiff über Weiten des Meeres,
Nur nach Euboia von Aulis, der Stadt, wo einst die Achaier
Harrten aufs Ende des Sturms und hatten viel Kriegsvolk versammelt
Rings aus Hellas dem hehren gen Troja das frauenberühmte.
Dort wars, wo zu des edlen Amphidamas Spielen ich selber
Übergesetzt bin nach Chalkis; die Preise, vorher verkündet,
Stellten in Fülle die Söhne, die fürstlichen; dort, kann ich rühmen,
War ich Sieger im Lied und gewann den gehenkelten Dreifuß.
Ich aber hab ihn den Musen geweiht, die am Helikon wohnen,
Dort wo die mich zuerst mit tönendem Sange begabten.
Soviel hab ich erfahrn mit den vielgenagelten Schiffen.
Aber ich sage gleichwohl den Willen des Zeus mit der Aigis;
Denn mich lehrten die Musen, allwissende Lieder zu singen.

Fünfzig Tage gerechnet vom Tag der Wende der Sonne,
Während zur Höhe gelangt die Zeit des ermattenden Sommers,
Paßt für die Menschen die Zeit zur Seefahrt. Weder zerbrichst du
Dann dein Schiff, noch wird wohl die See die Männer verderben,
Wenn nicht nach eignem Beschluß der Erderschüttrer Poseidon
Oder Zeus der König der Götter wünscht die Vernichtung.
Steht doch bei denen das Letzte, in beidem, Gutem und Schlechtem.
Dann wehts deutlich bestimmbar und stet, und das Meer ist gefahrlos.
Zieh dann das eilende Schiff, den ruhigen Winden vertrauend,
Ohne Bedenken ins Meer und hinein gib all dein Frachtgut;
Doch mach zu, daß so schnell wie du kannst du nach Hause zurückkehrst,
Warte den heurigen Wein nicht ab und den herbstlichen Regen,

Nahende Winterszeit und des Südwinds schreckliches Blasen,
Der nun die See aufwühlt und mitbringt Regen vom Himmel,
Herbstlich schüttendes Naß, und grimmig macht er die Salzflut.
Ferner gibt es im Frühling die Fahrt zur See bei den Menschen.
Zu der Zeit, wenn zuerst so klein, wie die schreitende Krähe
Spuren im Sand hinterließ, beim Hinschaun Blätter sich zeigen
Oben am äußersten Zweig, dann zeigt sich begehbar die Salzflut.
Das ist also die Seefahrt im Frühling. Ich aber selber
Lobe sie nicht; denn die will nicht meinem Herzen gefallen,
Hastig und dreist; nur mit Not entkämest du. Aber auch dieses
Unternehmen die Menschen im Unverstand ihres Herzens.
Denn das Geld ist wie Leben so lieb den kläglichen Menschen.
Schrecklich, zu sterben inmitten der Wellen. Aber ich heiß dich,
Recht zu bedenken dies alles im Innern, wie ich es sage.
Und nicht sämtliches Gut in den bauchigen Schiffen verstauen!
Besser mehr hinterlassen, den kleineren Anteil verfrachten.
Schlimm nämlich ists, in den Wellen der See aufs Unheil zu stoßen;
Schlimm auch, wenn du die Last zu schwer auf den Wagen gepackt hast,
Und dann die Achse dir bricht, und das Frachtgut wäre verdorben.
Maße mit Sorgfalt beachten! Was paßt, ist bei allem am besten.

Und im richtigen Alter ein Weib ins Haus dir geleiten:
Laß an dem dreißigsten Jahr nicht allzuviele dir fehlen
Noch gib viele dazu; dann paßt das Alter zur Hochzeit.
Aber das Weib sei vier Jahre mannbar, freie im fünften.
Nimm eine Jungfrau zum Weib, sie richtigen Wandel zu lehren,
Und eine solche am besten, die nah bei dir selber zuhause.
Doch schau in allem dich um, sonst schaffst du den Nachbarn Vergnügen.
Denn es erlost sich ein Mann nichts Besseres als eine Gattin,
Die etwas taugt, doch nichts so Grausliches als eine schlechte,
Gierig auf Fraß; und die ihren Mann, so kräftig er sein mag,
Absengt ohn eine Fackel und vor der Zeit ihn zum Greis macht.
707 Und nicht wie einen Bruder so nah den Genossen dir stellen!
Hast dus aber getan, daß du nicht als erster ihm weh tust!
Und nicht lügen, damit es gut klingt. Doch macht er den Anfang,

Sagt entweder ein Wort, das kränkt, oder schadet mit Taten,
Denk dran und zahl ihm das doppelt zurück. Doch wenn er als erster
Wieder vorangeht zur Freundschaft und willens ist, Buße zu zahlen,
Nimm das an. Ein Bube nur macht bald den und bald jenen
Sich zum Freund. Dir strafe der Sinn dein Äußres nicht Lügen.
  Und nicht im Übermaß gastlich und auch nicht ungastlich heißen,
Und nicht der Schlechten Geselle und auch nicht der Rechten Bekrittler.
Und brings nie übers Herz, die entnervende grausige Armut
Einem zum Vorwurf zu machen; sie kommt von den ewigen Göttern.
  Ja, ein Schatz ist die Zunge und gilt unter Menschen das meiste,
Spart sie das Wort; sie gefällt und gewinnt, geht sie ruhig am Zügel;
Doch hast du Böses gesagt, hörst bald du Schlimmeres selber.
  Und beim Festmahl, das viele vereint, kein mürrischer Gast sein:
Hier zählt Artigkeit viel, wo man teilt, und die Kosten sind niedrig.

Handle danach. Und nimm dich in acht vorm Gerede der Menschen.
Denn das Gerede ist schlimm: ganz leicht ists, wenn du es aufliest,
Ohne Bemühn, beim Tragen ists schwer, und zäh, willst dus lossein.
Und ein Gerede vergeht nie ganz, haben einmal es viele
Leute im Munde geführt. So ist es denn auch eine Gottheit.

VERGIL

VOM LANDBAU

EINFÜHRUNG

Dichter und Dinge begegnen sich auf mannigfach verschiedene Weise. Bei Homer ist es uns fast immer, als habe die sonst ohne Sprache nur durch ihr Dasein mächtige und bedeutende Welt die Fähigkeit des Wortes erhalten – nein, besser so: Die Dinge sind im Wort und durch das Wort des Dichters rein und seinsmächtig anwesend. Erde, Meer und Himmel, Sonne, Mond und Sterne, Tag und Nacht, Leben und Tod: alles ist einfach da. Und in den Dingen und mit ihnen lebt und handelt der Mensch. Nicht Gefühl, sondern Sein ist alles. Kommt man nun von Homer zu Vergil, so wäre man fast geneigt, diesen letzten Satz umzukehren und zu sagen: Gefühl und Wille und Seele ist alles. So sehr schwingt fast in jedem Vers des Dichters eigenstes, mitempfindendes, forderndes, alles durchseelendes Wesen. Bei Homer meinen wir den Herzschlag der Dinge selbst zu spüren; bei Vergil kommt uns die Welt nicht so sehr aus sich selbst als aus des Dichters Herzen entgegen, von ihm und seines Geistes edlem Feuer durchglüht und Ausdruck geworden in Versen, die leben und weben in einer großartigen, das Ganze und alles einzelne überschwebenden und durchwaltenden Harmonie. Das schlichte Sein, die reine, gottentsprießende Natur treten uns aus Homers Dichtung viel unmittelbarer, oft geradezu bedrohlich und überwältigend nahe mit all ihren Heimlichkeiten und Unheimlichkeiten. Das ist es wohl, warum wir die dichterische Größe Homers immer so ganz und gar bezwingend erleben: das Sein selber der Dinge spricht uns an. Vergils Größe ist nicht so unmittelbar wirksam – sie erscheint manchem zunächst vielleicht zu sehr »von des Gedankens Blässe angekränkelt«, zu formbewußt, zu geistig. Dabei ist sie nur verborgener, liegt tiefer nach innen zu, ist mehr mit dem Ohr als mit dem Auge empfangen und wächst aus einem reinen, die συμπάθεια τῶν ὅλων, das schwingende Mit- und Ineinander des Alls, tief und rein und echt erlebenden Herzen. Wenn wirklich Vergils Dichtung, schon aufgrund ihrer vielfach bedingten Art, uns nicht so unmittelbar anspricht wie die des Homer, so wird sich doch auf die Dauer – und das scheint mir der schönste Beweis für ihre echte Größe zu sein – kein empfängliches Herz dem süßen Wohllaut, der schwermütig-zarten Durchseeltheit und der wahrhaft imperialen *maiestas* vergilischer Verse verschließen können. Und je mehr wir uns hineinlesen und hineinleben in diese kunstvolle und doch von echtem, tiefem Gefühl durchatmete Sprache, desto mehr hören wir durch den Dichter auch wieder Welt und Dinge zu uns sprechen und dürfen mit dem großen englischen Kardinal Henry Newman sagen: »⟨Vergils⟩ einzelne Worte und Sätze, seine pathetischen Halbverse geben, wie die Stimme der Natur selber, Ausdruck dem Leid und der Schwermut, aber auch wieder der Hoffnung auf bessere Tage, welches alles zu jeder Zeit die Erfahrung ihrer Kinder ist.«[1]

Jugendjahre

Mit dem milden, goldenströmenden Lichte des hohen Herbstes, mit leuchtendem, nur hie und da von Regenschauern verhangenem Himmel, mit reifenden Früchten ringsum und köstlichem Dufte, mit des Winzers hallendem Liede und dem weichen, schwermütig-süßen Tone der Hirtenflöte, mit jener unsagbaren Fülle tiefer und inniger Farben, aus denen die Dinge so rein und rund, ganz Form geworden, hervortreten, mit aller Schönheit der *Saturnia tellus* empfing Italiens Erde ihren größten Sänger, den Dichter Publius Vergilius Maro. Zu Andes bei Mantua, dem heutigen Pietole, wurde er am 15. Oktober im Jahre 70 v. Chr. unter dem Konsulat des Pompeius und Crassus geboren. Mit dem Namen dieser beiden Großen Roms klingt mächtig sofort und strahlend auf der Name des größeren Dritten, des Gaius Iulius Caesar. Seines Gestirnes Glanz, langsam und unbeirrbar wachsend, füllte mit unmittelbarwirksamer Nähe gewaltig das halbe Jahrhundert, das unsern Dichter werden, wachsen und reif sein Werk vollenden sah. Weltge-

[1] J. H. Newman: An essay in aid of A Grammar of Assent, New York-London-Toronto 1947, S. 60, übersetzt von Theodor Haecker, Vergil – Vater des Abendlandes, München 1948^{6}, S. 140.

schichtlicher Odem, stürmisch zunächst und düster drohend mit alldurchwirbelnder Wucht, dann aber allmählich Ruhe und Frieden, *pacem Romanam*, über den Erdkreis verströmend, umweht und durchwirkt Vergils Wesen und Welt von seiner frühesten Jugend an. Oft noch werden wir aus seinen Werken spüren, wie dieser Odem des Weltgeistes sein empfängliches Herz im tiefsten Innern erfaßte, erschütterte, bald mit Grauen und Abscheu, bald mit dem Jubel echter Begeisterung erfüllte und emportrug zu jenen unsterblichen Versen, in denen römisches Wesen ein für allemal gültig zum Ausdruck gekommen ist. Ehe wir aber auf Vergils Verhältnis zur Geschichte seiner Zeit und seines Volkes näher eingehen, verweilen wir zunächst noch im stillen, naturhaften Bereich seiner engeren oberitalienischen Heimatgegend um Mantua und Cremona. In dieses zuletzt genannte Städtchen waren Vergils Eltern schon bald nach seiner Geburt übergesiedelt. Er muß seine Heimatlandschaft wohl sehr geliebt haben; das spüren wir noch aus dem besonders innigen Ton, mit dem er in manchen Versen, besonders in der 7. Ekloge und im Proömium zum dritten Buch ›Vom Landbau‹ von Mantua spricht. Dort wuchs er auf, im grünen Gefild,

> Wo breit der Mincius träumend in trägen
> Windungen schleicht, mit schwankem Schilf umwebend die Ufer.
> (3, 14f.)

Aus der flachen, an besonderen Reizen armen Landschaft seines Heimatortes wird der Dichter auch oft in die anmutigere, den Bergen sich nähernde Gegend hinaufgekommen sein. Dort grünten wie heute so damals überall im Lande die Ölbäume mit mattsilbrigen oder stumpfgrünen Blättern in herber, schwermütiger Schönheit, Weingärten deckten, prangend mit großen, dunkelblau schwellenden Trauben, rings die Hänge der Hügel, Ziegen kletterten an steiniger, grünumbuschter Bergwand, Schafe und Rinder weideten im saftig-schwellenden Grunde der kühlen Waldtäler, und oft hing eines Hirten Flötenlied in der warmen Stille des Nachmittags.

Vergils Vater, ursprünglich einfacher Lohnangestellter eines Staatskuriers namens Magius, erwarb sich allmählich ein recht ansehnliches Besitztum durch Ankauf von Waldland. Auch Bienenzucht soll er getrieben haben. Das mag wohl sein, denn oft genug und in Versen süßesten Wohllautes durchsummt der goldenen Bienen sommersonnentrunkenes Schlummerlied die Dichtungen Vergils, Zeugnis einer frühen und stets bewahrten Liebe zu diesen von besonderem Glanze bedeutsam umschimmerten Tieren. Des Dichters Mutter war Magia Polla, die Tochter des Staatskuriers Magius. Ihrem Namen verdankt der Dichter wohl vor allem den namentlich im Mittelalter in Romanform üppig weiterwuchernden Ruf eines Magus, eines Zauberers; vielleicht aber verdankt er ihrem möglicherweise etruskischen Geblüte auch den Hang zum religiös-geheimnisvollen Wesen, dem wir besonders im sechsten Buch der ›Aeneis‹, aber auch sonst noch oft in Vergils Dichtung begegnen. Mythos und Legende überhaupt umweben und umranken schon gleich unsern Dichter, aus dessen Leben wir an handfesten Tatsachen verhältnismäßig wenig über das Wichtigste hinaus wissen. Wie eines Herrschers, eines Königs Geburt wird seine Geburt in einem wunderbaren Traumgesicht seiner Mutter kundgetan: ihr träumte, sie habe ein Lorbeerreis geboren; das sei bei seiner Berührung mit der Erde gar mächtig aufgeschossen und schnell zu einem reifen Baum herangewachsen, mit bunten Blüten und Früchten über und über prangend. Weiter heißt es, die Erde selbst sei des Dichters erste Wiege gewesen; denn Magia Polla genas, so sagt die Legende, ihres Kindleins am Wegrande in einem Graben. Sehr hold und lieblich sei dieses Kindleins Antlitz anzuschauen gewesen, kein Wimmern und Schreien habe es bei seiner Geburt ausgestoßen, auch hierin von gewöhnlichen Sterblichen verschieden. Und ein Pappelreis, das man nach der dort herrschenden Sitte gleich bei des Kindes Geburt gepflanzt habe, sei so überaus schnell aufgewachsen, daß es bald die schon lange vorher gepflanzten Pappeln an Größe erreicht habe. Dieser Baum heiße *arbor Vergiliana,* der Baum des Vergil, und werde von den Müttern vor und nach ihrer schweren Stunde durch Gelübde in tiefer Ehrfurcht heiliggehalten. Mögen gelehrte Forscher in Abhandlungen und Dissertationen dem Ursprung und der jeweiligen Berechtigung solcher die Geburt der Großen umrankenden Mythen und Legenden kritisch und oft skeptisch nachfragen: Wir freuen uns ihrer und halten es in jedem Falle für bedeutsam genug, daß gerade auch um Vergils Wiege ein solcher Kranz erblühen konnte.

Seine Kinderjahre und die erste Schulzeit verlebte Vergil in Cremona. Dort legte er im Alter von fünfzehn Jahren am 15. Oktober 55 v. Chr., wieder unter dem Konsulat des Pompeius und Crassus, die *toga virilis* an. Dumpf und gewitterschwül hing damals der politische Himmel über Italien, dessen staatliche Entwicklung nun, nach einem Jahrhundert voller Wirren und voller Not und Unsicherheit, in das letzte, entscheidende Stadium eintrat. Denn das Gestirn des Mannes, dessen Beinamen von nun an die Herrscher des Abendlandes als Titel tragen sollten, des C. Iulius Caesar, war inzwischen höher und höher gestiegen. Hatte Caesar im Jahre 70, dem Geburtsjahre Vergils, gegenüber Crassus und erst recht gegenüber Pompeius noch nichts zu bedeuten, so war er nun die treibende und leitende Kraft in jenem berühmten Triumvirat (60) und versuchte erst eben wieder, auf der Konferenz in Luca im Jahre 56, die zwischen den Mächtigen immer wieder aufsteigenden Mißstimmungen, Schwierigkeiten und Spannungen möglichst auszugleichen. Durch seine großen Kriegserfolge gegen die Helvetier, die Germanen des Ariovist, die Nervier und die gallischen Seestaaten hatte er den Grund gelegt für seinen von nun an beständig wachsenden Einfluß und seinen die Jahrhunderte überdauernden Ruhm. Einige Monate eher, als Vergil seine Männertoga anlegte, hatte Caesar auf einer festen Brücke den Rhein überschritten, und kurz danach war er sogar nach Britannien – für Vergils und seiner Zeitgenossen Gefühl also fast bis ans Ende der Welt – hinübergefahren, um hier und dort den beiden wilden, ungebrochenen Völkern Respekt vor der Macht des römischen Imperiums einzuflößen. Vor allem aber wollte er den Galliern sehr wichtige Hilfsquellen verstopfen. Die Nachricht von solch kühnen Unternehmungen und Heldentaten wird auch der junge Vergil schon bald gelesen haben in eben der Form, in der sie noch heute der Tertianer kennen- und – je nach seinem Fassungsvermögen und seinem Lateinlehrer – schätzen lernt. Denn Caesars ›Commentarii de bello Gallico‹ waren in Italien schnell bekannt und berühmt. Außerdem hatte Caesar zu der oberitalischen Heimat Vergils ein besonders enges Patronatsverhältnis. Viele seiner Legionäre stammten von hier und werden von ihrem vergötterten Feldherrn erzählt haben, wenn sie zu Hause waren. Es ist auch mehr als wahrscheinlich, daß Vergil den Caesar, der sich ja häufig in Oberitalien aufhielt, gelegentlich selbst gesehen und das Bild dieses großen Mannes mit der Begeisterungsfähigkeit der Jugend seinem ohnehin verehrungsfähigen Herzen tief und für immer eingeprägt hat. Während also im Jahre 55 durch Caesars militärisches Genie Roms Imperium immer weiter um sich griff, verlor Italien im gleichen Jahre, und wenn man der Überlieferung glauben will, an demselben Tage, als Vergil seine Männertoga anlegte, den bis dahin bedeutendsten Dichter lateinischer Zunge, den Titus Lucretius Carus. Es ist schwer, in wenigen Worten zu sagen, was Vergil diesem genialen, von tiefer und dunkelglühender Leidenschaft des Geistes und des Herzens durchwühlten, in Schwermut und Einsamkeit sich verzehrenden Dichter an lebendiger Anregung für Form und Gehalt seiner Werke alles zu danken hat. Immer wieder, namentlich in ›Vom Landbau‹ und im 6. Buch der ›Aeneis‹, begegnen wir Versen, sehr schönen und tiefen Versen, die von des Lucretius Dichtergeiste, von seinem Werk über die ›Natur der Dinge‹ (›De rerum natura‹) inspiriert sind und die sich in den Worten möglichst eng an das Vorbild anlehnen, auch da, wo der Gehalt der Verse ein ganz andersartiger ist. So bringt Vergil seine tiefe Ehrfurcht und Liebe zum Ausdruck und wahrt sich, trotz aller gern zugestandenen, nein, dankbar betonten Abhängigkeit, sein eigenes Wesen. Und in diesem seinem eigensten Wesen weicht der reife Vergil so entschieden und so stark von Lukrez ab, daß Wolfgang Schadewaldt (1960) Vergils ›Georgica‹ »wenn nicht der Absicht, so doch der religiösen Gesinnung nach einen Anti-Lucretius nennen« konnte.

Wir wollen aber hier der geistigen Entwicklung Vergils – soweit sie uns aus den eigenen Werken und anderen Zeugnissen noch faßbar ist – nicht zu sehr vorgreifen und folgen wieder dem Jüngling auf seinem weiteren, höchst einfachen Lebensgange. Er kam bald nach seinem 16. Geburtstage von Cremona fort nach Mailand, dann nach Rom.

Hier besuchte er, wie jeder aufstrebende *civis Romanus,* die Rhetorenschule, um eines Tages als Anwalt seine Tätigkeit auf dem Forum beginnen zu können. Das herrlichste Beispiel dafür, wie man, auch wenn man kein Stadtrömer war, vom Anwalt bis zu den höchsten Staatsämtern aufsteigen könne, hatte Cicero gegeben. Er wird von den Vergilkommentatoren in eine direkte Beziehung zu Vergil gebracht, und es ist wohl sicher, daß Vergil bei seinem Aufenthalt in Rom, etwa von 52–45, den bedeutenden Mann oft gesehen und gehört hat. Eduard Fraenkel (1928) legt in einem feinsinnigen und höchst anregenden Aufsatz: ›Vergil und Cicero‹ das Verhältnis klar, das zwischen diesen beiden Großen des geistigen Roms wohl gewaltet haben mag. Aber was immer auch Vergil von Cicero lernte, auf seinem äußeren Lebensgange ist er ihm nicht gefolgt. Er soll zwar, so heißt es in den Vergilviten, einmal als Anwalt aufgetreten sein, allerdings auch nur dieses eine Mal und dann nie wieder. Denn im Gespräch und in der Rede sei er sehr schwerfällig und fast wie ein völlig ungebildeter Mensch gewesen. Körperlicher und seelischer Habitus ließen ihn – wenn wir der Überlieferung trauen können – als für den Beruf eines Anwalts höchst ungeeignet erscheinen: Er war ein echter *homo rusticus,* ein Mensch vom Lande. Als solchen verrieten ihn seine *facies rusticana,* sein Bauerngesicht, sein stets sehr zurückhaltendes, geradezu schüchternes und sicher auch etwas linkisches Wesen und Auftreten und seine Ungewandtheit in der urbanen, leichtfertig, flink und oberflächlich dahinplätschernden Konversation. Nachdenklicher Ernst, ein tiefes Bewußtsein von dem Gewicht und der Würde des Wortes und ein aus solchem Bewußtsein entspringendes Verantwortungsgefühl werden ihm schon früh eigen gewesen sein, schuf er doch auch späterhin seine Werke nur in sehr langsamem Fortschritt. Theodor Haecker hat in seinem starken, von tiefem Verständnis, echtem Erleben und wahrer Begeisterung zeugenden, ein ganz eigenes Vergilbild vermittelnden Buche ›Vergil, Vater des Abendlandes‹ an vielen Stellen unübertrefflich feinsinnig und tiefdringend über vergilische und über Sprachkunst überhaupt geschrieben. Er spricht auch von der langsamen Schaffensart Vergils und weist auf das schöne Gleichnis hin, in dem Vergil selbst, wie Gellius (›Attische Nächte‹ 17, 10, 2) berichtet, von seinem Dichten erzählt haben soll. »Freunde und Vertraute Vergils berichten in ihren Memoiren über Genie und Charakter des Dichters, er habe zu sagen gepflegt, nach Bärenart gebäre er seine Verse. Denn wie jenes Tier einen gestalt- und formlosen Wurf hervorbringe, das also Hervorgebrachte nachher aber durch Lecken in Form bringe und bilde, genau ebenso seien auch seines Geistes Neugeburten von rohem und unvollkommenem Aussehen; dann aber gebe er ihnen durch kräftige Behandlung und Pflege Gesicht und Antlitz.«

Dazu schreibt Theodor Haecker: »Wer nicht hingerissen ist von der rührenden Lieblichkeit dieses Vergleiches, der versteht weder die *anima Vergiliana* noch ihre Sprachkunst, welche die höchste ist, da sie die Sprache als lebendigen Organismus, hier weich, dort hart, hier fest und ruhend, dort beweglich und fließend, hier statisch, dort dynamisch behandelt. ... Zur Vollendung seines Werkes, zur Verbesserung auch nur eines kleinen Teiles, ja zur Änderung auch nur eines Wortes braucht ein Dichter wie Vergil immer von neuem die Totalität, die Totalität seiner Idee und dessen, was er sagen will, wie auch die Totalität des Mediums, durch das er es sagen will, hier also der Sprache.«[1]

Catalepton

Menschen, die so aus der reinen, in den Tiefen ihres Wesens wurzelnden und immer neu entspringenden Ganzheit denken und ihr Wort formen, sind im allgemeinen nicht besonders zu Rhetoren geeignet. Dieser durch den seelischen Habitus bedingten Fehleignung Vergils zum Redner gesellte sich die körperliche Schwäche: Er neigte zu Magenleiden und hatte gelegentlich Bluthusten. Das alles trug viel dazu bei, daß er in aller Stille und Zurückgezogenheit dem heiligen Dienste der Musen lebte, »ingenti percussus amore«, durchdrungen von glühender Liebe.

Aber wenn auch, wie aus einem der Jugendgedichte (Catalepton 5) deutlich hervorgeht, Vergil schon in sehr jungen Jahren den Hang nach stiller Beschaulichkeit und ernster, vertiefter philosophischer Bildung verspürte, wenn ihn auch schon bald die allzu flache Betriebsamkeit der Rhetorenschule abstieß, wenn ihn damals selbst die holden Musen – denn hold waren sie ihm – für eine Weile freigeben mußten, eine Zeitlang hat er doch immerhin – so viel dürfen wir den unter dem griechischen, hellenistischer Zeit ent-

[1] Theodor Haecker, a.a.O., S. 57f.

stammenden Titel »Catalepton« überlieferten Jugendgedichten wohl entnehmen – dem Leben, Dichten und Treiben der *jeunesse dorée* in Mailand und Rom nicht ganz ferngestanden. In diesem Kreise erfreuten sich damals vor allem die sogenannten Neoteriker, die νεώτεροι die »neumodischen« Dichter, wie Theodor Mommsen sie in seiner immer noch ausgezeichneten Charakteristik nennt[1], einer großen Beliebtheit. Hatte sich Ennius, wenigstens in seinem Groß-Epos von Roms Werden und Wachsen, den ›Annales‹, in der Form ganz eng an Homer angeschlossen und die lateinische Sprache mit dem ihr keineswegs auf den Leib gewachsenen Hexameter beschenkt, einem in archaisch-schwerer, oft schwerfälliger Würde einherschreitenden Hexameter, hatte er, und in seinem Gefolge der schon genannte geniale Dichterphilosoph Lukrez, sich noch in großen Formen bewegt, wenn es ihnen auch noch nicht gelungen war – denn das blieb erst dem reifen Vergil von den Musen vorbehalten –, diese im einzelnen sehr sprach- und geistgewaltigen Versblöcke und Formen vom Ganzen her zu beherrschen und zu durchseelen, so trat nun bei den Neoterikern ein ganz anderes, geradezu entgegengesetztes künstlerisches Streben auf den Plan. Im engsten Anschluß an die berühmten Alexandriner, an Kallimachos, Euphorion, Aratos und andere, dann aber auch übergreifend auf die frühe griechische Lyrik, namentlich auf die Gedichte der Sappho, formten diese neueren Dichter höchst gefeilte, kunstvolle, oft gekünstelte, mit entlegenen Mythen prunkvoll überladene Gedichte, Kleinepen, Elegien, Festgesänge, Hochzeitslieder und nicht zuletzt Epigramme und Jamben, in denen sich persönliches Leben und Erleben in einer bis dahin in Rom unerhörten Weise Luft machte. Sie nannten ihre Dichtungen »nugae«, Tändeleien. Zu den großen Wandlungen im politischen Leben Roms, überhaupt zur Geschichte des Volkes nahmen diese *l'art pour l'art*-Poeten höchstens dann Stellung, wenn sie sich von einem der Mächtigen geärgert oder verletzt fühlten. Ihre Gedichte sind uns nur bruchstückweise bei späteren Grammatikern, ihre Namen gelegentlich auch schon bei Catull, Vergil und Horaz erhalten. So hören wir von Licinius

[1] Theodor Mommsen: Römische Geschichte, Berlin 1904, Bd. 3, S. 599.

Calvus, Helvius Cinna und vor allem von Cornelius Gallus, dem Vergil in der 6. und 10. Ekloge ein Denkmal gesetzt hat. Einer von ihnen aber ist uns mit dem größten Teil seines Werkes erhalten geblieben, und er war sicher auch der bedeutendste, C. Valerius Catullus aus Verona. Catulls aus gallischem Temperament, aus heißem Blut und stürmisch empfindendem Herzen geborenen und doch auch wieder von überlegenem Kunstverstand geformten Verse fanden sehr schnell Beifall und wurden eifrigst nachgeahmt. Den jungen Vergil, der den im Jahre 54 jung verstorbenen Dichter wohl nur aus seinen Werken kannte – wenn er nicht schon als Schüler in Cremona von ihm gehört oder ihn gesehen hatte –, reizten besonders Catulls Jamben und Hinkjamben zur Nachahmung. Das zeigen uns die Catalepton-Gedichte 2, 5, 6, 12 und besonders schön Catalepton 10, ein Spottgedicht, vielleicht, aber nicht unbedingt sicher, auf den aus Picenum stammenden P. Ventidius Bassus, der, wie es bei Cassius Dio (43, 51) heißt, von Caesar für das Jahr 43 zum Praetor bestimmt war. Großes Aufsehen erregte es, daß er als Anhänger des Antonius sogar Konsul werden sollte. Die Verse, die man ihm daraufhin in dem stets klatsch- und spottfrohen Rom anhängte, hat uns Gellius (15, 4) erhalten. Sie haben möglicherweise die Anregung zu Vergils Catalepton 10 gegeben:

> Zuhauf, ihr Seher, Zeichendeuter, strömt zuhauf!
> Ein Wundertier ward jüngst geheckt, höchst sonderbar:
> Denn er, der Maultierstriegler, er ist Konsul jetzt!

Wir betrachten nun in engstem Anschluß an den eben schon gerühmten Aufsatz Eduard Fraenkels den Charakter des Gedichtes selbst, das ein wahres Kabinettstück ist, voller Witz, Bosheit, Beobachtungsgabe, und das außerdem eine staunenswerte technisch-formale Leistung darstellt. Es gibt sich als Parodie von Catulls bekanntem, anmutig kunstvollen carmen 4: ›Phaselus ille quem videtis hospites.‹ Schritt für Schritt folgt Vergil seinem Vorbild, übernimmt ganze und halbe Verse, ahmt den schwierigen, aus reinen Jamben bestehenden Trimeter Catulls genau nach, gibt aber den Worten und Sätzen einen überraschend neuen, giftig-spottenden Sinn. Es ist sicher, daß der junge Dichter mit diesem hochkomplizierten artistischen Bravourstück großen Eindruck bei der Gilde gemacht hat. Über alles Parodistische hinaus aber lebt in dem Gedicht eben auch der seine Heimat und das Leben und Treiben der Menschen in ihr mit liebevoller Aufmerksamkeit beobachtende Dichter. Das verraten die netten Verse von dem Maultiertreiber, der seinen Tieren die Mähnen stutzt, damit sie sich im Joch den Hals nicht wundreiben, die Bemerkungen über die Konkurrenz, die Schilderung der sumpfigen, radzerfurchten Landstraßen. Echt oberitalisches Kolorit! Sicher ist, daß gerade solche Gedichte ihrem Wesen nach am allerschwersten zu übertragen sind; immerhin kommt oft der Leser eben da, wo der Übersetzer versagen mußte – oder sagen wir bescheidener, *hic et nunc* versagte – zu einem echten Verständnis und dann auch zum vergnüglichen Genuß dieser köstlichen Parodie, die, wie Eduard Fraenkel (1928) sagt, »als Zeugnis für bestimmte Vorbedingungen der vergilischen Meisterschaft einen unschätzbaren Wert« hat.

Es waren also in erster Linie rein persönliche Ergüsse und artistische Spielereien und Aufgaben, wenn auch höchst komplizierter Natur, durch deren Bewältigung der junge Dichter im Kreise der Neoteriker seines Formtalentes glücklich-stolz innewurde. Aber so beglückend das Bewußtsein des wachsenden Könnens auch war, auf die Dauer ließ Vergil sich von den an sich schätzbaren, aber doch zweitrangigen Werten rein technischer Bravour nicht blenden und fesseln. Sein Geist strebte nach echter Tiefe, ihn lockte »der Betrachtung strenge Lust«. Davon gibt Catalepton 5, eine »Selbstbesinnung, ein Sichaufraffen, eine Lebenswahl«, wie Wolfgang Schadewaldt (1960) sagt, eindrucksvoll Zeugnis:

> Wir segeln fort jetzt nach des Seelenglücks Häfen,
> Des großen Siro Wort und Weisheitsspruch suchend,
> Und halten Sorgenlast vom Leben ganz fern uns.
>
> (8–10)

Dieser Siro, zu dem Vergil sich hier suchend bekennt, war damals (50–45) ein bei Neapel und gelegentlich auch wohl in Rom lebender und lehrender Epikureer. Cicero nennt ihn zusammen mit dem bekannten Epikureer Philodemus »familiaris nostros, ... Sironem et Philodemum, cum optimos viros, tum homines doctissimo« –

»unsere Vertrauten, den Siro und Philodemus, ganz vorzügliche Männer und darüber hinaus ausgezeichnete Gelehrte« (De fin. 2, 119) und in einem Brief an Trebianus nennt er den Siro mit Nachdruck »nostrum amicum« – »meinen Freund« (Ad fam. VI 11, 2). Wir wissen gerade aus Ciceros philosophischen Schriften, ein wie lebhafter Disput damals unter den gebildeten Römern über die Lehren des Epikur und der Stoiker hin und her geführt wurde. Cicero war es auch, der im Jahre 54 das große Werk des verstorbenen Lukrez aus dem Nachlaß veröffentlichte. So wird Vergil, der gegen 52 nach Rom kam, mit Siro zusammen dieses von tiefer Leidenschaft durchglühte und dunkler Schwermut überschattete, sprach- und herz-, nicht immer geistgewaltige Werk studiert haben. Und wenn er später auch ganz anders gesinnt war, wenn er ganz sicher schon damals den leidenschaftlichen Haß des Lukrez gegen die *religio* nicht geteilt, wohl aber in seiner Ehrlichkeit und reinen Gesinnung richtig gewertet hat, den Dichter hat er immer geliebt und hat seiner Liebe oft Ausdruck gegeben.

Es ist auch in der Lehre des Epikur sehr vieles, was dem innersten Wollen und Wesen Vergils und vielen seiner Zeit und seiner Art durchaus anmutend, ja herzbezwingend entgegenkam. Die Tage waren voller Kriegsgeschrei und Wirrwarr; Bürgerkrieg und Parteihader zerriß die gesamte römische Welt; nirgendwo Sicherheit, nirgendwo Friede; nur eine große, von Jahr zu Jahr unter immer neuen Enttäuschungen anwachsende, verzehrende Sehnsucht nach Ruhe und Frieden, die geradezu den Charakter religiöser Inbrunst annahm. Wir haben gelernt, diese Sehnsucht nachzufühlen, und lernen es mehr und mehr. Auch Epikur lebte in höchst unruhigen Zeiten. Als Alexander der Große in Babylon starb, war er, der auf Samos als Sohn eines Atheners 342 geboren war, eben 19jährig. Durch den Lamischen Krieg verlor Athen seine letzten Kolonien, auch Samos. Die athenischen Kolonisten, unter ihnen auch Epikurs Vater, wurden enteignet und außer Landes gejagt. Man begreift angesichts solcher Jugenderlebnisse Epikurs Sehnsucht nach Seelenfrieden, nach Verborgenheit, nach Glück; man begreift auch, daß Nietzsche recht hat, wenn er von diesem häufig mißverstandenen Glücksstreben Epikurs sagt: »Solch ein Glück hat nur ein fortwährend Leidender erfinden können.«[1] Siro wird dem jungen Vergil auch oft Kernsätze des Meisters vorgelesen haben: Λάθε βιώσας – »Lebe in stiller Verborgenheit!« Ὁ ἀτάραχος ἑαυτῷ καὶ ἑτέρῳ ἀόχλητος. – »Wer keine Unrast in sich hat, bringt sich selbst und den Nächsten nicht durcheinander«, und Vergil wird dem aus ganzem Herzen zugestimmt haben, er, dem das Leben in der Stille die Quelle seines Schaffensglückes war und blieb. Er wird auch die Grundhaltung Epikurs der Lust gegenüber richtig gewürdigt haben, die am deutlichsten zum Ausdruck kommt in dem bei Diogenes Laertius (X 149) überlieferten Abschnitt: »Wenn wir die Lust als oberstes Ziel aufstellen, so meinen wir damit nicht die Vergnügungen der Schwelger und den aktuellen Genuß, wie Unwissende, Gegner und absichtliche Mißdeuter es darstellen, sondern das Freisein von Körperschmerz und ungestörte Seelenruhe. Denn nicht in Trinkgelagen mit ausgelassenen Umzügen, noch im Verkehr mit schönen Knaben und Mädchen, noch im Verzehren von Fischen und sonstigen Leckerbissen einer feinen Tafel besteht das lustvolle Leben, sondern in gelassener Klugheit, die sachkundig erstrebt und meidet und mit den Wahnideen aufräumt, die die Seelenruhe stören.«[2] Eins aber zu allem anderen wird Vergil bei den Epikureern als ganz wesensverwandt empfunden haben, ihre hohe Kunst der innigen, Geist und Herz veredelnden Freundschaft. »Unter allem, was zu einem glücklichen Leben beiträgt, gibt es kein größeres Gut, keinen größeren Reichtum als die Freundschaft.«[3] Friedrich Klingner nennt in seinem Buch ›Römische Geisteswelt‹ Vergil einmal »einen großen Liebenden unter den Dichtern«. Das spricht sein ganzes Wesen aus, von diesem Wesenskern her verstehen wir sein gesamtes Schaffen, und das umfaßt auch vor allem sein Verhältnis zu denen, die er als Freunde in großer Liebe und Ehrfurcht im Herzen trug. Schön und eigenartig rührend kommt diese scheue Liebe schon in dem letzten Distichon des Catalepton 4 zum Ausdruck:

[1] Heinrich Schmidt: Epikurs Philosophie der Lebensfreude. Leipzig o.J., S. 89.

[2] Übersetzt von H. Mayer: Geschichte der abendländischen Weltanschauung, 1. Bd.: Die Weltanschauung des Altertums, Würzburg 1947, S. 315.

[3] Heinrich Schmidt, a.a.O., S. 100.

Daher ist es genug, wenn du mir erlaubst, dich zu lieben.
Gegenliebe, woher käme auch je sie mir zu?

(11–12)

Die zarte, ganz auf Lieben und Verehren angelegte Wesensart Vergils kommt hier so heraus, daß man zu spüren meint, wie er, der so fein empfand, wohl auch oft unter stolzem und ablehnendem Verhalten innerlich gelitten hat. Aber auch im Leiden um die Freundschaft liegt ein großes Glück. Wie aus dem Leid um Liebe das Lied am reinsten hervorquillt, empfinden wir am stärksten in der 2. und auch in der 5. Ekloge, und sonst noch oft. Vergil ist wirklich, und er war es von seinen Anfängen her, »ein großer Liebender unter den Dichtern«. Und daß er Gegenliebe gefunden hat, wissen wir aus den Gedichten des Horaz. Auch Siro, sein Lehrer und Freund, muß ihn doch wohl sehr geliebt haben. Er überließ ihm ein kleines Gut; und als in den Wirren der Jahre 43–40 das Besitztum seines Vaters gefährdet war und schließlich verlorenging, da konnte Vergil seine Lieben auf diesem Gütchen, das einst dem Siro gehörte, in Sicherheit bringen. Es ist ein besonders schönes Gedicht, dieses Catalepton 8, in dem er das kleine Landgut also anredet:

Landhäuschen, einst des Siro Besitz, mein Äckerlein, armes,
Und doch jenem, dem Herrn, wirklicher Reichtum auch du:
Mich und diese zusammen mit mir, die ich immer schon liebte,
Lege ich dir ans Herz, wenn ich vom heimischen Land
Schlimmes gehört. Ich empfehle zuerst dir den Vater; sei du ihm
Jetzt, was Mantua einst und was Cremona ihm war.

Viel Schlimmes war ja inzwischen geschehen; Caesar war unter den Dolchen von politischen Schwärmern und persönlichen Neidern gefallen, ein Ereignis, das den damals 26jährigen Vergil tief getroffen hat. Die Erschütterung darüber zittert noch nach im Schlußteil des ersten Buches, ›Vom Landbau‹, wo es heißt:

Klagte die Sonne doch auch über Rom ob Caesars Ermordung,
Als sie ihr strahlendes Haupt einhüllte in stählernes Grauen
Und eine ruchlose Welt vor ewiger Nacht sich entsetzte.

(466ff.)

Schon seit der Reform der Gracchen war Italien nicht mehr zur Ruhe gekommen. Jetzt aber war die Krisis auf ihrem gefährlichsten und entscheidenden Punkte angelangt. Trostlos schaute der Dichter auf dieses Land und diese Welt überhaupt und klagte:

Hier ist Recht ja und Unrecht verkehrt. Wie die Kriege auf Erden
Wachsen, so heben ihr Haupt in grausiger Zahl die Verbrechen.
Niemand ehrt noch den Pflug. Fort muß der Bauer, die Fluren
Liegen verödet. Man glüht zum mordenden Schwerte die Sichel.
(505 ff.)

Bucolica

Er selbst, der Dichter, und seine Familie verloren in diesen Wirren nach der Schlacht bei Philippi (42 v. Chr.) das heimatliche Gut. Kommentatoren alter und neuer Zeit haben viele und oft sonderbare Versuche gemacht, Vergils Eklogen als direkte Quelle für die tatsächlichen Ereignisse auszuwerten. Wir halten es mit denen, die es ablehnen, aus Gedichten, die so, wie diese Eklogen Vergils, zwischen harter realpolitischer Wirklichkeit der Gegenwart und dichterischer Traum- und Wunschwelt hin und her weben, handfeste historische Tatsachen exakt erweisen zu wollen. Fest überliefert ist, daß Vergil durch Vermittlung seiner einflußreichen Freunde, des Cornelius Gallus und des Asinius Pollio, auch des Alfenus Varus, mit Augustus, damals noch Octavianus, bekannt wurde und durch dessen Eintreten in irgendeiner Form wieder zu Recht und Besitz kam. Daß ihn freilich alle diese Erlebnisse, für deren schneidende und lebensgefährdende Realität wir heute ein unmittelbares Verständnis gewonnen haben, tief erschütterten, das spüren wir deutlich, namentlich aus der 9. und dann aus der 1. Ekloge. Wir begreifen wohl auch, daß der Dichter den Mann, der endlich Ordnung und Ruhe und den ersehnten Frieden über die damalige Welt brachte, zeitlebens wie einen Gott verehrt hat. So heißt es gleich in der 1. Ekloge, die allerdings der zeitlichen Reihe nach nicht die erste ist, vom Dichter aber mit wohlerwogener Absicht an den Anfang *der* Gedichte gestellt wurde, mit denen er als Diener der Musen, als Künder und Bewahrer der zarten, so verletzlichen Schönheit schlichten und gottnahen Daseins vor seine vom Kriegsfieber gepeinigte Mitwelt trat:

Ja, Meliboeus, ein Gott beglückte uns also mit Muße.
Denn er gilt mir immer als Gott und seinen Altar soll
Oft noch netzen das Blut eines Lämmleins unserer Hürden.
(6–8)

Der Name des Gottes freilich wird verschwiegen. Es heißt nur: »ille iuvenis« – jener Jüngling, genauer: jener Mann in der Blüte der Jahre. Die Ausleger der Eklogen sind bis auf den heutigen Tag fast alle der Meinung, dieser »iuvenis« sei Octavian, dem Vergil hier einen ganz persönlichen, aber doch zu seiner Zeit noch gar nicht so selbstverständlichen Kult weiht. Die Meinung allerdings – oder besser, der Glaube daran, ein großer, ungewöhnlich herrschbegabter Mensch sei wie ein Gott unter den Menschen, ist zu Vergils Zeiten nicht neu. Er findet sich schon, wie Otto Immisch[1] in seinem interessanten und lehrreichen Aufsatz: ›Zum antiken Herrscherkult‹ bemerkt, bei Aristoteles: εἰκὸς ὥσπες ϑεὸν ẹἶναι ἐν ἀνϑρώποις τὸν τοιοῦτον – »Es ist begreiflich, daß jemand von dieser Art bei den Menschen als Gott gilt« (Pol. III 1284a, 11). Und das Verlangen nach einem sichtbar unter den Menschen erscheinenden, rettenden Gotte, einem σωτήϱ, einem »Heiland«, hatte sich in den Jahren nach Alexanders Tode oft geäußert und – wie das unter den armseligen Menschen noch in modernen Zeiten nicht selten geschieht – veräußert und an unwürdige Betrüger und brutale Gewaltmenschen verloren. Die Gefahr, auch Vergil, Horaz und überhaupt die Dichter der augusteischen Zeit unter der Perspektive einer allzu überschwenglichen, ja höfisch-schmeichlerischen Adoration eines in seinem Charakter keineswegs makellosen Mannes zu beurteilen und zu verurteilen, liegt sicher gerade heute nach allem, was wir an »Caesaren«-Kult erlebt haben, nicht so fern. Nun hat aber die Vergil- und Horazforschung unseres Jahrhunderts – anzutreffen in den Büchern, Vorträgen und Abhandlungen Eduard Nordens, Richard Heinzes, Johannes Stroux', Friedrich Klingners und vieler anderer – überzeugend nachgewiesen, daß die Dichtungen des Horaz und Vergil auch da, wo sie Augustus nach unserem Gefühl in überschwenglicher Weise feiern, nicht aus dem Geiste kriechender

[1] O. Immisch: Zum antiken Herrscherkult (Aus Roms Zeitwende – Erbe der Alten, Reihe 2, 20), Leipzig 1931, S. 6.

Gunstbuhlerei hervorgegangen sind. Wer die Gedichte Vergils und namentlich die des Horaz – denn bei ihm lassen sich Werden und Wandlungen genauer fassen – aufmerksam liest und sich in sie einfühlt, wer dazu die gesamte Zeitgeschichte vor Augen hat, der spürt genau, daß er es hier mit echter, langsam wachsender und allmählich erst sich – in jeder Bedeutung des Wortes – ergebender Überzeugung zu tun hat. Näheres über die Art, wie Vergil den Octavianus kennenlernte, wissen wir nicht. Wenn wir in den ›Georgica‹ den Namen des Caesar – gemeint ist Octavianus – genannt finden, spüren wir auch sofort, aus welchem Abstand der Verehrung Vergil zu dem »Retter seines Landes« aufschaut, wie er ihm einen Tempel erbauen will am Mincio (›Vom Landbau‹ 3, 10–39) – man darf dieses Versprechen des Tempelbaus erfüllt sehen in der ›Aeneis‹, in deren Mitte tatsächlich Augustus thront –, aber all das sagt uns nichts über den Weg des Vergil zu Octavianus. Er spricht überhaupt nicht so oft von sich selbst wie Horaz. Das Persönliche tritt fast ganz zurück, zumindest verhüllt es sich. In seinen Eklogen greift er wohl einmal noch Dichter an, die ihm verhaßt sind, meist aber rühmt er seine hochstehenden Freunde, den Asinius Pollio, den Alfenus Varus und den Cornelius Gallus. Von Maecenas hören wir in den Eklogen noch nichts; Octavianus wird zwar verherrlicht in der 1. und wohl auch in der 4. Ekloge, aber in einer sehr eigenen, nur andeutenden, Ahnung weckenden Weise des Sagens und Dichtens. Wenn in der 1. Ekloge, wie Hans Oppermann (1932) schön gesagt hat, die Hirtenwelt gleichsam transparent wird für die darunterliegende Welt realpolitischer Ereignisse und Schicksale, die Vergil und ganz Italien im Jahre 41 hart betroffen haben, wenn das Glück, das ihm durch das vermittelnde Eintreten des Octavianus zuteil geworden war, aus dem dankbar-frommen, fast überschwenglichen Lobpreis des Tityrus herausklingt, so bleibt in der 4. Ekloge alles Persönliche fast ganz aus dem Spiel. Es ist eine Welt des Wunders, der geheimnisvoll-gläubigen Erwartung eines neuen Weltzeitalters. So berechtigt auch immer das Fragen des Historikers nach dem realen Anlaß und Hintergrund dieses berühmten Vergilgedichtes sein mag, letzten Endes soll nach des Dichters Absicht sein Rühmen und Preisen orakelhaft-dunkel im Sinn Heraklits bleiben: Ὁ ἄναξ, οὗ τὸ μαντεῖόν ἐστι τὸ ἐν Δελφοῖς, οὔτε λέγει οὔτε κρύπτει, ἀλλὰ σημαίνει[1]. – »Der Herr, der das Orakel in Delphi besitzt, sagt nichts und birgt nichts, sondern bedeutet.« Und doch haben wohl, so scheint es uns wenigstens, die jüngeren Deuter vergilischer Dichtung richtig gesehen, wenn sie aus den Eklogen 5, 9, 1 und 4 eine immer entschiedenere Wendung Vergils zu seinem Volke und seiner Geschichte zu erkennen glauben. Von hier aus geht dann die Linie weiter zu ›Vom Landbau‹, wo Octavianus als gottgesandter, selbst göttlicher Retter Italiens ganz offen gepriesen wird, und weiter zur ›Aeneis‹, wo Augustus aus der Mitte des Gedichtes bedeutend hervortritt als der Gestalter und Lenker der Geschichte Roms und der Welt.

Die ›Bucolica‹ Vergils, zarte und wahrhaft adlige, klassisch-schöne Gedichte, sind wahrscheinlich in Norditalien entstanden in der Zeit von 42–39. Der Dichter flüchtete sich vor der furchtbaren Wirklichkeit in sein von ihm begründetes Reich der Stille und der zerbrechlichen, träumerischen Schönheit. Verse klingen hier von unsagbar innigem Wohllaut und schwermütig-sehnsuchtsvoller Süßigkeit, eine Welt, ganz hineingeholt und gelöst in Empfindung, in Herz und Seele, wenig greifbare Dinglichkeit, alles überschimmert von webendem Gefühl und hoher, geheimnisschwerer Ahnung. Was ist doch hier aus der trotz aller Schäferei immer noch griechisch-dichten und oft prallen, satten Dingwirklichkeit Theokrits geworden an Zartheit und Traum! Es ist gut, daß die Jagd auf Parallelstellen zum Nachweis der nicht vorhandenen Originalität des römischen Dichters nun endlich aufgehört hat. Vergil ist in seiner echten und durchaus dichterisch hohen Schöpferkraft längst erkannt und gewürdigt. Er ist in den Hirtengedichten der Begründer »des abendländischen Lyrismus«, wie Wolfgang Schadewaldt (1960) sagt, einer ganz neuen und nun weiter wirkenden Weise dichterischen Fühlens und Sagens. Die bei den Neoterikern gelernte und geübte Zucht der Sprache hat einen Vers geschaffen, der fähig ist, alle Schwingungen des Herzens und des Geistes vollendet auszudrücken.

In dieser Zeit wuchs auch die Freundschaft Vergils zu Horaz, dem so ganz andersgearteten, zweiten großen Klassiker römisch-

[1] Fragmente der Vorsokratiker 22 B 93 Diels-Kranz.

augusteischer Dichtung. Das nun anhebende schöpferisch-dichterische Hin- und Wiederweben von Geist zu Geist und von Herz zu Herz zwischen den beiden Freunden klingt wohl hie und da in Versen auch bei Vergil noch an. Und wir besitzen noch die schönen Gedichte des Horaz, in denen er seines Freundes liebend und dankbar gedenkt. Um diese Zeit (40/39) finden wir Vergil dann auch im Kreise jenes Mannes, dessen Namen von da an jeder Gönner und Schützer der Dichter und Künstler tragen sollte, des Maecenas. Die ›Georgica‹, das zweite große Werk Vergils nach den ›Bucolica‹, zehn Jahre nach dem Erscheinen der ›Bucolica‹ beendet, sind diesem bedeutenden, eigenartigen Manne zugeeignet. Durch Maecenas wird Vergil, genau wie Horaz, auch dem Augustus, damals noch Octavianus, wirklich nähergekommen sein. Von nun an lebte der Dichter in ruhigen, durchaus gesicherten Verhältnissen, meist in Sizilien und Campanien, gelegentlich auch bei Tarent, selten in Rom. Kam er dorthin, so zeigten die Leute auf ihn und rühmten ihn laut. Tacitus berichtet, daß einmal, als Vergils Eklogen im Theater gesungen wurden und man die zufällige Anwesenheit des Dichters entdeckte, alles Volk sich erhob und den Dichter ehrte, wie sonst nur der Imperator Augustus geehrt zu werden pflegte, ein schöner Beweis für die Größe Vergils, die Größe des Augustus und die große Liebe des römischen Volkes zu seinem Dichter[1]. Dabei hat Vergil, hier auch wieder anders als sein Freund Horaz, es keineswegs gesucht und geliebt, daß man auf ihn zeigte. Er flüchtete vielmehr vor der Begeisterung des Volkes, drückte sich in einen Hauseingang und war froh, wenn die ihn umjubelnde Menge ihn aus den Augen verloren hatte.

Georgica

In der Stille einer ruhmlosen Muße schuf er das schönste Lied von der Erde, vom Menschen, vom Bauern, von der *Saturnia tellus* Italien, dem liebsten aller Lande und dem gesegnetesten auf der Welt mit seiner Hauptstadt, der *pulcherrima Roma.* Hier in ›Vom

[1] Dialogus 13.

Landbau‹ dürfen wir einen Blick in sein Herz tun. Hier spiegelt das All sich wider: Gott, Mensch, Tier, Pflanze, Land und Meer, Himmel und Erde. Hier kreisen nach großen Gesetzen die Sterne, und ihrem erhabenen, göttlich gefügten Rhythmus ordnen die irdischen Wesen sich ein. Eine große συμπάθεια τῶν ὅλων durchwirkt und durchwaltet das All. Vergils »Kosmosgedicht« (H. Klepl, 1940/ 1967), so müßte es eigentlich heißen. Denn es fehlt in ihm wohl kein einziger Wesenszug göttlichen und menschlichen Seins. Bei jedem Lesen spürt der mitlebende und mitdenkende Leser es stärker und beglückender: Er atmet der Blumen und Sträucher zartesten Duft, am Waldhang ruhend im Lichte des heiteren Lenzes, von goldenen Bienen umsummt, er spürt die beglückende Nähe der Erde, der allgerechten Mutter, aber er spürt nicht weniger tief ihr dunkles, unheimliches, oft mit Tod und Verderben ausbrechendes Wesen.

In den ersten vier Versen der ›Georgica‹ läßt Vergil den Gesamtaufbau der Dichtung sichtbar werden: Ackerbau, Baumzucht, Viehzucht und Bienenpflege will er besingen. Das tut er nun keineswegs in nüchtern aufzählender, auf strenge und vollständige Reihenfolge der jeweiligen Gegenstände bedachter Art, etwa wie einer der landwirtschaftlichen Fachschriftsteller, deren Werke ihm vorlagen. »Vergil will nicht als Fachmann lehren«, sagt Wolfgang Schadewaldt (1960). »Was er an Fachlichem gibt, ist beispielhafte Auswahl. Nach einem sehr festen Aufbauprinzip dient ihm die Sachunterweisung fast überall nur als Tragfläche für scheinbare Abschweifungen, die in Wahrheit aber die Bogen darstellen, durch die Gedanke und Ethos fortgeleitet werden.« Die Verkennung dieses Grundcharakters der ›Georgica‹ hatte dazu geführt, Vergils Komposition als eine mehr oder weniger gelungene Reihung »reizender Einzelbildchen« anzusehen; ja, man sagte von ihm, dem »baumeisterlichsten Dichter« Roms: »Bei geschlossenen größeren Kompositionen versagt er – vom Standpunkt eines strengen Kritikers aus gesprochen – leicht«[1]. Man verkannte schon früh den Sinn der sogenannten Exkurse oder Digressionen, sah in ihnen poetisch reizvolle, dem Abwechslungsbedürfnis des Lesers dienende Einschiebsel nach Art hellenistischer und neoterischer Dichtungen

[1] P. Jahn: Vorwort zur Vergilausgabe, Bd. 1, Berlin 1915[9], S. XXVIII.

und meinte, für den großen Zusammenhang könne man ihrer durchaus entraten. Wie wenig solche Anschauungen dem Wesen und der Absicht vergilischer Dichtung gerecht werden, ist seit Erich Burcks (1929) bahnbrechender Untersuchung immer deutlicher geworden. Friedrich Klingner (1964) knüpft daran an: »Die Kunst, die die Hirtengedichte gestaltet, bewährt sich erst recht an dem größeren Werke. Gedanken, Anschauungen, Themen bereiten sich unvermerkt im Bereich anderer vor, treten dann plötzlich heraus und herrschen, erweitern oder verengen sich, klingen nach und verklingen allmählich, während neue zur Herrschaft kommen, so wie in unser aller Innern die Gedanken und Bilder mehrschichtig bewegt kommen und gehen. Bei alledem ist aber nichts Unbestimmtes, Verschwommenes. Das Werk macht bis zur kleinsten Versgruppe, ja bis zum einzelnen Vers eine klar gestaltete Welt aus.«

Im »Lob des Landlebens« (2, 458–540), einem Gipfel der Dichtung, weist Vergil sich seinen Platz neben oder doch gleich nach Lukrez an. Er spricht von sich als dem Priester der Musen (2, 476), dessen innigster Wunsch es sei, das Wirken der Kräfte des Alls zu ergründen. Die Fähigkeit, so Hohes zu leisten, liegt nach seiner Meinung im Blute, das rings das Herz umflutet (2, 483f.). »Ingenti percussus amore« ist der Priester der Musen, durchzuckt von gewaltiger Liebe. Nur so ist er befähigt, »rerum cognoscere causas« das Wesen der Welt zu ergründen (2, 490). Mit dieser Auffassung vom Charakter der Wesens- und Welterkenntnis, deren Organ das warme Herzblut und das Herz selber ist, steht Vergil mit Empedokles[1], Platon, Lukrez (denn auch er gehört trotz seines Materialismus hierher) und anderen großen Dichtern und Denkern »in der edelsten Tradition, die das christliche Abendland« kennt, und die ihren theoretischen Ausdruck in der *Philosophia* und *Theologia cordis* hat[2]. Nicht umsonst hat der hl. Augustinus, der größte Vertreter der *Theologia cordis*, den Vergil so geliebt, nicht zufällig wählte ihn Dante zum Führer auf seinem visionären Wege durch Hölle und Läuterungsort.

[1] Fragmente der Vorsokratiker 31 B 105 Diels-Kranz.

[2] Romano Guardini: Christliches Bewußtsein, Leipzig 1935, S. 175.

Überall in den ›Georgica‹ spüren wir den Einfluß des lukrezischen Werkes. Mit den Versen

> Selig, wer es vermochte, das Wesen der Welt zu ergründen,
> Wer so all die Angst und das unerbittliche Schicksal
> Unter die Füße sich zwang und des gierigen Acheron Tosen!
> (2, 490ff.)

preist er den Schöpfer des Werkes ›Von der Natur der Dinge‹ und spricht zugleich die Grundtendenz dieser Dichtung aus. Auch er hegt den Wunsch, das Walten der Naturkräfte am Himmel und auf Erden kennenzulernen und das Werden des Kosmos zu begreifen. Darauf deutet schon der Gesang des trunkenen Silen in der 6. Ekloge hin. Aber er fühlt nicht die ungeheuere Glut in sich, die es geschehen läßt, so tief das Weltenwesen zu ergründen. Er wagt es aus wesenseigener Ehrfurcht heraus nicht, mit Epikur und Lukrez »die verschlossenen Pforten der Mutter Natur im gewaltigen Sturm zu erbrechen«, er setzt nicht kühnlich den Fuß »weit über des Weltalls flammende Mauern«, erst recht nicht triumphiert er:

> So liegt wie zur Vergeltung die Religion uns zu Füßen
> völlig besiegt, doch uns, uns hebt der Triumph in den Himmel.[1]

Dem Lukrez erwuchs sein Gedicht aus dem Gefühl einer tiefen Hoffnungslosigkeit und unheilbaren Schwermut angesichts der völlig zerrütteten politischen Verhältnisse seiner Zeit. »Das Grauen und der Widerwille gegen die entsetzliche Welt überhaupt, in der und für die der Dichter schrieb, haben dieses Gedicht eingegeben«[2]. Hinzu kommt, daß Lukrez schmerzlich unter einer Religiosität litt, die der Furcht vor grausigen Schrecknissen von Haus aus sehr nahe verbunden war. Das verzweifelte Bewußtsein von der völligen Sinnlosigkeit des Daseins und der heftige Abscheu vor einer grausamen Furcht-Religion kennzeichnen sein Werk.

Vergils Werk wächst aus anderer Wurzel. Friedrich Klingner (1931) deutet dies so: »Die Schmerzen, vor denen nach seinen Worten (›Vom Landbau‹ 2, 495–512) das Dasein des Landmanns rettet,

[1] ›De rerum natura‹ 1, 70–79, übersetzt von H. Diels, Berlin 1924.
[2] Mommsen, a.a.O., S. 597.

die Schmerzen, die aus der Unordnung und Verwüstung des Zusammenlebens der Menschen in Italien und auf der ganzen Erde entsprangen, die Schmerzen über den Verlust der Harmonie des Lebens, diese sind es, an denen Vergil leidet und die seine Gedanken allenthalben bestimmen.« Aber niemals hat er angesichts des Leides und der Not, der Tränen und des Blutes, an denen auch seine Zeit überreich war, den tiefen Glauben an die göttliche Leitung der Welt durch Jupiter, den Vater der Menschen und Götter, preisgegeben. Dieser unerschütterliche Glaube an einen letzten Sinn des Seins, an eine göttliche Alldurchseelung spricht sich trotz der zurückhaltend berichtenden Formulierung doch letzten Endes bekenntnishaft aus:

Zeichen und Beispielen solcher Natur nachsinnend, erklärten
Manche, die Bienen durchwirke ein Teil vom göttlichen Weltgeist,
Feurigen Äthers Gewalt, denn Gott durchflute das Weltall:
Länder und Meere, unendlich gedehnt, und die Tiefen des Himmels;
Hieraus schöpfe sich Schaf und Rind und Mensch und der wilden
Tierwelt ganzes Geschlecht das zartentspringende Leben,
Hierhin ströme gelöst dann alles am Ende auch wieder
Heim ins All, nichts sinke in Tod, nein, lodere lebend
Auf zu Gestirnen und folge dem Schwung des erhabenen Himmels.

(4, 219ff.)

Dagegen halte man das düstere Bekenntnis des Lukrez von der Todverfallenheit alles Gewordenen:

So ist weder dem Himmel die Pforte des Todes verschlossen
Noch der Sonne, der Erde, den tiefen Gewässern des Meeres,
Sondern sie lauert darauf mit gewaltig geöffnetem Rachen.[1]

Seiner innersten Gesinnung nach ist Vergil also grundverschieden von Lukrez; er ist vielmehr dem alten Bauerndichter Hesiod (7. Jh. v. Chr.) geistesverwandt. Diesem archaischen Dichter, dem Schöpfer des ethisch-religiös durchformten Lehrgedichtes, war es gelungen, in seinen ›Werken und Tagen‹, einer Mahnrede an seinen habgierigen, arbeitsscheuen und streitsüchtigen Bruder Perses, »durch die Verbindung der Rechtsidee mit dem Gedanken der Arbeit...

[1] ›De rerum natura‹ 5, 373f., übersetzt von H. Diels.

das Werk zu schaffen, das die geistige Form und den realen Inhalt des Bauernlebens aus einem beherrschenden Gesichtspunkte entfaltet und erzieherisch mobilisiert«[1]. Die hesiodische Weisheit:

> Vor die Vollendung jedoch haben Schweiß die unsterblichen Götter hingesetzt[2],

ist unverlierbares Besitztum der abendländischen Menschheit geworden: ἔργον, πόνος und ἀρετή, *labor* und *virtus*, Arbeit im Schweiße des Angesichts und höchste Wesensvollendung durch Verwirklichung aller im Mensch-sein angelegten Möglichkeiten gehören unlöslich zueinander in dieser *ferrea aetas*, dem eisernen Zeitalter. Kennzeichen aber der echten ἀρετή-*virtus*-Wesensvollendung ist die Gelöstheit und Anmut, die nichts Verkrampftes, Dumpfes mehr an sich hat, die alle Kräfte frei ins Spiel setzt, naturhaft wirkend und leichthinwandelnd, Freude und Segen atmend.

Grundlegend für das Gedeihen alles Wirkens ist ein Wandel in wahrer Gerechtigkeit. Das Recht ist zusammen mit der Arbeit der zweite Pfeiler, der das Gefüge der hesiodischen Welt trägt. Menschen, die

> Nie die Pfade des Rechtes verlassen,
> Denen gedeiht die Stadt; es blühen in ihr die Bürger,
> Friede ernährt die Jugend im Lande, und nimmer bedroht sie
> Zeus, der Allüberschauer, mit Kampf und der Drangsal des Krieges.
> Auch kein Hunger findet den Weg zu rechtlichen Richtern,
> Auch kein Unglück, sie sind nur tätig für Felder und Feste.
> Nahrung bringt ihnen die Erde genug, und Eichen am Berge
> Tragen in ihren Wipfeln die Früchte, inmitten die Bienen.
> Schafe schreiten viele, belastet von flockiger Wolle,
> Und es gebären die Weiber den Vätern gleichende Kinder.
> Blühend gedeihen sie dauernd im Glück, auch brauchen sie Schiffe
> Nicht zu steuern, es bietet ja Frucht der spendende Acker.[3]

Das Ethos, das diese Verse lebendig durchwirkt, spricht uns ebenso auch aus den ›Georgica‹ Vergils an, namentlich aus dem berühmten »Lob des Landlebens« (2, 458–540). Mit Recht durfte der römische

[1] W. Jaeger: Paideia, Bd. 1, Berlin 1959⁴, S. 105.

[2] ›Werke und Tage‹ 289f., übersetzt von Walter Marg, Zürich und München 1984.

[3] ›Werke und Tage‹ 227ff.; vgl. Psalm 84, 11–14.

Dichter sein Werk ein »Ascraeum carmen« nennen (2, 176); und doch liegt bei aller Verwandtschaft der Grundhaltung mancher »Gestaltwandel der Götter« zwischen der archaischen Welt des Hesiod und der einer neuen Klassik den Weg bereitenden hellenistisch-römischen Gesinnung des Vergil. Aus Hesiods Mythen blickt uns noch das rätselhafte, oft abstoßend-befremdende Antlitz der Urweltgottheiten an. Arbeit und Mühsal und Leid sind eine Strafe, die Zeus um des Prometheusfrevels willen über das Menschengeschlecht kommen ließ. Aus dem Pandoramythos spricht »eine dem ritterlichen Denken fremde, nüchterne und mißmutige Bewertung der Frau als der Ursache aller Übel«[1]. Die Sinndeutung des gesamten, mühseligen Lebens bleibt großenteils in einem düsteren Pessimismus stecken; das wird besonders aus dem Mythos der großen Weltzeitalter deutlich.

Vergil dagegen spricht in seiner Deutung des Überganges von der goldenen Zeit zur eisernen (1, 121 ff.) den »labor improbus« keineswegs als Strafmaßnahme einer erzürnten Gottheit an; *labor* und *egestas* sind vielmehr dem zwar strengen, aber durchaus väterlich wohlmeinenden Erziehungswillen Jupiters entsprungen. Er wollte nicht, daß sein Reich untätig dahindämmere und vergreise. Vergil verbindet in dieser Sinndeutung der Mühsal und Arbeit seinen persönlichen, von den Lehren der Stoa geformten Jupiterglauben mit der Kulturentstehungslehre, die er im fünften Buche ›De rerum natura‹ bei Lukrez antraf und die letzten Endes auf die Schrift ›Mikros diakosmos‹ des Demokrit von Abdera (ca. 450 v. Chr.) zurückgeht. Echt hesiodisch aber und in seiner Ursprungsgestalt von Vergil angeeignet ist der Gedanke, daß *pax* und *iustitia*, Frieden und Gerechtigkeit die schönste Frucht bäuerlichen Daseins seien. »Bei all dem ruchlosen Gegeneinander der Menschen«, schreibt Friedrich Klingner (1931), »bleibt die Erde ewig im friedlichen Bunde mit dem Bauern und ist inmitten der Verheerung ringsum gewissermaßen ein Hort jener Macht, die Eintracht und Gemeinschaft schafft und erhält, der *iustitia:* das ist der Sinn des Ausdrucks *iustissima tellus*, der durch seine Stellung in Satz und Vers so sehr hervorgehoben ist.«

[1] Jaeger, a.a.O., S. 94.

Dieses in Gerechtigkeit und Frieden sich entfaltende Dasein der Bauern wird als reale Gegenwartsmöglichkeit auf dem Hintergrund der als real vorgestellten Urgeschichte Italiens dargestellt. Zwar ist es einstweilen noch von den Wirren der Zeit aufs bedenklichste gefährdet. Aber seit dem Jahre 41 v. Chr. kennt Vergil den Mann, der von den Göttern berufen ist, diesem Leben in Frieden und Gerechtigkeit, in Zucht und Arbeitsamkeit, in Ehrfurcht und Frömmigkeit zu dauerndem Bestande zu verhelfen. Caesar Octavianus ist es, der bald als Augustus den befriedeten Erdkreis lenken sollte. Gleich im Proömium zum ersten Buche ruft der Dichter ihn an als künftigen Herrn über Wetter, Winde und Wachstum, als Segenspender und bittet ihn, er möge schon jetzt den Bauern als Helfer nahen. Am Ende des ersten Buches klingt die gewaltige Klage über das furchtbare Leid der von Bürgerkriegen zerfleischten Welt aus in ein ergreifendes Gebet an alle Vaterlandsgötter, sie möchten doch diesem jungen Helden nicht wehren, der völlig zerrütteten Menschheit zu Hilfe zu kommen. Mit dieser entschiedenen Wendung zu Octavianus, diesem Bekenntnis zum Glauben an seine große Sendung stellt sich Vergil fest und für immer auf den Boden der wirklichen italisch-römischen Geschichte. In dem »Lob Italiens« (2, 136–176) steigt aus all den natürlich-landschaftlichen Vorzügen Italiens am Ende seine heldenhafte Bewohnerschaft bedeutend herauf, Männer wie Decius, Marius, Camillus, die Scipionen und, alle überragend, Caesar Octavianus. Seine Gestalt durchwaltet Anfang, Mitte und Ende des Gedichtes. Als er nach dem großen Kriege gegen Antonius und Kleopatra und aus den Schlachten am fernen Euphrat im Jahre 29. v. Chr. nach Italien zurückkehrte und in Atella nahe bei Capua in Campanien zur Erholung weilte, da kam Vergil von Neapel herüber und las ihm, gelegentlich von Maecenas abgelöst, die ›Georgica‹ vor.

Aeneis

Wir begreifen, wie lebhaft sich nun in Augustus der Wunsch regen mußte, sein Lebenswerk von diesem Dichter in einem Großepos gefeiert zu sehen. Vergil übernahm es, dieses Werk zu schreiben, und begann gleich nach den ›Georgica‹, an denen er von 37–29 v. Chr. gearbeitet hatte, mit den Vorbereitungen zur ›Aeneis‹. Die Arbeit an diesem gewaltigen Werk, dessen Fortgang dem Augustus so sehr am Herzen lag, hielt Vergil bis an sein frühes Lebensende gefesselt. Oft hat er unter der Größe und Last dieser Arbeit geseufzt. Er äußert einmal sogar in einem Brief an den drängenden Augustus, ihm scheine, er habe den Auftrag, ein solches Werk zu vollenden, in einer Art von Wahnsinn übernommen[1].

In seinem Vortrage über ›Die Einheit des Vergilischen Lebenswerkes‹ hat Friedrich Klingner (1943) dargetan, wie es dem Dichter gelingt, seinen ersten, in ›Vom Landleben‹ 3, 10–39 angedeuteten Plan, des Augustus mythische Herkunft aus troischem Blut, seine Schlachten und seine Triumphe in einem Zeitepos zu verherrlichen, ganz umzugestalten und so der »Schöpfer einer neuen epischen Form« zu werden. Das griechische Epos bleibt auch da, wo sein Dichter Probleme seiner eigenen Zeit mit aufklingen läßt, stets streng im Bereich des Heroenmythos. Den römischen Epikern dagegen lag von Anfang an die *res Romana*, die historisch-politische Realität ihres Volkes, mehr am Herzen als die Mythen der Heroenzeit. So versuchten sie denn, die Geschichte jeweils ihrer eigenen Zeit in der von den Griechen geprägten Form des Heldengedichtes zu gestalten. Dabei gelang es aber weder dem Naevius (ca. 260–201) noch dem Ennius (239–169 v. Chr.), den für jedes Epos verbindlichen Heroenmythos in organische Beziehung zu der dargestellten Zeitgeschichte zu bringen. Vergil löste dieses mehr als nur formale Problem – denn es hängt mit dem gesamten Seins- und Geschichtsverständnis des Dichters zusammen – einfach dadurch, daß die Geschichte Roms und vor allem die seiner eignen Zeit, die in der Schlacht bei Actium (31 v. Chr.) an ihren entscheidenden Wendepunkt gelangt war, nun einbezogen wurde in den urzeitlich-überzeitlichen Bereich des Mythos vom trojanischen Aeneas und seiner römischen Sendung, die ihm Jupiter, der höchste Lenker der Welt, aufgetragen hatte. Von hier aus tritt uns mehrfach in Form großer Prophetie und in gewaltigen Bildern die *res Romana*, getragen von ihren erhabensten Helden und gelenkt durch das »fatum Iovis«,

[1] Macrobius, Saturnalia 1, 24, 11.

entgegen (1, 257–296; 6, 756–887; 8, 625–731). Als letzter und größter dieser Helden Roms wird in diesen Teilen der Dichtung die Gestalt des Augustus gefeiert, umstrahlt von göttlichem Glanze. Er ist berufen, Italien, Rom und dem ganzen Erdkreis den Frieden und die reine Würde des Urstandes der Menschheit wiederzubringen. Hoch also hinausgehoben über den Bereich, in dem höfische Schmeichelei und Gunstbuhlerei noch wirksam sein kann, sah der Imperator sich eingefügt in den ernsten und streng verpflichtenden Schicksalszusammenhang der *res Romana* und fand sich aufgefordert, die höchste Idee Roms und Italiens in sich zu verwirklichen und als ewig gültiges Wesensbild der Nachwelt einzuprägen.

Nach ›Vom Landbau‹ hatte Vergil sein ganzes Schaffen in den Dienst dieses großen und letzten Werkes gestellt, und als er, der immer kränkliche, im Jahr 19 v. Chr. eine Studienreise zur See nach Griechenland wagte, kehrte er schwer krank zurück und starb in Calabrien, ohne sein Werk ganz vollendet zu haben. Wäre es nach ihm gegangen, so besäße die Welt dieses wahrhaft imperiale, echt römische und echt vergilische Epos nicht. Denn er hatte, da es seiner Meinung nach noch unvollkommen war – es fehlte freilich nur die letzte Feile an manchen Stellen –, testamentarisch bestimmt, die ›Aeneis‹ solle verbrannt werden. Augustus aber verbot durch strikten Befehl den beiden Freunden und Nachlaßverwaltern Vergils, Tucca und Varius, diesen letzten Willen Vergils zu erfüllen. So gaben sie das Epos heraus, ohne zu ändern und zu vervollständigen, mit den vielen Halbversen, so wie es Vergil hinterlassen hatte.

Nachruhm

Groß ist der Ruhm Vergils, weithin wirkt sein Schaffen nach durch die Jahrhunderte, namentlich in den von römischer Kultur und Staatsgesinnung geformten Ländern der Romania. Nur ein eigenartig rührendes Zeugnis mittelalterlich-katholischer Vergilverehrung sei hier noch gegeben. Es ist eine Strophe aus der Sequenz der St. Paulsmesse in Mantua (15. Jh.), in der die Mantuaner den Weltapostel am Grabe ihres großen, heidnischen Landsmannes sehen:

Hingeführt zu Maros Grabe
Ließ er frommer Zähren Gabe
Niedertauen, sprach dazu:
›Was durft' ich für dich erhoffen,
Hätt' ich lebend dich getroffen,
Aller Dichter größter du!‹

Unvergänglich leuchten die Verse Dantes, der dem Vergil in der ›Göttlichen Komödie‹ ein Denkmal gesetzt hat, wie es nie einem Dichter größer und schöner zuteil wurde. Durch die 4. Ekloge, die man, angeregt durch eine Rede Konstantins des Großen, als messianische Prophetie auslegte, gewann Vergil auch einen ehrenvollen Platz unter den Sibyllen und Propheten – »teste David cum Sibylla« – der weltumspannenden *Ecclesia Catholica.* Und wenn auch die moderne Forschung diese, wenn man so will, erste konstantinische Fälschung, die *interpretatio christiana* der 4. Ekloge, als historisch und philologisch nicht haltbar erwiesen hat, es liegt doch über Vergils gesamtem Schaffen ein Hauch sehnsüchtiger Ahnung, die große Hoffnung eines das Antlitz der Erde erneuernden Advents; es tönt aus ihr ein bald schwermütig klagender, bald mächtig-mahnender Ruf nach einem Menschendasein in Gerechtigkeit und Würde, in Reinheit und Ehrfurcht, in sittlicher Zucht und Schaffenskraft, in einem weltdurchwaltenden, allerhaltenden Frieden.

So lesen wir in neuer Aufgeschlossenheit, aufgewühlt und erschüttert durch die gewaltigen Ereignisse einer Weltenwende, die Gedichte des Mannes, dessen einfache Grabschrift lautet:

Mantua gab mir das Leben, Calabrien nahm es, Neapel
Birgt mich; Weiden besang, Felder und Führer mein Lied.

Johannes Götte

Der Übersetzung liegt der Text der zweisprachigen Ausgabe von J. Götte, München/Zürich 1987[5], zugrunde.

VOM LANDBAU

ERSTES BUCH

Was uns üppige Saaten erwirkt, welcher Stern uns die Erde
Pflügen heißt, Maecenas, an Ulmen binden die Reben,
Wie wir Rinder uns halten und was der pfleglichen Wartung
Diene des Kleinviehs, wieviel Erfahrung sparsamen Bienen,
Davon singe ich jetzt. Ihr strahlenden Lichter des Weltalls,
Die ihr im Reigen der Sterne das Jahr am Himmel daherführt;
Bakchus und Ceres, du holde, auch ihr, so wahr diese Erde,
Fruchtbar durch euer Geschenk, statt Eichelkost goldene Ähren
Trägt und das Wasser im Becher sich mischt mit dem Blute der Trauben;
Ihr auch, ländlichen Volks hilfreich gegenwärtige Götter,
Faune – herbei, ihr Faune, herbei, Dryaden, denn eure
Gaben preise ich hier –; auch du, dem die Erde der Urzeit,
Mächtig vom Dreizack durchbebt, den schäumenden schenkte, den Renner,
Komm, Neptun; komm Schutzgott der Haine, dem dreihundert Stiere,
Schimmernd wie Schnee, durchweiden die saftigen Hänge auf Keos;
Du auch, laß deinen heimischen Wald, verlaß deine Schluchten,
Pan, du Hirte der Schafe, so wahr dein Gebirge dir lieb ist,
Komm, arkadischer Gott, voll Huld; Minerva, des Ölbaums
Spenderin und du Knabe, Vermittler der hakigen Pflugschar;
Waldgott, du auch, der du schwingst das entwurzelte Reis der Zypresse.
Götter und Göttinnen all, ihr liebt es, Fluren zu schützen,
Laßt ohne jeglichen Samen ersprießen Früchte um Früchte,
Spendet den Saaten erquickende Flut in Strömen vom Himmel.
Aber vor allem, Caesar, auch du! Zwar wo du und wie du
Wirkst, bald Gott unter Göttern, wer sagt's? Ob Städten als Schutzherr

Gnädig du nahst, den Gefilden ein Hort, und der mächtige Erdkreis
Dich als Spender der Früchte begrüßt, als Herrn über Winde,
Wetter und Wachstum, die Schläfen dir kränzt mit der Myrte der Mutter;
Ob du als Gott überglänzest das endlose Meer und die Schiffer
Nur dein Licht noch verehren, dir dient das äußerste Thule
Und dich Tethys zum Eidam erkauft mit all ihren Fluten;
Ob du als neues Gestirn dich gesellst trägrollenden Monden,
Wo zwischen Jungfrau und Scheren, den drängenden, weit das Gewölbe
Freisteht – sieh, Skorpion, der glühende, zieht schon die Arme
Willig zurück, läßt Raum – und mehr als genug – dir am Himmel.
Sei, was du willst! Nicht hofft' dich als Herrn der Orkus zu grüßen,
Nie mag, dort zu herrschen, der grausige Wunsch dich befallen.
Möge Elysiums Fluren auch Griechenland immer bestaunen,
Mag, ihrer Mutter zum Leid, Proserpina drunten auch thronen.
Du gib glückliche Fahrt, sei hold dem kühnen Beginnen,
Komm, erbarm dich mit mir der wegunkundigen Bauern,
Komm doch herbei und gewöhn dich schon jetzt an den Ruf der Gelübde!

Früh im Lenz, wenn Schneewasser kalt vom grauen Gebirgshang
Rieselt, wenn dem Tauwind mürb die Krume sich auftut,
Dann schon keuche der Stier mir am Pfluge, dem niedergepreßten,
Stöhnend einher, in der Furche erglänze wie Silber die Pflugschar.
Jene Saat erst genügt auch dem Wunsch des nimmer zufriednen
Bauern, die zweimal Sonne und zweimal Kälte gespürt hat.
Arbeitet also der Bauer, dann bricht ihm Ernte die Speicher.
Aber bevor wir ein Feld, ein unbekanntes, durchpflügen,
Müssen zuerst wir um Wetter und Wind uns sorgsam bekümmern,
Wie sie sich wandeln, müssen die heimische Art der Bestellung
Kennen lernen und sehn, was der Boden uns bringt, was verweigert.
Hier wächst Korn, dort glühen am Rebstock schöner die Trauben,
Anderswo reift uns Obst und ohne Geheiß schwillt grüner
Weidenteppich. So sendet Kleinasien duftenden Safran,
Indien Elfenbein, der verwöhnte Sabäer schickt Weihrauch,
Nackte Chalyber Eisen, und stinkendes Bibergeil sendet

Pontus, Epirus gewinnt mit elischen Rennern die Palme.
Gleich im Anbeginn fügte in diese Gesetze und fest in
Ewiges Bündnis Mutter Natur die Lande, seitdem einst
Jene Steine Deukalion warf in den einsamen Erdkreis,
Denen die Menschen, das harte Geschlecht, entwuchsen. Wohlan denn,
Fettigen Lehmgrund sollen vom ersten Monat des Jahres
Pflügen die kräftigen Stiere, die umgewendeten Schollen
Soll der staubige Sommer mit glühender Sonne durchkochen.
Gab das Land nur geringen Ertrag, dann mag es genügen,
Spät im Sommer den mageren Grund nur leichthin zu furchen.
Jenes geschieht, um üppige Saat vor Unkraut zu schützen,
Dieses, um dürftigem Sande den spärlichen Saft zu erhalten.

Alle zwei Jahre auch laß nach der Ernte ruhen das Brachfeld
Und den ermüdeten Boden durch Liegen sich härten und stärken;
Hat sich gewandelt des Jahres Gestirn, so säe den gelben
Spelt dort, wo du Hülsenfrucht sonst mit rasselnder Schote
Oder zierlicher Wicken Frucht und herbe Lupinen
Bargest, zerbrechliche Halme und dichte, rauschende Büschel.
Leinsaat dörrt den Boden dir aus, es dörrt ihn der Hafer,
Dörrend entsaugt ihm Mohn den Schlaftrunk tiefen Vergessens.
Fruchtwechsel aber macht leicht auch diese Mühsal, nur darfst du
Dich nicht scheuen, mit kräftigem Mist den Boden zu düngen
Und auf erschöpfte Äcker die schmutzige Asche zu streuen.
So erholen sich auch durch den Wechsel der Feldfrucht die Fluren,
Bleibt inzwischen auch ungepflügt nicht fruchtlos die Erde.
Oft auch half es, ertragloses Land in Flammen zu setzen
Und die trockenen Stoppeln in prasselnder Glut zu verbrennen:
Mag nun so die Erde geheime Kräfte und reiche
Nahrung empfangen, mag im Feuer jeglicher Giftstoff
Völlig verkochen und schwitzend der schädliche Saft ihr entweichen,
Oder es schafft jene Glut mehr Zugang, öffnet verborgne
Poren, durch die der Saft aufquillt den sprießenden Pflanzen,
Oder sie härtet den Boden, verengt die klaffenden Adern,
Daß weder rieselnder Regen noch machtvoll sengende Sonne

Noch des Nordwinds schneidender Frost die Erde versehre.
Aber vor allem gut hilft jener den Fluren, der zähe
Klumpen mit Hacken zerschlägt, mit Weidengeflechte sie glattharkt;
Nicht umsonst sieht ihn die blonde Ceres vom Himmel.
Gut auch ist's, wenn der Bauer zu wogenden Rücken die Schollen
Aufwirft, dann das Furchengewog querüber durchschneidet,
Untertan die Erde sich macht und den Fluren gebietet.

Feuchten Sommer erfleht im Gebet und heiteren Winter,
Bauern! Aus Winterstaub gedeiht sehr üppige Kornfrucht,
Üppig jegliches Feld. So prangt ja Mysiens Saatflur
Ganz ohne Pflege und Gargara staunt ob eigener Ernten.
Wie aber rühme ich den, der gleich nach der Aussaat die Felder
Angreift und mit der Keule das klumpige, fruchtlose Erdreich
Kleinschlägt, dann in Kanälen den Fluß durch die Saaten dahinlenkt,
Und wenn im Brande der Acker erglüht, hinsterben die Pflanzen,
Sieh, da entlockt er der Braue des hangenden Querwegs die Welle.
Gleitend erregt sie auf glattem Geröll ein rauhes Gemurmel
Und mit quirlendem Sprudel erfrischt sie die lechzenden Fluren.
Gutes versprech ich auch dem, der wuchernde Saaten zur Weide
Freigibt, gleich, wenn ihr zartes Gesprieß über Furchen hervorgrünt,
Daß ihm später nicht sinke der Halm unter trächtigen Ähren,
Gutes dem, der aus saugendem Sand das Wasser des Sumpfes
Abzieht, wenn – im Frühling zumal und im Herbst – überschwemmend
Wogt aus den Ufern der Fluß, mit Schlamm rings alles bedeckend,
Wo dann stickiger Brodem quillt aus Tümpeln und Lachen.

Aber wie sehr auch der Mensch mit den Rindern am Pfluge sich abmüht,
Rastlos das Feld zu bestellen: es naht die gefräßige Wildgans,
Kraniche schaden der Saat und die bittre Zichorienfaser.
Dunkelnder Schatten entzieht ihr das Licht. Er selber, der Vater,
Wollte den Landbau erschweren. Er ließ als erster die Fluren

Künstlich bestellen und schärfte den menschlichen Geist an der Sorge
Wetzstein, duldete nicht, daß starr sein Reich ihm verdumpfe.
Einst, vor Juppiters Zeit, unterwarf kein Bauer die Fluren,
Ja, es galt als Verbrechen, durch Grenzen zu zeichnen die Feldmark
Und zu verteilen. Gemeinsam war alles. Trug doch die Erde
Freigebig alles von selbst, es brauchte sie niemand zu drängen.
Juppiter erst gab schädliches Gift dem Gezüchte der Schlangen,
Er hieß Wölfe auf Raub ausgehn, er peitschte die Fluten,
Schlug von den Blättern des Honigs Tau, versteckte das Feuer,
Ließ auch rings die Bäche des strömenden Weines versiegen.
Denn es sollte die Not erst langsam mancherlei Künste
Denkend erobern, das Korn aus Ackersfurchen erwerben,
Sollte aus Kieselsteins Adern den schlafenden Funken sich wecken.
Damals begann man, im hohlen Baum den Fluß zu befahren,
Damals benannte der Schiffer mit Zahlen und Namen die Sterne,
Siebengestirn und Regengestirn und den leuchtenden Bären.
Damals lernte der Mensch, das Wild in Schlingen zu fangen,
Leimruten lockten die Vögel, die Meute umhetzte die Wälder.
Der schlägt klatschend auf breiten Strom tiefschöpfend das Wurfnetz,
Wieder ein andrer schleift aus dem Meer das triefende Zuggarn.
Nun erst klirrte die Härte des Eisens, schnarrten die Sägen,
– Menschen der Urzeit spalteten noch mit Keilen die Stämme. –
Mancherlei Künste entstanden; in allem bewährte sich siegreich
Arge Mühsal und, drängend in hartem Dasein, das Darben.
Ceres als erste belehrte die Sterblichen damals, mit Eisen
Umzuwenden das Land, als schon die Eicheln und Beeren
Schwanden dem heiligen Wald und Dodona die Nahrung versagte.
Doch bald litt auch das Korn, denn Rost fraß schädlich an Halmen,
Starrend im Felde ringsum sproß auf die spitzige Distel.
Früchte ersticken. Ein Stachelgewirr von Unkraut erhebt sich,
Klette und Burzeldorn. Und zwischen leuchtenden Saaten
Wuchert fruchtloser Lolch und tauber Hafer in Menge.
Wenn du daher mit Hacken nicht stets das Unkraut beseitigst
Und mit Klappern die Vögel verscheuchst und verschattetem Acker
Licht mit der Sichel verschaffst und Regen erflehst in Gelübden,

Starrt dein Auge umsonst auf des Nachbarn lastende Ernte,
Ach, und du schüttelst die Eiche im Wald, deinen Hunger zu stillen.

Hört nun vom Ackergerät der arbeitgehärteten Bauern.
Ohne Werkzeug gelingt nicht die Saat und reift nicht die Ernte.
Pflugschar zunächst und gebogenen Pfluges wuchtendes Kernholz,
Dann der eleusischen Mutter Gespann, schwerrollende Karren.
Dreschgerät, Schleifharken und Hacken von drückender Schwere,
Auch des Keleus weidengeflochtenes, schlichtestes Werkzeug,
Arbutussträuchergeflecht und die Schwinge der Mysten des Bakchus.
All dies hast du längst schon beschafft und bewahrst es mit Sorgfalt,
Willst du des Landes, des göttlichen, Ruhm dir wahrhaft verdienen.
Jung in den Wäldern, mit mächtiger Kraft gebogen, verwächst zum
Krummholz die Ulme, empfängt die Form des gerundeten Pfluges.
In das Krummholz fügt sich vorn, acht Fuß lang, die Deichsel,
Seitlich zwei Bretter und unten mit doppeltem Rücken der Scharbaum.
Leichte Linde fällt man fürs Joch und ragende Buche,
Auch für die Sterze, sie lenke dir hinten die niedrigen Räder.
Aber zuvor überm Herd prüft Rauch die Stärke der Hölzer.
Viele Regeln noch, alt überlieferte, kann ich dir geben,
Wenn dich's nicht schreckt und verdrießt, unscheinbar Werk zu ergründen.
Ebne vor allem die Tenne mit wuchtender Walze. Doch knete
Vorher die Erde und mache sie hart mit zähem Tone,
Daß nicht Gras darauf sprieße, vom Staub sie rissig nicht werde,
Und dann Übel auf Übel dich narrt: oft hat schon ein Mäuslein
Unter der Erde sein Haus sich gebaut und Speicher errichtet,
Oder es gruben die Maulwürfe sich, die blinden, ihr Lager,
Kröten hausten in Höhlungen tief, was alles die Erde
Wimmelndes Ungetier birgt. Im Weizen plündert der Kornwurm,
Wimmelt die Ameise, immer in Furcht vor darbendem Alter.
Merke auch auf, so oft der Haselnußbaum in den Wäldern
Schimmert im Blütengewand und beugt die duftenden Zweige:
Reift ihm reichliche Frucht, so wogt viel Korn auf den Feldern,

Und ein gewaltiges Dreschen hebt an bei gewaltiger Hitze.
Wuchert dagegen überall Laub mit dunkelndem Schatten,
Drischt nur taube Ähren die Tenne, strohüberlastet.
Saatgut sah ich künstlich verbessern häufig die Säer
Und mit Salpeter es tränken zuvor und schwärzlichem Ölschaum.
Größer soll so wachsen die Frucht in täuschender Schote,
Soll, und wäre das Feuer auch schwach, doch schleuniger gar sein.
Saatgut sah ich, erlesenster Art, mit Mühe geprüftes,
Dennoch entarten, sofern nicht menschliche Arbeit alljährlich
Immer das Beste auslas mit der Hand. So stürzt durch das Schicksal
Alles in steten Verfall und treibt absinkend nach rückwärts
Wie ein Ruderer, der stromauf mit Mühe den Nachen
Vorwärts zwingt: läßt flüchtig nur einmal die Arme er sinken,
Reißen ihn jäh die Fluten zurück in sausender Strömung.

Weiter müssen wir so das Gestirn des Arkturus beachten,
Auch der Böcklein Tage, das Bild der leuchtenden Schlange,
Wie die Schiffer es tun, die das Schwarze Meer und Abydos'
Austernreiche Schlünde, der Heimat entgegen, durchsegeln.
Wenn die Waage die Stunden des Tags den nächtlichen gleich macht,
Und für Licht und Dunkel teilt in der Mitte den Erdkreis,
Tummelt, Männer, die Stiere, bestellt mit Gerste die Felder
Bis zum äußersten Schauer des unerbittlichen Winters.
Leinsaat auch und der Korngöttin Mohn mit Erde zu decken,
Ist nun hoch an der Zeit, so lange den Pflug noch zu führen,
Als es der trockene Boden erlaubt, die Wolken noch hangen.
Bohnen werden im Frühling gelegt. In lockere Furchen
Sät man Luzerne, es naht für Hirse die jährliche Sorge,
Wenn der schimmernde Stier aufstrahlt mit goldnem Gehörn im
Tore des Jahrs und scheu der Hund vor dem Gegner hinabschleicht.
Willst du für Weizenernte jedoch und kräftigen Spelt den
Boden bereiten und denkst du allein an goldene Ähren,
Laß zuvor das Siebengestirn vom Himmel versinken,
Schwinde hinab Ariadnes Gestirn mit flammender Krone,
Eh' du den Furchen geschuldete Saat vertrauest und ehe
Allzu eilig die Hoffnung des Jahrs der Erde du aufdrängst.

Viele begannen schon vor dieser Zeit. Doch ihre Erwartung
Trog die Saat. Sie trug zur Ernte fruchtlose Halme.
Willst du Wicken säen indes und gewöhnliche Bohnen,
Nicht verschmähen den Anbau ägyptischer Linsen, so sendet
Dir das deutlichste Zeichen Bootes' Sternbild im Sinken.
Dann beginne und säe nur zu bis zur Mitte des Rauhreifs.

Darum lenkt des Jahrs in festen Rhythmus gebannten
Schwung im Kreise durch zwölf Gestirne die goldene Sonne.
Fünffach umschlingen die Zonen das Himmelsgewölbe. Die eine
Flammt unter blitzender Sonne, gedörrt von ewigem Feuer.
Rechts und links von ihr die äußersten Pole umziehen
Bläuliche Zonen, starr von Eis, von Regen umdüstert.
Doch zwischen Hitze und Frost gewährten der leidenden Menschheit
Zwei Bereiche die Götter. Ein Weg durchschneidet die beiden,
Daß dort schräg hindurch der Tierkreis wende den Reigen.
Wie zu den Skythen empor und steil zum Riphäergebirge
Nordwärts der Erdkreis sich hebt, so fällt er gen Libyen südwärts,
Stets ragt hier uns zu Häupten der Pol. Den Südpol indessen
Schauen da drunten die düstere Styx und die Geister der Tiefe.
Mächtig, in Krümmungen gleitend, umschlingt den Nordpol die Schlange,
Glitzert dahin wie ein Fluß durch beide Bären, die Bären,
Die sich fürchten, den Fuß in des Ozeans Fluten zu netzen.
Drunten schweigt, wie man sagt, entweder grausige Nacht und
Ewig lastet Finsternis dicht unter nächtlichem Zelte,
Oder das Licht, das *uns* versinkt, weckt drüben den Morgen,
Und wenn Phöbus zu uns mit schnaubenden Rossen emporfliegt,
Zündet spät rotgolden die Lichter drunten der Abend.
Sonne und Sterne lassen uns auch bei launischem Himmel
Vorher das Wetter schon wissen, die Zeit für Saat und für Ernte,
Wann's sich schickt, die trügende Flut mit Rudern zu peitschen,
Wann in See die Flotte, die wohlgerüstete, geht, und,
Reif zum Fällen, hoch in Wäldern wartet die Fichte.
Nicht umsonst erspähn wir der Sternbilder Abstieg und Aufgang,
Sehn, wie das Jahr gleichmäßig sich stuft in vierfachem Rhythmus.

Hält des Winters Regen zu Haus den Bauern, so kann er
Vieles in Ruhe beschaffen, was bald bei heiterem Himmel
Eilig zu rüsten wäre: den harten Zahn seiner stumpfen
Pflugschar schärft er, schnitzt sich Tröge oder versieht mit
Stempeln sein Vieh und bezeichnet die Menge des Korns in den Haufen.
Winzer spitzen Pfähle und schärfen die Zweizackgabel,
Richten Weidenbänder sich her für die biegsame Rebe.
Bald gilt's, leichte Körbe aus Brombeerranken zu flechten,
Bald am Feuer zu dörren das Korn, mit dem Stein es zu mahlen.
Selbst an Feiertagen zu schaffen hindert dich weder
Götter- noch Menschengesetz. Kein frommes Bedenken verwehrt dir,
Abzuleiten den Bach, die Saat zu umhegen mit Hecken,
Vogelfallen zu stellen, in Flammen zu setzen den Dornbusch,
Und die blökende Herde zur heilsamen Schwemme zu führen.
Oft belastet mit Öl den Rücken des langsamen Esels
Oder mit billigem Obst der Treiber, bringt den geschärften
Mahlstein heim aus der Stadt oder Klumpen klebrigen Peches.

Glücks- und Unglückstage schuf in wechselnder Folge
Selber der Mond. Dem fünften weich aus! Er zeugte den bleichen
Tod, der Rache düsteren Chor, die Erde gebiert in
Grausigen Wehen dämonische Brut: Titanen und Brüder,
Die sich verschworen, die Feste des Himmels stürmend zu stürzen.
Dreimal keuchten sie an, über Pelion türmten sie Ossa
Mächtig empor, darauf den waldumrauschten Olympos;
Dreimal sprengte Zeus mit dem Blitz den Turmbau der Berge.
Siebenter Mond nach dem Zehnten ist gut, den Weinstock zu pflanzen,
Einzufangen die Stiere fürs Joch und Gewebe zu knüpfen.
Aber der neunte begünstigt den Flüchtling, schadet dem Diebe.

Vieles sogar wird besser getan bei nächtlicher Kühle
Oder früh morgens, wenn, silbern vom Tau, die Lande noch dämmern.
Stoppeln mähen sich leichter bei Nacht, auch trockene Wiesen,

Denn bei Nacht steht straffer der Halm, vom Taue befeuchtet.
Mancher durchwacht am flackernden Herd die Nächte im Winter,
Kienfackeln spitzend mit scharfem Stahl. Die Gattin inzwischen
Summt sich ein Lied, zu kürzen der Arbeit lastende Länge,
Sitzt am Webstuhl, fährt mit rasselndem Kamm durchs Gewebe,
Oder sie dickt den Saft des süßen Mostes am Feuer,
Streicht mit Blättern den Schaum hinweg vom zitternden Kessel.
Aber das goldene Korn wird mitten im Sommer geschnitten,
Mitten im Sommer zerreibt die trockenen Ähren die Tenne.
Pflüge und säe in leichtem Gewand! Der Winter gibt Ruhe,
Und bei der Kälte genießen die Bauern meist ihrer Früchte,
Geben einander immer reihum manch frohes Gelage.
Einladend winkt der gemütliche Winter, bannet die Sorgen.
Also behängen voll Freude das Heck die Schiffer mit Kränzen,
Wenn mit lastender Fracht sie endlich im Hafen gelandet.
Aber bei allem ist's jetzt an der Zeit, sich Eicheln zu sammeln,
Lorbeerfrüchte, Oliven und blutrote Beeren der Myrte.
Jetzt legt Schlingen dem Kranich und fangt mit Netzen die Hirsche,
Jagt langohrige Hasen und trefft mit der Schleuder das Damwild,
Wirbelnd die Riemen, die hanfgeflochtenen. Liegt doch da draußen
Hoch der Schnee, es treibt auf Flüssen knirschender Eisgang.

Auch von den Wettern und Sternen des Herbstes will ich berichten,
Was der Bauer wachsam bemerkt, wenn kürzer der Tag und
Milder der Sommer schon wird, oder wenn von Regen umschauert
Lenzsturm braust, wenn im Feld die Ähren rauschen und wenn das
Korn, noch grün auf dem Halm, vom Milchsaft strotzend emporschwillt.
Oft, wenn der Bauer ins goldene Korn schon führte die Schnitter
Und vom gebrechlichen Halm schon streifte die Ähren der Gerste,
Sah ich aller Winde Gewalt hinwüten zur Walstatt,
Und sie rissen rings die gesegnete Saat mit den Wurzeln
Grundauf hoch in die Lüfte. Der Sturmwind fegte in schwarzem
Wirbel spielend die Halme empor und fliegende Stoppeln.
Oft auch zieht gewaltig am Himmel herauf der Gewässer
Heerschar; schwer aus dem Meer sich türmende Wolken verdichten
Schwarzen Sturmes berstende Nacht. Aus dräuendem Äther

Stürzt die Flut, und üppige Saat, die Arbeit der Stiere,
Schwemmt sie hinweg, es schwellen die Gräben, schwellen die seichten
Flüsse tosend empor, wild brandet brausende Meerflut.
Juppiter selbst inmitten der Sturmnacht schleudert der Blitze
Zuckenden Strahl mit der Rechten. Da bebt die gewaltige Erde,
Zitternd flüchtet das Wild, die Herzen der sterblichen Menschen
Rings auf der Welt drückt Schrecken zu Boden. Flammenden Blitzes
Trifft er Athos und Rhodope, trifft Ceraunias Gipfel
Felsenzertrümmernd. Sturm schwillt an, dicht prasselt der Regen,
Bald erseufzt im Winde der Wald, bald dröhnt das Gestade.
Dies befürchtend, beachte des Himmels Monde und Sterne,
Merke, wohin das Gestirn sich des kalten Saturnus zurückzieht,
Welche Kreise das Feuer Merkurs durchwandelt am Himmel.
Aber vor allem verehre die Götter, bringe der großen
Ceres jährlich Opfer dar in freundlichen Auen,
Wenn der Winter endlich vergeht, im heiteren Lenze.
Dann sind Böcklein fett, dann munden milde die Weine,
Lieblich atmet der Schlummer, am Berghang dunkeln die Schatten.
Betend nahe die Schar der ländlichen Jugend der Ceres,
Du bring Honig ihr dar in Milch und köstlichem Weine!
Dreimal umschreite das Opfertier heilbringend die junge
Feldfrucht. Rings der Chor mit den Freunden geleite es jubelnd,
Rufe Ceres mit lautem Gebet in die Häuser. Und niemand
Schwinge die Sichel mähend zur Ernte goldener Ähren,
Eh' er, festlich die Schläfen umkränzt mit dem Laube der Eiche,
Ceres in stampfendem Tanz und Erntegesängen gefeiert.

Daß wir aber genau des Wetters Wandel erkennen
Könnten, Hitze und Regen und eisige Winde, bestimmte
Juppiter selbst, was Wachsen und Schwinden des Mondes bedeute,
Wie man wisse, wann Südwind schweigt, ließ häufige Zeichen
Bauern ermahnen, ihr Vieh recht nah am Stalle zu halten.
Wenn die Winde sich heben, dann schwellen zugleich in den Buchten
Brandend die Fluten empor. Des Holzes trockenes Krachen

Knackt im hohen Gebirg, und weithin hallend erdröhnen
Tobende Küsten, es wächst der Wälder wogendes Rauschen.
Kaum noch enthält sich die springende Flut der gebogenen Schiffe,
Wenn vom hohen Meer sich eilig flüchten die Taucher
Und ihr Geschrei aufkreischt am Gestade, wenn auch das Seehuhn
Spielt auf trockenem Strand, der Reiher sein Nest in den Sümpfen
Fliehend verläßt und hoch emporfliegt über die Wolken.
Oft auch siehst du bei drohendem Wind die Sterne vom Himmel
Jäh abstürzen und hell durch nächtlich-schattendes Dunkel
Weithin silberne Spur nachziehn in flammendem Bogen,
Siehst oft flatternde Spreu aufwehn und taumelnde Blätter
Oder schwimmender Federn Spiel auf kräuselndem Wasser.
Wenn's aber blitzt vom trutzigen Nord, wenn im Osten und Westen
Grollender Donner den Himmel umrollt, dann schwimmen die Fluren
Alle im Wasser der Gräben, und jeder Schiffer auf See zieht
Ein die klatschenden Segel. Nie schadet prasselnder Regen,
Ohne zu warnen. Denn wenn er sich naht, so flieht in die tiefsten
Täler der Kranich, der hoch sonst fliegt, die Färse blickt ängstlich
Auf zum Himmel und schnaubt mit geblähten Nüstern die Luft ein,
Oder den See umschnellt mit schrillem Gezwitscher die Schwalbe,
Quakend plärren die Frösche im Sumpf die uralte Klage.
Oft auch trägt aus den Zellen des Haufens heraus ihre Eier
Über den engen Steig die Ameise. Wasser aufsaugend
Wölbt der Regenbogen sich weit; aufflatternd vom Fraße
Lärmt der Raben krächzendes Heer, dicht Flügel an Flügel.
Allerlei Vögel der See, was sonst noch Kleinasiens Wiesen
Rings in süßem Gewässer durchsucht am Lauf des Cayster,
Sieht man die Schultern wetteifernd netzen, tautropfenperlend,
Bald den Kopf darbieten dem Gischt, bald rennen ins Sturzbad
Schäumender Wellen, ruhlos bemüht und vergeblich, zu baden.
Dann schreit krächzend die Krähe, der Unheilsvogel, nach Regen,
Schreitet einsam stelzend einher im trockenen Sande.
Auch die Mädchen, die nachts am Spinnrocken zupfen, verspüren
Nahenden Sturm, wenn knisternd im irdenen Lämpchen das Öl sie
Aufsprühen sehn und am Docht anwachsen schwelende Schuppen.

Ebenso kannst du, von Regen umwölbt, durch sichere Zeichen
Sonniges Wetter und wolkenlos heitere Bläue vorhersehn,
Denn dann bleichen nicht trüb in stumpfem Glanze die Sterne,
Strahlend mit eigenem Licht hängt golden der Mond in den Nächten,
Nicht durchschweben zart den Himmel die flockigen Schäfchen;
Thetis' Lieblinge auch, die Eisvögel, breiten dann nicht zur
Warmen Sonne die Flügel am Strand, nicht werfen zerrauftes
Heu mit stoßendem Rüssel hoch die schmutzigen Schweine.
Aber der Nebel sinkt tiefer und lagert sich auf den Gefilden,
Spät auch läßt das Käuzchen, nach Sonnenuntergang blinzelnd,
Hoch vom Dache umsonst nach Regen ertönen den Nachtruf.
Droben kreist in lauterer Luft der Meeradler Nisus,
Skylla, die Tochter, büßt den Raub der purpurnen Locke.
Wo sie auch schneide den Äther, den luftigen, fliehenden Fittichs,
Siehe, Nisus, der grausige Feind, stürzt nach, durch die Lüfte
Sausend mit zornigem Zischen. Wo Nisus steigt in die Lüfte,
Schneidet den luftigen Äther sie jäh mit fliehendem Fittich.
Dann tönt klar der Raben Ruf, sie stoßen ihn dreimal,
Viermal hell aus der Kehle. Im Laubwerk hoch in den Horsten
Lärmen sie, über die Maßen entzückt von seltsamer Wonne,
Laut durcheinander. Der Regen verrauscht, da winkt ja die Freude,
Bald im behaglichen Nest die junge Brut zu besuchen.
Freilich, so scheint mir, nicht göttliche Kraft noch schicksalgeschenkte
Tiefere Zukunftsschau läßt Tiere das Wetter vorhersehn.
Wenn vielmehr der Sturm und des Himmels bewegliche Feuchte
Änderten ihre Bahn und Juppiter, südwindumflügelt,
Lockere Luft verdichtet und heiter die lastende lockert,
Dann verändern die Wesen ihr Antlitz, frohere Regung
Als bei wolkentreibendem Wind wogt nun durch die Herzen.
Darum klingen die Fluren vom Singen der Vögel, und fröhlich
Springt das Vieh, es jauchzen aus heller Kehle die Raben.

Wenn du ferner der Sonne Schwung und die Phasen des Mondes
Sorgsam bemerkst, wird nie der morgige Tag dich enttäuschen,
Nimmer wirst du verlockt durch die Tücke heiterer Nächte.

Wenn des Mondes neu von wiederkehrenden Feuern
Glühende Sichel trübe verschwimmt in dunstigem Dunkel,
Droht für Bauern und Schiffer herauf gewaltiger Regen;
Haucht aber mädchenhaft Rot über Lunas Antlitz, dann brausen
Winde, denn stets vor dem Wind errötet die goldene Göttin.
Wandelt zum vierten Mal – das bietet die sicherste Bürgschaft –
Rein mit unverschleiertem Horn der Mond durch den Himmel,
Ganz ist dann der Tag, sind all die folgenden Tage
Bis zum Ende des Mondes frei von Regen und Winden,
Rettungsdank bringen dar am Strande die Schiffer und preisen
Glaukus sowie Panopea und Ino's Sohn Melicertes.
Auch die Sonne, beim Aufgang und wenn sie sich birgt in den Wellen,
Gibt ihre Zeichen, die *Sonne* begleiten die sichersten Zeichen,
Früh vor Tag und spät, wenn Sterne erblühen am Himmel.
Steigt sie mit Flecken empor, von Wolken verhangen, und läßt sie
Mitten der Scheibe Rund hohldunkelnd nach innen zurückfliehn,
Dann sei auf Regen gefaßt. Denn dräuend vom Meere erhebt sich
Stürmend der Süd, dem Vieh, den Bäumen und Saaten verderblich.
Auch wenn kurz vor Aufgang der Sonne Strahlen bald hierhin,
Bald dorthin sich brechen durch dichtes Gewölk, oder wenn sich
Bleich Aurora erhebt vom safrangoldenen Lager,
Ach, dann schirmt nur schlecht die süßen Trauben das Weinlaub,
Allzu entsetzlich tanzt auf den Dächern prasselnd der Hagel.
Mehr noch dürfte, dies zu beachten, Nutzen uns bringen,
Wenn sich die Sonne zum Untergang neigt. Denn oft genug sehen
Wir ihr Antlitz bunt überflogen von mancherlei Farben:
Bläuliche kündet Regen uns an und feurige Ostwind.
Mischen sich aber Flecken allmählich dem rötlichen Feuer,
Alles siehst du alsdann von Sturm und Regen erbrausen,
Und in solch einer Nacht kann keiner zur Fahrt auf der hohen
See mich bewegen, noch vom Lande zu lösen das Schiffstau.
Leuchtet jedoch, wenn den Tag sie vom Morgen zum Abend geleitet,
Strahlend ihr Rund, so bangst du umsonst vor stürmendem Regen,
Und im klärenden Nordwind siehst du die Wälder sich regen.
Schließlich, was spät der Abend noch bringe, woher die heitern

Wolken treibe der Wind, was schauernder Südwind ersinne,
Sonne zeigt es dir an. Wer wagte die Gottheit der Sonne
Falsch zu nennen? Sie mahnt sogar oft, wenn Aufruhr im Dunkel
Gärt und gift'ger Verrat aufschwillt und heimliche Kriege.
Klagte die Sonne doch auch über Rom ob Caesars Ermordung,
Als sie ihr strahlendes Haupt einhüllte in stählernes Grauen
Und eine ruchlose Welt vor ewiger Nacht sich entsetzte.
Freilich gab auch die Erde und gaben damals die Fluten,
Unheilheulende Hunde und nachtdurchschwirrende Vögel
Zeichen genug. Wie oft vor unseren Augen durchglühte
Wogend der Ätna Kyklopengefild und spie aus des Berges
Berstenden Essen Lavagestein und flammende Kugeln.
Waffengeklirr vernahm Germanien rings in den Wolken
Und von Beben wankten die Alpen, nimmer gewohntem.
Furchtbar drang ans Ohr des Volks durch schweigende Haine
Schaurige Klage, bleiche Gestalten gespenstiger Weise
Sah man schweben durchs Dunkel der Nacht und – grausig! – die Tiere
Reden, es stocken die Ströme, die Erde klafft auf, in den Tempeln
Weinen die Elfenbeinbilder vor Gram, vom Erz perlt Angstschweiß.
Wälder entwurzelte wirbelnd der Po, der König der Flüsse,
Brausend mit rasendem Strudel, er riß das Vieh samt den Ställen
Fort über Felder und Fluren. Im Eingeweide der Opfer
Fand man zu jener Zeit nur unheildrohende Fasern,
Stets quoll Blut in den Brunnen, durch finstere Straßenschluchten
Hallte hohl der Wölfe Geheul bei Nacht in den Städten.
Nie zuvor entzuckten so dicht die Blitze dem blauen
Himmel, noch flammten so oft in dräuendem Schein die Kometen.
So sah gegeneinander im Sturm mit Brudergeschossen
Römerheere zum zweitenmal das Feld von Philippi;
Göttern erschien es nicht unverdient, daß zweimal von unserm
Blute gedüngt Mazedonien ward und Thraziens Feldmark.
Kommt wohl einst die Zeit, da findet der Bauer in jenen
Ländern, wenn er das Feld durchfurcht, mit gebogenem Pfluge,
Speere, zerfressen von schäbigem Rost, er trifft mit der schweren

Hacke auf Helme, hohlen Klangs, und sieht voll Erstaunen
Mächtiges Heldengebein in aufgeworfenen Gräbern.

Stammväter, Vaterlandsgötter! Du, Romulus, du, Mutter Vesta,
Die du den uralten Tiber und Roms Palatium schirmest,
Diesen Herrscher im Jugendglanz, wollt *ihn* doch nicht hindern
Retter zu sein der zerrütteten Welt! Wir büßten doch wahrlich
Übergenug den lastenden Fluch trojanischen Meineids.
Längst schon neidet des Himmels Burg dich, Caesar, uns Römern,
Und führt Klage, daß du dich sorgst um Menschentriumphe.
Hier ist Recht ja und Unrecht verkehrt. Wie die Kriege auf Erden
Wachsen, so heben ihr Haupt in grausiger Zahl die Verbrechen.
Niemand ehrt noch den Pflug. Fort muß der Bauer, die Fluren
Liegen verödet. Man glüht zum mordenden Schwerte die Sichel.
Hier ruft der Euphrat, dort Germanien furchtbar zum Kriege,
Nachbarstädte zertreten das Recht und heben die Waffen
Widereinander. Bruderkrieg tobt überall auf dem Erdkreis.
Also entstürmen dem Start die Viergespanne, durchrasen
Zielüberrennend die Bahn, machtlos sich bäumend am Leitseil,
Fliegt der Lenker mit fort. Nicht fügt sich der Wagen den Zügeln.

ZWEITES BUCH

Pflege der Fluren besang ich bisher und Sterne des Himmels.
Jetzt, Vater Bakchus, besinge ich dich und mit dir des Waldes
Wildes Gesträuch und den Sproß des langsam wachsenden Ölbaums.
Komm doch, Vater Bakchus! Denn hier ist deiner Geschenke
Alles voll, dir blüht beglückt vom weinlaubumrankten
Herbste der Acker, es schäumt die Lese in lastenden Kufen.
Komm doch, Vater, herbei! Leg ab den Kothurn und benetze
Mit mir im heurigen Most die nackten, kelternden Schenkel.

Reich an Formen entläßt Natur aus Ursprung die Bäume
Stets verschiedener Art: die einen wachsen von selber
Ohne menschliche Hand. Sie grünen auf Feldern, sie säumen
Weithin der Flüsse gewundenen Lauf, Bachweiden und Ginster,
Pappeln und Weidengebüsch mit silbrig-bläulichem Blattwerk.
Andere wachsen aus Samen hervor: die hohen Kastanien,
Mächtig wölbt in Juppiters Hain die Wintereiche
Grünende Wipfel, Griechenland lauscht weissagenden Eichen.
Anderen sproßt von der Wurzel heraus dichtwurzelndes Buschwerk,
Kirschen und Ulmen. Sogar der Lorbeerbaum des Parnassus
Schießt in die Höhe, umwölbt vom Schattenwipfel der Mutter.
Diese Arten gebar Natur im Urbeginn. Also
Grünen sie nun als Wald und Gebüsch, als heilige Haine.

Andere Arten erschloß die Erfahrung selber im Fortschritt.
Mancher schnitt vom zarten Leib der Mutter das Reis und
Senkte es ein in die Furchen. Ein anderer grub in die Erde
Wurzelstöcke, vierspaltigen Schaft, Spitzpfähle aus Kernholz.
Einige Bäume erwarten aus erdwärtsgebogenen Senkern
Neue, im eigenen Grund lebendig wurzelnde Triebe.
Andre gedeihn ohne Wurzeln sogar. Die äußersten Spitzen

Darf der Pflanzer getrost dem Schoß der Erde vertrauen.
Ja, auch *selbst* aus dem Baumstumpf noch – es klingt wie ein Wunder –
Sprießt aus trockenem Holze hervor die Wurzel des Ölbaums.
Oft auch sehn wir die Zweige des einen Baumes im andern
Prächtig gedeihen. So trägt gepfropfte Äpfel der wilde
Birnbaum. Steinkornellen erglühn rotschwellend mit Pflaumen.

Auf denn, erlernt für jegliche Art die rechte Behandlung,
Bauern! Das wilde Gewächs veredelt durch züchtende Pflege,
Laßt nicht träge ruhn das Gefild! Wie schwillt doch auf Thraziens
Höhen die Traube, wie schmückt Kampaniens Bergland der Ölbaum!
Du aber hilf und vollende mit mir die begonnene Arbeit,
Du meine Zier! Dir gebührt meines Ruhms vorzüglichster Anteil,
Maecenas! Dem offenen Meer laß fliegend die Segel!
Nimmer begehre ich, alles im Lied umfassend zu singen;
Hätt' ich auch hundert Zungen und hundert Münder und eine
Stimme von Erz. Komm, streife entlang an des nächsten Gestades
Rand! Schon greifbar ist Land. Ich will nicht in bloßer Erdichtung
Dich hinhalten auf schweifendem Pfad durch endloses Vorwort.

Was ohne Samen empor sich hebt zu des Lichtes Gefilden,
Wächst unfruchtbar zwar, doch üppig und kräftig zur Höhe.
Nährt ja den Boden die Kraft der Natur. Gleichwohl wird der Wildling,
Wenn du ihn pfropfst und dann umpflanzest in lockere Gruben,
Sich entäußern der Waldesnatur und, häufig behandelt,
Jeder Veredelung, die du nur willst, ohne Zögern sich fügen.
Auch der verkümmernde Trieb, der unten am Baume hervorgeht,
Trägt dir Früchte, gönnst du ihm Raum nur rings im Gebreite.
Sonst überschatten ihn dumpf des Mutterbaums ragende Wipfel,
Hindern sein Wachstum und lassen die Frucht, die er trägt, ihm verdorren.
Auch der Baum, der aus Samen hervorwuchs, hebt sich nur langsam,
Späte Enkel dereinst zu umschatten mit laubiger Krone,

Und die Früchte entarten, vergessend der früheren Säfte.
Häßliche Beeren trägt, ein Raub den Vögeln, die Traube.
Drum tut Arbeit not überall. Du mußt alle Bäume
Sorgsam in Furchen verpflanzen, in lohnender Mühe sie zähmen.
Ölbäume wachsen besser aus Stümpfen, Reben aus Senkern,
Und aus gediegenem Kernholz grünt die Myrte der Venus.
Wurzelreisern entsprießt die harte Hasel, die hohe
Esche, die schattende Pappel – den Herkules zierte ihr Laubwerk –,
Juppiters Eiche, heilig-uralt, die ragende Palme
Auch und die Tanne, die bald als Schiffsmast tanzt durch die Sturmflut.
Rissiger Arbutus wird gepfropft mit dem Fruchtreis des Nußbaums,
Wilde Platanen tragen als Frucht rotwangige Äpfel;
Licht mit Kastanienkerzen erstrahlt die Buche, mit Birnen-
Blüten die Esche, und Eicheln knackt das Schwein unter Ulmen.
Pfropfen und Augensetzen geschieht nicht auf einerlei Weise:
Denn wo der Mitte der Rinde die drängenden Knospen entquellen
Und durchbrechen ihr zartes Gewand, genau an dem Knoten
Höhlst du ganz flach nur den Baum. Hier legst du das Auge des fremden
Baumes an und lehrst's einwachsen dem klebrigen Baste.
Knotenlose Stämme hingegen schneidet man ab und
Bahnt mit Keilen ins Kernholz tief einen Spalt; dann setzt man
Fruchtreiser ein. Nicht lange, und mächtig hat sich zum Himmel
Auf mit gesegneten Ästen der Baum erhoben und sieht voll
Staunen neuartig Laub und Frucht, ganz fremd seinem Stamme.

Außerdem sind nicht einer Art nur die kräftigen Ulmen,
Nicht die Weiden, der Lotusbaum, die schlanken Zypressen.
Auch die fetten Oliven sind *nicht* von einer Gestalt nur:
Hodengeformt, stabartig und fleischig mit bitteren Früchten,
So auch Alkinoos' prächtiges Obst. Nicht einerlei Reis trägt
Einfache Birnen und goldgelbschwellende Frucht für die Tafel.
Unserem Weinstock reift nicht eben die Traube, wie jene,
Die auf Lesbos der Winzer pflückt von Reben Methymnas.
Thasos hat Weinberge, Weißwein reift goldklar in Ägypten,

Dieser auf fetterem Grund, doch jener auf leichterem Boden.
Psithia eignet sich eher zum Sekt, schnell wirkt der Lagéos,
Dringt ins Blut, gießt Blei ins Gebein und fesselt die Zunge.
Purpurwein und Gutedel glühn. Dich, Raetiker, wie nur
Rühme ich dich? Doch streite drum nicht mit falernischen Kellern!
Auch Aminaeas Rebe trägt Wein, hochalternd; vor ihm neigt
Selbst der Tmolier sich und selbst der fürstliche Chier.
Klein ist Argos' Rebe, doch darf sich ihr keine vergleichen,
Also reichlich entströmt ihr der Wein, so jahrüberdauernd.
Dich auch, Göttern beim Opfer willkommen und Menschen beim Nachtisch,
Rhodier, rühm' ich und dich, Bumastus, mit schwellenden Trauben.
Aber zahllos sind die vielen Arten und Namen,
Schließlich, was läge auch dran, mit einer Zahl sie zu fassen?
Wer sie zu wissen begehrt, der lerne erst zählen, wie viele
Sandkörner wirbelnd der Westwind peitscht durch die libysche Wüste,
Oder er merke, wenn tobender Ost sich stürzt auf die Schiffe,
Wieviel Wogen vom Ionischen Meer hinbranden zur Küste.

Freilich nicht jegliche Frucht gedeiht in jeglichem Boden.
Weiden wachsen an Flüssen, im sumpfigen Dickicht die Erlen,
Fruchtlose Eschen erheben sich hoch auf felsigen Bergen,
Üppig mit Myrten begrünt das Gestade sich. Aber die offnen
Hügel liebt Bakchus, Nordwind und Kälte gedeihen dem Taxus.
Sieh, auch Pflanzern der Ferne ist urbar geworden der Erdkreis,
Araber wohnen gen Morgen, gen Mitternacht bunte Gelonen,
So ist die Heimat der Bäume verteilt. Nur Indien trägt uns
Schwarzes Ebenholz, *nur* aus Saba kommt uns der Weihrauch.
Soll ich von allem dir sagen? Wie Balsam aus duftendem Holze
Träufelt, wie Beeren trägt der immergrüne Akanthus,
Wie Äthiopiens Waldung strahlt von schneeiger Wolle,
Wie man in China von Blättern kämmt die seidigen Flocken?
Soll ich von Indiens Wäldern erzählen, nahe am Weltmeer,
Fern am Rande der Welt? Da ragen so riesig der Bäume
Wipfel, daß nimmer ein Pfeil darüber zu schwirren vermöchte,
Sei auch das Volk dort noch so vertraut mit Bogen und Köcher.

Medien trägt Pomeranzen voll saueren Saftes und langem
Nachgeschmack, mit Heilkraft beglückt. Wenn wütende Hexen
Giftigen Trank einst gebraut – sie mischten murmelnd und fluchend
Kräuter und Sprüche dazu –, dann hilft Pomeranze am besten,
Denn es vertreibt ihr Saft das schwarze Gift aus den Gliedern.
Mächtig wölbt sich der Baum, an Gestalt sehr ähnlich dem Lorbeer,
Strömte er anderen Duft nicht weithin aus in die Runde,
Gält' er für Lorbeer. Kein Wind entreißt ihm taumelnde Blätter,
Herrlich dauert die Blüte. Mit ihr erfrischen die Meder
Üblen Atemgeruch und heilen asthmatische Greise.

Aber weder das Land, das walddurchrauschte der Meder,
Noch der herrliche Ganges, der goldmitwirbelnde Hermus
Wagen um Ruhm mit Italien Streit, nicht Baktra noch Indien,
Nicht Arabiens Inselgestad, umduftet von Weihrauch.
Nimmer durchpflügen den Grund hier feuerschnaubende Stiere,
Niemand besäte das Feld mit den Zähnen des grausigen Drachen,
Nimmer starrte die Saat von Streitern mit Helmen und Lanzen.
Nein, hier prangt mit Früchten die Flur, mit erlesenen Weinen,
Ölbäume grünen am Hang und fröhlich weiden die Rinder.
Steilaufsteigend stürzt sich von hier ins Getümmel das Streitroß.
Dir, Clitumnus, dem heiligen Strom, entstiegen so oft schon
Schneeige Herden, vor allem der Stier, das herrlichste Opfer,
Führten Roms Triumphe empor zu den Tempeln der Götter.
Hier blüht dauernder Lenz, hier strahlt fast zeitloser Sommer,
Zweimal ist trächtig das Vieh, zweimal bringt Früchte der Obstbaum.
Reißende Tiger jedoch sind fern und grimmiger Löwen
Brut. Kein Giftkraut bringt Verderben dem harmlosen Sammler,
Nicht schlingt Windungen hier so gewaltig am Boden noch rollt sich
Also scheußlich zum Klumpen geballt die schuppige Schlange.
Zähle dazu noch die Städte, die ragenden, kunstvollen Bauten,
All die Festen, getürmt von der Hand über felsigem Absturz,
All die Ströme, umspülend den Fuß uralten Gemäuers.
Soll ich das Meer noch erwähnen, das oben und unten heranwogt,
Oder die großen Seen? Dich, mächtiger Comersee, dich auch,

Gardasee, wie Meer aufbrausend mit tosenden Fluten?
Oder gedenk' ich der Häfen, der Dammriegel um den Lucriner-
See und der grollenden Brandung? Sie tobt mit schäumendem Gischte,
Wo der julische Hafen erdröhnt vom Andrang des Meeres
Und die Tyrrhenische Flut zum Avernersee mächtig hereinwogt.
Silberbäche und Erzmetall durchschwellen die Adern
Dieses Landes, es strömt vom Reichtum leuchtenden Goldes.
Heldengeschlecht gebar dies Land, die Marser, Sabeller,
Ligurer, notgestählte, und Volsker mit dräuendem Kurzspeer.
Decier zog es sich auf, einen Marius, einen Camillus,
Scipios kriegsharte Art und dich, erhabener Caesar.
Jetzt schon an Asiens fernstem Gestad vertreibst du als Sieger
Weit von den Burgen Roms die kriegsgebrochenen Inder.
Heil dir, hehre Mutter der Frucht, saturnische Erde,
Mutter der Helden! Dir weihe ich alten Ruhmes und Werkes
Dinge; heilige Quellen erschließe ich mutig und singe
Dir ein askräisches Lied überall in römischen Städten.

Jetzt heißt's prüfen der Fluren Natur, die Kräfte, die Farbe
Jeglichen Bodens und was für Frucht die Schollen uns tragen.
Spröder Boden zunächst und böswillig-sperrige Hügel,
Magerer Mergelgrund und Kies unter Dornengestrüppen
Lassen Minervas Hain ergrünen vom dauernden Ölbaum.
Ölbaumwildling zeigt es dir an. Denn reichlich in solcher
Gegend gedeiht er und streut auf die Flur seine bitteren Beeren.
Fetter Boden dagegen, von süßer Feuchte gesättigt,
Kräuterdurchwobener Grund, aufquellend von fruchtbarer Fülle,
Wie wir im tiefen Gebirgstal oft ihn staunend entdecken, –
Silbern glitzern vom felsigen Sturz die Flüsse und führen
Mit sich befruchtenden Schlamm, ein Boden offen dem Südwind,
Rings überwuchert von Farnen, verhaßt der gebogenen Pflugschar, –
Der wird köstliche Reben dereinst dir gewähren, von goldnem
Weine strömend, der schwillt von Trauben, quillt dir vom Safte,
Den wir spenden aus goldenem Kelch, wenn die Elfenbeinflöte
Bläst am Altare der feiste Etrusker, wenn uns in tiefen

Bauchigen Schüsseln dampft das Eingeweide des Opfers.
Liegt dir indessen mehr an Weide für Rinder und Kälber
Oder an trächtigen Schafen und gartenzerstörenden Ziegen,
Waldtäler suche dann auf, Tarents entlegenes Fruchtland,
Land, wie es Mantua leider verlor, vom Unglück geschlagen,
Silberschwäne weidend am Fluß auf blumigem Anger.
Nicht gebricht es an rieselndem Quell noch an Gräsern den Herden;
Was am langen Tag abweiden die Rinder, das läßt in
Kurzer Nacht der kühlende Tau neu wieder ergrünen.
Schwarze Erde, die fett beim Druck der Pflugschar herausquillt
Und doch locker – das wollen wir ja durch Pflügen erreichen –,
Wogt durchweg von Getreide. Aus keiner Ebene siehst du
Also zahlreich mit müdem Gespann heimschwanken die Wagen.
Ebenso wächst's, wo eifernden Zorns der Pflüger das Waldland
Rodet, jahrelang träges Gehölz von Grund auf entfernte
Und der Vögel uralt Genist mit den untersten Wurzeln
Aushob. Jene flogen empor. Leer blieben die Nester,
Aber, vom Pfluge durchwogt, erglänzten die Schollen des Neubruchs.
Denn der Kiesgrund freilich, der karge des trockenen Steilhangs
Gibt kaum Rosmarin her und niedrigen Zeiland für Bienen.
Rissiger Tuff und Kreide, von schwarzen Schildkrötenschlangen
Ausgenagt, prahlen, kein anderer Grund gewähre den Schlangen
Also liebliche Kost und biete so krumme Verstecke.
Erde, von Nebelhülle umwogt und dampfendem Dunste,
Die mit Feuchte sich tränkt und frei sie wieder veratmet,
Die grünschwellend immer sich kleidet mit eigenem Teppich,
Nicht mit Rauheit und beizendem Rost verschartet das Eisen,
Sie wird prangend mit Reben dir voll umranken die Ulmen,
Fruchtbar grünt sie vom Ölbaum. Bestell' sie nur, findest sie willig,
Weide dem Vieh zu gewähren, und fügsam hakiger Pflugschar.
Solche bestellt das reiche Capua und das Vesuvland
Und der Clanius, oft zur Räumung drängend Acerrae.

Jetzt will ich künden, wie du erkennst ein jegliches Erdreich.
Willst du erforschen, ob locker es sei oder dichter als üblich

– Denn das eine ist günstig dem Korn, das andre dem Weine,
Dichten Grund liebt Ceres, den lockeren aber will Bakchus –,
Faß einen Platz ins Auge und laß eine Grube dem Boden
Tief eingraben. Dann wirf alle ausgegrabene Erde
Wieder zurück und stampfe sie glatt mit dem Rande der Grube,
Gibt sie nach, so ist eher fürs Vieh und liebliche Reben
Lockerer Fruchtgrund da; doch sträubt sich die Erde, der alten
Lage sich wieder zu fügen und quillt sie über die Grube,
Dicht ist der Boden alsdann. Erwarte klebender Schollen
Klumpige Rücken und brich die Erde mit kräftigen Stieren.
Salziger Boden indes, man nennt ihn auch Bittererde,
Unzuträglich der Frucht – er wird ja nicht milder durch Pflügen,
Läßt entarten Früchte und Wein, man kennt sie nicht wieder –
Gibt dir solchen Erweis: Nimm Körbe hervor aus dem Rauchfang,
Dichten Weidengeflechts, und Seihgefäße der Kelter;
Dahinein stampfe mit süßem Quell gehörig durchtränkte
Bittererde, fest bis zum Rand. So dringt dann das Wasser
Durch und durch, und Tropfen entquellen schwellend den Körben.
Doch ihr Geschmack zeigt deutlich sich an: beim Kosten verzerrt sich
Herbe der Mund, die Lauge, die bittere, zieht ihn zusammen.
Ebenso lernen den fetten Grund wir endlich erst also
Kennen: er läßt, von den Händen gerollt, sich nimmer zerkrümeln,
Sondern durch Kneten wird er wie Pech und klebt an den Fingern.
Feuchter Grund nährt üppiges Kraut und mehr als gebührlich
Prangt er von selbst. Doch wünscht' ich, er wäre mir nicht zu beladen,
Zeigte sich nicht zu strotzend im ersten Wachstum der Ähren.
Schwerer Boden verrät sich durch bloßes Gewicht ohne Zeichen,
So auch der leichte. Sofort erkennt das Auge den schwarzen
Boden und andersgefärbten. Doch tückische Kälte ist schwierig
Festzustellen. Nur Föhren und giftige Taxusbäume
Zeigen bisweilen die Spur, oder dunkelgrünender Efeu.

Dies beachte. Dann denke daran, daß die Erde recht lange
Auswittern muß, mit Gruben durchzieh die Hänge der Berge,
Lege dem Nordwind offen die umgebrochenen Schollen,

Ehe die üppigen Reben du steckst. Am besten sind Fluren
Lockeren Bodens. Ihn schaffen die Winde und kältender Rauhreif
Und der stämmige Gräber, die Felder grundauf durchlockernd.
Läßt es der Winzer nirgend an wachsamer Sorgfalt fehlen,
Wählt er zuvor gleichartigen Grund. Dort schult er zu Bäumen
Zarte Reiser und pflanzt sie hernach auseinander. So soll der
Steckling nicht plötzlich befremdet sich finden im Schoß einer andern
Mutter. Ritzt man doch selbst die Himmelsrichtung der Rinde
Ein. Wie jeder Schößling gestanden, wo ihn des Südens
Gluthauch traf, den Rücken gen Nord, so soll man ihn wieder
Pflanzen: es liegt ja so viel an zarter Jugend Gewöhnung.
Ob du auf Hügeln oder im Flachland lieber den Weinstock
Setzest, prüfe zuvor! Und wählst du fette Gebreite,
Pflanze nur dicht! Hier schwellen auch *so* nicht träger die Trauben.
Wählst du hügelig Land und sanft ansteigende Hänge,
Setze geräumig die Reihen! Doch richte die Bäume, daß haarscharf
Gang und Quergang sauber ringsum die Pflanzung durchlaufen:
Wie Legionen im Krieg, im gewaltigen, oft die Kohorten
Weithin entfalten, das Heer schon steht im offenen Felde,
Ausgerichtet die Reihn, und ringsum wogt das Gefilde
Allüberall von blitzendem Erz. Noch tobt nicht die Feldschlacht
Grausig dahin. Mars irrt noch unschlüssig zwischen den Fronten.
Klar sei alles geordnet durch gleichen Abstand der Wege,
Nicht, daß eitel den Sinn dir weide der prächtige Anblick,
Sondern weil nur *so* die gleichen Kräfte dem Schößling
Spendet die Erde und frei sich regen können die Zweige.

Wissen möchtest du auch, wie tief man grabe die Gruben.
Ich vertraute getrost auch flacher Furche den Weinstock.
Tiefer aber senkt man den *Baum* ins Herzblut der Erde,
Allen voran die Eiche: so hoch mit dem Wipfel hinauf in
Himmelslüfte sie steigt, so tief mit der Wurzel zum Orkus.
Und kein Winterorkan, kein Sturm, kein Wolkenbruch kann sie
Je entwurzeln, sie bleibt unbewegt, sieht zahlreiche Enkel,
Zahlreiche Menschenalter versinken, sieghaft lebendig.

Knorrig greifen nach hüben und drüben Zweige und Äste,
Mitten der Stamm aber trägt das mächtige Schattengewölbe.

Nicht zur sinkenden Sonne hinüber schaue dein Weinberg;
Pflanze nicht Haseln zwischen den Wein, und nimm nicht die höchsten
Gäbelchen, brich auch nicht den Setzling hoch aus den Ranken,
– Groß ist die Liebe zur Erde! – verletz ihn auch nimmer mit stumpfem
Messer, pfropfe auch nicht des Ölbaumwildlings Stämme.
Hirten zünden oft leichtsinnig Feuer. Fliegt wohl ein Funke.
Unter harziger Rinde verborgen greift er verstohlen
Erst den Stamm an, züngelt empor ins obere Laubwerk,
Schlägt mit knatterndem Prasseln zum Himmel, schwingt sich dann weiter
Durchs Gezweige und herrscht als Sieger hoch über Wipfeln.
Rings umlodert sein Flammengewand die Waldung, gen Himmel
Wälzt er empor aus pechschwarzer Nacht die qualmende Wolke,
Furchtbar zumal, wenn Sturm aus der Höhe über die Bäume
Braust und sausender Wind aufpeitscht das Wüten des Brandes.
Bricht das herein, dann krankt in der Wurzel der Baum. Auch beschnitten
Wächst er nicht nach, entgrünt nimmer neu dem Schoße der Erde:
Fruchtlos ragt nur der Wildling empor mit bitterem Laubwerk.

Nimmer möge ein noch so kluger Mann dich bereden,
Unter des Nordwinds Hauch die starrende Erde zu lockern,
Frostige Kälte verschließt das Land; und steckst du den Schößling,
Läßt die Erstarrung die Wurzeln im Schoß der Erde nicht haften.
Weinberge lohnen am schönsten die Saat, wenn im rosigen Lenzlicht
Silbernen Fittichs segelt der Storch, der Schrecken der Schlangen,
Oder beim ersten Frost im Herbst, wenn der sengende Sol noch
Nicht mit den Rossen am Winterkreis ist, schon scheidet der Sommer.
Frühling zumal treibt Knospen im Hain, grünt lieblich in Wäldern,
Frühling läßt schwellen das Land, nach zeugendem Samen verlangend.

Jetzt in fruchtbaren Schauern steigt allmächtig der Vater
Äther hinab in den Schoß der jubelnden Gattin, und alles
Wachstum nährt er, mächtig vermählt dem mächtigen Leibe.
Einsam Gebüsch tönt hell jetzt vom Lied der zwitschernden Vögel,
Und nach Venus verlangen im Rhythmus der Zeiten die Herden.
Trächtig schwillt von Früchten das Land, dem laulichen Westwind
Öffnen die Fluren den Schoß, überall perlt silberne Feuchte.
Neuen Sonnen wagen die Keime sicher zu trauen,
Nimmer fürchtet das Weinlaub den dräuenden Südwind, noch bangt es
Ängstlich vor Schauern, die brausend der Nordwind jagt unterm Himmel.
Nein, es treibt seine Knospen, entfaltet üppiges Laubwerk.
Also strahlten, ich glaube es wohl, über wachsenden Weltalls
Ursprung die Tage, von solchem Glanz rings leuchtend durchflutet.
Damals strahlte der Frühling, und Frühling feierte rings das
Weltenall, da schwieg des Ostwinds eisiges Sausen,
Als der Urzeit Tiere die Lichtflut tranken, der Menschen
Erdgeborene Brut aus hartem Grunde das Haupt hob,
Bahn frei gab dem Wilde der Wald, den Sternen der Himmel.
Nimmer auch könnte das zarte Gewächs die Mühsal ertragen,
Wenn nicht zwischen Kälte und Glut erquickende Ruhe
Herrschte und milde der Himmel umarmte die schlummernden Lande.

Alle Setzlinge nun, die rings auf den Feldern du einsenkst,
Decke mit kräftigem Mist und birg sie sorglich im Boden!
Setze auch Bimssteine ein oder starrende Muscheln, denn also
Gleitet das Regenwasser hindurch, es atmet der zarte
Lufthauch darunter, belebend die Saat. Es gibt wohl auch Winzer,
Die mit Steinen den Grund und schwergewichtigen Scherben
Lastend beschwerten. Das bietet Schutz gegen Wolkenbruchgüsse,
Schutz bei Hundssterns Glut, wenn dürstend klaffen die Fluren.

Hast du gepflanzt, so bleibt noch übrig, öfters die Erde
Rings um die Wurzeln zu lockern, den harten Karst dann zu schwingen

Oder tief mit der Pflugschar den Grund zu durchackern und mitten
Durch das Rebengelände die schnaufenden Stiere zu lenken.
Dann schlag Rohrstangen ein und geschälte, dünnere Stäbe,
Eschenholzpfähle ramm ein und Gabeln aus kräftigem Holze.
Ihrer Kraft soll die Rebe vertraun, den Winden zu trotzen
Lernen und Stock um Stock aufranken zum Wipfel der Ulmen.

Während das erste Leben den jungen Blättern heraufgrünt,
Schone des zarten Gewächses! Und wenn sich froh in die Lüfte
Rankt zur Himmelsreine das Reis empor ohne Zügel,
Darf es nicht fühlen die Schärfe des Messers. Nein, mit gekrümmten
Fingern mußt du pflücken das Laub und sauber verlesen.
Bricht es aber, mit kräftigem Arm umschlingend die Ulmen,
Mächtig hervor, dann stutze sein Haar, dann kappe die Äste
Seitlich – noch hatten vor Eisen sie Angst –, jetzt endlich laß harte
Herrschaft sie spüren, und rings beschränke den Wildwuchs der Zweige!

Ziehe auch Heckengeflecht und wehre jegliches Vieh ab,
Namentlich wenn das Laub, noch zart, nicht Mühsal vermutet.
Denn außer eiskalten Wintern und glühend herrschender Sonne
Schaden ihm stets Wildrinder des Walds, genäschige Ziegen,
Schafe weiden am zartgrünen Laub und hungrige Färsen.
Ja, nicht Kälte, silbrig im Rauhfrost starrend, nicht Hitze,
Schwer über glühende Felsen sich lagernd, schadeten jemals
So wie jene Herden der Pflanzung, so wie des harten
Zahnes Gift und, gekerbt im bißwunden Stamme, die Narbe.
Nur wegen solcher Schuld fällt rings an des Bakchus Altären
Blutend ein Bock, es betritt das Spiel der Urzeit die Bühne.
Preise stiftete Theseus' Volk für die besten Dichter
Rings um Kreuzweg und Gau. Bei lustigem Bechergelage
Sprangen sie froh auf dem Teppich der Wiesen, glitschend im Schlauchtanz.
Auch das Volk, aus Troja entsandt, Ausoniens Siedler,
Spielen in kunstlosem Vers und hemmungslosem Gelächter,
Legen Fratzengesichter sich an, aus Rinden geschnitzte,

Rufen, Bakchus, dich an in fröhlichen Liedern und hängen
Schwebende Bilder dir auf im hohen Wipfel der Fichte.
Darum schwillt überall von reichlichem Wachstum der Weinberg,
Grünt in Fülle der Täler Schoß, die Tiefe der Schluchten,
Blüht es, wo nur der Gott erhob sein herrliches Antlitz.
Auf denn, rühmen dem Brauche gemäß wir Bakchus im Preislied
Unserer Ahnen, bringen ihm Erstlingsfrüchte und Kuchen!
Zum Altare, am Horne geführt, tritt hin der geweihte
Bock und am Spieß aus Haselholz schmort uns fettes Geweide.

Auch jene andere Arbeit ist not zur Pflege der Reben,
Nie zu gründlich getan: denn jeder Boden will jährlich
Dreimal und viermal den Pflug, die Scholle vom Rücken der Karste
Dauernd zerschlagen sein, der ganze Weinberg gelichtet
Werden vom Laub. So kehrt für die Bauern im Kreislauf die Arbeit
Wieder, das Jahr läuft rund, durchrollend die eigenen Spuren.
Ja, schon dann, wenn spätes Laub ablegte der Weinberg,
Eisiger Nord den Wäldern entriß die Zierde der Blätter,
Dann schon dehnt der Bauer, der eifrige, Sorgen hinaus aufs
Künftige Jahr. Dem Weinstock, dem kahlen, rückt mit Saturnus'
Krummem Zahn er scherend zuleib und bildet ihn schneitelnd.
Grabe als erster den Boden, als erster verbrenne des Abfalls
Reiser und bringe als erster die Pfähle unter die Dächer!
Ernte als letzter die Lese. Zweimal hüllt Schatten die Reben,
Zweimal umzieht die Saat in dichten Gebüschen das Unkraut.
Beides gibt hart dir zu tun. Drum lobe die riesigen Felder,
Aber pflege dein kleines! Auch starrende Brombeerruten
Schlägt man im Wald und schneidet am Ufer das Schilfrohr des Flusses,
Bänder und Stäbe besorgt sich der Winzer vom Wildwuchs der Weiden.
Schon sind gebunden die Reben, schon wächst ohne Sichel der Weinberg,
Schon singt froh durch fertige Reihn der letzte der Winzer.
Lockern mußt du trotz allem das Land, mußt Staubwolken wirbeln,
Juppiters Hagel ist noch für reife Trauben zu fürchten.

Keinerlei Pflege dagegen bedürfen die Ölbäume. Weder
Harren der krummen Sichel sie je noch packenden Karstes,
Wenn sie einmal erst haften im Grund und die Lüfte ertragen.
Denn den Saaten gibt Saft auch *so* die Erde, vom Krummzahn
Eben gelockert; gepflügt aber trägt sie schwellende Früchte.
Pflege den Liebling des Friedens daher, den saftigen Ölbaum.

Obstbäume auch, sobald sie die mächtigen Stämme erst spürten
Und ihrer Kraft sich versichert, sie streben schnell zu den Sternen
Auf aus eigener Kraft, bedürfen nicht unserer Hilfe.
Und nicht minder wird trächtig inzwischen von Frucht alle Waldung,
Blutrot von Beeren erglühn der Vögel einsame Nester,
Klee wird gemäht, der ragende Wald läßt Kienfackeln wachsen,
So kann Feuer sich nähren bei Nacht und Lichtflut verströmen.
Und da zaudern die Menschen, zu säen und sorgend zu wirken?
Was soll ich Großes erst nennen? Schon Weiden und niedriger Ginster
Geben ihr Laub dem Vieh, erquicken die Hirten mit Schatten,
Schützen als Hecke die Saat und bergen goldenen Honig.
Schön ist's, den Kytorus zu schaun, grünwogend von Buchsbaum,
Bruttiums pechharztriefenden Hain; wie lacht das Gefilde,
Nimmer pflichtig dem Karst und nimmer menschlicher Sorge.
Selbst auf des Kaukasus Gipfel die fruchtlos ragenden Wälder,
Welche brausende Ostwinde stets baumstürzend durchwirbeln,
Geben reichen Ertrag: sie liefern als brauchbares Bauholz
Fichten den Werften und liefern fürs Haus Zypressen und Zedern.
Hierher holt sich der Bauer sein Holz, dreht Speichen für Räder,
Räder für Karren und baut zum Floß die gebogenen Kiele.
Weiden sind fruchtbar an Ruten, und Laubwerk geben die Ulmen,
Myrten jedoch und Kornellen bewaffnen im Krieg uns mit starken
Lanzenschaften. Aus Taxus entstehn ituräische Bogen.
Lindenholz, glattgeschabtes, vom Eisen gedrechselter Buchsbaum
Nehmen Form an, werden gehöhlt vom schnitzenden Messer,
Und auf reißender Woge tanzt leichtschwebend die Erle
Mitten im Po; die Bienen verbergen die Schwärme in hohlen
Rinden und bergen sie tief in der Steineiche modrigem Bauche.

Schufen uns also rühmlichen Wert die Geschenke des Bakchus?
Bakchus brachte auch Schuld in die Welt; er zwang die Kentauren
Wahnbesessen in blutigen Tod, den Rhoecus, den Pholus
Und den Hylaeus, der gegen Lapithen warf seinen Mischkrug.

Überglücklich die Bauern, wenn sie ihrer eigensten Güter
Inne würden! Denn ihnen läßt fern vom Lärme der Waffen
Leben in Fülle gedeihn die allgerechte, die Erde.
Wenn auch kein Prachtbau, stolzen Portals, aus allen Gemächern
Morgens die Grußbeflissnen entläßt in wogendem Strome,
Wenn kein staunender Blick an schildpattschimmernden Pfosten
Hängt noch an golddurchwirktem Gewand und an kostbaren Vasen,
Wenn man auch weiße Wolle nicht färbt mit phönizischem Purpur,
Nicht durch Narde verdirbt die Kraft des lauteren Öles:
Aber sorglose Ruhe und Leben in redlicher Einfalt,
Reich an mancherlei Gut, aber Muße in weiten Gefilden,
Grotten und quellfrische Seen und kühle, waldige Täler,
Kuhgemuhe und Schlummers Genuß im Schatten der Bäume,
Das fehlt nicht. Da gibt es Schluchten und Lager des Wildes
Und eine anspruchslose, mit Ausdauer schaffende Jugend,
Opfer den Göttern und Ehrfurcht dem Alter! Hier in den Bauern
Ließ noch Gerechtigkeit, eh' sie entschwand, die äußersten Spuren.

Mich aber mögen die Musen, mir lieb über alles – ich trage
Ja ihr heiliges Gut, durchdrungen von glühender Liebe –,
Freundlich empfangen, mir zeigen des Himmels Bahnen und Sterne,
Finsternisse der Sonne und vielfache Mühen des Mondes;
Woher Erdbeben kommt, wie das Meer so mächtig emporschwillt,
Dämme zerreißt und wieder in sich verebbend zurücksinkt,
Warum so schnell in des Ozeans Flut zu tauchen die Sonnen
Sich im Winter bemühn und was die Nächte so hindehnt.
Wenn mir aber das Blut zu kalt und träge durchs Herz rinnt,
Daß mir's an Kräften gebricht, so tief die Natur zu ergründen,
Ländlichkeit wünscht' ich mir dann, in Tälern belebend Gewässer,
Flüsse und Wälder, nicht Namen und Ruhm. Wo seid ihr, Gefilde

Griechenlands? Wo du, von bakchantischen Mädchen durchschwärmtes
Waldgebirge? O wer mich in kühle Täler des Haemus
Brächte und tief mich bärge im schattigen Dunkel der Zweige!
Selig, wer es vermochte, das Wesen der Welt zu ergründen,
Wer so all die Angst und das unerbittliche Schicksal
Unter die Füße sich zwang und des gierigen Acheron Tosen!
Selig auch jener, dem die ländlichen Götter vertraut sind,
Pan und der alte Silvanus, der Schwesternreigen der Nymphen!
Ihn beugt nicht des Volkes Gewalt, nicht schreckt ihn des Herrschers
Purpurmantel, nicht Zwist, selbst Brüder in Heimtücke hetzend,
Oder der Daker, der naht vom Herd der Verschwörung am Ister,
Nicht Roms innerer Krieg noch sinkende Staaten. Auch schmerzt ihn
Weder das Mitleid mit Armen, noch plagt ihn der Neid auf den Reichen.
Eigenes Obst und eigenes Korn auf fruchtbarer Scholle
Reift ihm zur Ernte entgegen. Nichts weiß er vom grausamen Rechtsstreit,
Nichts vom Lärm des Markts, von Pacht- und Steuerbehörden.
Andere schlagen mit Rudern die dräuenden Fluten und stürzen
Kämpfend ins Schwert und stürmen in Burgen und Königspaläste;
Dieser bedrängt mit Verderben die Stadt und die Götter des Hauses,
Um aus Pokalen zu schlürfen, zu ruhn auf schwellendem Purpur;
Jener vergräbt seine Schätze und hockt auf verborgenem Golde.
Dieser bestaunt überwältigt die Redner, trunken hört jener
Tosenden Beifall, umjubelt zum Gruß doch Volk ihn und Adel.
Andere waten mit grausamer Lust im Blute der Brüder,
Werden verbannt und müssen die traute Heimat verlassen
Und unter fremder Sonne ein neues Vaterland suchen.
Aber der Bauer durchfurcht mit gekrümmter Pflugschar die Erde:
Hier beginnt im Jahre sein Werk, so erhält er die Heimat,
So sein bescheidenes Gut, Kuhherden und tüchtige Stiere.
Unablässig gewährt das Jahr ihm Früchte in Fülle,
Läßt das Vieh sich vermehren und reift ihm Korn auf dem Halme.

Schwer wogt draußen die Ernte, die Speicher brechen vor Fülle.
Neigt sich das Jahr, dann preßt man Öl aus den besten Oliven,
Eichelgenährt kommt wieder das Schwein, im Walde gibt's Beeren,
Mancherlei Früchte spendet der Herbst. An felsigen Hängen
Hoch in der Sonne glühn zu süßer Reife die Trauben.
Nach der Arbeit umdrängen die Kinder mit Küssen den Vater,
Reinheit durchstrahlt das behütete Haus. Milch gibt es in Fülle.
Satt von der Weide bekämpfen auf grünem, schwellendem Rasen
Horn an Horn mit Stoßen und Ziehn sich munter die Böcklein.
Festtage ordnet der Bauer selbst. Er lagert im Grünen,
Mitten im Rund flammt Feuer, und Freunde bekränzen den Weinkrug.
Opfernd ruft er, Bakchus, dich an; in schwingendem Speerwurf
Setzt er am Ulmbaum Kampfspiele an für die Hüter der Herden,
Und zum ländlichen Ringen entblößt man stählerne Glieder.
Solch ein Leben führten dereinst die alten Sabiner,
So wuchsen Remus und Romulus auf und die starken Etrusker,
So wuchs auf voll Macht in der Welt die strahlende Roma,
Sieben Burgen umfaßte geeint der Ring ihrer Mauer.
Ehe die eiserne Weltzeit geherrscht und ehe ein rohes,
Fühllos Geschlecht sich Stiere erschlug zu üppigem Schmause,
Lebte so Saturnus auf Erden in goldener Weltzeit.
Damals hörte man nicht die Kriegstrompete erschallen,
Nirgends klirrte der Hämmer Geläut schwertschmiedend am Amboß.

Aber wir haben des Rennens gewaltige Strecke durchmessen,
Zeit ist's, vom Joche zu lösen der Rosse dampfenden Nacken.

DRITTES BUCH

Große Pales, dich rühme ich auch, dich, hehrer Apollo,
Hirt von Amphrysus, und euch, Arkadiens Wälder und Ströme.
Denn was müßigen Geist wohl sonst im Liede gefesselt,
Ist schon Alltagsgespräch. Wer hätte vom harten Eurystheus
Nicht gehört, wer nicht von des grausen Busiris Altären?
Wem wäre Hylas, der Knabe, noch fremd und Delos, Latonas
Insel, Hippodame, Pelops, berühmt durch die Elfenbeinschulter,
Stürmisch zu Roß? Drum muß ich auf *neue* Bahnen mich wagen,
Daß ich empor mich schwinge als Sieger im Munde der Menschheit.
Ich will als Erster mit mir ins Vaterland, reicht nur mein Leben,
Vom aonischen Gipfel hinab geleiten die Musen,
Mantua, bringen als Erster dir heim die Palme des Sieges,
Will im grünen Gefild einen Tempel aus Marmor erbauen
Nahe am Wasser, wo breit der Mincio träumend in trägen
Windungen schleicht, mit schwankem Schilf umwebend die Ufer.
Waltend im innersten Herzen des Tempels thronet mir Caesar.
Siegreich werde ich ihm, umwallt vom Purpurgewande,
Hundert Wagen, im Viergespann, hintreiben zum Flusse,
Und ganz Griechenland läßt den Alpheus, läßt des Molorchus
Haine und kämpft im Wettlauf hier und im grausamen Faustkampf.
Aber ich selbst, das Haupt umkränzt vom Laube des Ölbaums,
Bringe das Opfer. Schon jetzt durchzuckt's mich freudig, den Festzug
Hin zu den Tempeln zu führen, zu schaun die geopferten Stiere,
Und wie die Bühne die Stirnwand dreht, wie den steigenden Vorhang
Heben, das Purpurgewirk, die eingewebten Britanner.
Auf den Pforten form' ich in Gold und in Elfenbeinarbeit
Schlachtengetümmel am Ganges, es strahlen des Siegers Quirinus
Waffen, hier wogt vom Krieg hochflutend der brausende Nilstrom,
Schiffsschnäbel ragen als Säulen von Erz, hier bilde ich Asiens
Niedergezwungene Städte, die Jagd durch Armeniens Bergland,

Parther, vertrauend der Flucht, die plötzlich sich wendet zum Pfeilschuß,
Zwei dem Feind im Osten und Westen geraubte Trophäen
Und den Doppeltriumph über Völker von beiden Gestaden.
Ragen soll mir aus parischem Stein, ein atmend Gebilde,
Dort des Assarakus Stamm, die Namen der Juppitersöhne,
Ahnherr Tros, auch du, und Trojas Erbauer Apollo.
Glückloser Neid aber fürchte die Furie, grausen Kokytos'
Fluten sollen ihn schrecken, ihm dräue vom Rade Ixions
Scheußlich das Schlangengewinde, ihn ängstige Sisyphus' Felsblock.
Wir indes dringen durch Wald und Schlucht, jungfräuliches Land, ins
Reich der Dryaden, dein schweres Gebot, Maecenas, befolgend.
Ohne dich sinnt nichts Hohes mein Geist. Wohlan denn, der Säumnis
Fesseln zerbrich! Schon ruft uns mit brüllendem Laut der Kithaeron,
Bellt des Taygetus Meute, es lockt Epidaurus, der Rosse
Bändigerin, rings hallen von hellem Gewieher die Wälder.
Bald aber gürte ich mich, zu künden die lodernden Schlachten
Caesars, seinen Namen durch so viel Jahre zu rühmen,
Wie von Tithonus' Urzeit fern aufstrahlte uns Caesar.

Ob ein Mann, den Preis olympischer Palmen bewundernd,
Rosse sich hält, ob lieber zum Pflügen kräftige Stiere,
Sorglichst wähl' er die Mütter zunächst. Die trefflichste Zuchtkuh
Ist von Aussehen wild, ihr Kopf ist häßlich, der Nacken
Massig, bis zu den Schenkeln hängt vom Kinne die Wampe.
Mächtig dehnt ohne Maß sich die Flanke, alles ist wuchtend,
Auch der Fuß. Unter krummem Gehörn stehn struppig die Ohren.
Nicht so übel ist auch die weißgezeichnete Schecke,
Oder ein Rind, widerstrebend dem Joch, zuweilen gar stößig,
Fast ein Stier an Gestalt, ein Tier von prächtigem Hochwuchs,
Das beim Gehen die Spuren verwischt mit dem Ende des Schwanzes.
Wehen zu dulden und rechter Paarung taugliches Alter

Endet im zehnten Jahr, im fünften aber beginnt es.
Anderes Alter ist weder zur Zucht noch zum Pfluge geeignet.
Wenn nun inzwischen dein Vieh aufstrotzt in fröhlicher Jugend,
Löse die Stiere! Schicke dein Vieh zur Paarung als erster,
Und Geschlecht um Geschlecht ergänze durch zeitige Zeugung.
Flieht doch die köstlichste Zeit den armen, sterblichen Wesen
Immer zuerst. Nachschleichen Gebrest und trostloses Alter,
Mühsal lastet, und hart entrafft sie der Tod, ohne Gnade.
Stets gibt's Mütter von minderem Wuchs, gern möchtest du tauschen,
Immer ergänze sie drum. Um später nichts zu vermissen,
Komme zuvor und wähle dem Zuchtvieh jährlich den Nachwuchs.

Ebenso walte sorgliche Wahl beim Kören der Hengste.
Die zur Zucht du bestimmst, des Stammes künftige Hoffnung,
Hege von zartester Jugend schon mit liebender Mühe.
Gleich von Geburt an schreitet ein Füllen von rassiger Mutter
Stolzer einher im Gefilde und setzt gar zierlich die Schenkel.
Stets an der Spitze sprengt es dahin, durch dräuende Ströme
Wagt es sich kühn und traut noch nie betretenen Brücken,
Schrickt nicht zusammen bei eitlem Geräusch. Steil trägt es den Nacken,
Schmal ist der Kopf, die Weiche gedrang, gepolstert die Kruppe,
Muskelprangend die mutige Bust. Am höchsten begehrt sind
Apfelschimmel und Brauner, die minderwertigste Farbe
Haben die Gelbschimmel. Tönt nun von fern das Klirren der Waffen,
Kennt es kein Halten, zuckt mit den Ohren und zittert und stampft und
Stößt aus schnaubenden Nüstern den Dampf des inneren Feuers.
Rechts fällt dicht ihm die Mähne vom Bug, sooft es sie schüttelt,
Breit gefurcht durchzieht die Lenden das Rückgrat, der Hufschlag
Höhlt die Erde und dröhnt laut auf von kräftigem Horne.
So war der Hengst, den Pollux gezähmt mit herrischem Zügel,
Kyllarus, so das edle, von Griechenlands Dichtern gerühmte
Doppelgespann des Mars und die Renner des großen Achilles.
So ließ, selbst sich wandelnd zum Roß, die Mähne vom Nacken

Flattern Saturn, von der Gattin ertappt, und hurtig entfliehend
Füllte er Pelions Felsengeklüft mit hellem Gewieher.

Schwächt aber Krankheit den Hengst und kommt er zu trägeren Jahren,
Lasse auch ihn dann zu Haus, ohne Nachsicht mit wertlosem Alter.
Frostig ist zur Paarung der Ältere, treibt nur vergeblich
Danklos-mühsames Werk; und kommt es wirklich zum Kampfe,
Gleicht er dem Feuer im Stroh, das knattert empor und verflattert,
Rast und versagt. Drum achte auf Mut vor allem und Jugend,
Dann erst auf Vorzüge anderer Art, auf den Stammbaum der Eltern,
Ob der Besiegte sich grämt, der Sieger sich freut seiner Palme.
Sieh nur, sieh, wie gestreckten Galopps wettlaufend die Bahn hin
Rasen und rennen, dem Start im Nu entflohn, die Gespanne!
Bald reißt Hoffnung die Jünglinge hoch, bald stocken die Herzen,
Eben noch jauchzend, vor Angst! Sie drohn, sie wirbeln die Peitsche,
Zügel verhängt, vornüber; es fliegt rotglühend die Achse.
Jetzt noch am Boden hin, gleich schon emporgerafft scheinen durch leere
Luft sie zu jagen und hoch zu steigen auf Flügeln des Windes,
Ohne Rast, ohne Ruh! Aufwirbelt gelblichen Sandes
Wolke. Sie triefen, vom Schaum befleckt nachhetzender Renner.
So brennt Liebe zum Ruhm, so dürstet das Herz nach dem Siege.
Erichthonius wagte zuerst, vier Renner dem Wagen
Anzujochen und fliegend zu stehn auf Rädern als Sieger.
Zügel erfand der Lapithen Geschlecht und Volten zu schlagen
Fest im Sitz auf dem Roß. Sie lehrten gewappnete Reiter
Tänzelnd einherzusprengen und stolzen Schrittes zu traben.
Beiderlei Mühe ist gleich, drum wählen die Meister entsprechend
Jung das Roß, voll Feuer und stürmenden Laufes. Der Althengst
Zählt nicht mehr mit, obwohl er so oft doch die Feinde gejagt hat,
Und Epirus als Vaterland rühmt und Mykene, der Helden
Wiege, und gar sein Geschlecht herleitet vom Ahnherrn Neptunus.

Dies beachten die Züchter. Doch kommt die Zeit der Begattung,
Sorgen sie wohl, daß derbe Mast feist mache den Zuchthengst,

Den sie zum Führer erwählt und dem Vieh zum Gatten bestimmten.
Blühende Kräuter schneiden sie ihm, sie reichen ihm Wasser,
Reichen ihm Korn, daß kräftig er leiste erfreuliche Mühsal,
Daß nicht schwächliche Kinder des Vaters Fasten verraten.
Stuten und Kühe jedoch läßt magerer werden der Züchter,
Planvoll, und wenn sie der *schon* bekannte Trieb zur Begattung
Stachelt, verweigert er ihnen das Laub und hält sie von Quellen
Fern. Oft tummelt er sie im Lauf, hetzt ab sie in Hitze,
Wenn beim Dreschen der Frucht schwer stöhnt die Tenne und flatternd
Wirbelt die leere Spreu, gepackt vom nahenden Westwind.
All dies geschieht, daß nicht zu üppige Mast die Traglust
Stumpfe der zeugenden Flur und träge Furchen verschlämme;
Gierig sauge und berge ihr Schoß tief drinnen den Samen.

Jetzt überläßt man die Väter sich selbst und sorgt für die Mütter;
Wenn ihre Zeit sich erfüllt und irrend die Trächtigen schweifen,
Wird sie wohl niemand ins Joch einspannen des lastenden Fuhrwerks,
Läßt sie auch nicht mehr im Sprung die Straße hinjagen, im scharfen
Trab die Wiesen durchstürmen und reißende Flüsse durchschwimmen.
Einsame Waldwiesen weiden sie ab, sie grasen entlang am
Ruhigen Strom, auf Polstern aus Moos, am grünenden Ufer,
Grotten schützen sie, kühl umfängt sie der Schatten der Klüfte.
Rings um des Silarus Haine, den eichenbekrönten Alburnus
Schwärmt ein schwirrendes Tier. Asilus nennt es der Römer,
Oistros der Grieche mit anderem Wort, die gefährliche Bremse.
Gräßlich, surrenden Tons, davor in den Wäldern die Herden
Schreckengepeitscht zerstieben. Ein rasendes Brüllen erschüttert
Heftig den Äther, den Wald und das Ufer des seichten Tanager.
Durch dies Scheusal wütete einst gegen Inachus' Tochter,
Die sie gewandelt zur Kuh, die unheilsinnende Juno.
Halte es ja – denn es tobt im glühenden Mittag am ärgsten –

Fern von trächtigem Vieh, und weide die Tiere, wenn morgens
Eben die Sonne sich hebt oder Nacht mit Sternen heranschwebt.

Nach der Geburt gilt alles Bemühn und Sorgen den Kälbern.
Merkmale brennt man sofort ihnen ein und die Namen des Stammes,
Ob man sie nun als Nachwuchs des Viehs aufzieht oder lieber
Sie den Altären bewahrt als Opfer, oder sie auswählt,
Daß sie die Erde durchfurchen im schollendurchbrochenen Felde.
Alles übrige Vieh grast frei im grünen Gefilde.
Aber die Tiere, die du zu ländlicher Arbeit dir bildest,
Nimm schon als Kälber in Zucht und zähme sie planvoll, solange
Lenksam der Sinn der Jugend noch ist, noch fügsam ihr Alter.
Lege nur lockere Reifen zunächst von dünneren Weiden
Um ihren Hals. Danach, sobald sich allmählich der freie
Nacken der Knechtschaft bequemt, dann joche in eben die Reifen
Paarweise ein die Stiere und zwinge sie, Schritt zu halten.
Leere Wagen lasse sie oft schon ziehen und leichthin
Streifen die Erde und flüchtige Spur nur zeichnen im Staube.
Später dann soll unter wuchtender Last die buchene Achse
Knarren, die Deichsel aus Erz soll ziehen verbundene Räder.
Doch dem Jungvieh, das frei noch umhertollt, pflücke nicht Gräser
Nur und mageres Laub von der Weide und Schilfgras vom Sumpfe,
Mengelkorn rauf ihm, gesät mit der Hand, und laß nicht die Kühe,
Die erst eben gekalbt, nach Vätersitte die Kübel
Füllen mit schneeweißer Milch. Ganz diene ihr Euter den Kälblein.

Liebt der Züchter den Krieg jedoch und wilde Schwadronen,
Oder auf Rädern dahin zu sausen entlang am Alpheus
Dort in Pisa, in Juppiters Hain im Fluge der Rennbahn,
Lehre zunächst er sein Pferd, wildwogende Waffen zu schauen,
Schmetternder Hörner Signal zu ertragen und knirschenden Rades
Schleifenden Ton und im Stalle zu hören die klirrenden Zügel.
Dann aber lerne es mehr und mehr, an des schmeichelnden Lehrers
Lob sich zu freun und am klatschenden Schall des getätschelten Nackens.
All dies wage es gleich zu Beginn, vom Euter der Mutter
Eben entwöhnt, und reiche der weichen Halfter den Mund hin,

Schwach noch und zitternd, noch nicht sich bewußt der Kraft seiner Jugend.
Nahm aber nach drei Sommern der vierte Sommer es auf, dann
Lerne es gleich, im Kreise zu laufen und tönenden Taktes
Schritte zu setzen, es krümme im Wechsel federnd die Schenkel
Einem sich Mühenden gleich. Doch dann, dann darf es zum Wettlauf
Fordern die Lüfte, hinfliegend durchs offne Gefilde, als sei es
Frei von Zügeln. Kaum haftet die Spur ganz oben im Sande.
Gleich wie der Nordwind stramm von den Küsten hoch oben im Norden
Antobt, Skythiens Stürme und regenloses Gewölke
Breithin treibt, dann schauern die hohen Saaten und flachen
Seen im sanften Hauch, laut rauschen die Wipfel der Wälder
Und zum Gestade hin drängen in weitem Bogen die Wogen;
Er aber fliegt, hinfegend im Sturm durch Fluren und Fluten.
So wird das Roß im elischen Feld am Ziele der großen
Rennbahn schwitzen und blutigen Schaum ausstoßen vom Maule,
Oder auch belgische Streitwagen ziehn, geschmeidigen Nackens.
Jetzt erst, wenn sie gezähmt, jetzt lasse den mächtigen Körper
Wachsen durch kräftiges Futtergemisch. Denn vor ihrer Zähmung
Wird unbändig sich bäumen ihr Mut, sie weigern dem Griff sich,
Wollen die Peitsche nicht dulden, dem Wolfszaum nimmer sich fügen.

Aber kein Fleiß stärkt besser die Kraft, als wenn du bemüht bist,
Fernzuhalten den Trieb und die Reizungen blinder Begierde,
Ob du nun Rinder dir hältst oder lieber Pferde dir züchtest.
Eben deshalb entfernt man die Stiere und läßt sie in stillen
Gründen weiden hinter dem Berg und breiten Gewässern,
Oder man hält sie verriegelt im Stall an Krippen voll Futter.
Denn der Anblick des weiblichen Tiers verzehrt und verbrennt sonst
Mählich die Kräfte und läßt sie der Haine vergessen und Kräuter,
Lieblich lockt es mit Zaubergewalt und zwingt oft die stolzen
Gegner, um Liebe den Streit hart Horn an Horn zu entscheiden.
Jung und voll Anmut weidet die Kuh auf dem mächtigen Sila,

Aber gewaltig im Wechselgefecht erheben die Stiere
Wundenreißenden Kampf, und Blut träuft dunkel vom Leibe.
Horn gegen Horn ineinandergestemmt bedrängen sie sich mit
Wüstem Gebrüll, laut hallen die Wälder und weithin der Himmel.
Nicht mehr bleiben in *einem* Stall die Gegner. Der eine
Geht als Besiegter von dannen und lebt als Verbannter in fernen
Küsten, die Schande beseufzend und alle die Stöße des stolzen
Siegers und ach, seine Liebe, die ohne Rache er preisgab.
Und mit dem Blick zum Stall verläßt er das Reich seiner Ahnen.
Nun aber übt er mit allem Fleiß die Kräfte und zwischen
Harten Felsklippen ruht er, der Flüchtige, droben, sein Lager
Rauh mit Laub nur gestreut und nährt sich von schneidendem Riedgras.
Und er versucht sich und lernt, seinen Zorn in die Hörner zu drängen,
Wider des Baumes Stumpf sich stemmend, reizt auch die Winde
Auf mit Stößen und streut im Vorspiel zum Kampfe den Sand hoch.
Ist dann aber geballt seine Wucht, sind frisch seine Kräfte,
Zieht er zur Schlacht. Urplötzlich berennt er den arglosen Gegner,
Gleichwie mitten im Meer die Woge silbern zu schäumen
Anhebt, fern und auf hoher See sich höhlend, gewaltig
Gegen die Lande gewälzt durch Klippen peitscht und hernieder
Bricht wie ein Berg, doch tief vom Grund aus siedet die Welle
Strudelig gipfelnd und wirft den schwarzen Sand in die Lüfte.

Jedes Geschlecht auf Erden, die Menschen, die Tiere der Wildnis,
Meerbewohner und Hausvieh und buntgefiederte Vögel,
Alle rasen vor Glut. Gleich stark packt alle die Liebe.
Nimmer zu anderer Zeit, vergessend der eigenen Jungen,
Irrt die Löwin wilder durchs Feld, nie strecken die plumpen
Bären sonst so viel Tote zu Boden und schlagen in Wäldern
Leichen zuhauf. Wild tobt jetzt der Eber, furchtbar der Tiger.
Wehe dem Irrenden jetzt in Libyens einsamen Triften!
Siehst du nicht, wie den Leib der Hengste über und über
Zittern durchzuckt, sobald die bekannten Lüfte sie wittern?
Zaumzeug hält sie nicht mehr, nichts wirken wütende Hiebe,
Weder Klippen hemmen den Lauf noch klaffende Felsen

Noch der Ströme Gewalt, Bergbrocken wirbelnd im Strudel.
Grundlos tobt und wetzt seinen Zahn der sabellische Eber,
Wühlt mit dem Fuß in der Erde und reibt sich am Baume die Rippen,
Härtet sich hüben und drüben die Schultern ab für die Wunden.
Denk an den Jüngling, dem Liebe, die grausame, loderndes Feuer
Warf ins Gebein. So schwimmt er noch spät durch reißender Strudel
Siedend zischende Flut, sternblind die Nacht, und zu Häupten
Donnert gewaltig des Himmels Tor, es brüllen die Fluten,
Wider die Klippen gepeitscht. Nicht hält ihn jammernder Eltern
Ruf, nicht das Mädchen, das stirbt über seiner zerschundenen Leiche.
Bakchus' gesprenkelte Luchse, die Brunst der Wölfe und Hunde,
Wozu sie schildern und wütenden Kampf sonst friedlicher Hirsche?
Ist doch vor allem berühmt das Rasen rossiger Stuten.
Venus selbst warf Glut in ihr Herz, zur Zeit, als des Glaukus
Potnisches Viergespann die Glieder ihm beißend zerfetzte.
Über den Gargara treibt sie die Liebe, über Askanius'
Rauschenden Strom. Sie klimmen durch Berge und schwimmen durch Flüsse.
Gleich, wenn im brünstigen Mark entbrennt die verborgene Glut – im
Lenze zumal, denn im Lenz durchpulst wieder Wärme die Glieder –
Stehen sie alle, das Haupt zum Zephir gewendet, auf hohen
Felsen und saugen die säuselnden Lüfte, oft ohne alle
Paarung werden sie schwanger vom Wind – ein Wunder zu sagen –;
Dann über Felsen und Klippen und abwärts tief durch Täler
Fliehn sie davon, nicht, Ostwind, zu dir, noch zum Aufgang der Sonne,
Nein, nach Nord und Nordwest oder dorthin, woher sich der schwarze
Südwind erhebt und mit rieselndem Frost umdüstert den Himmel.
Hier erst sondert ihr Schoß den zähen, klebrigen Schleim ab,
Den die Hirten mit treffendem Wort als »Roßwut« bezeichnen,

Roßwut – von bösen Stiefmüttern oft gesammelt; sie mischten
Murmelnd giftige Kräuter und schadenstiftende Worte.

Aber es flieht inzwischen die Zeit, flieht unwiederbringlich,
Während, gefesselt von Liebe, wir einzelne Dinge durchschweifen.
Sei's denn vom Großvieh genug! Nun bleibt noch die weitere Sorge,
Wolletragende Herden zu hüten und struppige Ziegen.
Hier ist Arbeit, von hier winkt Ruhm euch, rüstige Bauern!
Wohl ist mein Herz sich bewußt, was es heiße, mit Worten dies alles
Rein zu bezwingen und kleines Geschehn hier feiernd zu ehren.
Aber mich reißt durch des steilen Parnassus einsame Gipfel
Süße Gewalt. Gern wandl' ich auf Höhn, von denen kein Pfad noch
Früherer Dichter in sanftem Hang nach Kastalia abfällt.
Laut, ehrwürdige Pales, muß jetzt tönen mein Rühmen!

Anhebend künde ich dies: auf weichem Lager im Stalle
Rupfe sich Heu das Schaf, bis wieder im Laubschmuck der Sommer
Einzieht. Streut auch reichlich mit Stroh und Bündeln aus Farnkraut
Steinigen Grund. Nicht schade die Eiseskälte dem zarten
Vieh und bringe ihm Räude und häßliche Klauengeschwüre.
Weiter heiße ich euch, des grünenden Arbutusstrauches
Blätter den Ziegen zu reichen und frisches Wasser vom Flusse
Und die Ställe, vor Winden geschützt, zur Sonne des Winters
Hin gen Mittag gewendet zu baun, bis endlich der kalte
Wassermann wieder versinkt, des Jahres Ende betauend.
Denn auch die Ziegen dürfen wir ja nicht weniger pflegen;
Ist doch nicht kleiner der Nutzen; und wenn auch milesisches Vlies von
Tyrischem Purpur getränkt, auf dem Markt sehr teuer bezahlt wird:
Hier ist reicherer Nachwuchs jedoch, strömt Milch dir in Fülle.
Melke die Euter nur leer! Je voller schäumte der Kübel,
Desto reichlicher strömt der Strahl aus strotzenden Zitzen.
Und nicht minder schert man indes den Bart und das graue
Kinn des cinyphischen Bocks und die starken, wallenden Haare,

Brauchbar im Lager und gut als Decke für arme Matrosen.
Weiden bietet den Ziegen der Wald und Arkadiens Hochland,
Stachliges Brombeergesträuch und höhenumrankender Dornbusch,
Und an die Heimkehr zum Stall erinnern sie selbst sich, die Zicklein
Führen sie mit. Fast streift das strotzende Euter die Schwelle.
Schütze sie drum mit vollem Fleiß vor Eis und vor Schneewind,
Denn sie fordern ja sonst nur wenig der Sterblichen Pflege;
Gib als Nahrung auch gern ihnen Futter von Ruten und halte
Nicht den Winter hindurch den Heuboden kargend verriegelt.
Wenn aber endlich der Föhnwind braust und der fröhliche Sommer
Naht und Schafe und Ziegen entläßt in Schluchten, auf Triften,
Dann mit des Lichtbringers frühem Gestirn durch kühle Gefilde
Wollen wir weiden, wenn jung noch der Morgen, silbern das Gras und
– Köstlich dem Vieh! – der Tau noch perlt auf zartgrünen Halmen.
Wenn dann mählich den Durst die vierte Stunde geweckt hat,
Und schrill klagenden Lieds im Buschwerk zirpen die Grillen,
Sollen am Brunnen oder an tiefen Weihern die Herden
Trinken aus Eichenholzröhren die silbern rinnende Welle.
Glüht aber siedend der Mittag, dann suche ein schattiges Tal dir,
Wo die gewaltige Eiche des Juppiter, uralten Stammes
Weithin wölbt ihr Dach, wo Steineichen dicht und dunkel
Ragen im dämmrigen Hain, von heiligem Schatten umschauert;
Dann gib frisches Wasser aufs neu und weide sie wieder
Bis zum Sinken der Sonne, wenn kühl durch die Lüfte der Abend
Atmet, der tauige Mond die Wälder erquickt, vom Gestade
Hallt des Eisvogels Schrei, der Stieglitz ruft aus dem Dornstrauch.

Was soll ich Libyens Hirten, was soll ich die Weiden im Vers dir
Schildern und jene vereinzelt bewohnten Gezelte und Hütten?
Oft bei Tag und bei Nacht und den ganzen Monat in einem
Fort zieht weidend das Vieh durch weite Wüsten und hat kein
Obdach: es liegt nur im Feld. Der Rinderhirt Afrikas führt ja
All sein Gut stets mit, sein Zeltdach und seinen Hausgott,
Waffen auch und den wachsamen Hund und den kretischen Köcher.
Ganz genau wie in heimischer Wehr kampfkräftig der Römer

Unter der kaum noch tragbaren Last hinhastet, und eh' der
Feind es erwartet, sein Lager bezieht und dasteht im Heere.

Nicht so ist's am mäotischen See, im Volke der Skythen,
Dort, wo der strudelnde Ister sich schlammaufwirbelnd dahinwälzt,
Wo sich Rhódope krümmt, das Gebirg, und nach Norden zurückbiegt.
Dort verschließt man im Stalle das Vieh, und nirgendwo grünen
Kräuter und Gräser im Feld noch sproßt am Baume das Laubwerk;
Nein, vom Schneedamm formlos verdeckt liegt tief unterm Eise
Weitum das Land, und sieben Ellen hoch türmt sich die Schneelast.
Stets herrscht Winter, stets Nordwest mit eisigem Atem;
Nie durchstrahlt der Sonnengott hier bleichdämmernde Schatten,
Nicht, wenn himmelan stürmt sein Gespann und nicht, wenn der Wagen
Jäh abstürzt zum Bad in des Ozeans rotes Gewoge.
Plötzlich erstarrt auf fließendem Strom kristallen die Kruste,
Schon trägt oben die Woge die eisenbeschlagenen Räder,
Hatte sonst Schiffe zu Gast, doch jetzt breit lastende Wagen.
Erzgeräte zerspringen ringsum, die Kleider erstarren
Warm noch am Leib, man zerschlägt mit dem Beil die Feuchte des Weines,
Ganz hinab zu festem Eis gefrieren die Weiher,
Eiszapfen setzen sich hart und starrend in struppige Bärte.
Und inzwischen friert es nicht nur, es wimmelt die Luft von
Flocken. Das Vieh kommt um. Dastehn, von Rauhfrost umschimmert,
Mächtig die Leiber der Stiere. Die Hirsche, im Rudel gedrängt, sind
Starr vor Schreck ob der fremd-neuen Last. Kaum ragt das Geweih noch
Eben heraus. Es hetzt sie kein Hund, man stellt keine Netze,
Jagt sie auch nicht in Entsetzen und Angst vor der purpurnen Feder,
Sondern während umsonst sie sich stemmen wider den Schneeberg,
Sticht aus der Nähe der Fänger sie ab. Dumpf brüllen sie auf. Man
Fällt sie und trägt sie mit lautem Geschrei voll Jubel nach Hause.
Tief in Höhlen leben im Schoß der Erde die Menschen

Sorglos in Muße dahin. Gestapeltes Kernholz und ganze
Ulmen wälzen zum Herde sie an und nähren das Feuer.
Hier verbringen die Nacht sie beim Spiel. Statt Weines kredenzen
Fröhlich sie ihren Speierlingstrank, mit Malzbier vergoren.
Also haust hoch droben im Nord unterm Siebengestirne
Zügellos Männergeschlecht, gepeitscht vom eisigen Ostwind
Und die Glieder umhüllt vom Tierfell, gelblich und borstig.

Ist dir an Wolle gelegen, so meide struppiges Dickicht,
Kletten und Burzeldorn, bleib fern von üppiger Weide!
Wähle dir Herden sofort mit weicher, schimmernder Wolle.
Aber den Widder – und strahlte er sonst auch in blendender Weiße –,
Ist nur ein wenig die Zunge ihm schwarz am schlüpfrigen Gaumen,
Weg mit ihm! Daß er dir nicht das Vlies der Lämmer mit Tupfen
Sprenkle. Such dir auf wimmelnder Trift einen anderen lieber!
Also täuschte – wenn's Glauben verdient – durch schneeiges Vlies einst
Pan, Arkadiens Gott, und bestrickte dich, Luna, und rief dich
Tief in den Wald. Und du verschmähtest nicht spröde den Rufer.

Liegt aber einem an Milch, dann werfe er Geißklee und Lotos
Reich in die Krippe mit eigener Hand und salzige Kräuter.
Stärker lockt sie die Tränke alsdann, prall spannt sich das Euter
Und, kaum merklich, mischt sich der Milch die Würze des Salzes.
Vielfach hält man die Böcklein, sobald sie entwöhnt sind, den Müttern
Fern und umsäumt ihnen vorne das Maul mit stachligem Halfter.
Was frühmorgens gemolken und tagsüber, preßt man noch spät am
Abend zu Quark, was im Dunkel gemolken bei sinkender Sonne,
Früh geht's fort, im Holzgefäß bringt's der Hirt in die Städte;
Oder man salzt es ein wenig und hebt sich's auf für den Winter.

Hunde dir aufzuziehn bedenk' nicht zuletzt, sondern nimm dir
Gleichzeitig flinke spartanische Brut und scharfe Molosser.
Zieh sie mit Fettmolke auf. Sind sie deine Wächter, so brauchst du
Nie für die Ställe den Dieb in der Nacht und den Einbruch der Wölfe
Oder Ibererrebellen zu scheuen, die hinterrücks kommen.

Oft auch wirst du im Lauf die furchtsamen Waldesel scheuchen,
Wirst mit Hunden den Hasen, mit Hunden jagen das Damwild.
Aus ihrer Suhle im Wald wirst oft du mit bellender Meute
Hetzen die Eber; du wirst mit Halli und Hallo durch die hohen
Berge hin jagen den mächtigen Hirsch, ihn treiben ins Fangnetz.

Lerne auch, wie man im Stall entzündet duftende Zedern
Und mit Galbanumqualm verscheucht die schädlichen Schlangen.
Oft unter Krippen, die unberührt stehn, liegt, bös zu betasten,
Heimlich die Viper. Auffliеht sie entsetzt vorm Lichte des Himmels.
Oder die Natter, gewöhnt an Haus und Schatten, die schlimmste
Pest für die Rinder, das Vieh mit spritzendem Gifte begeifernd,
Brütet am Boden. Nimm Steine zur Hand, nimm Eichknüppel, Hirte,
Und wenn drohend sie steigt, sich bläht mit zischendem Rachen,
Triff sie! Schon birgt auf der Flucht das furchtsame Haupt sie im Boden,
Schlaff wird mitten der Ring, des Schwanzes Windungen hinten
Lockern sich, langsam im Bogen verzuckt die letzte Bewegung.
Aber auch jene ist schlimm, die Schlange kalabrischer Schluchten:
Gradauf reckt sie die Brust und rollt den schuppigen Rücken,
Langhinüber am Bauch mit riesigen Flecken gesprenkelt;
Und solange ein Fluß aus Quellen sprudelt, solange
Länder triefen im feuchten Lenz, im Regen des Südwinds
Lebt sie in Sümpfen. Hier haust sie am Ufer, füllt sich mit Fischen
Gierig den schwarzen Schlund und schlingt die quakenden Frösche.
Dörrt der Sumpf aber aus und klafft das Gefilde im Gluthauch,
Springt sie ins Trockene vor, und flammensprühenden Blickes
Rast sie auf Feldern, vom Durste gequält und geängstigt von Hitze.
Nimmer dann soll mir's behagen, des lieblichen Schlummers im Freien
Mich zu erfreuen und am waldigen Hang im Grase zu liegen,
Wenn sie, entschlüpft ihrer Haut, sich neu und glänzend vor Jugend
Ringelt, im Neste die Brut verlassend oder die Eier,
Steilauf zur Sonne, dem Rachen entzuckt dreispaltig die Zunge.

Auch der Krankheiten Ursach und Anzeichen will ich dich lehren.
Häßliche Räude befällt dein Vieh, wenn frostiger Regen
Tiefer ans lebende Fleisch durchdringt und starrenden Winters
Eisgrauer Reif, oder wenn den Geschorenen unabgewaschen
Haftet der Schweiß und die Leiber zerkratzt der stachlige Dornbusch.
Deswegen lassen die Hirten im süßen Flußwasser alles
Vieh sich baden, sie tauchen den Widder triefenden Vlieses
Tief in den Strudel, er wirbelt dahin, stromabwärts getrieben;
Oder man netzt den geschorenen Leib mit der Herbe des Ölschaums,
Mischt auch Silberglätte hinzu und natürlichen Schwefel,
Teer vom Idagebirg und Wachssalbe, fett und geschmeidig,
Meerzwiebel auch und Nießwurz scharf und pechschwarzes Erdharz.
Aber am wirksamsten heilt doch der Hirt die Leiden der Räude,
Wenn er's vermag, mit dem Messer die schwärenden Blattern zuoberst
Aufzuschneiden. Es wächst ja und lebt vom Verbergen die Krankheit,
Während der Hirt die heilende Hand an die Wunden zu legen
Säumt und sitzt, die Besserung ganz von Göttern verlangend.
Ja, selbst wenn schon in Mark und Gebein der Blökenden eindringt
Rasender Schmerz, wenn die Glieder verzehrt das dörrende Fieber,
Half es noch stets, die Glut der Entzündung zu lindern und unten
Tief am Fuße zu schlagen der Ader springenden Blutquell.
Also tun die Bisalten, so macht es der wilde Gelone,
Wenn er des Nordlands Gebirge durchstreift und getische Steppen
Und geronnene Milch mit Roßblut mischt zum Tranke.
Siehst du ein Schaf, das allzuoft abseits weichlichem Schatten
Nachgeht oder das träger sich rupft die Spitzen der Gräser,
Das als letztes schleicht und matt beim Weiden dahinsinkt
Mitten im Feld, das allein, erst spät, der Kühle der Nacht weicht,
Gleich auf der Stelle tilg das Verdächtige aus mit dem Messer,
Ehe furchtbares Siechtum befällt die arglose Herde.
Wirbelwind, sturmaufpeitschender, tobt so oft übers Meer nicht,
Wie durch Herden Seuchen und Pest. Nicht einzelnes Vieh nur

Raffen die Krankheiten hin, nein, ganze Sommergehege
Jählings, Hoffnung und Herde zugleich, mit der Wurzel den ganzen
Stamm. Das begreift, wer hoch in den Alpen Noricums Burgen
Dort auf den Hügeln, wer das Japydergefild des Timavus
Jetzt noch sieht, so lange nachher, das verödete Reich der
Hirten, vereinsamt weit und breit die waldigen Triften.

Hier brach einst durch Krankheit des Himmels jammervoll Unheils-
Wetter herein. Es loderte auf im glühenden Herbste,
Mordete hin alle Arten des Viehs, alle Tiere der Wildnis,
Traf verpestend Teich und Trift mit giftiger Seuche.
Nicht ging's einfach zum Tod. Nein, erst wenn glühend die Adern
Alle durchraste der Durst und die Glieder kläglich zermürbte,
Brach wieder reichlich hervor ein Schleimfluß, zog und ergriff rings
Alles Gebein, das Stück für Stück der Seuche anheimfiel.
Oft stand, Göttern zur Ehre, das Opferlamm schon am Altare,
Schimmernd mit schneeiger Binde geziert der wollene Kopfschmuck,
Brach aber, während die Diener noch rüsteten, sterbend zusammen.
Oder der Priester hatte zuvor zwar das Tier noch geschlachtet,
Aber nicht flammt der Altar vom Eingeweide des Opfers,
Nicht kann Antwort dem Fragenden draus enträtseln der Seher,
Kaum wird die Schneide des Messers genetzt von quellendem Blute,
Flüchtig nur färbt sich der Sand, befleckt von magerem Eiter.
Jetzt verenden ringsum auf prangenden Weiden die Kälber,
Hauchen ihr süßes Leben dahin vor strotzenden Krippen.
Jetzt packt Wut den schmeichelnden Hund, es schüttelt die kranken
Schweine ein Hustengekeuch und würgt sie schwellenden Schlundes.
Trostlos wankt – einst Sieger – das Roß, vergißt seiner Rennlust,
Will kein Gras, verweigert den Trank und stampft mit dem Hufe
Häufig den Grund. Schlaff hängt ihm das Ohr. Oft bricht ihm Schweiß dort
Aus und verfliegt wieder. Kalt aber rinnt er dem Sterbenden nieder.
Dürr ist das Fell und sperrt sich hart den streichelnden Händen.

Diese Zeichen geben sie gleich in der Zeit vor dem Tode.
Wird aber vorwärtsschreitend die Krankheit ärger und ärger,
Heiß dann glühen die Augen, und tief aus der Brust keucht auf der
Atem, gar oft vom Seufzen schwer, und unten die Weichen
Dehnen sie, krampfig schluchzend. Es dringt aus den Nüstern das schwarze
Blut, den geschwollenen Schlund preßt rauh und würgend die Zunge.
Heilsam erwies sich belebend die Kraft des Weines, durch Trichter
Eingeflößt. Das dünkte den Sterbenden einzige Rettung.
Bald aber trieb eben dies in den Tod. Die Gestärkten entbrannten
Rasend in Wut. Den eigenen Leib im Dunkel des Todes
– Götter, gebt Frommen ein besseres Los, *so* blendet die Feinde! –
Fallen sie an mit entblößtem Gebiß und zerfleischen die Glieder.
Siehe, da bricht schweißdampfend der Stier unterm Joch an der Pflugschar
Nieder, ihm quillt mit Schaum vermischt das Blut aus dem Maule.
Tiefauf stöhnt er zum letztenmal. Der Pflüger, voll Kummers,
Halftert den Jungstier ab. Der trauert über des Bruders
Tod. Der verlassene Pflug ragt einsam mitten im Acker.
Nicht der Wälder Schattengewölb, nicht schwellender Wiesen
Teppiche geben noch Trost, kein Fluß, der klüftedurchwirbelnd
Klarer als Bernsteingold zur Ebene strömt. Nein, kraftlos
Hängen die Flanken herab, trüb stiert und träge das Auge;
Erdwärtsgeneigt von eigener Last, schwankt haltlos der Nacken.
Was frommt Arbeit und tüchtiges Werk? Was half's mit der Pflugschar
Schweres Land zu durchbrechen? Bei alldem hat weder Bakchus'
Gabe des Massikerweins noch schwelgendes Mahl sie verdorben.
Laub dient ihnen zur Kost und einfache Kräuter zur Weide,
Trank ist ihnen der silberne Quell, sind rastloser Ströme
Fluten. Es stört den gesunden Schlaf kein nagendes Sorgen.
Damals, nimmer zuvor, so heißt's, hat dort in der Gegend
Kühe umsonst man gesucht zum Gespann im Festzug der Juno,
Büffel zogen, von ungleichem Wuchs, zum Tempel den Wagen.
Mühsam furchen die Bauern das Land mit dem Karste, mit bloßen
Nägeln graben die Früchte sie ein, übers hohe Gebirge

Karren sie, krumm den Nacken gespannt, die knarrenden Wagen.
Nicht umlauert gierig der Wolf die Hürden der Schafe,
Nicht umschleicht er nächtlich die Herden. Ärgere Sorge
Hält ihn gebannt. Selbst furchtsames Damwild, flüchtige Hirsche
Treiben sich jetzt zwischen Hunden umher und umkreisen die Häuser.
Ja, des unendlichen Meeres Brut, die wimmelnden Fische,
Warf, wie Leichen vom Wrack, die Flut am äußersten Ufer
Aus. In die Flüsse entfliehn, ganz wider Gewohnheit, die Robben.
Jetzt verendet die Viper, im winkligen Neste umsonst sich
Bergend, es stirbt die Hydra, betäubt, mit starrenden Schuppen.
Vögeln selbst wird giftig die Luft. So stürzen sie jählings
Ab und lassen dort droben noch hoch unter Wolken ihr Leben.
Außerdem lohnt es auch schon nicht mehr, das Futter zu wechseln,
Künstliche Mittel sind schädlich. Dahin sind die Meister der Heilkunst,
Chiron, Philyras Sohn, und der Sohn Amythaons, Melampus.
Grausig wütet, ans Licht entsandt aus höllischer Nacht, die
Bleiche Tisiphone, treibt vor sich her die Todesdämonen
Seuchen und Angst, reckt gierig ihr Haupt stets höher und höher.
Rings von kläglichem Blöken und qualvoll jammerndem Brüllen
Hallen Flüsse und dürres Gestad, hallt Hügel und Berghang.
Und schon schlägt sie zu Haufen das Vieh, türmt selbst in den Ställen
Dammhoch Äser empor, zerfallend in grausiger Fäulnis,
Bis man mit Erde zu decken sie lernt und in Gruben sie einscharrt.
Denn zu nichts war nütze das Fell, das Fleisch konnte niemand,
Weder durch Wassers noch Feuers Gewalt vom Gifte befreien.
Auch nicht scheren ließ sich das Vlies, von Geschwüren zerfressen;
Tat man es doch, so zerriß das Gespinst an den fauligen Fäden.
Webte man wirklich zu Ende und nahm verwegen das Unheils-
Kleid an den Leib, brach brennend Geschwür und unreiner Schweiß aus
Übelriechenden Gliedern hervor und es währte nicht lange,
Bis die verseuchten Glieder zerfraß das heilige Feuer.

VIERTES BUCH

Weiterhin will ich des Honigs, des Lufttaus, himmlische Gaben
Näher betrachten. Auch dies sieh an, Maecenas! Ein Schauspiel
Winziger Welt ohne Wucht und Gewicht, und doch voller Wunder!
Führer, von adligem Mute beseelt, des ganzen Geschlechtes
Wesen und Wirken, Völker und Schlachten will ich besingen.
Mühe im Kleinen, jedoch nicht klein der Ruhm, wenn der Götter
Neid nicht stört, wenn huldvoll erhört unser Rufen Apollo.

Suche Sitze zunächst und Stand für die Bienen zu gründen,
Wohin Winde nicht wehn – denn Winde hindern sie, Nahrung
Heimzutragen – und wo kein Schaf, kein mutwillig Böcklein
Springt und die Blumen zertritt, wo nicht über Wiesen die Färse
Weidet, den Tau abschlägt und sprießende Gräser zertrampelt.
Soll von Honig strotzen der Stock, seien Eidechsen ferne,
Bunt am schuppigen Rücken, und Spechte und andere Vögel,
Rauchschwalben gar, an der Brust von blutigen Händen gezeichnet.
Alles verheeren sie rings: sie tragen die fliegenden Bienen
Fort im Schnabel als köstliches Mahl zum grausamen Neste.
Silberne Quellen jedoch und moosumwobene Weiher
Seien ringsum, hingleite durchs Gras flachplätschernd ein Bächlein,
Schattig umwölbe die Palme den Vorhof oder ein Ölbaum.
Führen die ersten Schwärme alsdann die Weisel, die neuen,
Spielt, aus den Waben entlassen, in ihrem Frühling die Jugend,
Dann sei nachbarlich Ufer ein Hort, zu entfliehen der Hitze,
Und am Wegrand winke ein Baum, sie gastlich umgrünend.
Mitten ins Wasser hinein, ob träg es steht oder fortfließt,
Wirf querüberhin Weidengezweig und kräftige Steine,
Daß auf zahlreichen Stegen sie ruhn und die Flügel zur Sommer-
Sonne hin breiten können, wenn etwa grad in der Rast sie
Sprühend traf oder jäh in die Fluten tauchte der Ostwind.
Zeiland grüne ringsum und weithin duftender Quendel,
Saturei in üppigem Flor, starkwürzigen Odems,

Und im Quellgrund netze den Fuß ein Veilchengefilde.
Doch an den Körben, ob du aus hohler Rinde sie nähtest,
Oder ob du sie flochtest aus biegsamkräftigen Weiden,
Mache den Zugang eng. Hart läßt ja durch Kälte den Honig
Starren der Winter, doch Sommersglut läßt flüssig ihn rinnen.
Hitze und Kälte bringt gleiche Gefahr den Bienen. Umsonst nicht
Überstreichen mit Wachs sie im Stock voller Eifer die kleinsten
Luftlöcher und verstopfen mit Harz und Blumen die Tore,
Und sie horten den Kitt, der eigens hierzu gesammelt,
Zäher als Leim und zäher als Pech vom phrygischen Ida.
Oft auch – wenn die Sage nur wahr ist – hegten sie, tief im
Schoß der Erde vergraben, ihr Heim und lebten im hohlen
Bimsstein versteckt und tief in Baumes modriger Höhle.
Aber trotz allem verstreiche auch du mit schlüpfrigem Lehme
Wärmend rings die Ritzen am Korb, schütt Laubwerk darüber,
Dulde nicht Taxus zu nahe am Stock, verbrenn auf dem Herd nicht
Rötliche Krebse und traue auch nicht den Tiefen des Sumpfes,
Nicht dem Morast mit faulem Gestank, nicht hohlem Geklüft, wo
Felswand hallt und Ruf aufprallt und als Echo zurückspringt.

Trieb aber erst den Winter die goldene Sonne ins Erdreich
Nieder und schloß den Himmel uns auf ihr sommerlich Leuchten,
Gleich dann schwärmen die Bienen dahin durch Buschwerk und Bäume,
Purpurblüten ernten sie ab und nippen im Fluge
Schwebend am Spiegel der Flüsse. Nun treibt sie wonniger Süße
Zauberdrang, zu hegen die Brut und die Nester. Sie formen
Kunstvoll neues Wachs und bilden klebrigen Honig.
Siehst du danach, wie der Schwarm aus den Zellen hoch zu des Himmels
Sternen empor im fließenden Licht des Sommers dahinschwimmt,
Staunst du, wie im Winde sich wiegt die dunkelnde Wolke,
Merke dir dann: Stets suchen sie süßes Gewässer und Laubdach.
Dorthin sprenge, der Vorschrift gemäß, wohlduftende Säfte,
Aus zerstoßner Melisse gepreßt und wilder Kerinthe.
Klingelgeläut laß tönen im Kreis und der Kybele Becken,

Sie aber schweben von selbst zum würzigen Sitze, von selbst auch
Bergen sie, treu ihrem Brauch, sich tief im Winkel der Wohnstatt.

Ziehn sie aber zum Kampfe hinaus – zwei Könige packt ja
Zwietracht oft und reißt sie fort zu gewaltigem Aufstand,
Lange vorher dann spürst du sogleich die Erregung der Massen,
Spürst, wie die Herzen fiebern nach Krieg. Denn wider die Zaudrer
Wettert aus heiserem Erz der Kriegsruf, und eine Stimme
Hörst du tönen gebrochenen Klangs wie Trompetengeschmetter.
Eifernd eilen sie alle zuhauf, hell blitzen die Flügel,
Und sie schärfen am Rüssel den Speer und straffen die Muskeln,
Drängen sich dicht um den König geschart und nah bei des Feldherrn
Zelt und fordern mit lautem Geschrei zum Kampfe den Gegner. –
Also wenn heiter der Lenz ihnen lacht und es lockt das Gefilde,
Brechen sie vor aus den Toren. Die Schlacht entbrennt in des Äthers
Höhn, es erhebt sich Gedröhn. Wild wühlt gewaltiger Wirbel,
Kopfüber stürzen sie jäh. Nie prasselt dichter der Hagel,
Nimmer auch springt vom Eichbaum je solch Schauer von Eicheln.
Aber die Weisel inmitten der Walstatt, schimmernden Flügels,
Fühlen von mächtigem Mute die Brust, die enge, erhoben,
Nimmer zu weichen gewillt, bis endlich im Grimme die einen
Oder die andern der Sieger zur Flucht hinzwang und verjagte.
Diesen Sturm der Erregung und diese gewaltigen Kämpfe
Bändigt leicht eine Hand voll Staub und bringt sie zur Ruhe.
Hast du nun beide Führer zum Kampf wieder heimwärts gerufen,
Laß den sterben, der schwach sich gezeigt, sonst bringt der Schmarotzer
Schaden dem Stock. Im freien Palast laß herrschen den Sieger!
Dieser eine erstrahlt, von Gold rings feurig besprenkelt.
Gibt es doch zweierlei Art: Der bessere, herrlich von Ansehen,
Leuchtet in rötlichem Schuppengewand; der andre ist struppig,
Starrt vor Faulheit und schleppt ruhmlos seinen Breitwanst nach sich.

Wie nun zwiefach der Weisel Gestalt, so die Leiber des Volkes.
Häßlich starren die einen. So kommt aus staubigem Hohlweg

Grau der Wandrer und speit von dörrenden Lippen verschmachtend
Fort den Sand. Doch strahlen von Licht blitzschimmernd die andern,
Sprühend von Gold und genau so den Leib übersprenkelt mit Tupfen.
Dies ist die edlere Zucht; sie läßt dich im Lenz und im Herbste
Köstlichen Honig gewinnen, und nicht nur köstlich, er rinnt auch
Klar wie Kristall und bändigt durch Süße die Herbe des Bakchus.

Fliegen indes ohne Ziel, zum Spiel nur die Schwärme am Himmel,
Achten der Waben nicht mehr, steht kalt der Stock und verlassen,
Wehre alsdann unstetem Gemüt solch leeres Getändel.
Ist ja zu wehren nicht schwer: reiß aus den Weiseln die Flügel;
Zaudern die Weisel, so wagt kein andrer ins Freie den hohen
Flug noch hinaus, reißt keiner mehr hoch die Standarten zum Aufbruch.
Gartenland lade sie ein, von Safranblüten durchduftet,
Und gegen Diebe und Vögel die Wacht mit weidener Sichel
Halte schirmend der Gott vom Hellespontus, Priapus.
Quendel und Schneeball hole von hohen Bergen sich selbst der
Bienenvater und pflanze sie breithin rings um die Stöcke;
Selbst soll er regen die Hand in harter Mühe, soll selbst ins
Erdreich drücken die Reiser, mit mildem Naß übersprühen.

Ich aber, reffte ich nicht zum Ende der Mühen die Segel
Nieder und eilte, zum Lande den Bug nun endlich zu wenden,
Sänge wohl noch, wie sorgende Hand reichprangende Gärten
Schmückt, wie Paestum zweimal erblüht mit Hainen voll Rosen,
Wie aus Bächen den Trank die Endivien freudig begrüßen,
Ufersrand der Eppich umgrünt, wie gewunden durchs Gras hin
Schwillt zum Bauch die Melone. Der spätentblühenden hätt' ich
Auch, der Narzisse, gedacht, des Akanthus Rankengewinde,
Bleichen Efeus auch und des Ufers Freundin, der Myrte.
Denn in der Nähe Tarents, des turmumkränzten – noch weiß ich's –,
Wo goldwogende Saatflur netzt der dunkle Galaesus,

Traf einen Alten ich einst aus Corycus. Einige Joch nur
Hatte er unvermessenen Lands, weder lohnend dem Pflugstier,
Noch bot's Weide dem Vieh, noch trug es Trauben dem Bakchus.
Er aber zog im Gestrüpp weitzeiligen Kohl sich und weiße
Lilien rings und zehrenden Mohn und heiliges Krautwerk,
Dünkte an Schätzen sich Königen gleich, und kehrte er spät zum
Nachtmahl heim, so belud er den Tisch, keines Marktes bedürftig.
Er zuerst brach Rosen im Lenz und Obst sich im Herbste,
Und wenn immer noch trostloser Winter mit Froste die Felsen
Spaltete und mit Eis den Lauf der Gewässer noch hemmte,
Schnitt Hyazinthen er schon mit zarter, duftiger Dolde,
Höhnte des Sommers Verspätung dabei und der Westwinde
Säumnis.
Also ward er mit trächtigen Bienen und wimmelndem Schwarm als
Erster beglückt, entpreßte den Waben schäumenden Honig.
Bienenweide boten ihm reich rings Linden und Fichten;
Jegliches Obst, das fruchtbar im Blütgewande des Lenzes
Barg der Baum, er trug es gereift dem Herbste entgegen.
Ältere Ulmen sogar verpflanzte der Greis noch in Reihen,
Zähesten Birnbaum und Schwarzdorn, gepfropft, mit Pflaumen
schon prangend,
Und Platanen, die wölbig rings schon Zecher umschattet.
Mir aber wehrt der beengende Raum, dies weiter zu schildern;
Also verbleibt es, ich lasse den Stoff einem späteren Dichter.

Auf denn, von Art und Natur, die Juppiter selber den Bienen
Schenkte, berichte ich nun, ihrem Lohn, weil damals dem hellen
Klang der Kureten sie folgten und klirrendem Erze und tief in
Kretas Grottengewölbe des Himmels Herrscher ernährten.
Ihnen allein sind Kinder gemeinsam, Häuser gemeinsam
Rings in der Stadt, sie führen ihr Sein unter großen Gesetzen,
Vaterland kennen nur sie allein und sicheren Hausstand.
Künftigen Winters gedenk, ertragen im Sommer sie Last und
Arbeit, und was sie erworben, wird ganz als Gemeingut
geborgen.
Nahrung besorgen die einen, sie schwärmen nach Regel und
Ordnung

Rings im Gefild. Ein anderer Teil, im Gehege der Häuser,
Legt Narzissenträne und Harz, zähquellend aus Rinden,
Nieder als Grund für Waben zunächst, dann hängt er darüber
Klebendes Wachs. Wieder andre erziehn die Hoffnung des Stammes,
Ihre erwachsene Brut, noch andere häufen des Honigs
Lauteres Gold und dehnen mit flüssigem Nektar die Zellen.
Einigen fiel das Los, am Tor die Wache zu halten;
Wechselnd spähen nach Regen sie aus und Wolken am Himmel,
Nehmen entgegen der Kommenden Tracht oder strömen zuhauf und
Wehren dem faulen, dem Drohnengezücht, an den Krippen zu prassen.
Glüht doch zum Werke die Lust. Süß duftet nach Quendel der Honig.
Wie aus zähen Massen die Blitze in Hast die Kyklopen
Schmieden, es wirken die einen an Blasebälgen aus Stierhaut,
Saugen und pressen die Luft, in Kühltröge tauchen die andern
Zischendes Erz, laut dröhnt von der Ambosse Wuchten der Ätna.
Miteinander erheben mit Macht sie die riesigen Arme
Immer im Takt und wenden mit packender Zange das Eisen:
Ebenso – wenn es sich schickt, an Großem Kleines zu messen –
Drängt die kekropischen Bienen natürlicher Trieb zum Besitze,
Jede nach eigenem Amt: Die Alten besorgen die Städte,
Waben gründen sie fest und baun, wie Dädalus, Häuser.
Aber ermüdet und spät in der Nacht schleppen heim sich die Jungen,
Voll von Quendel die Schenkel. Sie saugen an Arbutusblüten,
Silbrigen Weiden, an Zeiland und rötlichem Safran, es lockt ein
Lindengewölbe zum Trank, mit stahlblauem Kelch Hyazinthen.
Allen gemeinsam ist Ruhe, gemeinsam allen die Arbeit.
Morgens drängen früh sie durchs Tor, ohne Rast; und ermahnt dann
Abend sie wieder, vom Weiden zu ruhn und endlich die Felder
Nun zu verlassen, dann fliegen sie heim, dann tun sie sich gütlich.
Klingend tönt's, sie umsummen das Tor, umsummen die Schwellen.

Schlüpfen sie endlich ins Zellengemach, herrscht Ruhe zur Nacht, und
Schlummer, wohlverdienter, befällt die ermüdeten Glieder.
Droht aber Regen, so fliegen vom Stock sie nicht allzuweit fort und
Trauen dem Himmel auch nicht beim Nahn südöstlicher Winde;
Sondern geborgen am Ring der Stadtmauer schöpfen sie Wasser.
Kurzen Ausflug wagen sie wohl. Oft nehmen sie Steinchen
Auf, wie ein schwankender Kahn im Flutengewoge den Ballast,
So im Gleichgewicht schweben sie hin durch gähnende Nebel.
Staunen erregt besonders ein Brauch, der den Bienen gefallen:
Daß sie sich nicht der Begattung erfreun, nicht schlaff ihre Leiber
Lösen im Liebesgenuß, nicht mühsam Kinder gebären;
Nein, von Blättern sammelt ihr Mund, von lieblichem Krautwerk
Selber die Kindlein. Den Erben des Throns und die kleinen Quiriten
Wählen sie selbst, neu sichernd den Hof und die wächsernen Reiche.
Oft auch, taumelnd in scharfem Gestein, zerfetzten sie arg die
Flügel und unter der Fracht verhauchten sie willig ihr Leben.
Hängt doch an Blüten ihr Herz, lockt Ruhm doch, Honig zu schaffen.
Drum wenn die einzelnen auch des engbefristeten Daseins
Ende umfängt – denn keine erlebt mehr Sommer als sieben –,
Bleibt doch unsterblich die Art, und all die Jahre hindurch steht
Blühend des Hauses Geschick, wächst fort die Reihe der Ahnen.
Weder Ägypten noch Lydiens Reich, das gewaltige, noch der
Parther Geschlecht noch Mediens Volk ehrt *so* seinen Herrscher.
Steht's um den Herrscher nur gut, durchglüht *ein* Sinnen sie alle;
Sank er dahin, zerbricht auch der Bund, den gestapelten Honig
Plündern sie selbst und reißen das Wachsgeflecht auseinander;
Er ist Wächter des Werks, ihm gilt bewundernde Ehrfurcht,
Lärmend umdrängen ihn alle im Kreise, geleiten ihn zahlreich
Und erheben ihn oft auf den Schultern, bieten die Leiber
Dar im Kriege und suchen den Tod durch rühmliche Wunden.

Zeichen und Beispielen solcher Natur nachsinnend, erklärten
Manche, die Bienen durchwirke ein Teil vom göttlichen Weltgeist,

Feurigen Äthers Gewalt, denn Gott durchflute das Weltall:
Länder und Meere, unendlich gedehnt, und die Tiefen des Himmels;
Hieraus schöpfe sich Schaf und Rind und Mensch und der wilden
Tierwelt ganzes Geschlecht das zartentspringende Leben,
Hierhin ströme gelöst dann alles am Ende auch wieder
Heim ins All, nichts sinke in Tod, nein, lodere lebend
Auf zu Gestirnen und folge dem Schwung des erhabenen Himmels.

Wenn du nun einmal den hehren Palast und des goldenen Honigs
Hort entsiegelst, besprenge zuvor dich gründlich mit Wasser,
Spül dir den Mund und trag vor dir her rings qualmendes Rauchwerk.
Zweimal sammelst du reichliche Tracht, hast zweimal zu ernten:
Gleich, wenn vom Siebengestirn Taygete adlig ihr Antlitz
Zeigte der Welt und des Ozeans Flut verächtlich zurückstieß,
Oder sobald ihr Gestirn auf der Flucht vor dem triefenden Fische
Innig betrübt vom Himmel zum Meer des Winters herabstieg.
Aber im Stock tobt Zorn ohne Maß. Die Gekränkten verspritzen
Gift in die Bisse und lassen zurück die verborgenen Stacheln,
Heften den Adern sich an und sterben über der Wunde.
Fürchtest du grimmigen Winter indes und sparst für die Zukunft,
Rührt auch der Kummer der Bienen dein Herz, ihr zerrüttetes Wesen,
Räuchre alsbald mit Quendel den Stock und schneide die leeren
Zellen hinweg. Denn oft benagte die Eidechse heimlich
Dir die Waben und lichtscheu barg im Korb sich die Schabe,
Faul, ohne Beitrag, praßte an fremden Tischen die Drohne,
Oder die grimmige Hornisse drang ein, überlegen an Rüstung,
Oder der Motten verderbliches Volk, und die Feindin Minervas
Spann ihr lockeres Netz am Tor, die abscheuliche Spinne.
Aber je mehr sie erschöpft, um so heftiger mühn sich die Bienen
Alle, den Sturz des Geschlechts, des gesunkenen, wieder zu heilen,

Füllen die Lücken und weben aufs neu aus Blumen die Speicher.
Was aber dann, wenn traurig der Leib der Bienen in Siechtum
Schwindet? Es schlägt ja wie uns auch sie das Leben mit Leiden.

Das aber kannst du alsbald an truglosen Zeichen erkennen:
Andere Farbe bezeichnet sofort die Kranken. Sie sind von
Magerkeit furchtbar entstellt. Dann tragen hinaus sie die Leiber
Derer, die nicht mehr im Lichte sich freun, zum düstern Begräbnis;
Fest mit den Füßen zu Knäuel verkrampft, so hangen am Tor sie,
Oder sie hocken verriegelt im Bau tief drinnen, sie alle
Träge vor Hunger und starr vom Krampf des frostigen Fiebers.
Dumpferes Tönen vernimmst du alsdann, sie summen so klagend,
Wie oft frostiger Südwind dumpf hinstöhnt durch die Wälder,
Wie im Sturme das Meer aufzischt mit brandenden Wogen,
Wie in verschlossenen Öfen faucht wildsausendes Feuer.
Hier nun rate ich dir, mit Galbanumdüften zu räuchern,
Träufle auch Honig zum Stock durch Schilfrohr, muntre von selbst sie
Also auf und lade zum Mahl, dem vertrauten, die Müden.
Heilsam mischt sich dem Honig gestoßener Galläpfel Würze,
Trockene Rosen, und fett über tüchtigem Feuer gedickter
Most oder trockene Beeren, gepflückt vom psithischen Weinstock,
Tausendgüldenkraut auch voller Duft und attischer Quendel.
Weiter noch blüht in den Wiesen umher eine Blume, der Bauer
Nennt sie ›Amellus‹. Leicht entdeckst du beim Suchen das Kräutlein.
Denn aus *einem* Wurzelgeflecht steigt wuchernder Wald auf,
Golden ihr Kelch, aber rings ihr üppigsprießendes Blattwerk
Schimmert sanft im Purpurglanz der dunklen Viole.
Oft umschlingt in Kränzen sie hold die Altäre der Götter;
Bitter mundet ihr Saft. Nach der Heumahd sammeln im Talgrund
Hirten die Blume und dicht am Flutengewinde des Mella.
Koche von ihr die Wurzeln dir ein in würzigem Weine,
Und so stell sie als Futter ans Tor in strotzenden Körben.

Ging aber plötzlich ein ganzes Geschlecht dem Imker verloren,
Und er weiß nicht, woher er aufs neu sich hole den Nachwuchs,
Dann ist's Zeit, zu berichten, was einst Arkadiens Meister
Rühmlich entdeckt hat, wie schon oft von geschlachteten Rindern
Unrein Blut uns Bienen erzeugt hat. Höher vom ersten
Ursprung hole ich aus, um ganz die Sage zu künden.

Wo das begüterte Volk der pelläischen Festung Kanopus
Siedelt am sumpfigen Ufer des flutenergießenden Nilstroms
Und im Kreis seine Fluren umfährt in farbigen Barken,
Wo der bogenbewehrte, der parthische Nachbar herandrängt,
Und Ägyptens grünende Flur mit schwärzlichem Flußschlamm
Fruchtbar netzt der Strom, auseinanderflutend in sieben
Mündungen, niedergesandt vom Land braunhäutiger Inder:
All dies Land baut fest sein Heil auf diese Erfindung.
Schmal zunächst erwählt man den Platz und läßt ihn zum Zweck noch
Eigens beschränken, baut drüber ein Dach, ganz niedrig, aus Ziegeln,
Drückt die Wände recht eng und setzt nach allen vier Winden
Noch vier Öffnungen ein mit schräg einfallendem Lichte.
Dann beschafft man ein zweijährig Kalb, dem rund an der Stirn schon
Sproßt das Gehörn. Dem werden, so sehr es sich sträubt, seine Nüstern
Beide verstopft und das schnaubende Maul. Dem Erstickten zerschlägt man
Mürbe das Innre zu Brei, doch ohne die Haut zu verletzen.
Also liegt es und bleibt im Verschluß. Bruchreiser von Zweigen
Legt man ihm unter die Rippen und Quendel und grünenden Zeiland.
Dieses geschieht, sobald nur der Westwind wühlt in den Wogen,
Ehe in neuen Farben erglühn die Wiesen und eh' noch
Zwitschernd am Balken ihr Nest anklebt hoch droben die Schwalbe.
Unterdessen beginnt, erwärmt in den zarten Gebeinen,
Aufzugären der Saft. Schon zeigen sich Wesen, erstaunlich,
Stummelfüßig zunächst, doch bald mit sirrenden Flügeln
Schwirren sie, mehr und mehr die dünne Luft zu bevölkern;
Dann aber brechen sie vor, wie Regen aus Sommergewölken
Niederbirst oder wie von schnellender Sehne die Pfeile,
Wenn zu Beginn des Gefechts flinkwendig stürmen die Parther.

Welcher Gott doch, ihr Musen, wer brachte uns diese Erfindung?
Woher wuchs der Beginn dieser neuen Erfahrung der Menschheit?

Er, Aristaeus, der Hirt, entwich dem Tal des Peneios,
Da er – so heißt's – seine Bienen verlor durch Krankheit und Hunger;
Traurig trat er zum heiligen Quell hoch droben am Strome,
Klagte laut und erhob zur Gebärerin also die Stimme:
»Mutter Kyrene, o Mutter, die hier du wohnest in Strudels
Tiefe, warum nur hast du vom herrlichen Stamme der Götter
– Falls, wie du angibst, wirklich mein Vater Apollo von Thymbra
Ist – mich geboren als Schicksalverhaßten? Oder entschwand die
Liebe zu mir? Was hießest du mich den Himmel erhoffen?
Ach, ich verliere den Ruhm sogar meines sterblichen Lebens,
Den mir sorgliche Obhut gewann über Früchte und Herden,
Mir, der alles versucht! Und du, du bist meine Mutter!
Auf denn, entwurzle mit eigener Hand meine herrlichen Wälder,
Feuer wirf in die Ställe, verderbliches! Töte die Ernten,
Senge die Saat, laß wuchten die furchtbare Axt in den Weinstock,
Wenn dich vor meinem Ruhme so sehr der Ekel gepackt hat!«

Aber die Mutter empfand den Klagelaut tief im Palast des
Stromes. Im Kreise geschart um die Göttin zupften die Nymphen
Köstliche Wolle, getränkt von lichtgrünflutender Farbe.
Drimo und Xantho, Ligea, Phyllodoke. Schimmernden Glanzes
Wallte des Haares Fülle herab zum schneeigen Nacken.
[Nesaee und Spio, Kymodoke auch und Thalia]
Kýdippé und die blonde Lykorias, eine noch Jungfrau,
Doch die andre erst eben bewährt in den Wehen Lucinas.
Klio und Beroë, Schwestern, Okeanus' Töchter die beiden,
Beide mit Gold umgürtet, in buntem Fellgewand beide,
Ephyre auch und Opis, aus Asien Deïopea,
Und zuletzt, ohne Köcher und Pfeil, Arethusa, die flinke.
Klymene nun erzählte vom eitlen Bemühen des Volcanus
Und von den Listen des Mars und süßverstohlenen Freuden,
Zählte vom Chaos an auf, was Götter an Liebschaft erlebten.
Während sie so, vom Liede entzückt, herab von den Spindeln
Drehten das weiche Gespinst, da drang wieder bang Aristaeus'
Klage der Mutter ans Ohr. Da staunten vom lichten Kristallsitz
Alle empor: Arethusa indes vor den anderen Schwestern

Blickte hinauf und hob aus wogendem Spiegel ihr Blondhaupt,
Rief von ferne: »Kyrene, Schwester, schrakst doch umsonst nicht
Auf ob des lauten Gestöhns! Er selbst, deine zärtlichste Sorge,
Er, Aristaeus, steht an der Flut unsers Vaters Peneios,
Trauernd in Tränen, er gibt dir den Namen: ›Grausamgesinnte!‹«
Aber die Mutter, im Geiste von Furcht, ganz fremder, erschüttert,
»Führ ihn«, rief sie, »führ ihn zu uns! Er darf ja der Götter
Schwellen berühren.« Zugleich läßt sie sich öffnen des Stromes
Tiefen, dort, wo der Jüngling den Schritt einlenkte. Doch jenen
Barg überwölbend, geformt wie ein Berg rings steigend die Woge,
Nahm ihn auf im riesigen Schoß und trug ihn hinunter.
Gleich bestaunend der Mutter Palast und die wogenden Reiche,
Seen, von Grotten umhegt, und klingendrauschende Haine,
Schritt er dahin, betäubt vom riesigen Schwall der Gewässer;
All die Ströme, gleitend im Schoß der gewaltigen Erde,
Schaute er hier und dort: den Phasis, den Lykus, er schaute
All die Quellen: da stürzt sich hervor der tiefe Enipeus,
Dort unser Vater, der Tiber; dort brausen des Anio Fluten,
Hypanis, felsendurchschäumend, und Mysiens Strom, der Kaïkus,
Dort entspringt der stiergestaltige, goldengehörnte
Strom, der Eridanus; reißender wogt durch fette Gebreite
Nimmer ein anderer Strom zum purpurschimmernden Meere.
Endlich betrat er die Grotte des bimssteingewölbten Gemaches,
Und Kyrene erfuhr des Sohnes nichtige Klagen.
Dann aber gießen zuerst auf die Hände ihm lauteres Wasser
Klio und Beroë, reichen sodann die geschorenen Tücher;
Andere decken mit Speisen den Tisch und kredenzen die vollen
Becher, es flammt rings jeder Altar mit heiligem Feuer.
Sprach seine Mutter: »Nimm diesen Kelch voll köstlichen Weines,
Spenden wir fromm dem Okéanus jetzt!« Dann fleht sie sogleich zum
Vater des Alls, zum Okéanus, fleht zu den Schwestern, den Nymphen,
Ihnen, die hundert Wälder und hundert Ströme durchwalten.
Dreimal tränkt sie den flammenden Herd mit lauterem Nektar,

Dreimal zückte zum Giebel des Daches lodernd die Flamme.
Durch dies Zeichen stärkt sie das Herz, spricht selber dann also:

»Siehe, es haust in Neptuns karpathischen Fluten ein Seher,
Proteus, bläulich umwallt. Er fährt auf Fischen durchs weite
Meer und fährt im Wagengespann zweifüßiger Rosse.
Dieser besucht jetzt wieder Emathias Hafen, sein heimisch
Land Pallene. *Ihn* verehren wir Nymphen, verehrt selbst
Nereus, hochbejahrt. Denn alles weiß er, der Seher,
Was da ist, was war, was bald die Zukunft heraufbringt.
Also gefiel es Neptun. Ihm weidet Proteus das plumpe
Großvieh tief im Meer, das Volk der häßlichen Robben.
Ihn, mein Sohn, ihn fessle zuvor, daß er dir der Seuche
Grund vollständig erkläre und guten Erfolg dir gewähre.
Ohne Gewalt belehrt er dich nicht, und nimmer durch Bitten
Beugst du ihn je. Laß hart den Gefangenen zwingende Fesseln
Spüren, so bricht sich endlich sein Trug, so wird er zuschanden.
Selber geleite ich dich, wenn Sol die Gluten des Mittags
Zündet, wenn Kräuter verlechzen, das Vieh gern lagert im Schatten,
Hin zu des Alten heimlichem Schlupf. Da ruht er von Wogen
Müde sich aus. Leicht kannst du ihn so, den Schlafenden packen.
Hältst du ihn aber in Händen gepackt, von Fesseln umwunden,
Narrt dich Wechselgestalt alsbald mit Fratzen von Tieren:
Plötzlich wird er ein struppiges Schwein, ein greulicher Tiger,
Schuppiger Drache, er reckt den gelblichen Nacken als Löwin,
Oder er prasselt als Flamme empor und müht sich den Fesseln
So zu entgehn oder sucht zu flüchtigem Naß zu zerrinnen.
Aber je mehr zu jeder Gestalt sich Proteus verwandelt,
Desto schärfer, mein Sohn, zieh du die haftenden Fesseln,
Bis er, verwandelten Leibes, dir endlich so sich zeige,
Wie du ihn sahst, als eben die Augen ihm sanken zum Schlafe.«

Sprach's und ließ ambrosischen Duft rings wallend verströmen;
Und so salbte sie ganz den Leib des Sohnes. Doch jenem
Atmete lieblicher Duft aus wohlgeordneten Locken,
Wendige Kraft durchströmte die Glieder. Tief in des Berges
Flanken frißt eine Höhle sich ein; hier flutet vom Winde

Wogend die Welle herein, in Buchten mählich verebbend,
Sturmüberfallenen Schiffern schon längst die sicherste Zuflucht;
Dort birgt Proteus sich unterm Damm der gewaltigen Felsen.
Hier im Winkel verbarg, dem Licht entzogen, den Jüngling
Nun die Nymphe, sie selbst trat seitwärts, nebelumdunkelt.
Glühend brannte der Sirius schon, die lechzenden Inder
Sengend; am Himmel stand die feurige Sonne im hohen
Mittag, es dorrte das Kraut, die Strahlen durchglühten die Flüsse,
Hohl bis zum Schlamm in vertrocknetem Bett, und ließen sie kochen;
Da ging Proteus fort aus der Flut und strebte zur trauten
Höhle, im Kreise um ihn hüpft plump des unendlichen Meeres
Triefendes Volk und spritzt weithin die bittere Salzflut.
Dann zum Schlaf hin strecken, am Strand zerstreut, sich die Robben.
Proteus selbst, wie der Wächter der Hürden oft auf den Bergen,
Wenn von der Weide der Abendstern heimholte die Rinder
Und den Wolf mit lautem Geblök aufstacheln die Lämmer,
Setzt auf den Felsen inmitten sich hin und zählt seine Herde.
Doch Aristaeus erfaßt die Gelegenheit, ihn zu ergreifen,
Läßt ihm kaum noch Zeit, die ermüdeten Glieder zu strecken,
Bricht hervor mit großem Geschrei und schlägt ihn in Fesseln,
So, wie er liegt. *Der* aber vergißt nicht all seiner Schliche,
Formt sich in allerlei Wundergestalt durch wechselnde Wesen:
Feuer und schauerlich Tier und flüchtigströmende Welle.
Doch kein Trug verhalf ihm zur Flucht. Er gab sich geschlagen,
Ward wieder Proteus und sprach nun endlich mit menschlichem Munde:
»Wer nur, tolldreister Bursch, wer hieß dich, unsre Behausung
Angehn, was willst du haben von hier?« So sprach er; doch jener:
»Weißt ja, Proteus, weißt es genau. Dich kann ja nichts täuschen;
Laß nun auch selber den Trug. Denn göttlicher Weisung gehorsam
Kamen wir, hier des Orakels Rat uns zu holen im Unglück.«
Soviel sprach er. Darauf verdreht nun endlich, vom Krampfe
Furchtbar geschüttelt, der Seher die blitzblaubrennenden Augen
Und dumpf knirschend löst er dem Spruch des Schicksals die Zunge:

»Wahrlich, es schlägt dich der Zorn einer unverächtlichen Gottheit,
Büßest schweres Vergehn. So straft voll Jammer dich Orpheus;
Und noch wäre dein Maß nicht erreicht, wenn Schicksal nicht wehrte.
Grimmig wütet er, ward ihm doch seine Gattin entrissen.
Denn vor dir auf der Flucht am Fluß kopfüberhinjagend,
Sah sie, die arme, dem Tode verfallene, sah vor den Füßen
Nicht am Ufer die Schlange, die grausige, lauern im Grase.
Aber der Altersgenossinnen Chor, die Dryaden, erfüllten
Rings mit Jammer die Gipfel, es weinten Rhodopes Berge,
Weinte Pangaeas Gebirg, des Rhesus streitbare Heimat,
Geten und Hebrus, es weinte die attische Maid Orithyia.
Er aber schlug, sein krankes Herz zu trösten, die Leier,
Dich, sein holdes Gemahl, dich sang er, einsam am Strande,
Dich, wenn der Tag sich erhob, sang dich, wenn er scheidend sich neigte;
Selbst zum höllischen Schlund, durch Plutos ragende Pforte
Und zum Haine, den Angst und Grausen düster umschauert,
Drang er, tief zu den Manen hinab, zum furchtbaren Herrscher,
Herzen, die nimmer verstehn, sich menschlicher Bitte zu beugen.
Aber, vom Liede verlockt, hervor aus höllischen Tiefen
Schwebten wie Hauch die Schatten, die Schemen, entrissen dem Lichte,
Wie in Blättern sich Schar bei Schar die Vögel verbergen,
Wenn von den Bergen der Abend sie scheucht und eisiger Sturmwind.
Mütter und Gatten und Leiber, gewaltige, adliger Recken,
Nun dem Leben entrückt, und Knaben und bräutliche Mägdlein,
Jünglinge auch, auf den Holzstoß gebahrt vor den Augen der Eltern,
All diese bannt rings schwarz der Schlamm und des grausen Kokytos
Garstiges Ried und der Sumpf, der unliebliche, trägen Gewoges,
Und die Styx, neunmal sie umwindend, hält sie gefangen.
Staunend horchte sogar das Reich des Todes, der tiefste
Tartarus, lauschte der Chor der Erinyen, bläuliche Schlangen
Blähend im Haar, auch Kerberus hielt vor Staunen sein dreifach

Maul weit auf, still ruhte der Wind und das Rad des Ixion.
Schon ging Orpheus zurück, entronnen jeglicher Fährnis,
Auch Eurydike stieg erlöst empor zu des Tages
Lüften, hinter ihm drein – so wollte Proserpinas Vorschrift –,
Da überfiel urplötzlich den Liebenden, bar aller Vorsicht,
Wahnsinn, verzeihlicher, gäbe es nur bei Manen Verzeihung;
Blieb er doch stehn, nach seiner Eurydike, fast schon am Lichte,
Sah er sich um, vergaß des Gebots, überwältigt vom Herzen.
Da zerrann all Mühen in nichts, des unholden Herrschers
Pakt war gebrochen und grell kracht dreimal donnernd der Orkus.
Klagend rief sie: »Wer nur verdarb mich Arme und dich, mein
Orpheus, was für ein Wahn? Schon ruft mich grausam das Schicksal
Wieder zurück, schon bricht Todschlaf die verschwimmenden Augen.
Leb nun wohl, die gewaltige schlingt mich, die Nacht, ich versinke,
Kraftlos nach dir – weh! nicht mehr dein! – ausbreitend die Arme.«
Sprach's und jäh seinen Augen entrückt, wie Rauch in die Lüfte
Zart verweht, so schwand sie hinab, sah nicht mehr den Armen,
Wie er vergeblich die Schatten umfing und viel, ach, so viel noch
Sagen wollte. Es ließ ihn nicht der Ferge des Orkus
Wieder von neuem durchqueren den Sumpf, die trennende Grenze.
Was nun, wohin gehn, da zweimal die Gattin entrissen?
Wie soll er weinend die Manen, wie rufend die Götter noch rühren?
Sie aber glitt, schon starr und kalt, im stygischen Nachen.
Sieben ganze Monde hindurch, so heißt es, hat Orpheus
Unter ragendem Fels am einsam wogenden Strymon
Weinend und klagend durchwühlt sein Weh in eisiger Grotte.
Hold bezwang die Tiger sein Sang und zum Reigen die Eichen.
Klagt doch also die Nachtigall auch im Schatten der Pappel
Trauernd über der Jungen Verlust, die der Pflüger, der rohe,
Fand und dem Neste entriß, die ungefiederten; sie nun

Weint durch die Nacht hin, sitzt auf dem Zweig, verströmt voller Jammer
Lied auf Lied und füllt weithin mit Klagen die Lande.
Venus beugte sein Herz nicht mehr, nicht mehr Hymenaeus.
Einsam im hohen Norden durchs Eis und am schneeigen Don hin
Zog er, durch skythisches Land, das nie sich entschleiert vom Rauhreif,
Klagt, Eurydike, deinen Verlust und die fruchtlose Gabe
Plutos. Also verschmäht, ergrimmten die thrakischen Frauen,
Und am Festtag, nachts, durchglüht von bakchantischem Taumel,
Warfen zerfleischt den Jüngling die Fraun weithin durchs Gefilde.
Aber noch jetzt, da das Haupt, vom marmornen Nacken gerissen,
Mitten in strudelnder Flut fortwälzt der befreundete Stromgott,
Klagt doch die Stimme »Eurydike!« noch, lallt stockend die Zunge:
»Weh, meine arme Eurydike!« noch ersterbenden Hauches,
Hallten »Eurydike!« bang entlang am Strome die Ufer.«

Also Proteus, stürzte sich drauf in die Tiefen des Meeres,
Drehte beim Sturze schäumend empor im Wirbel die Woge.
Aber Kyrene blieb und sprach zum Zagenden also:
»Sohn, nun darfst du dein Herz von Gram und Sorgen entlasten.
Ganz nun weißt du der Krankheit Grund: so erregten die Nymphen
Kläglich Verderben den Bienen, denn jene führte mit ihnen
Hoch in den Hainen den Reigen. Drum leiste du Sühne, erflehe
Frieden und ehre sie fromm, die versöhnlichen Nymphen der Weiden.
Denn sie verzeihen dem Opfergebet und lassen vom Zorne.
Wie du nun opferst, das will ich zuvor noch genau dir erklären:
Wähl vier treffliche Stiere dir aus, hochragenden Wuchses,
Die dir jetzt durchweiden Arkadiens grünendes Bergland;
Wähl vier Kühe, die frei vom Joch noch tragen den Nacken,
Vier Altäre errichte für sie bei der Göttinnen hohen
Tempeln, laß aus den Kehlen das Blut, das heilige, strömen,
Laß dann die Leiber der Rinder zurück im laubigen Haine!
Ist Aurora jedoch neunmal inzwischen erschienen,
Bring dann Mohn des Vergessens zum Totenopfer dem Orpheus,

Schlachte ein schwarzes Lamm noch dazu! Dann suche den Hain auf,
Opfre ein Kalb, Eurydike so, die versöhnte, zu ehren!«

Ohne zu zögern erfüllt er sogleich die Vorschrift der Mutter,
Kommt zu den Tempeln, erbaut, der Weisung gemäß, die Altäre,
Führt vier treffliche Stiere heran, hochragenden Wuchses,
Auch vier Kühe, die frei vom Joch noch tragen den Nacken.
Als Aurora indes neunmal erschienen, da bringt er
Totenopfer dem Orpheus dar. Dann sucht er den Hain auf.
Hier aber zeigt sich ein jähes, ein höchst erstaunliches Wunder:
Durch der Stiere zerflossnes Gedärm entschwirren dem ganzen
Bauche die Bienen, sie brausen empor aus zerbrochenen Rippen,
Schwärmen in wimmelnder Wolke hinan, im Wipfel des Baumes
Staut sich der Strom und hängt als Traube vom schwanken Gezweige.

So von der Pflege der Flur und des Viehs und so von den Bäumen
Sang ich. Caesar indes, der gewaltige, schleudert am tiefen
Euphrat Blitze im Krieg. Als Sieger gibt er Gesetze
Willigen Völkern, so strebt er hinan die Bahn zum Olympus.
Mich, Vergil, ernährte in Huld Parthenope damals,
Da mir, ferne von Ruf und Ruhm, aufblühte die Dichtung.
Hirtengedichte ersann ich im Spiel; mit dem Mute der Jugend,
Tityrus, sang ich von dir unterm Dach breitästiger Buche.

OVID

LIEBESKUNST

EINFÜHRUNG

Ovids Gedicht über die Liebeskunst hat bei einem breiten Leserpublikum in aller Welt von jeher zu den beliebtesten Werken der antiken Literatur gehört: Es wurde bereits im Mittelalter in allen Ländern des westlichen Abendlandes nicht nur direkt nachgeahmt, sondern auch als ergiebige Quelle für die verschiedensten Literaturgattungen benutzt und in der Neuzeit, die diese Tradition bis in die Gegenwart fortführte, überdies in alle Kultursprachen (teilweise sogar mehrfach) übersetzt. Dagegen stand die Fachwissenschaft, deren Aufgabe es gewesen wäre, den Text aus seiner Zeit heraus interpretatorisch zu erschließen, dem Büchlein stets eher ablehnend gegenüber und ist deshalb auch heute, nachdem wenigstens in den letzten zwanzig Jahren, wenn auch noch zögernd, eine unvoreingenommene philologische Auseinandersetzung mit dem Werk begonnen hat, von einer allseitig überzeugenden Gesamtdeutung noch weit entfernt. Zwar teilte die Altertumsforschung des 19. und der ersten Hälfte des 20. Jahrhunderts die Bewunderung der übrigen Rezipienten der ›Liebeskunst‹ für den eleganten Stil Ovids, seine psychologische Darstellungskunst und die meisterhafte Beobachtung des römischen Alltags seiner Zeit, aber sie sah darin nur die schöne Fassade für ein gänzlich abwegiges, ebenso schmutziges wie frivoles Sujet: »Mit Honigseim versüßt wird uns das Gift gereicht«, urteilte die einflußreiche lateinische Literaturgeschichte von M. Schanz (Band II, 1892, S. 147).

Was aber war nun das »Gift« in diesem sich doch so betont heiter und harmlos gebenden Lehrbuch der Liebe? Das Ziel der Unterweisungen Ovids sei, so meinte O. Ribbeck in seiner ›Geschichte der römischen Dichtung‹ von 1900, »nicht die Gründung eines dauernden sittlichen Lebensverhältnisses, sondern der sinnliche Genuß auf unbestimmte Zeit, solange es dem einen oder dem anderen Teil gefällt. Mit unverhülltem Realismus« erkläre der Dichter »die geschlechtliche Wollust für das beseligende Prinzip« (S. 264). Weit entfernt von einer Anerkennung für das Bemühen Ovids, das überaus schwierige und heikle Thema des animalisch-triebhaften Bereichs der Liebe durch die Form der didaktischen Darstellung immerhin in gewisser Weise »wissenschaftlich« zu behandeln, warf man ihm Lüsternheit und lediglich pornographische Absichten vor, vor allem in den Schlußabschnitten des zweiten und dritten Buches, die die Liebesvereinigung selbst behandeln: Für Schanz »brennt« der Dichter hier »ein Feuerwerk ab, das uns durch seinen Gestank über den Ort, wo wir uns befinden, nicht in Zweifel lässt« (ebd. S. 147). Besonders schockierend wirkte es offenbar auf damalige Gelehrte, wenn Ovid – 2000 Jahre vor den Erkenntnissen moderner Psychologie und Sexualwissenschaft – unbefangen erklärt, daß auch die Frau sexuelle Empfindungen habe, ja, daß ein Geschlechtsakt dann erst als vollkommen bezeichnet werden könne, wenn auch sie einen Orgasmus erlebt (II 682ff., 725ff., III 793f.), denn voller Empörung stellt Ribbeck fest: »Von der Würde und Gesinnung des weiblichen Geschlechtes hat er natürlich eine niedrige Meinung« (ebd. S. 264).

Solche und ähnliche Äußerungen früherer Wissenschaft mag man heute als überholt belächeln, sollte dabei aber nicht übersehen, daß sie dank ihrer weiten Verbreitung durch immer noch vielbenutzte Handbücher weiterwirken, was sich sowohl daran zeigt, daß sich nach wie vor nur wenige Philologen mit der ›Ars‹ beschäftigen, als auch daran, daß die Mehrzahl von ihnen dazu neigt, das Werk nun zwar nicht mehr moralisch zu verurteilen, aber als Scherz abzutun. Dabei dürfte doch jetzt schon deutlich geworden sein, daß die ovidische Erotodidaktik zumindest vom modernen psychologischen, sexualwissenschaftlichen, anthropologischen und soziologischen Standpunkt aus zweifellos irgendwie ernst zu nehmen ist, auch wenn sie in einem humorigen Ton vorgetragen wird. Es gibt auch durchaus Ovid-Forscher, die das bereits gesehen haben – vor allem W. Kraus in seinem vorzüglichen Ovid-Artikel in der Realenzyklopädie der classischen Altertumswissenschaft und H. Fränkel in seinem die allgemeine Ovid-Rehabilitierung einleitenden Buch von 1945 –, aber wenn namentlich Fränkel in der ›Liebeskunst‹ nun plötzlich Züge einer humanen, verstehenden Liebe zu entdecken glaubt, so kann das ebenso wie die moralische Entrüstung der Philologen der wilhelminischen Epoche ein subjektiver Eindruck aus der eigenen Zeit heraus sein, der an der Intention des Werkes erneut vorbeigehen würde. Es ist also erst recht von uns heutigen Lesern, auf die Ovids Einstellung zum Problem des menschlichen Sexualverhaltens so modern wirkt, die grundlegende Frage zu stellen, ob der Dichter in seiner eigenen Zeit seine Liebeslehren gleichfalls ernst nahm, und eine Antwort darauf kann nur durch eine Interpretation des Werkes vor dem Hintergrund der politischen und kulturellen Realität des Roms der Jahre um Christi Geburt, in denen es entstand, gefunden werden.

Gerade die ›Liebeskunst‹ bietet nun besonders günstige Voraussetzungen für eine Deutung aufgrund ihrer historischen Bedingtheit, denn wir wissen von Ovid selbst, daß die Veröffentlichung des erotischen Lehrgedichts einer der beiden Hauptgründe für seine *relegatio* war, die Verbannung auf Lebenszeit nach Tomis am Schwarzen Meer etwa im Jahre 8 n. Chr. Augustus höchstpersönlich hatte also – lange vor den Philologen des 19. und 20. Jahrhunderts – Anstoß an der ›Liebeskunst‹ genommen, die doch nur eine von mehreren erotischen Dichtungen ihres Verfassers war. Geboren am 20. März 43 v. Chr. in Sulmo im Paelignerland als Sohn eines Ritters aus altem Landadel, hatte Ovid, dem sich nach eigener Aussage die Worte unter der Feder von selbst zu Versen formten, schon sehr früh seine dichterischen Neigungen gespürt: Er hatte nach einem umfassenden Studium der Rhetorik in Rom und Athen und kurzer Tätigkeit als Staatsbeamter und Jurist die von Angehörigen seines Standes normalerweise eingeschlagene senatorische Laufbahn abgebrochen, um sich ganz der literarischen Tätigkeit widmen zu können. Bereits mit 18 Jahren las er öffentlich seine ersten Gedichte vor, und zwar Liebeselegien in der Art der nicht lange vorher und gleichzeitig entstandenen Dichtungen des Gallus, Properz und Tibull, in denen das lyrische Ich seine Erfahrungen bei der Hingabe an eine vergötterte Geliebte schildert. Auf die Veröffentlichung einer Sammlung solcher Liebeselegien unter dem Titel ›Amores‹ (fünf Bücher in erster, drei Bücher in zweiter Auflage), die dem Dichter sogleich großen Ruhm einbrachten, folgten eine (verlorengegangene) Tragödie ›Medea‹, die ›Heroides‹, eine Sammlung von fingierten Briefen mythischer Frauen an ihre Männer bzw. Geliebten im elegischen Versmaß, ein (nur fragmentarisch erhaltenes) Lehrgedicht über die weibliche Gesichtspflege und schließlich – durch politische Anspielungen ziemlich genau auf die Zeit um Christi Geburt datierbar – die ›Ars amatoria‹ und ihre Fortsetzung, die ›Remedia amoris‹. Wenn Ovid sich auch von da an bis zu der Zeit, als ihn das Verbannungsurteil traf, von der erotischen Dichtung abgewandt hatte, so spielt doch die Liebe in den seitdem verfaßten anspruchsvolleren Werken, den ›Metamorphosen‹ und ›Fasten‹ immer noch eine beherrschende Rolle, und um so dringender stellt sich die Frage, welche Äußerungen speziell der ›Ars‹ Anlaß zu einer so schweren Bestrafung geboten haben könnten, eine Frage, die uns auch auf der Suche nach einem aktuellen Zeitbezug des Werkes weiterführen wird.

Freilich war die ›Liebeskunst‹ nur der eine von zwei Gründen für die Verbannung und offensichtlich keineswegs der ausschlaggebende, was sich allein schon an der Tatsache ablesen läßt, daß ihre Publikation bereits rund acht Jahre zurücklag. Außer dem »carmen« – so berichtet Ovid (›Tristien‹ II 207) – habe ihm ein »error« Verderben gebracht, also eine irrtümlich begangene Verfehlung, bei der es sich – wie wir weiterhin von ihm, unserem einzigen Informanten in dieser Angelegenheit, erfahren – nicht um ein Verbrechen gehandelt habe, sondern um das Mitansehen von etwas, was er nicht hätte sehen dürfen, ohne daß ihm dies jedoch irgendeinen Vorteil eingebracht habe. Mehr sagt er uns nicht, wir hören in den Dichtungen aus der Zeit der Verbannung immer wieder nur, welch harmloses Vergehen doch die Abfassung der in einer langen literarischen Tradition stehenden ›Ars‹ gewesen sei. Was jeder unvoreingenommene Leser der einschlägigen Stellen ahnt, ist auch die nahezu einhellige Meinung der gegenwärtigen Forschung: Hier war etwas geschehen, das dem Kaiser höchst unangenehm war, das geheimgehalten werden mußte um jeden Preis, und zwar sogar vom Delinquenten, den man deshalb auch nur unter einem Vorwand bestrafen durfte, eben durch die offizielle Verdammung eines seiner Werke. Der Dichter wiederum spielte das Spiel mit und verteidigte sich ausschließlich gegen diesen jedermann zugänglichen Punkt der Anklage, in der Hoffnung – die sich jedoch als trügerisch erweisen sollte –, man werde seine Diskretion eines Tages durch die Begnadigung belohnen.

Worin der obskure »error« nun tatsächlich bestand, wird wohl nie geklärt werden, selbst wenn zu den zahllosen Untersuchungen zu diesem Problem mit teilweise abenteuerlichen Spekulationen noch weitere hinzugefügt werden, aber das ist für uns auch gar nicht wichtig, denn uns interessiert allein, ob die ›Ars‹ zu Lebzeiten ihres Verfassers überhaupt »gesetzwidrig« genug war, um als Vorwand für eine Verbannung herhalten zu können. Dies ist von einer Reihe von Gelehrten, zuletzt von W. Stroh in einem wichtigen Aufsatz (vgl. die Literaturhinweise), bejaht worden, und zwar mit der Begründung, an mehreren Stellen des Lehrgedichtes kritisiere Ovid teils offen, teils versteckt die Ehegesetze des Augustus. Im Jahre 18 v. Chr. hatte der Kaiser die »lex Iulia de adulteriis« erlassen, nach der *adulterium* (»Ehebruch«) dann strafbar war – u. a. stand darauf die *relegatio* –, wenn es sich dabei um den Seitensprung einer Ehefrau handelte oder die Verführung einer alleinstehenden Freigeborenen (Mädchen oder Witwe), sowie die »lex Iulia de maritandis ordinibus«, welche die männlichen Angehörigen der höheren Schichten durch erhebliche rechtliche Vorteile zur Verheiratung und zur Zeugung möglichst vieler Kinder ermunterte. Wenn Ovid nun in der ›Ars‹ die freie Liebe grundsätzlich für erstrebenswerter erklärt als die Liebe innerhalb einer Ehe, dies durch eine Reihe von Anweisungen – z. B. zum Seitensprung – präzisiert und in einigen Versen sogar unverkennbar auf die kaiserliche Ehegesetzgebung anspielt (vgl. bes. I 31–34, II 157f., 597–600, III 483–485, 613–616), dann konnte Augustus darin in der Tat so etwas wie »Systemkritik« sehen – zumal seine Gesetzgebung einer Art ideologischer Erneuerung des Staates entsprang – und daraus zumindest einen Vorwand für eine Strafe nehmen, wie sie ja auch für Verstöße gegen die »lex Iulia de adulteriis« vorgesehen war.

Es wäre jedoch allzu voreilig, wollte man aus der durchaus berechtigten Annahme, daß der Kaiser Ovids Liebeslehren an bestimmten Stellen als gesetzesfeindlich auslegte, folgern, Kritik an der staatlich verordneten Einstellung zu Liebe und Ehe sei das primäre Anliegen der ›Liebeskunst‹ gewesen und wir würden hier den gesuchten »Sitz im Leben«, die Triftigkeit des Werkes zur Zeit seiner Entstehung, greifen. Wenn nämlich Ovid z. B. II 685 f. sagt, er verabscheue die Frau, »die es gewährt, bloß weil's nötig ist, es zu gewähren, / die auch noch trocken ist und an ihre Wollarbeit denkt«, so wird zwar durch »nötig« und »Wollarbeit« zweifellos der Gedanke an eheliche Verpflichtung, häusliche Arbeit der Ehefrau und damit auch an die Ehegesetze geweckt, das hindert aber keineswegs daran, die Verse zugleich als grundsätzlichen Appell an alle Frauen – auch die verheirateten – zu verstehen, sie möchten doch an der Liebesvereinigung aktiv teilnehmen und damit eine Einstellung zur körperlichen Liebe zeigen, wie sie einer hochentwickelten bürgerlichen Kultur ansteht. Daß nun ein solcher weit über dem aktuellen »augusteischen« Anlaß stehender, im modernen Sinne als äußerst human zu bezeichnender Grundsatz den eigentlichen Schlüssel zur Deutung der ›Ars‹ liefert, läßt sich ebenfalls an einem Zeitbezug des Werkes aufzeigen: an seiner geistigen Auseinandersetzung mit den beiden zeitgenössischen Dichtungsgattungen, aus denen es hervorgegangen ist, der Liebeselegie und dem Lehrgedicht.

Mit einem gewissen Recht könnte man die ›Ars amatoria‹ als einen durch das Motiv der Erotodidaktik zusammengehaltenen Zyklus von Liebeselegien bezeichnen, denn sowohl im Versmaß (im Lehrgedicht sonst der Hexameter) als auch in der Thematik stimmen die einzelnen Abschnitte der drei Bücher, die nicht straff gegliedert, sondern assoziativ miteinander verknüpft sind, mit den Elegien der Sammlungen des Properz, Tibull und Ovid selbst sehr genau überein, mit den ›Amores‹ an einigen Stellen sogar nahezu wörtlich; außerdem läßt sich an der Liebeselegie ein didaktischer Grundzug beobachten – wohl ein Erbe aus den ältesten Anfängen der Gattung Elegie bei den Griechen im 7. Jahrhundert v. Chr. – in dem Bestreben, die Erfahrungen des Liebhabers als Lehren an andere Verliebte weiterzugeben oder sogar die Geliebte zu belehren. Ein gravierender Unterschied der ›Liebeskunst‹ zu den Liebeselegien – vor allem denen des Properz und Tibull, teilweise aber auch zu den ›Amores‹ Ovids – zeigt sich dagegen in einer neuen Behandlung der alten Thematik, bedingt durch eine veränderte Auffassung vom Wesen der Liebe, die Ovid selbst zu Beginn seiner ›Remedia‹ in einem Rückblick auf die ›Liebeskunst‹ sehr präzise formuliert hat (Vers 10): Was vorher irrationaler Drang (»impetus«) gewesen sei, sei nun dank seiner Unterweisungen überlegte Methode (»ratio«).

In der Tat ist das Liebesverhalten des lyrischen Ichs der Elegie von irrationaler Emotionalität wesentlich geprägt, denn der elegische Liebhaber hält seiner Geliebten, obwohl sie sich ihm gegenüber herrisch und launisch beträgt, nicht nur erst recht die einmal geschworene Treue, sondern findet sogar seine eigentliche Erfüllung in dem durch häufige Enttäuschungen verursachten Liebesschmerz. Da das Leiden an der Liebe also bewußt gesucht wird, verweigert diese Art von Verliebtheit sich von vornherein einem planmäßigen, durch Erfahrung und Belehrung geschulten Verhalten gegenüber der Geliebten und erst recht der »heilenden« Befreiung von der Zuneigung zu ihr, wie sie dann Ovids ›Remedia amoris‹ in konsequenter Fortsetzung des Lehrgangs der ›Ars‹ vorsehen. Properz sagt sogar einmal ausdrücklich im Programmgedicht seines zweiten Elegienbuches: »Alle Schmerzen der Menschen heilt die Arzneikunst – die Liebe allein liebt den Heilkünstler ihrer Krankheit nicht« (57f.).

Das Verhältnis zwischen dem Dichter der klassischen römischen Liebeselegie und seiner Geliebten unterliegt somit geradezu bestimmten Gesetzen, einer Art Moralkodex festumrissener Wertbegriffe, die bei Properz im ersten Buch in ihrer reinsten Form vertreten werden, deren Gültigkeit in seinem zweiten und dritten Buch sowie bei Tibull nur vorübergehend eingeschränkt wird und die auch in den nach Überwindung dieser Wertewelt strebenden ›Amores‹ Ovids zumindest immer präsent sind. Diese Gesetze des elegischen Liebesverhaltens stehen in seltsamem Kontrast zu den Ehegesetzen des Augustus, so daß sie wenigstens in diesem Punkt den Lehren der ›Liebeskunst‹ vergleichbar sind, und wirklich setzt sich ja auch die Welt des elegischen Liebhabers als individueller Daseinsbereich betont von der Welt der am Gemeinwohl orientierten Staatsräson ab. Die wichtigsten elegischen Grundhaltungen sind die Freude am Schmerz, die Bereitschaft zum sklavischen Dienst für die Geliebte, der Verzicht auf Erfolg und das Festhalten an der Treue zur Treulosen. Durch den Vergleich der Behandlung dieser Grundhaltungen durch die Elegiker auf der einen und durch die ›Ars‹ auf der anderen Seite läßt sich nun deutlich zeigen, wie Ovid an die Stelle der bisherigen eine neue Liebesideologie setzt, die von Rationalität und Humanität geprägt ist; als Beispiel zum Beleg für diese These eignet sich sehr gut der für das Ethos der Elegie besonders charakteristische Wertbegriff des sklavischen Liebesdienstes, das *servitium amoris*.

Bei Properz erscheint der elegische Liebhaber vom ersten Gedicht des ersten Buches an immer wieder als Sklave seiner Cynthia, und der Dichter wünscht sich sogar eine Grabinschrift, die ihn als einstigen »Sklaven einer einzigartigen Liebe« bezeichnet (II 13, 36). In den meisten Gedichten, die dieses Motiv enthalten, wird das *servitium* trotz seiner Erfolglosigkeit nicht als entwürdigend empfunden und in zwei Elegien (II 24 und 25) sogar moralisch positiv bewertet. Erst im dritten Buch häufen sich Klagen über die erfolglose sklavische Liebesverfallenheit (III 11 und 17; vgl. schon II 23), die schließlich dann doch zur Befreiung von Cynthia führen (III 24 und 25). In den Nemesis-Elegien der Sammlung des Tibull wird der Begriff des *servitium* überdies in der brutalsten Bedeutung des Wortes verwendet, wenn mehrfach von »Fesseln« und »Schlägen« die Rede ist (z.B. II 3, 80) und der Dichter sich bereit erklärt, auf Befehl seiner Herrin als Bauer bei glühender Sonne und mit Blasen an den Händen Äcker zu pflügen (II 3), Geschenke durch Mord und Tempelraub zu beschaffen oder das vom Großvater ererbte Landgut zu verkaufen (II 4); hier wird die Erfolglosigkeit dieser Dienstleistungen zwar nicht ausdrücklich moralisch positiv bewertet, aber es findet sich auch kein Versuch der Befreiung von der Unterjochung durch die Geliebte. Auch in den ›Amores‹ Ovids gibt es Stellen, an denen der Dichter sich durchaus zur elegischen Grundhaltung des *servitium amoris* bekennt (bes. Anfang II 17), aber daneben steht gleichwertig die dezidierte Lossagung von dieser eines freien Mannes unwürdigen Erniedrigung (III 11). Am leichtesten hat es der Liebhaber freilich – so verkündet das zweite Programmgedicht (I 2) –, wenn er sich von selbst ins Unvermeidliche schickt und freiwillig als Beute in Amors Triumphzug mitmarschiert, und diese Einstellung wird dann im zweiten Buch der ›Ars amatoria‹ zum ausführlich durch Beispiele belegten Lehrsatz erhoben.

Der betreffende Abschnitt (II 177ff.) beginnt mit den Worten: »Ist sie nicht zärtlich genug, nicht freundlich zu dir, dem Verliebten, / sei nur geduldig und hart, später wird sanft sie dann sein«, und zeigt zunächst anhand von Analogien aus der Natur, daß man durch zäh ausharrende Geduld immer noch am weitesten kommt, um dann sogleich einschränkend zu betonen, daß die Selbstaufgabe keinesfalls so weit zu gehen brauche wie bei dem *servitium*-Idol der Elegiker, dem mythischen Helden Milanion, der schwere Qualen für seine Geliebte erdulden mußte. Die »vorsichtigen« Gebote der ›Liebeskunst‹ seien dagegen sanft, und das sind sie dann auch wirklich, denn es wird vom Liebhaber nichts weiter verlangt, als stets die Rolle zu spielen, die die Geliebte von ihm erwarte – z.B. lachen, wenn sie lacht, oder sie beim Würfelspiel gewinnen lassen –, und ihr eine Reihe von Diensten zu leisten, von denen das unverzügliche Erscheinen auf ihr Verlangen selbst bei glühender Hitze oder verschneiten Wegen die anstrengendsten sind. Das klingt alles ausgesprochen heiter, und man soll auch durchaus schmunzeln bei der Anweisung, der Liebhaber solle der Geliebten beim Spazierengehen den Sonnenschirm halten oder ihre Hand, wenn sie friert, im Bausch des eigenen Gewandes wärmen, aber man sollte dabei den tieferen Sinn dieser harmlos klingenden Liebesethik nicht übersehen: Er liegt in dem Bemühen, in offenem Gegensatz zum irrationalen Pathos der Liebeselegie des Properz und Tibull (und höchstwahrscheinlich auch des Gallus), die Liebe zwischen den Geschlechtern, so gut es geht, ihrer krankhaften und selbstzerstörerischen Züge zu entkleiden und sie statt dessen zu humanisieren.

In dem Streben nach Humanität in der Beziehung zwischen Mann und Frau, das aus der geistigen Auseinandersetzung mit der zeitgenössischen Liebespoesie entwickelt wird, zeigt sich bereits ein ernsthaftes Grundanliegen der ›Ars amatoria‹, das das Werk nun tatsächlich in nächste Nähe zu modernen Postulaten auf der Grundlage neuerer Erkenntnisse der Psychologie und Sexualwissenschaft rückt. Ovid hat sich aber nicht mit einer unbeschwert-heiteren Polemik gegen die von den Elegikern vertretene Auffassung von der Liebe als einer unheilbaren Krankheit und eines Sklavendienstes ohne Aussicht auf Erfolg begnügt, sondern darüber hinaus einen Angriff gegen eine Theorie gerichtet, derzufolge Liebe und Sexualität in der menschlichen Gesellschaft überhaupt eine eher negative Rolle spielen, und diese Theorie fand er in zwei verschiedenen Versionen in Lukrezens ›Von der Natur der Dinge‹

und Vergils ›Vom Landbau‹, seinen beiden bedeutendsten Vorbildern im Bereich der didaktischen Poesie.

Das antike Lehrgedicht, die systematische Behandlung eines Stoffes aus der Fachwissenschaft oder der Philosophie in Versen (meist Hexametern), verdankt seine Entstehung als feste Gattung gewissermaßen einem Zufall: Um das Jahr 700 v. Chr. verfaßt der boiotische Bauernsohn Hesiod, weil sein Bruder Perses zunächst in einem Erbprozeß gegen ihn gewonnen, sein Vermögen aber gleich wieder verschleudert hat und nun erneut den Verlierer in Anspruch nehmen möchte, eine Mahnrede an Perses über das wahre Recht und den Erwerb von Besitz durch ehrliche Arbeit, die ›Werke und Tage‹. Er nimmt sich dabei die Mahnreden der homerischen ›Ilias‹ zum Vorbild, in denen die Belehrung des Gegenübers gern durch ein mythologisches Exempel unterstrichen wird; da er aber in eigener Sache und dementsprechend engagiert spricht, weitet sich seine Predigt über Recht und Arbeit durch eine Fülle von konkreten Beispielen einerseits – z. B. den Mythos von den fünf Weltzeitaltern – und durch ganze Kataloge von Belehrungen andererseits – teils allgemeinen über zwischenmenschliches Verhalten, teils fachspezifischen über Landwirtschaft und Seefahrt – zu einem stattlichen Werk von über 800 Versen aus. Damit ist aus epischen Wurzeln ein neues Medium der Vermittlung von Wissen und Reflexion entstanden, das nun über dreihundert Jahre, in denen die griechische Prosa noch nicht über dieselben Aussagemöglichkeiten verfügt wie der bereits von Homer so meisterhaft gehandhabte Vers, immer wieder gern zur Vermittlung von Gedanken über Gott und die Welt verwendet wird, z. B. von vorsokratischen Philosophen wie Empedokles.

Was bei der Weiterentwicklung des von Hesiod auf so kuriose Weise zusammengetragenen Gebildes besonders erstaunt, ist die Tatsache, daß sowohl die ursprünglich homerischen Mittel der direkten und indirekten Belehrung als auch die direkte Anrede des Gegenübers als unverzichtbare Gattungselemente immer wieder auftauchen, also der Katalog von Lehren mit eingelegten mythologischen Beispielen – und hier blieb oft sogar die Thematik erhalten, z. B. der Weltzeitaltermythos –, die Gliederung durch Proömium, Lehrstücke und Epilog sowie die nunmehr fiktive Unterweisung eines Schülers durch den dichtenden, von einer Gottheit inspirierten Lehrer. Dieser ganze schwerfällige Apparat wurde in dem Moment obsolet, als gegen Ende des 5. Jahrhunderts v. Chr. die ersten Fachbücher in Prosa entstanden. Aber nun wollten die Dichter von dem kunterbunten Konglomerat erst recht nicht mehr lassen und fanden deshalb einen Weg, seine traditionellen Formelemente für andere Zwecke als für die direkte Belehrung zu benutzen: In der hellenistischen Literaturepoche, die gelehrtes Wissen mit der Wiederbelebung älterer Gattungen zu verbinden liebte, nahm man das Lehrgedicht entweder als Vehikel der Demonstration poetischer Artistik am spröden wissenschaftlichen Stoff – so verfaßte Mitte des 2. Jahrhunderts v. Chr. Nikander von Kolophon ein Büchlein ausgerechnet über Heilmittel gegen Gifte (›Alexipharmaka‹) – oder als Vorwand zur Darlegung eines durch die Belehrung durchscheinenden höheren Anliegens – ältestes Beispiel für diesen Typus sind die ›Himmelserscheinungen‹ (›Phainomena‹) des Arat von Soloi (Mitte 3. Jahrhundert v. Chr.), eine Sternen- und Wetterzeichenkunde, die aus dem Geiste der stoischen Weltdeutung konzipiert ist.

Sowohl die beiden Varianten des neuen »uneigentlichen« Lehrgedichts – der »formale« und der »transparente« Typ – als auch der ursprüngliche »sachbezogene« Typ bestehen von nun an bis in die Spätantike weiter, wobei freilich nicht immer so reinlich unterschieden wird, wie B. Effe (vgl. die Literaturhinweise) es nach Entdekkung der drei Typen zunächst tat, sondern meistens Mischformen entstehen, die oft allen drei Anliegen Rechnung tragen. Von den beiden bedeutendsten römischen Vertretern der Gattung, die vor Ovids ›Liebeskunst‹ entstanden, ist die Darstellung der epikureischen Naturphilosophie durch Lukrez in erster Linie dem sachbezogenen Typ, Vergils landwirtschaftliche Unterweisung vorrangig dem transparenten Typ zuzuweisen – wohin gehört aber nun Ovids Lehrgedicht über die Kunst des Liebens? Will der Dichter sachbezogene »Sexualwissenschaft« lehren oder nur sein poetisches Talent an einem denkbar ungewöhnlichen Stoff beweisen? Will er vielleicht gar ein höheres Anliegen vermitteln, oder macht er sich mit Gattung und Thematik einfach einen Scherz?

Zunächst ist festzustellen, daß Ovids ›Ars‹ und ihr »viertes Buch«, die ›Remedia amoris‹, alle die Gattungselemente enthalten, die seit Hesiod zum traditionellen Bestand des Lehrgedichts gehören: Die vier etwa gleichlangen Bücher sind durch Proömien und Epiloge miteinander verklammert, haben eine klar erkennbare Großgliederung in Lehren für die Männer, die in sich wieder dreigeteilt sind (vgl. die Erläuterungen zu Buch I und II), Lehren für die Frauen sowie Heilmittel gegen die Liebe für beide Geschlechter und übernehmen von Lukrez und Vergil Ankündigungs-, Überleitungs- und Abschlußformeln (»praeterea, adde quod« usw.) als Mittel der Binnengliederung. Daneben findet sich auch die Fortsetzung der Lehre mit anderen Mitteln in Form von größeren mythologischen Exempla und kürzeren Beispielen aus dem menschlichen Leben und der Natur, und schließlich fehlen auch nicht die Anrufung von inspirierenden Gottheiten, die Pose des Lehrers und die direkte Anrede des Schülers. Bei näherem Hinsehen freilich entdeckt man, daß Ovid mit den meisten dieser Gattungselemente eher spielerisch umgeht: Die Binnengliederung wird nicht konsequent durchgehalten, die mythologischen Exempla führen oft weit vom Thema ab, die kürzeren Analogien sind meist ausgesprochen witzig, wenn z. B. das Suchen nach einem geeigneten Mädchen mit dem Aufspüren der Wildsau durch einen Jäger verglichen wird (I 46) oder die einen Mann begehrende Frau mit einer dem Stier zumuhenden Kuh (I 279), und über aller göttlichen Inspiration durch Venus oder Apollon steht die persönliche erotische Erfahrung des Lehrers.

Also ein Scherz? Genauere Vergleiche der ›Liebeskunst‹ mit älteren Lehrgedichten erwecken in der Tat den Eindruck, daß Ovid in gewisser Weise die Gattung parodiert. Die eben genannten Beispiele aus dem Bereich der Jagd und des Landlebens sind nämlich Teile eines beziehungsreichen Netzes von Bildern aus der Welt des Akkerbaus, der Vieh- und Pflanzenzucht und der Jagd und damit unverkennbar eine humorige Anspielung auf Vergils ›Vom Landbau‹. Daraus hat man gefolgert, daß Ovid seine Erotodidaktik nur zum Anlaß für eine Parodie auf die traditionelle didaktische Poesie und speziell auf das Lehrgedicht Vergils genommen habe, ohne seine eigenen Lehren dabei ernst zu nehmen, und diese Deutung der ›Ars‹ als einer harmlosen Spielerei hat in der Forschung breite Zustimmung gefunden.

Bevor man jedoch eine literarische Parodie einfach als Mittel zur Erheiterung des Lesers interpretiert, sollte man sich vor Augen halten, daß sie durchaus auch – und dies ist bei der antiken »komischen« Literatur meines Erachtens sogar mehrheitlich der Fall – der ernsthaften geistigen Auseinandersetzung mit dem parodierten Werk dienen kann, nur daß die »Wahrheit« eben diesmal »lachend« gesagt wird. Man bedenke ferner, daß die Lehrgedichte des Lukrez und Vergil sich mit Ovids ›Liebeskunst‹ nicht allein in der äußeren Form, sondern auch inhaltlich berühren, und zwar zunächst in dem bedeutenden Punkt, daß Gegenstand der Lehren aller drei Werke im weitesten Sinne der Mensch ist, wobei die beiden Vorgänger dieses Thema nur mittelbar behandeln – der eine, indem er durch die atomistische Welterklärung die Voraussetzung für eine Befreiung des Menschen von Götterfurcht und Todesangst schafft, der andere, indem er im wohlgeordneten Rhythmus von Werden und Vergehen, Freud und Leid, Mühsal und Erholung in der ländlichen Welt des Anorganischen, der Pflanzen und Tiere das menschliche Leben widerspiegelt –, während Ovid den Menschen sogar direkt in einem wichtigen Bereich seines Daseins, seinem Sexualleben, darstellt. Genau dieser Bereich wird aber wiederum sowohl von Lukrez als auch von Vergil innerhalb ihrer Werke gleichfalls behandelt: in jeweils sehr bedeutsamen und längeren Abschnitten, die bei aller Verschiedenheit in ihrer weltanschaulichen Grundlage doch in dem entscheidenden Gedanken übereinstimmen, daß Sexualität eher negativ beurteilt wird, und dies ist ganz genau das Gegenteil von dem, was Ovid in der ›Liebesk.‹ sagen will.

Lukrez stellt im Finale des IV. Buches ›Von der Natur der Dinge‹ (1058ff.) die Liebesleidenschaft, nachdem er ihre Entstehung rein atomar-körperlich erklärt hat, als Sinnestäuschung des Verliebten dar, die sich mit all ihren üblichen Folgen – sklavische Abhängigkeit, Eifersucht, Selbstbetrug usw. – nur mit Verrücktheit gleichsetzen läßt, und diese erreicht ihren Kulminationspunkt, wenn sowohl der Mann als auch die Frau von ihr ergriffen sind und sich im wahnwitzigen Ringkampf des Geschlechtsverkehrs wie die Hunde zu einem unzertrennlichen Knäuel vereinen. Einer solchen von Abscheu erfüllten Einstellung gegenüber dem Phänomen der menschlichen Sexualität, welche Stellungsvarianten beim Koitus lediglich nach ihrer jeweiligen Effektivität für die Empfängnis zu würdigen vermag, entspricht im Finale des V. Buches, der berühmten »Kulturentstehungslehre«, die Darstellung der Folgen, die innerhalb der Entwicklungsgeschichte der Menschheit die Konstituierung der ehelichen Verbindung von Mann und Frau in häuslicher Geborgenheit ausgelöst haben soll: Da habe das Menschengeschlecht erstmals zu verweichlichen begonnen, weil das wärmende Feuer die Fähigkeit, Kälte zu ertragen, Venus die Kräfte und die Schmeicheleien der Kinder die stolze Sinnesart geschwächt hätten (1011ff.).

Vergil schildert am Ende der ersten Hälfte des zweigeteilten III. Buches ›Vom Landbau‹ (219ff.) den Ausbruch des Sexualtriebes ebenfalls in seiner ganzen elementaren Kraft, wobei er zwar die (katalogartig aneinandergereihten) Beispiele aus dem Tierreich wählt und dabei besonders anschaulich die erbitterten Rivalenkämpfe brünstiger Stiere und die Raserei läufiger Stuten beschreibt, die Liebesleidenschaft des Menschen aber ausdrücklich miteinbezieht. Anders als Lukrez wendet er sich jedoch nicht mit dem Ekel des rational denkenden Naturwissenschaftlers von dem liebestollen Treiben ab, sondern betrachtet es voll tiefer Erschütterung, die ein schmerzliches Mitgefühl für die als leidend empfundene Kreatur verrät. In seiner das menschliche Leben symbolisierenden Pflanzen- und Tierwelt existiert allerdings eine Tiergattung, die nicht mit den bedrohlichen Mächten des Sexualtriebes zu kämpfen hat: das Volk der Bienen, die ihre Jungen einfach von Blättern und Pflanzen lesen (IV 197ff.). Für wie nachahmenswert der Dichter auch immer eine solche Lebensform, die außer der Liebe auch nicht die Künste der Musen kennt, persönlich hält (auf diese Grundfrage der ›Georgica‹-Interpretation kann hier natürlich nicht eingegangen werden) – dieses von sexueller Leidenschaft gänzlich unberührte Lebewesen göttlichen Ursprungs verfügt jedenfalls über eine hohe Kultur: einen perfekten Staat, in dem in wohlorganisierter Arbeitsteilung alle für das Gemeinwohl arbeiten, indem sie die individuellen Interessen einem rastlosen Fleiß unterordnen.

Wenn wir uns nun wieder daran erinnern, daß Ovid selbst als das Ziel seines erotodidaktischen Lehrgangs die Ersetzung des »impetus«, des irrationalen Dranges, durch die »ratio«, die überlegte Methode, bezeichnet, so dürfte durch das über Lukrez und Vergil Gesagte jetzt deutlich geworden sein, daß dieses Programm sich nicht nur gegen die Auffassung der Elegiker von der Liebe, sondern auch gegen die der beiden Lehrdichter wendet: Amor, so verkündet gleich das Proömium des ersten Buches, sei zwar wild, aber dann müsse man ihn eben zähmen, und schon im zehnten Distichon verweist der Dichter auf eine analoge Erscheinung im Bereich der Tierzucht: Auch der Stier und das stolze Roß ließen sich schließlich domestizieren (I 19f.). Das sind aber genau die beiden Tiere, die bei Vergil an der genannten Stelle als Beispiele für das hemmungslose Toben der Liebesleidenschaft angeführt werden, und so wird bereits an dieser Stelle deutlich, daß die über die ganze ›Liebeskunst‹ verstreuten Anspielungen auf die Welt der ›Georgica‹ eben nicht nur parodistisch-scherzhaft zu verstehen sein dürften.

Etwa in der Mitte des zweiten Buches gibt Ovid in weiterer Auseinandersetzung mit Lukrez und Vergil seine eigene Deutung der Rolle der Liebe in der menschlichen Gesellschaft (II 455ff.): Sie könne ihrerseits dazu beitragen, heftig erregte Gemüter zu besänftigen, denn wenn die Geliebte in eifersüchtiger Raserei entbrannt sei, dann tue der Liebhaber gut daran, sie durch zärtliches Umarmen, Küsse und schließlich durch die »Freuden der Venus« zu beruhigen. Die durch dieses Beispiel begründete These von der friedensstiftenden Macht der Liebe wird anschließend in einem kurzen kosmologisch-kulturgeschichtlichen Exkurs vertieft, der an einigen Stellen wörtlich an die vorhin erwähnten Verse aus der Kulturentstehungslehre des Lukrez anklingt (467–488): Ursprünglich sei das Menschengeschlecht unfähig zur Kommunikation gewesen, aber eines Tages habe die schmeichelnde Lust die trotzigen Sinne von Mann und Frau erweicht, als sie sich zur ersten, noch kunstlosen Liebesvereinigung zusammengefunden hätten, so wie es eben die Tiere machten. Und nun schließt sich in Form einer Beispielreihe (Vogel, Fisch, Hirsch, Schlange usw.) ein fröhliches Paarungsgemälde an, das in unverkennbarem Kontrast zum Mittelabschnitt des dritten Buches vom ›Landbau‹ – besonders deutlich wird dieser Bezug durch das den heiteren Reigen beendende Beispiel der läufigen Stute – die Liebe nicht als zerstörerische, sondern als Friede und Freude spendende Naturkraft darstellt.

Die in diesem für die Gesamtdeutung der ›Ars‹ wichtigen Abschnitt des zweiten Buches nur von den ersten Anfängen handelnde ovidische Kulturentstehungslehre wird gewissermaßen fortgesetzt im Anschluß an das Proömium des dritten Buches (101 ff.): Hier ist der erotodidaktische Anknüpfungspunkt bezeichnenderweise die weibliche Schönheitspflege, die im Lateinischen ebenso durch das Wort *cultus* bezeichnet wird wie die menschliche Zivilisation. Ein gepflegtes Äußeres als unverzichtbare Voraussetzung für die Liebe unter gesitteten Menschen ist für Ovid Zeichen einer hochentwikkelten Kultur, und dieser Gedanke treibt ihn zu einem Bekenntnis zum »goldenen« Rom der eigenen Gegenwart, in dem seiner Überzeugung nach diese Kulturstufe endlich erreicht ist: »Möge das Altertum andere erfreuen, ich preise mich glücklich, / jetzt erst zu leben; es paßt zu meiner Art diese Zeit« (121 f.). Bewußt werden hier die beiden Wörter »golden« (»aurea«, 113) und »Zeit« (»aetas«, 122) zueinander in Bezug gesetzt, um anzudeuten, daß der von Hesiod, dem Begründer der didaktischen Poesie, erstmals zur Veranschaulichung seiner Lehren erzählte und von den Nachfolgern in der Gattung immer wieder abgewandelte, in seinem Grundgedanken aber nicht veränderte Weltzeitaltermythos im Rahmen eines Lehrgedichts über die Liebeskunst auf den Kopf gestellt wird: Hatten die Lehrdichter bis hin zu Vergil die Entwicklung der menschlichen Kultur als einen steten Niedergang vom paradiesischen Urzustand des Goldenen Zeitalters bis zur moralischen Verderbtheit der »eisernen« eigenen Zeit gesehen und sich jeder auf seine Weise nach einer Wiederkehr des einstigen Idealzustandes gesehnt, so wird hier die Menschheitsgeschichte unter dem Aspekt der auf sie einwirkenden Macht der Liebe betrachtet und ein Aufstieg von der ersten kontaktschaffenden, aber noch in animalischer Kunstlosigkeit vollzogenen Liebesvereinigung bis zur verfeinerten Lebensart der Gegenwart verzeichnet, in der der Mensch auf gepflegte, dem hohen Standard der inzwischen erreichten Zivilisation entsprechende Weise zu lieben versteht. Auch diese aus der geistigen Auseinandersetzung mit den großen Vertretern des römischen Lehrgedichts gewonnene Auffassung von der

Liebe als bedeutsamem Faktor bei der Kulturentstehung ist ein Zeugnis ovidischer Humanität.

Es ist eine sehr zu begrüßende Tendenz, daß antike poetische Texte heutzutage häufiger in möglichst wörtliche Prosa übertragen werden, und dies ist auch für die ›Liebeskunst‹ von M. v. Albrecht in mustergültiger Weise besorgt worden. Da nun aber gerade das Lehrgedicht von der Spannung zwischen »prosaischem« fachwissenschaftlichem Inhalt und poetischer äußerer Form seinen besonderen Reiz erhält, der noch dazu von modernen Lesern als besonders altertümlich empfunden wird, weil diese Gattung trotz einiger Wiederbelebungsversuche (vor allem im 18. Jahrhundert) ausgestorben ist, kann eine Übertragung in deutsche elegische Distichen, wenn sie ebenfalls so eng wie möglich an der Vorlage bleibt, den Anspruch größerer Authentizität erheben. Unter den zahlreichen Versübersetzungen der ›Ars‹ gibt es nun tatsächlich eine, die innerhalb der dieser Art von Wiedergabe gesetzten Grenzen zu der Zeit, als sie erschien, das Bestmögliche geleistet hat: die Übersetzung von W. Hertzberg von 1854. Der Gedanke, diese streckenweise erstaunlich wörtliche Wiedergabe erneut abzudrucken, lag zunächst nahe, stellte sich aber bei näherer Betrachtung aus drei Gründen als verfehlt heraus: 1. Der deutsche Sprachgebrauch hat sich seit damals z.T. stark verändert; man kann heute z.B. nicht mehr »vertrauen« für »anvertrauen« gebrauchen, und wenn Ariadne bei Hertzberg »sinnlos« am fremden Gestade »irrt« (I 527), dann sind für den modernen Leser die Bedeutungen »ganz von Sinnen« und »umherirrt« kaum noch erkennbar. 2. Die unfreiwillig komischen Effekte, die bei Hertzberg auf diese Weise recht häufig entstehen, werden vermehrt durch zahlreiche Lizenzen, die eine bestimmte poetische Sprachtradition seit den Tagen der Weimarer Klassik den Versübersetzern einräumte: Es mag zwar heutige Leser geben, die sich an »er beut«, »der Leu«, »jetzo«, »umfahen« oder »kühlt er sein glühend Gesicht« nicht stören, aber der Text erhält durch diesen Stil unnötigerweise eine klassizistische Patina, die in krassem Widerspruch zu den uns heute mit Recht so modern anmutenden Liebeslehren Ovids steht, und dies führt unmittelbar zu Punkt 3:

Hertzberg hatte in seiner Übersetzung alle »obszönen« Passagen weggelassen, also vor allem die Schlußabschnitte des zweiten und dritten Buches. Für die Tusculum-Reihe hat diese Lücke Anfang der zwanziger Jahre F. Burger gefüllt, der bei seiner Überarbeitung der Hertzbergschen Übersetzung im übrigen wenige Änderungen vornahm. Burger stand dabei eindeutig unter dem Einfluß der damals gängigen Interpretation der ›Liebeskunst‹ als pornographisches Werk, und so ist bei seiner Wiedergabe eine für die damalige Zeit typische Mischung aus schlüpfrigem Plüschsex und Männerstammtischerotik herausgekommen, die mit Ovid kaum noch etwas zu tun hat. Die Verse II 719f. z.B., die wörtlich etwa wie folgt wiederzugeben sind: »Wenn du die Stellen gefunden hast, an denen eine Frau gern berührt wird, soll Scham dir nicht im Wege stehen, daß du sie (= die Stellen) berührst«, übersetzt er so: »Hast du die Orte erspürt, wo Betastung dem Mägdelein wohltut, / Dann genier dich bloß nicht! Hingerührt! Ihr ist's schon recht.«

Es hätte indes etwas Wohlfeiles, wenn wir diese heute kaum noch genießbare Art der Wiedergabe erotischer Inhalte mit weiteren Zitaten belegen würden, zumal der Verfasser der vorliegenden Übersetzung sich dessen bewußt ist, daß sich an seiner Version sicherlich auch viel aussetzen ließe. Er hat sich jedenfalls redlich bemüht, den Text so wörtlich wie nur irgend möglich wiederzugeben und dabei bewußt auch gelegentlich leichte prosodische Härten in Kauf genommen, die sich aber, da sie sich bekanntlich nie ganz vermeiden lassen, in allen bisherigen Versübersetzungen antiker Texte und so auch bei Hertzberg-Burger finden; als einen gewissen rhythmischen Ausgleich möge man das hier erstmals konsequent angewandte Prinzip betrachten, nicht nur die zweite Pentameterhälfte, wo dies metrische Vorschrift ist, stets daktylisch wiederzugeben, sondern auch – bis auf die wenigen Verse, wo es absolut unmöglich war – die erste. Im übrigen ist der Versuch, den Ton des Originals in einer einigermaßen modernen, betont schlichten, klassizistisches Pathos ebenso wie erotische Anzüglichkeit vermeidenden Sprache nachzuahmen, vielleicht ebenso dem Zeitgeschmack verhaftet, wie Hertzbergs Version es vor 130 Jahren war. Seine Übersetzung ist ja schon deshalb weiterhin als wegweisende Leistung anzuerkennen, weil sie viele schlechthin endgültige Formulierungen gefunden hat, an denen kein Übersetzer nach ihm vorbeigehen konnte, nicht einmal die Prosaübersetzung v. Albrechts, der die vorliegende Übertragung gleichfalls zahlreiche Anregungen verdankt.

Niklas Holzberg

Der Übersetzung liegt im wesentlichen der Text der Ausgabe von E. J. Kenney, Oxford 1965, zugrunde; Abweichungen sind in den Erläuterungen begründet.

LIEBESKUNST

ERSTES BUCH

Wenn in diesem Volk jemand die Kunst des Liebens noch *nicht* kennt,
Lese er dieses Gedicht und liebe dann mit Verstand.
Kunst lenkt das Schiff, das, durch Segel und Ruder getrieben, dahineilt,
Kunst lenkt das leichte Gespann: Lenker auch Amors sei Kunst.
Wagen und biegsame Zügel, die führte Automedon kundig,
Auf dem haemonischen Schiff Tiphys der Steuermann war.
Mich hat Venus zum Meister ernannt für den zärtlichen Amor.
Tiphys für Amor möcht' ich, möcht' ihm Automedon sein.
Freilich ist er noch wild, und er wird sich oft gegen mich sträuben,
Aber ein Knabe wie er wird leicht geformt und gelenkt.
Lehrte doch Philyras Sohn den Knaben Achilles die Zither,
Und diese friedliche Kunst dämpfte sein wildes Gemüt.
Er, der so oft seine Feinde und Bundesgenossen erschreckte,
Fürchtete sich, wie man glaubt, sehr vor dem uralten Greis.
Wenn es der Lehrer verlangte – die Hände, die Hector dereinst noch
Fühlen sollte, die bot Schlägen er dar auf Befehl.
Lehrer des Aeacusenkels war Chiron, ich lehre den Amor;
Beide Knaben sind wild, Göttinnen beide entstammt.
Aber es läßt mit dem Pflug sich der Nacken des Stieres belasten,
Und seinen Zaum mit dem Zahn scheuert das mutige Roß.
So wird sich Amor mir fügen, auch wenn er die Brust mir verwundet,
Mit seinem Bogen, auch wenn Fackeln er schüttelt und schwingt.
Doch je stärker mich Amor dann trifft und brennt, desto besser
Räch' ich die Wunde an ihm, die er mir zugefügt hat.
Nicht will ich lügen, o Phoebus, daß du deine Künste mir schenktest,
Und mich mahnt aus der Luft auch eines Vogels Ruf nicht;

Auch erschien mir nicht Clio, noch mit ihr die Schar ihrer Schwestern,
Beim Bewachen des Viehs, Ascra, im Talgrund bei dir.
Mich inspiriert die Erfahrung. Gehorcht dem kundigen Seher!
Wahres nur sing' ich; beim Werk steh, Mutter Amors, mir bei!
Haltet euch ferne von mir, zarte Haarbänder, Zeichen der Keuschheit,
Und du, langer Besatz, der du die Füße bedeckst!
Sichere Liebe besing' ich und heimliches Tun, das erlaubt ist,
Und in meinem Gedicht wird kein Verbrechen gelehrt.

Erstens bemüh dich darum, das Objekt deiner Liebe zu finden,
Der du jetzt erstmals den Dienst antrittst als neuer Soldat.
Zweitens bemüh dich, die Gunst der Frau, die du willst, zu erbitten,
Drittens, daß lange Zeit noch eure Liebe besteht.
Dies ist der Plan; dieses Feld werden wir mit dem Wagen markieren,
Diesen Wendepunkt muß streifen das eilende Rad.

Steht's dir noch frei und du kannst mit lockeren Zügeln noch schweifen,
Wähle die aus, der du sagst: »Du nur gefällst mir allein.«
Aber das Mädchen schwebt nicht zu dir herab durch die Lüfte;
Mit eignen Augen mußt du die suchen, die zu dir paßt.
Weiß doch der Jäger genau, wo den Hirschen die Netze er aufspannt,
Weiß auch, wo sich im Tal aufhält die knirschende Sau;
Vogelstellern sind Büsche bekannt; der Mann mit der Angel
Kennt die Gewässer, worin Fische meist schwimmen zuhauf.
So auch du, der du Stoff suchst für lange währende Liebe:
Lerne du erst einmal, wo zahlreiche Mädchen du triffst.
Nicht bei der Suche dem Winde die Segel zu lassen, gebiet' ich;
Um sie zu finden, mußt du nicht lange Wege erst gehn.
Mag von den schwarzen Indern sich Perseus Andromeda holen,
Mag auch die grajische Frau rauben der phrygische Mann!
Dir bietet Rom so viele, so reizende Mädchen dar, daß du
Sagst: »Was es je auf der Welt gab, das besitzt diese Stadt.«

So viele Saatfelder Gargara hat, soviel Trauben Methymna,
So viele Fische vom Meer, Vögel vom Laub sind bedeckt,
So viele Sterne der Himmel, so viele Fraun weist dein Rom auf;
Ihres Aeneas Stadt wählte die Mutter zum Sitz.
Lockt dich die erste Blüte, das Alter, das erst noch heranwächst,
Mädchen, die's wirklich noch sind, kommen vor Augen dir da.
Jung sei die Frau, die du willst? Es werden dir tausend gefallen;
Zwangsläufig wirst du dann nicht wissen, was selber du wünschst.
Oder es freut dich vielleicht das reife und weisere Alter:
Mehr als vollzählig wird, glaub mir, auch diese Schar sein.

Schlendre nur lässig umher in Pompeius' schattiger Halle,
Dann, wenn die Sonne sich naht Hercules' Löwengestirn,
Oder dort, wo zur Stiftung des Sohnes die Mutter die ihre
Fügte; das Bauwerk ist reich an fremdem Marmorgestein.
Meide die Halle auch nicht, die, geschmückt mit alten Gemälden,
Halle der Livia sich nach ihrer Gründerin nennt,
Die auch nicht, wo die Beliden zu töten die unsel'gen Vettern
Wagen; das Schwert gezückt, steht drohend der Vater dabei.

Nicht entgeh' dir der Tag, an dem Venus klagt um Adonis,
Und nicht der siebte, den fromm syrische Juden begehn.

Flieh nicht der leinengewandeten Kuh memphitischen Tempel!
Viele Fraun macht sie zu dem, was sie selbst Jupiter war.
Passend ist stets auch das Forum – wer könnte es glauben? – für Amor;
An diesem wortreichen Ort wurde so mancher entflammt.
Da, wo die appische Nymphe beim Marmortempel der Venus
Wasser hervorschießen läßt und so die Luft damit peitscht,
Dort wird oftmals von Amor der Rechtsgelehrte ergriffen;
Andern erwirkte er Schutz, schützt aber selber sich nicht.
Dort fehlen oft dem im Reden Gewandten die passenden Worte;
Neu ist der Fall, und er muß führen den eignen Prozeß.
Venus lacht über ihn vom benachbarten Tempel aus; eben
War er noch Anwalt, doch jetzt wäre er gerne Klient.

Du aber geh auf die Jagd vor allem im Rund des Theaters:
Größren Ertrag bringt der Ort, als du dir selber erhoffst.
Dort wirst etwas zum Lieben und etwas zum Spielen du finden,
Und was du einmal berührn und was du festhalten willst.
So wie im langen Zug hin und her die Ameisen wimmeln,
Wenn sie die Körner im Mund tragen, ihr übliches Mahl,
Oder die Biene, wenn sie ihre Wälder und duftenden Weiden
Fand, um die Blumen und hoch über dem Thymian fliegt,
Ebenso eilen zum volkreichen Spiel die gepflegtesten Frauen.
Oft hat die riesige Schar mir die Entscheidung erschwert.
Sie, die zum Sehen kommen, sie kommen, gesehen zu werden.
Sittsamer Anstand gerät an diesem Ort in Gefahr.
Romulus, du hast zuerst Bewegung gebracht in die Spiele,
Als der Sabinerin Raub ledigen Männern gefiel!
Damals hing noch kein Zeltdach quer über dem Marmortheater,
Krokusessenz hatte nicht rötlich die Bühne gefärbt.
Laubwerk stellte man einfach dort auf, das Palatiums Bergwald
Trug; der Szene des Spiels fehlte noch jegliche Kunst.
Stufen, aus Rasen gemacht, die dienten dem Volke zum Sitzen;
Kränze aus erstbestem Laub deckten das struppige Haar.
Rückwärts schaun sie; es heftet ein jeder den Blick auf das Mädchen,
Das er gern möchte, und still denkt er sich vieles dabei.
Während zur rohen Musik des etruskischen Bläsers der Tänzer
Dreimal im Takt mit dem Fuß stampft den geebneten Grund,
Mitten im Beifall – und damals fehlte die Kunst auch dem Beifall –
Gab der König dem Volk plötzlich das Zeichen zum Raub.
Jählings springen sie auf, bekunden durch Schrein ihre Absicht,
Und an die Jungfrauen legt jeder die gierige Hand.
So wie die Tauben, die ängstliche Schar, vor den Adlern entfliehen,
Und wie das zarte Lamm flüchtet beim Anblick des Wolfs,
So waren jene in Angst vor den wild anstürmenden Männern,
Und ihre Farbe behielt keine in ihrem Gesicht.
Denn die Furcht war zwar gleich, doch sie hatte verschiedne Gesichter:
Ein Teil zerrauft sich das Haar, ein Teil sitzt ohnmächtig da;

Die ist traurig und still, die ruft vergeblich die Mutter;
Diese dort klagt, die ist starr, diese bleibt stehn, jene flieht.
Fortgeführt werden die Mädchen als hochzeitlich-festliche Beute;
Vielen vermochte die Furcht Anmut sogar zu verleihn.
Hatte sich eine zu sehr gesträubt und verschmäht den Begleiter,
Dann hob der Mann sie auf, trug sie an gieriger Brust,
Und »Was entstellst du durch Tränen die zarten Augen? Was deiner
Mutter dein Vater ist, das werde ich«, sprach er, »dir sein.«
Romulus, du allein konntest Soldaten Vorteile bieten.
Bietest du diese auch mir, werde auch ich ein Soldat.
Seit dieser Brauch geheiligt ist, birgt das Theater natürlich
Für die Schönen bis heute viele Gefahren in sich.

Lasse dir auch nicht entgehen das Wettrennen rassiger Pferde:
Vielerlei Vorteile bringt's, füllt sich der Zirkus mit Volk.
Dort brauchst du weder die Finger, um Heimliches so zu vermitteln,
Noch mußt du durch einen Wink Botschaft empfangen von ihr.
Ganz nahe bei der Geliebten sollst ungehindert du sitzen,
Ständig, so fest du nur kannst, drück deine Seite an sie.
Gut, daß – auch wenn du nicht wolltest – die Schranke euch eng aneinander
Zwingt, und daß du sie berührn mußt nach des Ortes Gesetz.
Hier nun suche mit ihr ein vertrautes Gespräch zu beginnen;
Worte, wie man sie so spricht, lasse verlauten zuerst.
Frage du eifrig danach, wessen Pferde es sind, die da kommen.
Halte zu dem – wer's auch sei –, den sie begünstigt, sogleich.
Doch wenn der Festzug sich naht mit den elfenbeinernen Göttern,
Klatsch mit begeisterter Hand Venus, der Herrscherin, zu.
Und wenn vielleicht – wie es oft so geht – in den Schoß deines Mädchens
Staub fällt, dann schüttle sofort mit deinen Fingern ihn ab.
Ist aber kein Staub da, schüttle dennoch ab – eben keinen.
Jeglicher Anlaß sei recht, daß du dich dienstfertig zeigst.
Hängt ihr Kleid ihr zu tief herab und liegt's auf der Erde,
Nimm es zusammen und heb eifrig es auf aus dem Schmutz.

Gleich als Lohn für den Dienst – das Mädchen läßt es geschehen –
Wird deinen Augen ein Blick auf ihre Beine zuteil.
Außerdem schaue zurück und paß auf, daß, wer da auch immer
Hinter euch sitzt, nicht sein Knie gegen den Rücken ihr drückt.
Kleines gewinnt ein leichtes Gemüt. Es nützte schon vielen,
Daß sie mit freundlicher Hand rückten das Polster zurecht.
Nützlich war's auch, mit dem dünnen Fächer Wind zu erzeugen,
Unter den zierlichen Fuß ein rundes Bänkchen zu stelln.
Diesen Zugang gewährt einer neuen Liebe der Zirkus
Und der an Leid reiche Sand, aufs rege Forum gestreut.
Dort in dem Sand hat schon oft der Sohn der Venus gefochten;
Wer sich dort Wunden besah, hat eine Wunde nun selbst.
Während er spricht und die Hand ihr berührt, ums Programmheft sie bittet,
Und nach dem Einsatz des Pfands wettet, wer wen heut besiegt,
Seufzt er verwundet auf und spürt die gefiederte Waffe,
Und an dem Spiel, das er schaut, nimmt er jetzt selber noch teil.

Wie war's doch kürzlich, als Caesar in künstlicher Seeschlacht die Flotte
Persiens antreten ließ gegen die Schiffe Athens?
Dorthin kamen doch junge Männer und Mädchen von beiden
Meeren; die ganze Welt war da vereint in der Stadt.
Wer hätte in dieser Schar kein Objekt zum Verlieben gefunden?
Wehe, wie viele hat da Liebe zu Fremden gequält!

Seht, Caesar rüstet sich schon, auch die übrige Welt zu bezwingen.
Äußerster Orient, jetzt wirst du zu uns bald gehörn.
Parther, jetzt büßt du. Frohlockt im Grab, ihr vom Stamme des Crassus,
Freut euch, ihr Feldzeichen: frech trug euch die Hand des Barbarn.
Hier ist der Rächer! Er zeigt schon in jungen Jahren den Feldherrn,
Und führt als Knabe schon Krieg, was doch zu Knaben nicht paßt.
Zählt nur das Alter von Göttern nicht ängstlich nach dem Geburtstag!
Männliche Tugend erwächst Caesars Geschlecht vor der Zeit.

Über die Jahre hinaus schwingt rasch ein göttlicher Geist sich,
Und duldet schwer den Verlust, den träges Warten erzeugt.
Mit seinen Händen zerquetschte als Kind der von Tiryns zwei Schlangen,
Und in der Wiege erwies er sich schon Jupiters wert.
Du, auch jetzt noch ein Knabe, wie klein warst du erst, als dein Thyrsus
Indien schreckte, das du, Bacchus, zuvor hast besiegt?
Glücklich und jung, wie einst dein Vater, wirst, Knabe, du kämpfen,
Und erringst glücklich und jung, wie einst dein Vater, den Sieg.
Solch ein Erstlingswerk bist dem bedeutenden Namen du schuldig,
Erster der Jünglinge jetzt, erster der Greise dereinst!
Da du Brüder hast, räche jetzt die Kränkung der Brüder;
Da einen Vater du hast, wahre dem Vater das Recht.
Waffen gab dir der Vater des Vaterlandes, der deiner
Auch ist; dem Vater zum Trotz raubt sich die Herrschaft der Feind.
Du wirst heilige Waffen tragen, er ruchlose Pfeile;
Vor deine Feldzeichen stellt Recht sich mit Frömmigkeit dann.
Siegt nun schon über die Parther das Recht, mögen Waffen auch siegen!
Latium füge mein Fürst östliche Schätze hinzu!
Schenkt ihm nun auf seinem Zug eure Macht, Vater Mars, Vater Caesar,
Du, der ein Gott du bist, du, der du künftig es wirst.
Sieh, ich verheiße den Sieg und will mein Gelübde durch Verse
Einlösen; preisen will ich dich in erhabenem Stil.
Vor deinem Heer wirst du stehn, es mit meinen Worten ermahnen.
Mögen sie nicht zu gering für deinen Heldenmut sein!
Wie der Römer die Brust und der Parther den Rücken zeigt, künd' ich,
Und wie der Feind seinen Pfeil abschießt vom fliehenden Pferd.
Der du fliehst, um zu siegen, was bleibt, Parther, dir als Besiegtem?
Parther, schon jetzt steht dein Krieg nicht unter günstigem Stern.
Also wird kommen der Tag, an dem du, Schönster auf Erden,
Ganz in Gold und auf vier schneeweißen Rossen ziehst ein.

Vor dir gehn dann die Fürsten, die Hälse mit Ketten belastet,
Daß nicht ihr Heil in der Flucht suchen sie können wie einst.
Froh schauen Jünglinge zu und zwischen ihnen die Mädchen;
In frohe Wallung versetzt allen das Herz dieser Tag.
Und wenn dann eine dich fragt nach den Namen der Könige und nach
Gegend, Gebirge und Strom, die im Triumph sie dort führn,
Dann beantworte alles, und nicht nur, wenn du gefragt wirst,
Und wenn du etwas nicht weißt, sprich so, als wär's dir bekannt.
»Dies ist der Euphrat, die Stirn mit Schilfrohr umwunden, und der, dem
Bläulich das Haar hängt herab, das wird der Tigrisstrom sein.
Das sind Armenier, das ist Persien, Danaës Stammland,
Und diese Stadt dort: Sie lag im achaemenischen Tal.
Der oder der da sind Fürsten« – und hier magst dann Namen du nennen,
Richtige, wenn du das kannst, passende, kannst du es nicht.

Zugang eröffnet dir auch das Gastmahl, wo Tische gedeckt sind;
Außer den Weinen gibt's dort mehr noch zu holen für dich.
Oft zog und drückte die Hörner des Bacchus, der da stand, mit zarten
Armen fest an sich heran Amor, der purpurne Gott,
Und wenn der Wein die durstigen Flügel Cupidos besprengt hat,
Bleibt an der Stelle, die er einnahm, er schwerfällig stehn.
Freilich schüttelt er eilends dann aus das feuchte Gefieder,
Aber es schadet bereits, netzt Amor nur deine Brust.
Wein macht den Geist bereit und stimmt ihn geneigt zu entbrennen,
Kümmernis flieht, und sie löst, trinkt man viel puren, sich auf.
Dann kommt das Lachen, dann fühlt wie ein mutiger Stier sich der Arme,
Dann schwinden Sorgen und Schmerz, frei wird von Runzeln die Stirn;
Dann schließt die Einfalt, die sich so selten in unseren Zeiten
Findet, die Herzen auf, denn Künstlichkeit treibt der Gott aus.
Dort raubten oft schon die Herzen der jungen Männer die Mädchen;
Venus steckte im Wein und war wie Glut in der Glut.

Hier traue du nicht zu sehr der täuschenden Lampe, denn wenn du
Schönheit beurteilen willst, schaden die Nacht und der Wein.
Paris betrachtete auch die Göttinnen tags und im Freien,
Als er zu Venus sprach: »Du, Venus, hast beide besiegt.«
Nachts sind die Fehler versteckt, man verzeiht dann jeglichen Makel;
Jede beliebige Frau macht diese Tageszeit schön.
Geht es um Edelsteine, um purpurfarbige Wolle,
Körperbau oder Gesicht, frage den Tag du um Rat!

Orte, wo Fraun sich versammeln und die für die Jagd sich gut eignen,
Was zähl' ich auf sie? Es zählt weniger Körner der Sand.
Was nenn' ich Baiae dir noch und die Baiae umsäumenden Strände,
Und das Wasser, das heiß dampft von der schwefligen Glut?
Einer, der an seiner Brust eine Wunde von hier einst nach Haus trug,
Sprach: »Dieses Wasser war doch nicht so gesund, wie man sagt.«

Siehe, nah bei der Stadt liegt im Wald ein Tempel Dianas
Und jenes Reich, das die Hand frevelnd durchs Schwert sich erwarb.
Mag jene Jungfrau auch sein, mag Cupidos Geschosse sie hassen,
Schlug sie dem Volke doch oft Wunden und wird es noch tun.

Soweit lehrt dich, auf ungleichen Rädern fahrend, Thalia,
Wo die Geliebte man sucht, wo seine Netze man spannt.
Nun pack' ich's an, dir zu sagen – besondere Kunst fordert dies jetzt –,
Durch welche Künste man die, die dir gefallen hat, fängt.
Wer und wo, Männer, ihr seid, merkt auf mit gelehrigem Sinne;
Meine Verheißungen hört als ein geneigtes Volk an!

Erstlich durchdringe dein Herz die Zuversicht, du könntest alle
Fangen; dann fängst du sie auch. Spanne die Netze nur aus!
Eher schweigen im Frühling die Vögel, im Sommer die Grillen,
Eher dem Hasen entfliehn wird der maenalische Hund,

Als daß dem Jüngling, der schmeichelnd sich naht, eine Frau widerstehn kann;
Die auch, von welcher du glaubst, daß sie nicht wolle, die will.
Und wie dem Mann, so gefällt auch dem Mädchen die heimliche Liebe;
Schlecht nur verstellt sich der Mann, ihr Wunsch ist besser versteckt.
Wollten wir Männer vereinbarn, nie eine zuerst zu umwerben,
Gleich wird die Frau dann besiegt spielen den werbenden Part.
Muht auf den wogenden Wiesen die Kuh doch als erste dem Stier zu,
Und den behuften Hengst wiehert die Stute stets an.
Mäßiger ist in uns und nicht so wild die Begierde,
Und ein natürliches Maß hat bei den Männern die Glut.
Was nenn' ich Byblis, die in verbotener Liebe zum Bruder
Glühte und kühn durch den Strang strafte ihr eignes Vergehn?
Myrrha liebte den Vater, doch nicht, wie als Tochter sie sollte;
Baumrinde legte sich fest um sie und deckt sie jetzt zu.
Mit ihren Tränen, die sie vom duftenden Baume läßt fließen,
Salben wir uns; nach der Frau heißen die Tropfen noch jetzt.
In den schattigen Tälern am Fuße des waldigen Ida
War, seiner Herde zum Ruhm, einstmals ein schneeweißer Stier.
Mitten zwischen den Hörnern war fein nur mit Schwarz er gezeichnet;
Dies war der einzige Fleck, sonst war ganz weiß er wie Milch.
Alle Kühe von Cnossus und von Cydonea, die hätten
Es sich so sehnlich gewünscht, rücklings zu tragen den Stier.
Froh war Pasiphaë, als zu seiner Geliebten sie wurde;
Auf schöne Kühe sah sie nur noch voll Neid und voll Haß.
Ich sing' Bekanntes, und dies kann das hundertstädtige Creta,
Mag es als lügnerisch sonst gelten, nicht abstreiten jetzt.
Selbst habe sie, wie man sagt, frisches Laub und die zartesten Gräser
Abgeschnitten dem Stier, war's auch die Hand nicht gewohnt.
Sie begleitet die Rinder hinaus; dabei hält keine Rücksicht
Auf ihren Mann sie zurück: Minos verdrängte ein Stier.

Wozu, Pasiphaë, wählst du für dich die kostbaren Kleider?
Denn von all dieser Pracht merkt doch dein Liebhaber nichts!
Oder was nützt dir der Spiegel? Dich zieht's doch zum Vieh in die Berge!
Närrin, warum nur so oft ordnest du deine Frisur?
Glaub doch dem Spiegel, wenn er dir sagt, daß du keine Kuh bist!
Wie wünschtest du dir, es wüchs' dir ein Paar Hörner am Kopf!
Wenn dir Minos gefällt, dann suche dir keinen Geliebten;
Willst du den Mann hintergehn, nimm dir dazu einen Mann!
Aus ihrem Ehegemach stürzt in Wald und Berge die Fürstin,
Wie die Bacchantin, gehetzt von dem aonischen Gott.
Ach, wie oft blickte sie mit finstrem Gesicht eine Kuh an
Und sprach: »Warum nur gefällt die da so sehr meinem Herrn?
Sieh nur, wie sie vor ihm in den zarten Gräsern herumspringt!
Dumm, wie sie ist, denkt sie sich sicher, ihr stehe das gut.«
Sprach's und befahl, daß man diese sofort aus der riesigen Herde
Wegführte und unverdient unter das krumme Joch trieb,
Oder gebot, am Altar sie zu schlachten, angeblich als Opfer,
Und hielt mit freudiger Hand ihrer Rivalin Gedärm.
Wie oft stimmte die Götter sie mild, die Rivalinnen schlachtend,
Hielt die Gedärme und sprach: »Geht und gefallt meinem Schatz!«
Und bald wünschte sie sich, Europa zu werden, bald Io;
Diese war selber ein Rind, jene ritt auf einem Rind.
Aber der Führer der Herde, getäuscht durch ein Kuhbild aus Ahorn,
Schwängerte sie; es verriet seinen Erzeuger der Sohn.
Hätte die Kreterin sich es versagt, den Thyestes zu lieben –
Was schon bedeutet Verzicht auf einen einzigen Mann! –,
Nicht hätte Phoebus die Fahrt unterbrochen, den Wagen gewendet
Und zu Aurora zurück wieder die Pferde gelenkt.
Seine purpurnen Haare stahl Nisus die Tochter; jetzt bilden
Unterhalb ihres Geschlechts reißende Hunde den Leib.
Atreus' Sohn war zu Lande dem Mars entronnen, zu Wasser
Neptun, und fiel schließlich doch gräßlich als Opfer der Frau.
Wer weinte nicht, als Crëusa von Ephyra starb durch die Flamme,
Und von der Söhne Mord blutig die Mutter man sah?

Nach seiner Augen Verlust weinte Phoenix, der Sohn des Amyntor.
Pferde, Hippolytus rißt in eurem Wahn ihr entzwei.
Phineus, was stichst du die Augen den Söhnen aus? Die sind nicht schuldig!
Gegen dein eigenes Haupt kehrt diese Strafe sich einst.
Dies alles wurde bewirkt durch weibliche Leidenschaft, welche
Heftiger ist als bei uns, eher dem Wahnsinn auch gleicht.
Auf denn, zögere nicht, auf sämtliche Mädchen zu hoffen;
In ihrer großen Zahl gibt's kaum eine, die dich nicht will.
Doch ob sie ja oder nein zu dir sagen – das Werben erfreut sie.
Auch wenn du einmal dich täuschst, ohne Gefahr ist ihr Nein;
Doch warum sollst du dich täuschen? Willkommen ist neues Vergnügen;
Nimmt doch, was fremd ist, das Herz stärker als Eigenes ein.
Fruchtbarer sind doch immer auf fremden Äckern die Saaten;
Vollere Euter auch hat stets bei dem Nachbarn das Vieh.

Doch erst bemüh dich, die Magd der Frau, die erobern du möchtest,
Kennenzulernen, denn sie ebnet zu ihr dir den Weg.
Sorg dafür, daß sie die engste Beraterin deiner Geliebten
Ist und vom Liebesspiel weiß, doch treu zu schweigen versteht.
Diese sollst du durch Versprechungen, diese durch Bitten bestechen.
Was du erstrebst, das bekommst leicht du, wenn sie es nur will.
Sie wird den Zeitpunkt wählen – auch Ärzte beachten den Zeitpunkt –,
Wo der Gebieterin Herz leicht zu erobern sein wird.
Leicht zu erobern sein wird es dann, wenn sie fröhlich gestimmt ist,
So wie auf fruchtbarem Land üppig die Saat sich erhebt.
Während das Herz sich freut und nicht von Schmerzen bedrängt wird,
Öffnet sich's; dann schleicht sich ein Venus mit schmeichelnder Kunst.
Damals, als traurig es war, wurde Troja mit Waffen verteidigt;
Froh war's: Da nahm es das Pferd auf, das die Krieger gebar.
Dann auch versuch's bei ihr, wenn die Rivalin ihr Kummer bereitet;
Dann verhilfst du ihr dazu, daß sie nicht ungerächt bleibt.

Morgens, beim Kämmen des Haars, soll die Magd sie aufstacheln und soll –
Gleichsam des Ruderers Kraft gibt dann dem Segel sie bei –
Mit einem tiefen Seufzer und leis vor sich hin murmelnd sagen:
»Aber ich glaub', du vergiltst Gleiches mit Gleichem ihm nie.«
Dann soll von dir sie erzählen, bestrickende Worte hinzu noch
Fügen und schwörn, daß du stirbst, weil du so wahnsinnig liebst.
Eile, damit nicht das Segel herabsinkt und nicht sich der Wind legt.
Wie das zerbrechliche Eis schmilzt mit der Zeit auch der Zorn.
Fragst du, ob es auch nützt, die Dienerin selbst zu verführen?
Der, welcher so etwas tut, treibt ein gefährliches Spiel.
Schlief sie mit dir, wird die eine dann eifriger, träger die andre,
Die schenkt der Herrin dich dann, jene will dich dann für sich.
Ungewiß ist der Ausgang; mag günstig dem Wagnis der Zufall
Sein, dennoch lautet mein Rat, Abstand zu nehmen davon.
Nicht über Abgründe geh' ich und nicht über ragende Gipfel;
Kein junger Mann, den ich führ', wird hintergangen sich sehn.
Wenn sie dir aber, während sie Briefchen bringt und in Empfang nimmt,
Durch ihren Körper, nicht bloß wegen des Eifers gefällt,
Schau, daß zuerst du die Herrin erringst; nebenher habe sie dann.
Fängst eine Liebschaft du an, treib mit der Magd es nicht gleich.
Dies eine rate ich dir, wenn der Kunst man nur irgend vertraun kann
Und nicht der reißende Wind trägt, was ich sag', übers Meer:
Entweder gar nicht versuchen oder vollenden! Man wird sie
Los als Verräterin, ist selbst einmal mitschuldig sie.
Nie ist es gut, wenn der Vogel entflieht mit Leim an den Flügeln;
Schlimm, wenn der Eber entkommt aus einem lockeren Netz;
Hängen bleibe am Haken der Fisch, der durch ihn schon verletzt ist.
394 Setz den Versuch bei ihr fort, weich nur als Sieger von ihr.
397 Halt's aber streng geheim, denn stets wird dir durch die Spionin,
Bleibt streng geheim sie, bekannt, was deine Freundin so treibt.

Wer etwa glaubt, daß nur sie, die die Äcker fleißig bebauen,
Oder die Schiffer die Zeit müßten beachten, der irrt.

Nicht immer darf man die Saat der Ceres den täuschenden Äckern
Und nicht das bauchige Schiff grünlicher Flut anvertraun,
Noch ist immer das Jagen nach zarten Mädchen gefahrlos;
Besser wird, läßt man sich Zeit, oftmals das gleiche erreicht.
Wenn ihr Geburtstag sich naht oder wenn die Kalenden bevorstehn,
Welche dem Monat des Mars Venus gern nachfolgen läßt,
Oder der Zirkus ist nicht wie sonst geschmückt mit den kleinen
Tonpuppen, sondern er stellt Schätze von Königen aus,
Dann verschiebe dein Werk; dann ist Winter, dann drohn die Plejaden,
Dann in das Wasser des Meers senkt sich das Böcklein hinab.
Dann ist es gut, läßt man's sein. Wer jetzt auf das Meer sich hinauswagt,
Hält vom zerschmetterten Schiff kaum noch die Wrackteile fest.
Anfangen darfst an dem Tag du, an dem auf so traurige Weise
Latische Wunden mit Blut färbten den Alliafluß,
Oder am siebenten Tag, den der palästinensische Syrer
Festlich begeht und an dem wenig Geschäfte man macht.
Heilige Scheu weck' in dir der Geburtstag der Freundin besonders;
Schwarz soll der Tag sein, an dem etwas verschenken man muß!
Auch wenn du sorgsam ihn meidest – die Frau wird dich plündern; sie findet
Kniffe, durch die sie den Mann, der sie begehrlich liebt, rupft.
Locker gegürtet kommt ein Händler zur Herrin, die gerne
Kauft, und er holt, während du dasitzt, die Waren hervor.
Diese dir anzusehn wird sie dich bitten, so daß du als Kenner
Auftrittst; dann küßt sie dich, dann bittet sie dich, daß du kaufst.
Damit werde sie, schwört sie, sich viele Jahre begnügen,
Jetzt aber brauche sie dies, jetzt kaufe günstig man ein.
Gibst du dann vor, du habest kein Geld dabei, um zu bezahlen,
Fordert sie Schriftliches – dich reut's, daß du weißt, wie man schreibt.
Was ist, wenn durch einen falschen Geburtstagskuchen sie Gaben
Fordert und, wenn sie was braucht, immer Geburtstagsfest ist?
Was, wenn sie bitterlich weint über einen erlogenen Schaden,
Heuchelt, ein kostbarer Stein sei ihr gefallen vom Ohr?

Viel wolln sie leihweise, aber zurückgeben wolln sie es nicht mehr;
Dir geht's verlorn, und dazu dankt man den Schaden dir nicht.
Um alle gottlosen Künste der Dirnen schildern zu können,
Wären zehn Münder mir nicht und nicht zehn Zungen genug.

Wachs auf geglätteten Täfelchen prüfe, wie sicher die Furt ist;
Wachs, welches weiß, was du denkst, geh' auf dem Weg dir voran.
Laß Schmeicheleien es ihr und verliebt sich stellende Worte
Bringen; füg – wer du auch seist – reichliche Bitten hinzu.
Bitten bewegten Achilles, dem Priamus Hector zu schenken;
Ist ein Gott zornig, dann stimmt mild ihn ein bittendes Wort.
Daß du nur ja viel versprichst – denn was schadet es schon zu versprechen?
Reich an Versprechungen kann jeder beliebige sein.
Hoffnung hält lange Zeit vor, hat sie einmal Glauben gefunden;
Ist diese Göttin auch falsch, dient sie doch gut deinem Zweck.
Hast du ihr etwas geschenkt, ist ein Grund da, dich zu verlassen;
Was sie schon hat, trägt sie weg, hat dabei keinen Verlust.
Doch was du nicht gabst, erscheine ihr immer als künftige Gabe:
Land, welches unfruchtbar ist, täuscht den Besitzer oft so.
So hört, um nicht zu verlieren, der Spieler nicht auf zu verlieren;
Gierige Hände ruft oft zu sich der Würfel zurück.
Dieses tut not, hier bemüh dich: Nichts schenken und doch mit ihr schlafen.
Was sie dir gab, gibt sie stets, daß sie umsonst es nicht gab.
Also gehe der Brief, geschrieben mit schmeichelnden Worten,
Und er erforsche ihr Herz, prüfe als erster den Weg.
Schriftzeichen, auf einem Apfel geschickt, täuschten so einst Cydippe,
Und durch ihr eigenes Wort ging sie, nichts ahnend, ins Netz.

Lerne die edlen Künste, ich mahne dich, römische Jugend,
Nicht nur zum Schutze für die, die vor Gericht stehn voll Angst!
So wie das Volk, der erlesne Senat und der würdige Richter
Gibt auch das Mädchen, besiegt von der Beredsamkeit, nach.

Doch was du kannst, sei versteckt; wie beredt du bist, zeige nicht offen;
Hüt dich bei dem, was du sagst, vor affektiertem Geschwätz.
Wer – es sei denn ein Narr – deklamiert vor der zärtlichen Freundin?
Oft war Geschriebenes schon triftiger Anlaß zum Haß.
Glaubwürdig sei deine Sprache, alltäglich seien die Worte,
Doch dabei schmeichelnd, daß sie denkt, daß du selbst mit ihr sprichst.
Wenn, was du schriebst, sie nicht annimmt und ungelesen zurückschickt,
Hoffe, sie lese es doch; bleib deinem Vorhaben treu.
Zeit läßt zum Pflug die störrischen Jungstiere kommen; die Pferde
Lehrt die Zeit, daß sie sich doch fügen dem biegsamen Zaum.
Auch ein eiserner Ring nutzt sich ab, wenn er stets im Gebrauch ist;
Pflügt man oft, schwindet des Pflugs halbrundes Eisen zuletzt.
Was ist noch härter als Stein, und was ist noch weicher als Wasser?
Weiches Wasser höhlt doch schließlich den harten Stein aus.
Halte nur durch – mit der Zeit wirst Penelope selbst du besiegen;
Troja – du weißt es – fiel spät, aber es fiel doch zuletzt.
Las sie den Brief und will nicht zurückschreiben, zwinge sie ja nicht;
Sorg dafür, daß Schmeichelein immer aufs neue sie liest.
Eine, die lesen wollte, die wird dann auch antworten wollen;
So etwas läuft Schritt für Schritt seinen natürlichen Gang.
Möglich, daß dann zuerst von ihr ein verärgerter Brief kommt,
Welcher dich bittet, daß du sie nicht belästigen sollst.
Was sie dich bittet, das fürchtet, und was sie nicht bittet, das wünscht sie:
Daß du beharrst; also tu's, und du erhältst, was du willst.

Einstweilen, wenn auf das Polster gestützt deine Herrin sich tragen
Läßt, tritt verstohlenen Schritts an ihre Sänfte heran,
Und daß mit lästigem Ohr deine Worte nur niemand belausche,
Hülle, wenn möglich, in schlau täuschende Zeichen sie ein.
Oder spaziert sie auf müßigen Füßen umher in der weiten
Säulenhalle, halt auch hier dich zur selben Zeit auf,

Und paß nur auf, daß du dann bald vorausgehst, bald hinter ihr herläufst,
Und daß du bald dich beeilst, bald etwas langsamer gehst.
Scheu dich nicht, an ein paar Säulen vorbeizugehn, die zwischen euch sind,
Oder ganz nahe bei ihr an ihrer Seite zu gehn.
Ohne dich sitze auch nicht die Schöne im Rund des Theaters;
Was du dort sehen willst, bringt auf ihren Schultern sie mit.
Hier ist's erlaubt, daß nach ihr du dich umsiehst, daß sie du bewunderst.
Sprich mit den Augenbraun viel, viel auch durch Zeichen mit ihr.
Klatsche auch Beifall, wenn der Mime ein tanzendes Mädchen
Darstellt; gewogen sei dem, welcher den Liebhaber spielt.
Steh, wenn sie aufsteht, auch du auf, und sitze, solange auch sie sitzt.
Wie deine Herrin es will, mußt du vergeuden die Zeit.

Nicht aber soll dir's gefallen, mit Eisen die Haare zu kräuseln;
Reibe die Schenkel auch nicht mit rauhem Bimsstein dir glatt.
Das lasse die nur tun, die die cybeleïsche Mutter
Ansingen mit dem Geheul phrygischer Weisen im Chor.
Nachlässig schön zu sein, steht den Männern. Der Tochter des Minos
Stahl Theseus, welcher doch nie Nadeln im Haar trug, das Herz.
Phaedra liebte Hippolytus, der nicht gepflegt war. Adonis
War nur ein Waldmensch, doch ihn liebte die Göttin sogar.
Sauber, damit er gefällt, und gebräunt sei vom Marsfeld der Körper;
Fleckenlos sei sie, und gut sitze die Toga an dir.
Vorstehen soll nicht die Lasche am Schuh, frei von Rost solln die Haken
Sein; nicht so weit, daß der Fuß locker drin schwimmt, sei der Schuh.
Nicht sei zu Stacheln dein Haar in entstellender Weise geschoren;
Von der geübten Hand laß Haare dir schneiden und Bart.
Nicht zu lang laß die Nägel dir wachsen, laß frei sie von Schmutz sein,
Und aus dem Nasenloch steh' niemals ein Haar dir hervor.

Nicht komme widriger Atem aus übelriechendem Munde.
Nicht stör' die Nase der Bock, welchem die Herde gehorcht.
Weiteres überlasse du nur den lockeren Mädchen
Und dem, der, halb nur ein Mann, andere Männer umwirbt.

Siehe, es ruft seinen Seher nun Liber: Auch er unterstützt ja
Liebende und schätzt die Glut, die ihn auch selber erwärmt.
Kopflos irrte die Cnosserin über das fremde Gestade,
Dort, wo am winzigen Strand Dias die Woge sich bricht.
Kaum vom Schlafe erwacht und im gürtellosen Gewande,
Barfuß und ohne ein Band in ihrem goldblonden Haar,
Schrie in die tauben Wogen sie: »Grausamer Theseus!« Und Tränen,
Hatte sie's auch nicht verdient, netzten ihr zartes Gesicht.
Und sie schrie und weinte zugleich, ihr stand aber beides
Gut, und sie wurde auch nicht von ihren Tränen entstellt.
Und schon wieder schlug sie ihre weiche Brust mit den Händen:
»Fort ist der treulose Mann; was wird nun«, sprach sie, »aus mir?« –
»Was wird nun«, sprach sie, »aus mir?« Da ertönten Cymbeln am ganzen
Strand, und, besessen vom Gott, schlug an die Pauke die Hand.
Ohnmächtig wurde vor Angst sie, es blieben im Halse die letzten
Worte ihr stecken, kein Blut war in dem leblosen Leib.
Siehe, die Mimalloniden – das Haar fällt über den Rücken –,
Siehe, die Satyrn sind da, leichtfüßig, Vorhut des Gotts,
Siehe, der trunkene Alte, Silen, welcher kaum auf dem krummen
Rücken des Eselchens sitzt, trickreich die Mähne umkrallt.
Als die Bacchantinnen er verfolgt, fliehn sie und attackiern ihn,
Und als das Tier mit dem Stock, schlecht auch noch reitend, er hetzt,
Rutscht er vom Langohr herab und schlägt mit dem Kopf auf die Erde.
Da schrien die Satyrn: »Steh auf, los, alter Vater, steh auf!«
Aber der Gott auf dem Wagen – das Dach war aus Trauben gewunden –
Ließ seinem Tigergespann schießen die Zügel aus Gold.

Da entschwanden dem Mädchen die Farbe, die Stimme und Theseus.
Dreimal wollte sie fliehn, dreimal hielt Furcht sie zurück,
Und sie erschauerte wie die tauben Ähren vom Windstoß,
Und wie das dünne Schilf zittert im sumpfigen Moor.
»Sieh«, sprach der Gott da zu ihr, »hier bin ich, ein treuerer Schützer.
Lege die Furcht ab: Dich nimmt, Cnosserin, Bacchus zur Frau.
Nimm als Geschenk den Himmel: Dort wirst du als Sternbild zu sehn sein,
Wirst oft das unsichre Schiff lenken als kretischer Kranz.«
Sprach's, und herab von dem Wagen, damit sie die Tiger nicht fürchte,
Sprang er – und unter dem Fuß wich da der Sand gleich zurück –,
Drückte sie an seine Brust – sich zu wehren fehlte die Kraft ihr –
Und trug sie fort. Leicht vermag alles ein Gott, was er will.
Ein Teil singt: »Hymenaee«, ein Teil schreit: »Euhion, euhoe.«
Und auf dem heiligen Bett eint sich der Gott mit der Braut.
Also, sobald nun die Gaben des Bacchus vor dir auf dem Tisch stehn,
Und wenn sich dann eine Frau zu dir aufs Sofa gesellt,
Bete zum Vater der Nacht und zu seinen nächtlichen Weihen,
Sie mögen heut deinem Kopf schaden nicht lassen den Wein.
Hier darfst du vieles verhüllt zu ihr mit heimlichen Worten
Sagen, wovon sie sogleich merkt, daß zu ihr du es sagst,
Darfst leichte Schmeicheleien mit klarem Wein niederschreiben,
Daß auf dem Tische sie liest, daß deine Herrin sie ist,
Darfst in die Augen ihr schauen mit Augen, worin deine Glut sich
Zeigt, denn ein schweigender Blick hat oftmals Stimme und Wort.
Reiße als erster den Becher an dich, nachdem mit den Lippen
Sie ihn berührt hat, und trink da, wo das Mädchen auch trinkt.
Und von jeder Speise, von der sie sich grad mit den Fingern
Nahm, nimm auch du, und dabei sollst du die Hand ihr berührn.
Auch sei dein Wunsch, daß der Mann des Mädchens sympathisch dich findet.
Nützlicher wird er euch sein, wenn du zum Freund ihn gewinnst.

Kommst du durchs Los an die Reihe zu trinken, laß ihm dann den Vortritt;
Ihm sei gegeben der Kranz, den für dein Haupt man bestimmt.
Ob er nun unter dir oder dir gleich steht – von allem nehm' er erst;
Lasse zuerst immer ihm ohne Bedenken das Wort.
Sicher ist's und beliebt, durch den Namen der Freundschaft zu täuschen;
Sicher mag's sein und beliebt, aber verwerflich ist's doch.
Daher verwaltet auch oft ein Verwalter zu viel, in der Meinung,
Mehr noch müsse er sehn, als ihm sein Auftrag befiehlt.
Doch ein sicheres Maß werden wir beim Trinken dir setzen:
Dienstbar sollen dir noch Fuß und Verstand danach sein.
Hüt dich besonders davor, vom Wein aufgestachelt zu streiten;
Nicht sei die Hand dir zu leicht zu wildem Kampfe bereit.
Starb doch Eurytion, weil er den Wein, den man bot, töricht austrank.
Besser zu Tafel und Wein paßt der gefällige Scherz.
Hast du Stimme, so sing; sind die Arme geschmeidig, so tanze,
Und kannst du durch ein Talent irgend gefallen, gefall.
Wirkliche Trunkenheit schadet, doch wird die erheuchelte nützen:
Lasse mit lallendem Laut stammeln die Zunge voll List,
Daß, wenn du irgendwas tust oder sagst, was an Frechheit zu weit geht,
Jeder dann glaubt, nur des Weins Übermaß sei da der Grund.
Sage: »Zum Wohle der Herrin, zum Wohle auch dessen, mit dem sie
Schläft.« Aber leise bei dir wünsche zum Henker den Mann.
Aber ist dann die Tafel entfernt, gehn nach Hause die Gäste,
Macht's das Gewühl schon allein möglich, daß du dich ihr nahst.
Mische dich unters Gewühl und berühre sie sacht, wenn sie aufbricht;
Zupf mit den Fingern ihr Kleid, streif ihren Fuß mit dem Fuß.
Jetzt ist der Zeitpunkt für ein Gespräch da; weit fort von hier fliehe,
Bäurische Scheu! Dem, der wagt, helfen ja Venus und Glück.
Deine Beredsamkeit soll unter unsre Gesetze nicht fallen.
Wisse du nur, was du willst; dann wirst von selbst du beredt.
Spiel den Verliebten und sprich, als wärst du im Herzen verwundet;
Jegliche Kunst setze ein, daß du ihr glaubwürdig scheinst.

Glaubhaft zu sein, ist nicht schwer: Für liebenswert hält sich doch jede;
Ist sie auch häßlich – es mag jede die eigne Gestalt.
Oft schon begann, wer verliebt sich stellte, auch wirklich zu lieben,
Oft war am Ende er das, was er nur vorgab zuerst.
Kommt desto mehr, o ihr Mädchen, stets denen entgegen, die heucheln!
Liebe, die eben noch nicht echt war, die wird es bald sein.
Jetzt gilt es, durch Schmeicheleien ihr Herz verstohlen zu fangen,
So wie die strömende Flut unten das Ufer zernagt.
Laß es dich auch nicht verdrießen, ihr Haar, ihr Gesicht, ihre feinen
Finger zu loben, und wie zierlich geformt sei ihr Fuß.
Sittsamen Frauen sogar gefällt's, wenn man ihre Gestalt preist;
Jungfrauen pflegen sie gern, und sie erfreun sich an ihr.
Denn warum schämen sich Juno und Pallas noch jetzt, daß vor Paris'
Urteil sie einst nicht bestehn konnten im phrygischen Wald?
Zeigt doch, wenn man ihn lobt, seine Federn der Vogel der Juno;
Doch er versteckt, wenn du ihn schweigend dir anschaust, die Pracht.
Pferde erfreut es, wenn während des schnellen Wettrennens ihnen
Über die Mähne man streicht, wenn man den Hals ihnen klopft.

Sei im Versprechen nicht ängstlich; Versprechungen locken die Mädchen.
Rufe als Zeugen dafür Götter an, welche du willst.
Jupiter lacht über falsche Schwüre Verliebter von oben,
Läßt von den Südwinden sie wirkungslos tragen dahin.
Jupiter pflegte beim Styx falsche Eide zu schwören der Juno:
Nachsichtig ist er jetzt hier, weil er das Beispiel selbst gab.
Nützlich ist's, daß es Götter gibt, und da's nützlich ist, laßt's uns
Glauben und Weihrauch und Wein opfern auf alten Altärn.
Keine Ruhe, die frei von Sorgen ist, ähnlich dem Schlafe,
Fesselt sie: Lebt ohne Schuld, dann steht die Gottheit euch bei.
Gebt das Anvertraute zurück; haltet redlich Verträge;
Arglist sei fern, und von Mord haltet die Hände stets rein.

Wenn ihr Verstand habt, betrügt nur die Mädchen – das bleibt ohne Strafe.
Redlichkeit bringt hier allein größere Schmach als Betrug.
Täuscht die, die selber euch täuschen! Ein gottloses Volk ist die Mehrzahl.
Laßt in die Schlingen, die sie selber euch legten, sie gehn!
Einstmals blieb in Ägypten der Regen aus, welcher die Felder
Nährt, so erzählt man, und neun Jahre war trocken das Land,
Als zu Busiris Thrasius kommt und ihm zeigt, daß Entsühnung
Jupiters möglich allein durch eines Fremden Blut sei.
Da sprach Busiris: »Als erster sollst Jupiters Opfertier *du* sein,
Und als ein Fremdling wirst du Wasser verschaffen dem Land.«
Phalaris briet in dem Stier die Glieder des bösen Perillus:
Armer Erfinder! Sein Werk weihte er selber nun ein.
Beide waren gerecht; denn billiger kann kein Gesetz sein,
Als daß durchs eigne Werk stirbt, wer damit Tod hat bewirkt.
Also, damit man mit Recht die, die Meineide schworen, durch Meineid
Täusche, erleide die Frau, was sie uns angetan hat.

Tränen nützen dir auch; durch Tränen wirst Stahl du erweichen;
Lasse nur ja, wenn du kannst, feucht deine Wangen sie sehn.
Fehlen dir Tränen – sie kommen nicht immer zum richtigen Zeitpunkt –
Faß mit befeuchteter Hand an deine Augen dir hin.
Welcher Verständige mischt unter schmeichelnde Worte nicht Küsse?
Auch wenn sie selbst keine gibt, hol sie dir dennoch von ihr.
Möglich, daß sie sich erst sträubt und »Unverschämter!« zu dir sagt;
Aber sie wird dann von dir gerne im Kampfe besiegt.
Nur passe auf, daß die Küsse, die unsanft du raubtest, den zarten
Lippen nicht schaden, daß sie nicht deren Grobheit beklagt.
Wer bereits Küsse sich nahm und das übrige nun nicht dazunimmt,
Der verdient, auch noch das, was er schon hat, zu verliern.
Wie viel fehlte denn noch nach dem Kuß zur Erfüllung der Wünsche?
Wehe mir, bäurische Art war das, jedoch keine Scham.

Magst du Gewalt es auch nennen, willkommen ist diese den Mädchen;
Oft wollen sie, was sie freut, hergeben nur unter Zwang.
Wurde mit jäher Gewalt sie zur Liebe gezwungen, dann freut sich
Jede, und wie ein Geschenk sieht sie die Dreistigkeit an.
Wenn aber unberührt die, die man zwingen konnte, davonkam,
Ist sie, auch wenn im Gesicht Freude sie mimt, doch betrübt.
Phoebe erlitt Gewalt, vergewaltigt wurde die Schwester;
Beiden Geraubten jedoch waren die Räuber erwünscht.
Ist auch bekannt die Geschichte, verdient sie, berichtet zu werden:
Wie einst die Skyrierin sich dem Haemonier verband.
Schon hatte übel belohnt das Lob ihrer Schönheit die Göttin,
Die die zwei andern besiegt hatte am Ida mit Recht.
Priamus' Schwiegertochter war schon aus der Ferne gekommen,
Und eine grajische Frau wohnte in Ilions Burg.
Alle schworen sie da den Eid des gekränkten Gemahls nach;
Traf auch nur einen der Schmerz, nahmen doch alle dran teil.
Nur auf Bitten der Mutter geschah es, daß unter dem langen
Frauengewande Achill schändlich die Mannheit verbarg.
Aecus' Sproß, was tust du? Die Wollarbeit ist doch nicht *dein* Amt!
In einer anderen Kunst Pallas' strebst du einst nach Ruhm.
Was solln die Körbchen? Es taugt deine Hand doch zum Tragen des Schildes.
Was hält die Rechte, die einst Hector zu Fall bringt, das Knäul?
Fort mit den Spindeln, umwunden mit mühsam gesponnenem Faden!
Diese Hand soll doch allein schwingen den pelischen Speer.
Zufällig war in demselben Gemach auch die Tochter des Königs;
Sie sah den Mann erst in ihm, als er gewaltsam sie nahm.
Zwar wurde sie durch Gewalt besiegt – so muß man es glauben –,
Doch daß Gewalt über sie siege, war trotzdem ihr Wunsch.
Oft sagte sie zu ihm: »Bleib!«, als Achilles zur Abfahrt schon eilte;
Denn starke Waffen nahm er und ließ den Spinnrocken stehn.
Wo ist sie jetzt, die Gewalt? Warum hältst du mit schmeichelnder Stimme,
Deïdamia, den Mann, welcher dich schändete, auf?

Freilich, bei manchen Dingen, da schämt man sich zwar zu beginnen,
Doch man erduldet es gern, wenn das ein anderer macht.
Ach, allzusehr vertraut seiner eigenen Schönheit der Jüngling,
Der so lang abwartet, bis sie ihn als erste umwirbt.
Erst soll der Mann auf sie zugehn, der Mann sage bittende Worte;
Schmeichelnde Bitten von ihm nehme sie freundlich dann auf.
Willst du sie haben, so bitte! Sie wünscht nur, gebeten zu werden.
Gib du den Anlaß, fang an, daß, was du wünschst, sich erfüllt.
Jupiter nahte sich bittend den Heroinen der Vorzeit,
Aber den großen Gott hat niemals ein Mädchen verführt.
Doch wenn du merkst, es erwächst ihr aus deinen Bitten nur Hochmut,
Laß vom Begonnenen ab, ziehe dich etwas zurück.
Viele begehren, was flieht, und sie hassen, was ihnen sich aufdrängt;
Dadurch, daß sanfter du drängst, nimm ihr den Abscheu vor dir.
Nicht immer darf bei der Werbung die Hoffnung auf Liebe man offen
Zeigen; als Freundschaft getarnt schleiche die Liebe sich ein.
So – ich sah's – führte einer sich ein, und getäuscht war das spröde
Mädchen; Verehrer zuerst, war er ihr Liebhaber bald.

Schlecht steht dem Seemann ein weißes Gesicht; von der Woge des Meeres
Und von des Tagesgestirns Strahlen sei tief er gebräunt.
Schlecht steht es auch dem Bauern, der stets mit der halbrunden Pflugschar
Und mit dem wuchtigen Karst aufwühlt im Freien den Grund.
Dir auch, von welchem der Ruhm des Kranzes der Pallas erstrebt wird,
Dir wird es schlecht stehen, wenn weiß sich die Körperhaut zeigt.
Bleich sei jeder, der liebt; für den Liebenden paßt diese Farbe.
Das steht ihm gut; mancher glaubt, dies habe ihm schon genützt.
Bleich durchirrte die Wälder um Sides willen Orion;
Bleich sah auch Daphnis aus, weil Naïs nicht nachgiebig war.
Magerkeit zeige auch an, was dein Herz fühlt; denk nicht, es sei schimpflich,
Wenn du dein glänzendes Haar mit einer Haube bedeckst.

Nächte, die sie durchwacht haben, zehren am Leib junger Männer,
Ebenso Sorge und Schmerz, den große Liebe erzeugt.
Daß du erreichst, was du wünschst, mußt bemitleidenswert du erscheinen,
Daß, wer auch immer dich sieht, sagen kann: »Du bist verliebt.«

Jammere ich oder zeig' ich, daß Recht und Unrecht vermengt sind?
Freundschaft, das ist nur ein Wort, Treue ein leerer Begriff.
Weh mir, gefahrlos ist's nicht, vor dem Freund die Geliebte zu loben.
Glaubt er dir, wenn du sie lobst, macht er sich selber heran.
»Nicht hat der Enkel des Actor das Bett des Achilles geschändet;
Sittsam war Phaedra, soweit dies an Pirithous lag;
Pylades liebte Hermione nur wie Phoebus die Pallas,
Wie zu dir, Helena, sich Castor, der Zwilling, verhielt.«
Wer dies erhofft, hoffe auch, Tamarisken ließen ihm Äpfel
Regnen, der suche dann auch Honig sich mitten im Fluß.
Nur das Böse macht Spaß; jeder denkt nur ans eigne Vergnügen;
Recht ist's auch dann, wenn dem Schmerz anderer man es verdankt.
Schändliches Tun! Nicht muß vor dem Feind sich der Liebende fürchten;
Wen du für treu hältst, den flieh! Dann bist du außer Gefahr.
Hüte dich vor dem Verwandten, dem Bruder, dem lieben Gefährten:
Diese Gesellschaft wird dir Anlaß zu wahrer Angst sein.

Hier wollt' ich enden, doch dies noch: Es haben die Mädchen verschiedne
Herzen; da's tausend gibt, fang auf tausend Arten sie ein.
Einerlei Boden erzeugt nicht alles: Für Reben ist jener
Tauglich, für Ölbäume der; hier gedeiht Dinkel sehr gut.
Vielerlei Wesensarten und ebenso viele Gesichter
Gibt es. Wer klug ist, der paßt zahllosen Typen sich an,
Und so wie Proteus verflüchtigt er bald sich zu fließendem Wasser,
Bald ist er Löwe, bald Baum, borstiger Eber dann bald.

Diese Fische hier fängt man mit Wurfspießen, jene mit Haken;
Die schleppt, gezogen am Seil, fort das geräumige Netz.
Ebenso paßt auch nicht jede Methode für jegliches Alter;
Ist eine Hirschkuh schon alt, sieht sie die Falle von fern.
Wenn du der Schlichten gerissen erscheinst und frivol einer Scheuen,
Dann hat die Arme sogleich keinerlei Zutraun zu sich.
So kommt's, daß die, die sich scheute, dem ehrlichen Mann sich zu schenken,
Dann unter Wert an den Hals sich einem Schlechteren wirft.

Ein Teil des Vorhabens bleibt noch übrig, ein Teil ist zu Ende.
Hier werf' den Anker ich aus, Halt mache nun unser Schiff.

ZWEITES BUCH

Rufet: »Io Paean!« und »Io!« und »Paean!« rufet zweimal:
In meine Netze geriet, was ich als Beute ersehnt.
Froh schenkt meinem Gedicht der Verliebte die grünende Palme,
Zieht dem maeonischen Greis und dem Ascraeer mich vor.
So froh setzte der Fremdling, der Priamussohn, weiße Segel,
Als von Amyclaes Burg er mit der geraubten Frau floh.
So froh war der, welcher dich auf dem siegreichen Wagen entführte,
Hippodamia, die du fuhrst auf dem fremden Gespann.
Jüngling, was eilst du? Dein Schiff treibt auf offener See, und vom Hafen,
Den ich erreichen will, bist immer noch weit du entfernt.
Nicht ist's genug, daß das Mädchen bei dir nun ist dank meiner Dichtung:
Fingst du sie durch meine Kunst, halt sie durch meine Kunst fest.
Ebenso schwer wie erwerben ist, was man erwarb, auch zu hüten.
Dort wirkt auch Zufall, doch hier muß sich bewähren die Kunst.
Jetzt mehr denn je steht mir bei, Cytherea, du, und der Knabe;
Du auch, Erato, denn du bist ja nach Amor benannt.
Großes verkünde ich jetzt: welche Künste zum Bleiben bewegen
Amor, den Knaben, der gern unstet den Erdkreis durchstreift.
Er ist leicht und er hat zwei Flügel, damit zu entfliegen;
Schwer ist es, wenn man versucht, ihnen zu setzen ein Maß.
Minos versperrte dem Gast jede Möglichkeit, ihm zu entfliehen,
Aber auf Flügeln fand dann jener den tollkühnen Weg.
Schon hielt Daedalus fest in Haft den in Frevel empfangnen
Menschen, der halb doch ein Stier, Stier, der zur Hälfte ein Mensch
War, und er sprach: »Die Verbannung beende, gerechtester Minos,
Daß meiner Asche dereinst biete die Heimat ein Grab.
Und da im Vaterland ich, von feindlichem Schicksal getrieben,
Leben nicht konnte, vergönn, daß ich nun sterben darf dort.

Achtest den Dank du des Greises gering, schenk dem Knaben die Rückkehr;
  Doch wenn den Knaben du nicht schonen willst, schone den Greis.«
Sprach's, aber mocht' er auch diese und viele weitere Worte
  Sprechen, den Weg aus dem Land gab ihm der Herrscher nicht frei.
Als er dies merkte, da sprach er: »Jetzt, jetzt, o Daedalus, hast du
  Für dein Talent einen Stoff, wo du es anwenden kannst.
Minos besitzt die Länder, und Minos besitzt auch die Meere;
  Nicht stehen Erde und Meer offen für unsere Flucht.
Nur der Weg durch den Himmel bleibt noch; laß es dort uns versuchen.
  Jupiter, mächtiger Gott, schenke Verzeihn meinem Plan!
Nicht an die Sitze der Sterne zu rühren treibt mich das Verlangen;
  Um zu entfliehen dem Herrn, zeigt sich kein anderer Weg.
Ginge ein Weg durch den Styx, durch den Styx auch werden wir schwimmen.
  Ja, das Gesetz der Natur muß ich verändern in mir.«
Not spornt oft unseren Geist zum Erfinden an. Wer hätte jemals
  Glauben mögen, der Mensch könne auf Luftwegen gehn?
Federn, das Ruderwerk der Vögel, legt er in Reihen;
  Fest dann mit leinenem Band schnürt er das leichte Gestell.
Wachs hält die untere Seite zusammen, am Feuer geschmolznes,
  Und schon zu Ende geführt war dieses Werk neuer Kunst.
Strahlend spielte der Knabe mit Wachs und Federn, doch was er
  Nicht wußte: Dieses Werk war für seine Schultern bestimmt.
»Dieses Schiff«, sagte zu ihm der Vater, »muß heimwärts uns tragen,
  Mit diesem Mittel allein können wir Minos entfliehn.
Alles hat Minos versperrt, doch er konnte die Luft nicht versperren.
  Dring – denn du darfst's – durch die Luft, und dabei hilft dir mein Werk.
Auf die tegaeische Jungfrau, den schwertbewehrten Orion,
  Bei dem Bootes stets weilt, richte du niemals den Blick.
Nimm deine Federn und folge; ich fliege voraus, zeig' den Weg dir.
  Paß nur auf, daß du folgst; ich geb' dir sichres Geleit.

Denn wenn der Sonne zu nah wir durch die ätherischen Lüfte
Fliegen, dann hält ihrer Glut bald schon das Wachs nicht mehr stand;
Fliegen zu tief wir und kommen den Fluten zu nah mit den Flügeln,
Dann wird die Feder, die wir schwingen, vom Wasser durchnäßt.
Flieg in der Mitte dahin, und fürchte, mein Sohn, auch die Winde,
Und wie der Luftstrom dich trägt, stelle die Segel geschickt.«
Mahnend paßt er dem Knaben das Werk an und zeigt die Bewegung;
Sind junge Vögel noch schwach, lehrt es die Mutter sie so.
An seinen Schultern sodann macht fest er die eigenen Flügel;
Zaghaft – denn neu ist die Bahn – hält er den Leib in Balance.
Und schon zum Fliegen bereit, gab dem kleinen Sohn er noch Küsse;
Tränen auch fehlten dabei nicht auf des Vaters Gesicht.
Von einem Hügel, der höher als Flachland, jedoch noch kein Berg war,
Schwangen zur elenden Flucht beide die Körper empor.
Daedalus selber bewegt seine Flügel und blickt auf die Flügel
Seines Sohnes zurück, hemmt dabei ständig den Flug.
Icarus, dem der neue Weg schon gefällt, legt die Furcht ab
Und fliegt beherzter dahin, denn seine Kunst macht ihn kühn.
Einer erblickte sie, während mit schwankender Angel er fischte,
Und aus der rechten Hand fiel ihm da sogleich sein Gerät.
Schon war Samos zur Linken – längst lag ihnen Naxos im Rücken,
Paros und Delos, das gern aufsucht der clarische Gott –,
Rechts lag Lebinthos und auch Calymne, von Wäldern beschattet,
Astypalaea lag da, fischreiche Gründe ringsum,
Als in kindlichem Leichtsinn der Knabe allzu verwegen
Nahm einen höheren Weg und seinen Vater verließ.
Locker werden die Bänder; das Wachs schmilzt, als er dem Gott naht,
Und die Bewegung des Arms faßt nicht den flüchtigen Wind.
Voller Entsetzen sah er aufs Meer von der Höhe des Himmels,
Und mit lähmender Angst trat vor die Augen ihm Nacht.
Schon war geschmolzen das Wachs; mit den nackten Armen er rudert,
Zappelt, doch bietet sich ihm nirgends ein Halt in der Luft.

Und er fällt, und im Fallen ruft »Vater« er, »Vater, ich stürze!«
Grünliches Wasser verschloß, während er sprach, seinen Mund.
Doch der vom Schicksal geschlagene Vater – kein Vater mehr – ruft ihn:
»Icarus«, ruft er ihn, »wo bist du? Wo fliegst du umher?
Icarus!«, rief er – da fiel sein Blick auf die Federn im Wasser.
Erde bedeckt das Gebein; er gab den Namen dem Meer.
Minos vermochte in Fesseln nicht menschliche Flügel zu halten;
Einen geflügelten Gott festhalten will aber ich!

In die Irre geht, wer zu haemonischen Künsten sich flüchtet,
Der das gebraucht, was vom Kopf zierlicher Fohlen er zupft.
Keine medeïschen Kräuter erzeugen lebendige Liebe,
Auch nicht das marsische Lied, tönend mit magischem Klang.
Circe hätte Odysseus, die Kolcherin Jason gehalten,
Hätte nur Zaubergesang über die Liebe Gewalt.
Nichts nützen Liebestränke, von denen die Mädchen erbleichen,
Gibt man sie ihnen; dem Geist schaden sie, treiben zum Wahn.

Jeglicher Frevel sei fern! Sei liebenswert, daß man dich liebe!
Dies gibt dir nicht dein Gesicht, nicht die Gestalt dir allein.
Magst du Nireus auch sein, geliebt von dem alten Homerus,
Hylas, der zierliche, auch, frech von Najaden geraubt –
Daß die Geliebte du hältst, nicht staunst, dich verlassen zu sehen,
Füge der Schönheit des Leibs geistige Gaben hinzu.
Schönheit ist nur ein zerbrechliches Gut; wie die Jahre sich mehren,
Schwindet sie hin, und es zehrt eigene Dauer sie auf.
Blühen die Veilchen ja nicht, noch geöffnete Lilien immer;
Hat er die Rose verlorn, starrt ganz verlassen der Dorn.
Dir auch werden schon bald, du Schöner, die Haare ergrauen,
Schon stellen Runzeln sich ein, um dir den Leib zu durchziehn.

Reg deinen Geist, gib Bestand ihm, und füg ihn hinzu deiner Schönheit.
Er nur bleibt dir allein, bis man die Scheite dir häuft.
Kümmre dich ernsthaft darum, in den freien Künsten den Geist zu
Bilden, und daß auch die zwei Sprachen du gründlich erlernst.

Schön war Odysseus nicht, sondern redegewandt war er – dennoch
Mußten in Liebe des Meers Göttinnen für ihn erglühn.
Wenn er zum Aufbruch drängte – o wie oft litt Calypso darunter,
Sagte, zum Rudern sei jetzt noch nicht geeignet das Meer.
Wieder und wieder fragte nach Trojas Geschick sie; dann gab er
Oft ihr denselben Bericht in einer andren Version.
Auch noch am Strand, wo sie standen, verlangte die schöne Calypso
Kunde vom blutigen Los, das den Odrysenfürst traf.
Mit einem leichten Zweig – denn den hatte er zufällig bei sich –
Zeichnet auf festen Sand er alles, wonach sie ihn fragt.
»Troja«, sprach er, »liegt hier« und zeichnete Mauern im Sande.
»Dies soll der Simoïs sein; denke mein Lager dir hier.
Da war das Feld« – und er malt's –, »das mit Dolons Blut wir besprengten,
Während im Wachen er sann auf das haemon'sche Gespann.
Dort befand sich der Standort der Zelte des thrakischen Rhesus.
Hier kehrte nachts ich zurück mit dem geraubten Gespann.«
Mehr noch wollte er zeichnen, als plötzlich Pergamon, Rhesus'
Lager und Rhesus dazu schwemmten die Fluten hinweg.
Da sprach die Göttin: »Du willst, wenn du fährst, diesen Wogen vertrauen?
Doch was für Namen – du siehst's! – haben sie eben zerstört!«
Also auf denn, vertraue nur zögernd der täuschenden Schönheit,
Wer du auch bist, und besitz mehr als den Körper allein.
Nachgiebigkeit mit Geschick erobert vor allem die Herzen.
Ruppiges Wesen erzeugt Haß nur und grausamen Krieg.
Hassen wir doch den Habicht, denn stets ist zum Kampf er gerüstet,
Wölfe auch, weil sie ja nur losgehn aufs ängstliche Vieh.
Sanft ist die Schwalbe und bleibt auch verschont vor den Fallen der Menschen,
Und der chaonische Schwarm hat Türme, die er bewohnt.
Bleibet nur fern, Streiterei und die Kämpfe erbitterter Zungen!
Zärtliche Liebe sei nur von sanften Worten genährt.
Streitend vertreibe den Mann die Gemahlin, der Gatte die Gattin;
Die sollen glauben, daß sie stets hin und her prozessiern.
Solches steht Gattinnen an; die Gattin bringt Zank ja als Mitgift;
Nur was sie gerne vernimmt, höre die Freundin von dir.

Nicht auf Gesetzes Befehl seid im Bett ihr zusammengekommen;
Amor verrichtet bei euch, was durch Gesetz sonst erfolgt.
Zärtliche Schmeichelein und das Ohr erfreuende Worte
Bringe ihr mit, daß sie sich freut, wenn du bei ihr erscheinst.
Nicht zu den reichen Leuten komm' ich als ein Lehrer der Liebe:
Wer was zu geben vermag, der bedarf meiner Kunst nicht.
Der hat sein eignes Talent, der »Nimm!« sagt, wenn es ihm Spaß macht;
Hier geb' ich auf. Der gefällt besser als meine Ideen.
Dichter der Armen bin ich, weil ich selbst einmal arm war und liebte.
Schenken, das konnte ich nicht, brachte ihr Worte dafür.
Vorsichtig liebe der Arme, es scheu' sich zu schmähen der Arme;
Vieles erdulde er auch, was nie ein Reicher ertrüg'.
Einmal, ich weiß noch, zerzauste im Zorn ich das Haar der Geliebten –
Wie viele Tage hat dann mir dieser Zorn noch geraubt!
Daß ich das Kleid ihr zerriß, weder merkte ich's noch kann ich's glauben;
Doch sie behauptete es: Ich hab' ein neues bezahlt.
Habt ihr Verstand, so vermeidet die Fehler eueres Lehrers;
Hütet euch vor dem Verlust, der mich durch eigne Schuld traf.
Parthern begegne mit Krieg, der gepflegten Geliebten mit Frieden;
Treibe auch Scherz, und was sonst in uns die Liebe erweckt.

Ist sie nicht zärtlich genug, nicht freundlich zu dir, dem Verliebten,
Sei nur geduldig und hart; später wird sanft sie dann sein.
Krumm wird am Baume der Zweig, wenn mit Nachgiebigkeit man ihn umbiegt;
Prüfst deine Kraft du an ihm, brichst du ihn sicher entzwei.
Nachgiebigkeit hilft allein beim Durchschwimmen von Flüssen, doch schwimmst du
Gegen den reißenden Strom, niemals bezwingst du ihn dann.
Nachgiebigkeit zähmt Tiger und zähmt numidische Löwen;
Langsam nur fügt sich der Stier unter den ländlichen Pflug.
Was gab es Schrofferes als die aus Nonacris kam, Atalante?
Selbst diese Spröde erlag doch den Verdiensten des Manns.

Oft hat Milanion, heißt es, die grausamen Taten des Mädchens
Und das Geschick, das ihn traf, unter den Bäumen beweint.
Oft trug, weil sie es befahl, sein Nacken die tückischen Netze,
Oft hat sein grausamer Spieß grimmige Eber durchbohrt.
Und er spürte verwundet den Bogen, gespannt von Hylaeus;
Mehr als *den* Bogen jedoch fühlte den anderen er.
Ich gebiete dir nicht, daß bewaffnet maenalische Wälder
Du nun ersteigst und ein Netz schleppst auf dem Nacken umher;
Auch will ich nicht, daß die Brust nackt und bloß du Pfeilschüssen hinstreckst.
Umsichtig ist meine Kunst, ihre Gebote sind sanft.
Wenn sie sich sträubt, gib ihr nach, denn Nachgeben führt dich zum Siege;
Führe die Rollen nur aus, die sie zu spielen dich heißt.
Tadelt sie, tadle du auch, und lobt sie, lobe du gleichfalls;
Sage, was sie sagt, auch du; leugne, was sie leugnet, auch.
Lächelt sie, lächle zurück; wenn sie weint, vergiß nicht zu weinen.
Richte nach ihrem Gesetz immer dein Mienenspiel aus.
Wirft im Spiel mit der Hand sie die elfenbeinernen Würfel,
Würfle du schlecht, und danach steh für den schlechten Wurf ein;
Wirfst du die Knöchel, dann laß, daß sie ja nicht verlier' und dann büße,
Du den verderblichen Hund auf deiner Seite oft stehn.
Oder beim Söldnerspiel, wenn der Stein auf dem Brett seinen Zug macht,
Mach, daß der gläserne Feind deinen Soldaten besiegt.
Selber halt aufgespannt ihr einen Sonnenschirm mit seinen Streben,
Selber schaff ihr, wenn sie naht und sich die Menge drängt, Platz.
Unterm gedrechselten Bett hol hervor ohne Zögern die Fußbank;
Ziehe dem zierlichen Fuß an oder aus ihren Schuh.
Oft mußt du deiner Geliebten, auch wenn du vor Kälte selbst schauderst,
Wärmen die Hand noch dazu an deiner frierenden Brust.
Halte für schimpflich es nicht – mag's auch schimpflich sein, ihr wird's gefallen –,
Daß du den Spiegel ihr hältst mit deiner vornehmen Hand.

Er, der – die Stiefmutter wollte mit Unholden nicht mehr ihn quälen –
Sich den Himmel errang, den er zuvor selber trug,
Hielt unter ionischen Mädchen – so will es die Sage – den Wollkorb,
Und er verfertigte auch aus roher Wolle dort Garn.
Wenn der tirynthische Held dem Befehl seiner Herrin gehorchte,
Was hält dann dich noch zurück, Gleiches zu dulden wie er?
Wenn auf das Forum sie dich bestellt hat, dann komme du immer
Vor der vereinbarten Zeit; geh auch erst spät von dort weg.
Heißt sie dich, irgendwohin ihr entgegenzueilen, verschiebe
Alles und lauf; kein Gewühl halte dich auf unterwegs.
Will vom Gelage sie spät in der Nacht in ihr Haus noch zurückkehrn,
Dann auch – sofern sie dich ruft – komm wie ein Sklave herbei.
Wenn auf dem Lande sie weilt und sagt: »Komm!« – Amor haßt die Bequemen:
Fehlt dir ein Fahrzeug, dann mach du dich zu Fuß auf den Weg.
Nicht halte drückende Hitze dich auf, noch der dörrende Hundsstern,
Und auch kein Weg, der vom Schnee weiß ist, der eben dort fiel.
Liebe ist eine Art Kriegsdienst: Wer träge ist, soll sich entfernen;
Feiglinge eignen zum Kampf für diese Fahnen sich nicht.
Nacht und Stürme, dazu weite Wege und grimmige Schmerzen –
Dies weiche Feldlager hält jegliche Mühsal bereit.
Oft mußt du Regen, geschickt von der Wolke am Himmel, ertragen;
Oft wirst auf nacktem Grund du liegen und frieren dabei.
Cynthius hütete, sagt man, des Admetus Rinder in Pherae
Einst auf der Weide, und nachts barg ihn ein kleiner Verschlag.
Was sich für Phoebus schickte, für wen sollte das sich nicht schicken?
Mache vom Hochmut dich frei, wünschst du dir Liebe, die bleibt.
Wird dir zu gehen versagt auf sichrem und ebenem Wege,
Und ist verschlossen die Tür, sitzt auch der Riegel davor,
Dann lasse du durch die Öffnung im Dach nach unten dich gleiten;
Heimlich auch führe der Weg durchs hohe Fenster zu ihr.

Froh wird sie sein und wird wissen: Sie war der Grund für dein Wagnis;
Dies wird der Herrin ein Pfand sicherer Liebe dann sein.
Oftmals wohl hättest dein Mädchen entbehren du können, Leander,
Aber du schwammst übers Meer, daß sie erkenne dein Herz.

Hab keine Scheu, die Mägde, die jeweils im obersten Rang stehn,
Nein, ihre Sklaven auch nicht dir zu gewinnen hab Scheu.
Jeden von ihnen begrüße – das kostet dich gar nichts – beim Namen;
Niedrigen gib auch die Hand, mache dich dadurch beliebt.
Aber dem Sklaven auch, wenn er bittet – gering ist der Aufwand –,
Reich an der Glücksgöttin Tag kleine Geschenke du dar.
Gib auch Geschenke der Magd an dem Tag, als die Strafe hereinbrach
Über die gallische Schar, die man durchs Brautkleid getäuscht.
Stimme – vertraue mir! – günstig für dich das Gesinde; dabei sei
Immer der Pförtner und der, der vor der Kammertür liegt.
Nicht heiße ich dich, der Herrin kostbare Gaben zu schenken,
Sondern geringe; jedoch schlau wähle passende aus.
Bietet das Feld reiche Frucht, biegen unter der Last sich die Äste,
Bringe ein Knabe im Korb ländliche Gaben zu ihr.
Sagen magst du, sie seien vom Gut dir geschickt aus der Vorstadt,
Wenn du in Wahrheit sie auch kauftest am Heiligen Weg.
Trauben bringe er oder Kastanien, die Amaryllis
Einst gerne aß (aber jetzt liebt sie nicht mehr diese Frucht).
Auch magst du durch eine Drossel und durch das Geschenk einer Taube
Zeugnis ihr geben, daß du an die Gebieterin denkst.
Schändlich, wer so sich erkauft vom verwaisten Greis Aussicht auf Erbschaft;
Nieder mit denen, durch die Schenken verbrecherisch ist!

Was nur schreib' ich dir vor, auch zärtliche Verse zu schicken?
Wehe mir, nicht allzu hoch stehen Gedichte im Kurs!
Verse werden gelobt, aber große Geschenke verlangt man.
Wenn er nur Reichtümer hat, dann gefällt selbst ein Barbar.

Wahrhaft golden sind jetzt die Zeiten; für Gold sogar kauft man
  Oberste Ämter sich ein, Liebe gewinnt man durch Gold.
Magst du auch selber, Homer, in Begleitung der Musen erscheinen,
  Bringst du dann aber nichts mit, weist man, Homer, dir die Tür.
Freilich gibt's – doch die Schar ist klein – auch gebildete Mädchen;
  Andere, die es nicht sind, möchten gebildet doch sein.
Beide seien gelobt in Gedichten. Wer vorträgt, empfehle
  Diese, wie immer sie sind, durch einen lieblichen Klang.
So gelten diesen und jenen bei Nacht für sie selbst nur verfaßte
  Verse vielleicht als Ersatz für ein geringes Geschenk.
Doch was von dir aus du tun willst und was du für nützlich erachtest,
  Das laß erbitten dann stets deine Geliebte von dir.
Einem der Deinen ist vielleicht schon die Freiheit versprochen;
  Lasse du dennoch darum bei deiner Herrin ihn flehn.
Willst du dem Sklaven Bestrafung und grausame Fesseln erlassen,
  Dir sei sie dankbar für das, was du schon selbst wolltest tun.
Dein sei der Nutzen, die Ehre gewähre man nur deiner Freundin.
  Wenn nur *du* nichts verlierst, mag sie die Mächtige spieln.

Du aber, wenn du ernstlich besorgt bist, das Mädchen zu halten,
  Lasse sie denken, du seist von ihrer Schönheit entzückt.
Ist sie in Purpur gekleidet, so lobe die Purpurgewänder;
  Trägt sie ein koisches Kleid, finde die koischen schön.
Wenn sie in Gold kommt, dann sei sie für dich noch mehr als selbst Gold wert;
  Wählt sie sich flauschigen Stoff, lobe, daß Flausch sie gewählt.
Hat sie die Tunica an, dann rufe: »Du setzt mich in Flammen!«
  Doch daß besorgt du zugleich sie vor Erkältungen warnst!
Hat einen Scheitel sie sich gekämmt, dann lobe den Scheitel;
  Hat sie sich Locken gebrannt, lockiges Haar steh ihr gut!
Tanzt sie, bewundre die Arme, und singt sie, bewundre die Stimme,
  Und, weil sie aufgehört hat, tu dein Bedauern ihr kund.
Selbst das gemeinsame Lager, und selbst was du gern hast dort, darfst du
  Loben, ihr offen gestehn, welche Genüsse sie schenkt.

Mag sie auch ungestümer noch sein als die finstre Medusa,
Wird sie doch freundlich und sanft zu ihrem Liebhaber sein.
Nur, daß bei solchen Worten du nicht als Heuchler entlarvt wirst,
Darauf paß auf, und daß nicht Lügen dich strafe dein Blick.
Kunst, die verborgen bleibt, nützt, doch entdeckt man sie, bringt sie dir Schande
Und raubt dir – du hast's verdient – für alle Zeit das Vertraun.
Oftmals gegen den Herbst, wenn gerade am schönsten das Jahr ist,
Wenn, voll vom purpurnen Wein, rötlich die Traube sich färbt,
Wenn uns bald Kälte bedrängt, bald aber die Hitze uns zusetzt,
Dann wenn die Witterung schwankt, werden die Körper oft schlaff.
Möge gesund sie dann sein! Doch wenn geschwächt sie im Bett liegt
Und sie ist krank und sie spürt, wie ihr die Luft nicht bekommt,
Dann werde offenbar deine Liebe und Treue dem Mädchen,
Dann sä', was ernten du wirst mit voller Sichel hernach.
Lasse dich nur nicht verdrießen, wenn launisch sich zeigt ihre Krankheit;
Tue mit eigener Hand, was sie zu tun dir erlaubt.
Auch mag sie sehn, wie du weinst, und ekle dich nicht, sie zu küssen;
Mit ihrem trockenen Mund trinke sie Tränen von dir.
Leiste du viele Gelübde, doch so, daß sie's merkt; wenn's dir Spaß macht,
Sieh heitre Bilder im Traum, um sie ihr dann zu erzähln.
Hol eine Alte herbei, die das Bett und das Zimmer entsühne;
Schwefel und Eier soll sie tragen in zittriger Hand.
In alledem erkennt man die Spuren willkommener Sorge.
Vielen hat dieses den Weg zum Testament schon gebahnt.
Dienstfertigkeit darf jedoch dir den Haß der Kranken nicht zuziehn.
Schmeichelnde Aktivität habe ein Maß und ein Ziel.
Halt sie vom Essen nicht ab, noch reiche den Becher mit bittrem
Saft ihr; den mische für sie nur dein Rivale zurecht.

Nicht sollst vom gleichen Wind, dem du segelnd vom Ufer aus folgtest,
Leiten dich lassen, wenn du offene See hast erreicht.

Neue, noch unsichre Liebe erstarke durch häufigen Umgang;
Hast du sie reichlich genährt, festigt sie sich mit der Zeit.
Ihn, den du fürchtest als Stier, den pflegtest als Kalb du zu streicheln;
Einst war der Baum, unter dem Ruhe du suchst, nur ein Sproß.
Winzig entspringt der Strom, doch gewinnt er im Fließen an Stärke,
Und wo er hinkommt, dort nimmt viele Gewässer er auf.
Laß sie sich an dich gewöhnen, denn nichts ist so stark wie Gewohnheit.
Bis du erobert sie hast, scheue du keinerlei Mühn.
Immer nur sehe sie dich, nur dich soll immer sie hören.
Tagsüber und in der Nacht zeige ihr stets dein Gesicht.
Ist deine Zuversicht größer, sie könne von selbst nach dir fragen,
Wenn schon in Abwesenheit sie um den Fernen sich sorgt,
Gönn ihr Erholung: Der Acker gibt ausgeruht reiche Erträge;
Ist das Land trocken, dann saugt himmlisches Wasser es auf.
Als Demophoon da war, fing Phyllis nicht so recht Feuer;
Heftiger glühte sie erst, als er die Segel gehißt.
Fern war ihr schlauer Odysseus: Penelope litt um ihn Qualen;
Phylacus' Enkel, dein Mann, Laodamia, war fern.
Aber nur kurzes Verweiln ist gefahrlos; die Zeit dämpft die Sorge,
Liebe zum fernen Freund flieht, und eine neue zieht ein.
Als Menelaus ihr fern war, nahm Helena, daß sie nicht einsam
Dalag, der Gast in der Nacht an seine wärmende Brust.
Welch eine Dummheit war das, Menelaus! Fort gingst du alleine,
Und unterm nämlichen Dach blieben der Gast und die Frau.
Machst du den Habicht, Verrückter, zum Wächter der ängstlichen Tauben?
Unter des Bergwolfes Schutz stellst du die Schafe im Stall?
Helena sündigt hier nicht, und kein Unrecht begeht ihr Geliebter:
Er tut doch nur, was auch du tätest, was jedermann tut.
Ehebruch zwingst du herbei, indem du die Zeit und den Ort gibst.
Hat nicht die junge Frau nur, was du ihr rietest, getan?
Was soll sie tun? Ihr Mann ist nicht da und nicht bäurisch der Gastfreund,
Und im vereinsamten Bett mag sie nicht liegen aus Angst.

Mag der Atride denn sehen! Doch Helena sprech' ich von Schuld frei.
Nur des gefälligen Manns Freundlichkeit hat sie genutzt.
Aber so grimmig ist nicht in der Wut der rotbraune Eber,
Wirbelt sein blitzendes Maul rasende Hunde herum,
Oder die Löwin, wenn an den Zitzen die Jungen ihr saugen,
Auch kurze Vipern nicht, wenn ahnungslos trat sie ein Fuß,
Wie eine Frau, die die andre, mit der ihr Mann schläft, ertappt hat,
Glüht und mit ihrem Gesicht, was sie empfindet, verrät.
Die stürzt in Flammen und Schwert sich, stürmt los und verliert allen Anstand,
Wie wenn Aoniens Gott mit seinen Hörnern sie stieß.
So hat die Fremde vom Phasis, die Gattin, den Frevel des Mannes
Und die Verletzung des Rechts an ihren Söhnen gerächt.
Noch eine schreckliche Mutter ist die, die du dort siehst, die Schwalbe:
Schau sie dir an nur: Die Brust ist ihr gezeichnet vom Blut.
Das ist's, was wohlgeordnete, feste Beziehungen auflöst;
Vor solcher Schuld müssen sich achtsame Männer bewahrn.
Nicht daß mein Zensoramt nur an eine Geliebte euch bände –
Nein, bei den Göttern! Das hält kaum eine Ehefrau durch.
Treibt euer Spiel, doch es decke bescheidene Heimlichkeit, was ihr
Fehltet. Für eigene Schuld strebe man niemals nach Ruhm.
Gib kein Geschenk, das die andre erkennen könnte, und habe
Für deinen Seitensprung du keinen bestimmten Termin.
Und damit dich die Frau im Versteck, das sie kennt, nicht erwische,
Darfst eine jede du nicht treffen am nämlichen Ort.
Und sooft du ihr schreibst, überprüfe die Täfelchen vorher
Gründlich; denn mehr als du schriebst, lesen sich viele heraus.
Venus, gekränkt, greift mit Recht zu den Waffen, zurück wirft den Pfeil sie,
Macht, daß du selber beklagst, was sie beklagte zuvor.
Als der Atride sich noch mit einer begnügte, war diese
Keusch, erst des Mannes Vergehn brachte vom Wege sie ab.
Chryses, hörte sie, habe, obwohl er doch Lorbeer und Bänder
In seinen Händen trug, nichts für seine Tochter erreicht,

Hörte von deinen Schmerzen, Lyrnesierin, du Entführte,
Daß durch ein schimpfliches Ruhn länger sich hinzog der Krieg.
Dies alles hörte sie nur, doch die Priamustochter sah selbst sie:
Fang seines eigenen Fangs war der Erob'rer voll Schmach.
Da nahm Tyndareus' Tochter, das dumme Vergehn ihres Mannes
Rächend, den Sohn des Thyest auf in ihr Herz und ihr Bett.
Wenn du geschickt was verbargst und davon etwas doch noch ans Licht kommt,
Dennoch. Ist's einmal heraus, leugne beharrlich es ab.
Dann sei nicht unterwürfig, nicht schmeichelnder sei, als du sonst bist;
Dies sind nur Zeichen, daß man sehr sich der Schuld ist bewußt.
Schon aber nicht deine Lenden! Der ganze Friede liegt hierin:
Leugne durch Beischlaf, daß du mit einer anderen schliefst.
Einige schreiben hier vor, man solle die schädliche Pflanze
Saturei essen, doch dies ist, wie ich meine, ein Gift.
Oder sie mischen mit Pfeffer den beißenden Samen der Nessel;
Gelbliches Bertramkraut auch reibt man sich in alten Wein.
Aber nicht so läßt die Göttin zu ihren Freuden sich zwingen,
Sie, die den Eryx bewohnt unten am schattigen Hang.
Glänzende Zwiebeln vielmehr, die Alcathous' griechische Stadt schickt,
Und aus dem Garten das Kraut, das die Begierde erweckt,
Eier auch sollte man nehmen, man nehme hymettischen Honig,
Endlich die Nuß, die als Frucht stachliger Pinien wächst.

Was nur, gelehrte Erato, schweifst ab du zu magischen Künsten?
Enger am Wendepunkt jetzt fahre mein Wagen die Bahn.
Der du auf unser Geheiß dein Vergehen noch eben geheimhieltst,
Mache auf mein Geheiß kehrt, decke verborgenes Tun auf.
Leichtsinn darf man mir deshalb nicht vorwerfen, denn das gekrümmte
Schiff trägt die Insassen nicht stets mit dem nämlichen Wind.
Bald fahrn wir hin mit dem thrakischen Boreas, bald mit dem Eurus,
Oft bläht der Zephyrus, oft Notus die Segel uns auf.

Sieh nur, wie auf dem Wagen der Lenker bald lose die Zügel
Schleifen läßt, bald mit Geschick hemmt seine Pferde im Lauf.
Einige gibt es, die schlecht dir danken für schüchterne Schonung,
Denen die Liebe erlahmt, schreckt die Rivalin sie nicht.
Wenn es uns gutgeht, erfüllt meist Übermut unsere Herzen,
Und den Erfolg nimmt man schwer voller Gelassenheit hin.
Wie wenn die schwelende Glut, deren Kräfte allmählich verbraucht sind,
Unsichtbar ist und auf ihr weißlich die Asche erglänzt,
Aber, wenn man mit Schwefel ihr naht, die erloschenen Flammen
Wiedergewinnt, und das Licht, das vorher war, kehrt zurück:
So lockt, wenn, träge vom Rasten, das Herz zu sorglos und stumpf wird,
Liebesgefühle man nur durch scharfe Reize hervor.
Lasse sie bangen um dich und erwärme das laue Gemüt ihr;
Bleich werde sie, zeigt man ihr deine Verfehlungen an.
O viermal – ja, so oft es in Zahlen sich nicht mehr läßt fassen –
Glücklich, um den eine Frau, die er gekränkt hat, sich grämt;
Die, sobald dein Vergehn, ohne daß sie es will, an ihr Ohr dringt,
In ihrem Leid außer sich Stimme und Farbe verliert!
Der Mann möchte ich sein, dem rasend die Haare sie ausrauft,
Der, dem das zarte Gesicht sie mit den Nägeln zerkratzt,
Den sie mit Tränen im Blick, den mit finsteren Augen sie ansieht,
Ohne den, wünschte sie's auch, sie nicht zu leben vermag.
Fragst du, wie lange ? – Nur kurz sollte nach einer Kränkung sie klagen,
Daß nicht durch langen Verzug Kräfte gewinne der Zorn.
Ihren schimmernden Hals sollst gleich in die Arme du schließen,
Und solang sie noch weint, ziehe sie an deine Brust.
Gib der noch Weinenden Küsse, der Weinenden Freuden der Venus:
Dann habt ihr Frieden; nur so schwindet der Zorn ihr dahin.
Ist sie so richtig in Wut und erscheint sie dir offen als Feindin,
Fordre das Bündnis des Betts; sanft wird sie dann sogleich sein.
Dort legt die Waffen man nieder, denn dort ist Concordias Wohnsitz;
Gratia kam, glaube mir, an diesem Ort einst zur Welt.

Tauben, die eben noch kämpften, vereinigen jetzt ihre Schnäbel;
Aus ihrem Gurren vernimmt Schmeicheln man, Worte sogar.
Anfangs war diese Welt eine Masse, vermischt ohne Ordnung;
Sterne und Erde und Meer hatten dieselbe Gestalt.
Über das Land legte bald sich der Himmel, das Meer um die Erde,
Und in gesondertes Sein löste das Chaos sich auf.
Wildes Getier nahm der Wald auf, die Luft bot den Vögeln Behausung;
In klarer Flut fandet ihr, Fische, bald euer Versteck.
Aber das Menschengeschlecht durchirrte die einsamen Fluren;
Damals noch war reine Kraft und roher Körper der Mensch.
Haus war der Wald ihm, das Gras seine Speise, und Laub war sein Lager;
Längere Zeit bereits war keiner dem andren bekannt.
Schmeichelnde Lust, heißt es, habe die trotzigen Sinne besänftigt:
Mann und Frau fanden sich beide am selben Ort ein.
Was da zu tun war, das lernten sie selbst ohne Rat eines Lehrers,
Und es vollzog ohne Kunst Venus ihr süßes Geschäft.
Hat doch auch seine Gefährtin der Vogel; inmitten des Wassers
Findet das Fischweibchen den, der seine Lust mit ihm teilt.
Folgt doch die Hirschkuh dem Hirsch, es umschlingt sich Schlange mit Schlange;
In freiem Liebesbund hängt eng an der Hündin der Hund.
Froh läßt das Schaf sich bespringen, am Stier auch freut sich die Jungkuh;
Selbst die stumpfnasige Geiß trägt ihren schmutzigen Mann.
Stuten ergreift Raserei, und durch weit entfernte Gebiete
Folgen den Hengsten sie nach, teilt auch ein Strom ihren Weg.
Auf denn, reich kräftige Mittel der Zornigen zu ihrer Heilung!
Diese verschaffen allein Ruhe vor grimmigem Schmerz,
Diese Mittel sind stärker als alle die Säfte Machaons;
Diese solln, hast du gefehlt, wieder dich bringen in Gunst.

Als ich gerade dies sang, da erschien mir plötzlich Apollo;
Saiten der Leier aus Gold schlug mit dem Daumen er an.
Lorbeer schmückte die Hände, er trug in den heiligen Haaren
Lorbeer auch. Deutlich zu sehn kommt zu den Dichtern er her.

Dieser sagte zu mir: »Du Lehrer des lockeren Amor,
Auf, deine Schülerschar führ zu meinem Heiligtum hin,
Dort, wo die Inschrift steht, die, berühmt rings über den weiten
Erdkreis, »Erkenne dich selbst!« jeglichen Menschen ermahnt.
Nur wer sich selber erkennt, der wird mit Weisheit auch lieben;
Alles wird der, was er tut, ausführn nach eigener Kraft.
Wem ein schönes Gesicht die Natur gab, der lasse es sehen,
Wem schöne Hautfarbe, der liege, die Schulter entblößt.
Wer durch Rede gefällt, der vermeide wortloses Schweigen;
Singe, wer singt mit Geschick; trinke, wer trinkt mit Geschick.
Nie aber soll, wer beredt ist, Vorträge halten beim Plaudern,
Nie ein verrückter Poet vorlesen, was er grad schrieb.«
So mahnte Phoebus: Folgt ihr nun gehorsam Phoebus, dem Mahner.
Lautere Wahrheit ja wohnt in seinem heiligen Mund.
Näherliegendes ruft mich. Wer immer mit Weisheit liebt, wird auch
Siegen; dank unserer Kunst wird, was er sucht, sein Gewinn.
Nicht immer gibt Anvertrautes mit Zins die Furche dir wieder,
Nicht alle Zeit weht der Wind günstig dem schwankenden Schiff.
Was sie erfreut, ist gering, viel mehr gibt's, was Liebenden weh tut;
Deshalb sei immer ihr Herz viel zu ertragen gefaßt.
So viele Bienen Hybla ernährt, soviel Hasen der Athos,
So viele Beeren erzeugt Pallas' blau schimmernder Baum,
So viele Muscheln der Strand, soviel Schmerzen hat auch die Liebe;
Jeglicher Pfeil, der uns trifft, ist mit viel Galle getränkt.
Sagt man, sie sei nicht zu Hause, die du vielleicht dennoch sehn wirst,
Glaub, daß zu Haus sie nicht ist und etwas Falsches du siehst!
Bleibt dir verschlossen die Tür, obwohl dir die Nacht war versprochen:
Lege geduldig den Leib hin auf den schmutzigen Grund.
Und mit frechem Gesicht sagt vielleicht die verlogene Sklavin:
»Warum nur hält dieser Kerl unsere Tür hier besetzt?«
Bittflehend schmeichle dem Türpfosten du und der harten Geliebten;
Nimm dir die Rosen vom Kopf, lege sie hin vor die Tür.

Wünscht sie es, nähere dich, doch entferne dich, wenn sie dich meidet.
Menschen von edler Geburt ziemt sich's nicht, lästig zu sein.
»Kann man dem Kerl nicht entfliehn?« Warum sollte das deine Freundin
Dir sagen müssen? Ihr Sinn ist ja nicht immer dir feind.
Halt es für schimpflich auch nicht, böse Worte des Mädchens und Schläge
Dulden zu müssen und küß auch ihren zierlichen Fuß.

Doch was verweil' ich im Kleinen? Nach Höherem steht jetzt der Sinn mir.
Ich sing' von Großem; mein Volk, hör mich mit all deinem Sinn!
Steil ist der Weg, doch der Aufstieg zur Tugend kann immer nur steil sein.
Groß ist die Anstrengung, die unsere Kunst jetzt verlangt.
Einen Rivalen zu haben, geduldig nimm's hin, denn der Sieg wird
Dein sein; als Sieger wirst du auf der Burg Jupiters stehn.
Dies ist kein menschliches Wort, nein, glaub mir, pelasgische Eichen
Sagen's dir; Größres als dies hält meine Kunst nicht bereit.
Wenn sie ihm zuwinkt, ertrag's, und schreibt sie, berühre den Brief nicht;
Möge sie kommen, woher, gehen, wohin ihr's beliebt.
Dieses gesteht sogar in der Ehe der Mann seiner Frau zu,
Wenn dabei du, zarter Schlaf, auch deinen Part übernimmst.
In dieser Kunst, ich muß es gestehn, bin ich selbst nicht vollkommen.
Was soll ich machen? Hier bin schwächer ich als mein Gebot.
Soll denn vor meinen Augen dem Mädchen ein anderer winken?
Ich soll das dulden und nicht ganz außer mir sein vor Zorn?
Küsse hatte ihr Mann ihr gegeben, ich weiß noch; die Küsse
Schmerzten mich. Ich liebe noch allzusehr wie ein Barbar.
Mehrmals schadete mir dieser Fehler schon; der ist gescheiter,
Der für den anderen Mann auch den Vermittler noch spielt.
Besser wär's, gar nichts zu wissen: Laß heimliches Tun sie verbergen,
Daß, hat gestanden ihr Mund, Scham nicht für immer sie flieht.

Hüte dich drum um so mehr, junger Mann, zu ertappen dein Mädchen;
Fremdgehen laß sie, dabei denken, sie hat dich getäuscht.
Liebe wächst bei den Ertappten, und trifft dieses Schicksal gleich beide,
Dann stehen fest sie zu dem, was ihnen Ungemach schuf.
Eine Geschichte erzählt man, die allen bekannt ist im Himmel:
Wie Mars und Venus gefaßt wurden durch Mulcibers List.
Denn Vater Mars, außer sich von rasender Liebe zu Venus,
Schrecklicher Feldherr zuvor, wurde zum Liebhaber nun.
Und als er bat, war Venus – sie ist ja die sanfteste Göttin –
Gegen Gradivus auch nicht schwierig und bäuerlich spröd.
O wie oft lachte sie frech – sagt man – über die Füße des Gatten,
Über die Hand, welche hart war von der Kunst und der Glut.
Ahmte sie dann vor Mars' Augen Vulcanus nach, stand ihr das herrlich,
Und sehr viel Grazie war mit ihrer Schönheit vereint.
Aber sie pflegten zuerst ihr Beilager klug zu verbergen,
Und noch voll schüchterner Scham war ihr Vergehen dabei.
Weil's ihm der Sonnengott zutrug – wer könnte den Sonnengott täuschen? –,
Wurde Vulcanus das Tun seiner Gemahlin bekannt.
Was für ein schlechtes Beispiel, o Sonnengott! Bitte doch selber
Um ein Geschenk! Wenn du schweigst, hat sie auch Gaben für dich!
Rings um das Bett und darüber verteilt jetzt Mulciber Schlingen,
Unsichtbare; den Blick täuscht dieses kunstreiche Werk.
Dann gibt er vor, nach Lemnos zu reisen. Das Paar kommt zusammen,
Und in die Schlingen verstrickt liegen sie beide nackt da.
Nun ruft die Götter er her; die Gefangenen bieten ein Schauspiel.
Tränen mit Mühe nur hielt Venus, so glaubt man, zurück.
Nicht können sie die Gesichter bedecken und nicht vor die Teile,
Die man sonst offen nicht zeigt, legen die schützende Hand.
Da sagt einer und lacht: »Übertrage, tapferster Mavors,
Du deine Fesseln auf mich, sind sie dir selber zur Last.«

Kaum auf dein Bitten, Neptun, läßt Vulcan die gefangenen Leiber
Frei, und nach Paphos begibt sie sich, nach Thrakien Mars.
Da du nun dieses vollbracht hast, Vulcanus, tun künftig sie freier,
Was sie versteckten zuvor, und alle Scham ist dahin.
Oft freilich gibst du jetzt zu, daß du Narr etwas Dummes getan hast,
Und deine eigene Kunst, sagen sie, hast du bereut.
Dieses sei euch untersagt! Die ertappte Dione verbietet,
Fallen zu stellen, die sie am eignen Leibe erfuhr.
Fallstricke sollt ihr auch niemals auslegen für den Rivalen;
Fangt auch die Worte nicht ab, die die verstohlne Hand schrieb.
Danach jage der Mann – wenn für jagenswert er es erachtet –,
Welchem das Recht des Gemahls Feuer und Wasser verleihn.
Seht, wieder schwöre ich euch: Nur soweit das Gesetz es gestattet,
Treib' ich dies Spiel, und es ist nicht für Matronen bestimmt.

Ceres' heiligen Brauch und des thrakischen Samos erhabne
Kulte – wer gäbe die frech Uneingeweihten bekannt?
Klein nur ist das Verdienst, über irgend etwas zu schweigen,
Schwer ist dagegen die Schuld, schwatzt das Geheime man aus.
Gut, daß mitten im Wasser der schwatzhafte Tantalus dürstet,
Daß er umsonst mit der Hand greift nach den Äpfeln am Baum!
Doch Cytherea besonders verlangt, ihren Kult zu verschweigen;
Diesem soll – rate ich euch – niemals ein Schwätzer sich nahn.
Sind die Mysterien der Venus auch nicht in Truhen verborgen,
Dröhnen bei ihnen auch nicht Becken von rasendem Schlag,
Sind sie gleichwohl unter uns in stetem Gebrauch und alltäglich,
Aber auch so bleiben sie gerne vor andern versteckt.
Venus selber ja beugt, sooft ihre Hüllen sie ablegt,
Halb sich zurück und bedeckt mit ihrer Linken die Scham.
Öffentlich und überall vereinigt das Vieh sich; ein Mädchen
Wenn es so etwas erblickt, wendet doch ab sein Gesicht.
Tür und Kammer gehören zu unserm verborgenen Treiben,
Und eine Decke verhüllt unsere Schamteile dann.
Und wenn auch Finsternis nicht, so suchen wir doch eine Art von
Nebligem Dunkel; das Licht sei nicht so hell wie der Tag.

Auch zu der Zeit, als noch Sonne und Regen kein Ziegel uns fernhielt,
Sondern die Eiche ein Dach und auch die Nahrung uns gab,
Fand man im Wald und in Höhlen gemeinsame Lust, nicht im Freien –
So sehr auf Wahrung der Scham legte das rohe Volk Wert.
Jetzt setzen wir noch dazu auf das nächtliche Tun eine Inschrift;
Prahlen zu können damit, wird heut mit Geld schon bezahlt!
Du, versteht sich, probierst alle Mädchen durch, wo du sie findest,
Nur daß du jedem erzählst: »Die hab' ich auch schon gehabt.«
Nur daß mit Fingern auf jede du zeigen kannst, soll eine jede,
Hast du sie einmal berührt, dienen zu häßlichem Klatsch?
Mehr noch: Mancher erdichtet, was, wär' es geschehen, er leugnen
Würde, und sagt doch, es geb' keine, mit der er nicht schlief.
Können den Leib sie auch nicht antasten, dann doch den Namen;
Ist auch der Leib nicht berührt, haftet ein Makel am Ruf.
Geh nun und schließe die Tür, du lästiger Wächter des Mädchens,
Schieb hundert Riegel du nur quer vor das harte Gebälk:
Was ist noch sicher, wenn einer den Namen ihr schändet und möchte,
Daß man für etwas ihn hält, was ihm zu sein nicht gelang?
Ich erzähle sogar von den wirklichen Liebschaften wenig,
Und was ich insgeheim trieb, deckt treues Schweigen fest zu.

Hütet euch aber besonders, die Fehler des Mädchens zu tadeln!
Manchem schon hat es genützt, schloß er die Augen davor.
Seiner Andromeda warf ihre Hautfarbe niemals der Held vor,
Der an den Füßen ein Paar wendiger Flügel besaß.
Allen erschien von Gestalt Andromache größer als billig;
Doch wer sie mittelgroß fand, das war ihr Hector allein.
Was dir nicht recht ist, daran gewöhn dich; dann geht's. Zeit wird vieles
Lindern; doch fängt sie erst an, nimmt Liebe alles noch wahr.
Ehe der junge Zweig fest in die grüne Rinde hineinwächst,
Fällt er, der zarte, herab, schüttelt ein Lüftchen ihn nur.
Hat ihn gehärtet die Zeit, widersetzt er sich bald schon den Winden;
Fest hält der Baum seinen Schatz, den man ihm eingepfropft hat.

Fort nimmt allein schon die Zeit einem Körper all seine Mängel,
Und was ein Fehler einst war, hört auf, im Wege zu stehn.
Nasen, die nicht dran gewöhnt sind, ist Stierleder erst unerträglich;
Härtet die Zeit sie dann ab, stört der Geruch sie nicht mehr.
Durch Benennungen darf man die Mängel mildern: Man nenne
»Braun« die, der schwärzer das Blut ist als illyrisches Pech;
Schielt sie, sei gleich sie der Venus, ist grauäugig sie, der Minerva;
Stirbt sie vor Magerkeit fast, dann sei »grazil« sie genannt;
»Handlich« nenne die Kleine und »üppig gewachsen« die Dicke.
Durch den benachbarten Reiz sei jeder Fehler verdeckt.
Frag nach dem Alter sie nicht und dem Konsul ihres Geburtsjahrs –
Dieses Amt üben ja sonst strenge Zensoren nur aus –,
Dann zumal, wenn die Blüte dahin ist, die bessere Zeit sie
Hinter sich hat, wenn vom Kopf schon weiße Haare sie zieht.
Nützlich, Jünglinge, ist dieses Alter und selbst noch ein spätres:
Dies ist ein Acker, der Saat tragen wird, diesen bestellt!
[Während noch Kräfte und Jahre es zulassen, duldet Strapazen;
Schweigenden Schrittes, gekrümmt nähert das Alter sich schon.
Teilt mit den Rudern das Meer, oder furcht das Land mit der Pflugschar,
Oder der streitbaren Hand gebt wilde Waffen zum Kampf,
Oder steht mit der Kraft eurer Lenden den Mädchen zu Diensten;
Dies ist ein Kriegsdienst ja auch, Suche nach Schätzen auch dies.]
Ferner: Bei dem, was sie tun, zeigen reifere Frauen mehr Klugheit,
Haben Erfahrung allein, die das Vollendete schafft.
Diese ersetzen durch Pflege, was sie mit den Jahren verloren,
Und ihre Sorgfalt bewirkt, daß man ihr Alter nicht sieht.
Stellungen kennen sie tausend beim Liebesspiel, ganz nach Belieben,
Und keine Zeichnung erfand mehr Varianten als sie.
Nicht müssen Lustgefühle in ihnen erregt werden eigens.
Was uns beglückt, das verspür' gleich stark die Frau wie der Mann.
Ich hasse Beilager, die nicht bei beiden Entspannung herbeiführn;
Liebe zu Knaben berührt deshalb auch weniger mich.
Die hass' ich, die es gewährt, bloß weil's nötig ist, es zu gewähren,
Die auch noch trocken ist und an ihre Wollarbeit denkt.

Lust, die aus reiner Pflicht mir geschenkt wird, ist mir nicht willkommen;
Kein Mädchen soll ihre Pflicht jemals erfüllen bei mir.
Mich freut es, Laute zu hören, die mir ihre Wonnen verraten;
Daß ich noch warte und es anhalte, bitte sie mich.
Sehen möcht' ich die Geliebte von Sinnen und willenlos blickend;
Kraftlos dann einige Zeit lehne Berührung sie ab.
Solche Vorzüge hat die Natur nicht der Jugend verliehen,
Doch bald nach sieben mal fünf Jahren stelln meist sie sich ein.
Eiligen diene zum Trunk neuer Most; unter frühesten Konsuln
Sei noch gekeltert der Wein, welchen der Krug spende mir.
Spät erst vermag die Platane den Strahlen der Sonne zu trotzen,
Und junger Rasen verletzt den, der ihn barfuß betritt.
Du könntest Helena wohl ihre Tochter Hermione vorziehn,
Gorge war besser demnach, als ihre Mutter es war?
Du aber, der du der reiferen Venus dich zuwenden möchtest –
Hältst du nur aus, dann bekommst du auch den würdigen Lohn.

Schau, das verschwiegene Bett nahm auf die beiden Verliebten.
Bleibe, o Muse, nun stehn vor der verschlossenen Tür!
Was man so sagt jetzt, das werden von selber sie ohne dich sprechen,
Und auch die Linke wird nicht untätig ruhn auf dem Bett.
Jetzt finden etwas zu tun die Finger in jenen Bereichen,
An denen stets insgeheim Amor die Pfeilspitzen netzt.
Mit Andromache tat dies einst schon der tapfere Hector;
Also auch dieser Mann war tauglich nicht nur für den Krieg.
Mit der Lyrnesierin, die er fing, tat's der große Achilles,
Wenn er, vom Feinde erschöpft, aufs weiche Lager sich warf.
Anfassen ließest du dich, Briseïs, von ebendenselben
Händen, die immer befleckt waren von phrygischem Blut?
Oder war's grade dies, was dich, du Verworfne, erfreute,
Daß diese siegreiche Hand über die Glieder dir strich?
Glaube mir, nicht auf die schnelle gelangt man zur Wonne der Venus,
Nein, durch Verzögern nur lockt man sie behutsam hervor.
Hast du die Stellen gefunden, an denen die Frau gern berührt wird,
Halte dich Scham nicht zurück, daß du sie dort auch berührst;

Sehn wirst du, wie ihr die Augen in zitterndem Feuer erglänzen;
Häufig strahlt Sonnenlicht so vom klaren Wasser zurück.
Klagende Laute auch kommen hinzu und ein liebliches Murmeln,
Süßes Gestöhn, manches Wort, wie es zu diesem Spiel paßt.
Laß aber nicht die Geliebte in Schußfahrt mit volleren Segeln
Hinter dir, und deiner Fahrt eile auch sie nicht voraus.
Eilet gemeinsam zum Ziel; die Lust ist dann erst vollkommen,
Wenn überwältigt zugleich daliegt die Frau mit dem Mann.
So halt es immer, doch nur wenn dir viel freie Zeit zur Verfügung
Steht und wenn euch keine Furcht drängt bei dem heimlichen Werk.
Ist ein Verweilen gefährlich – sich voll in die Riemen zu legen,
Rat' ich, und daß man den Sporn gebe dem eilenden Pferd.

Hier hat ein Ende das Werk. Gib die Palme mir, dankbare Jugend;
Myrtengewinde nun bringt mir für das duftende Haar.
Wie bei den Danaërn einst Podalirius groß in der Heilkunst,
Aeacus' Sproß in der Schlacht, Nestor durch seinen Verstand,
Calchas als Seher, mit Waffen Telamons Sohn, mit dem Wagen
Groß Automedon war, so bin im Lieben ich groß.
Mich sollt als Sänger ihr feiern, ihr Männer, mein Lob sollt ihr künden,
Und überall auf der Welt töne mein Ruhm im Gesang.
Ich hab' euch Waffen gegeben, wie einst Vulcan dem Achilles.
Nehmt mein Geschenk in Empfang, seid damit siegreich wie er.
Jeder, der mit meinem Schwert eine Amazone besiegt hat,
Schreib' auf die Spolien dann: »Dies hat mich Naso gelehrt.«
Sieh nur, die zarten Mädchen, sie bitten mich auch um Belehrung.
In dem nun folgenden Buch kümmere ich mich um euch!

DRITTES BUCH

Zum Amazonenkampf gab ich den Danaërn Waffen; mit Waffen
Rüst' ich auch dich und dein Heer, Penthesilea, jetzt aus.
Gleich stark zieht in den Krieg, und es siege, wem huldreich Dione
Und wem der Knabe es ist, welcher den Erdkreis durchfliegt.
Unbillig wäre es, müßten sie nackt mit Bewaffneten kämpfen.
So ist der Sieg ja für euch, Männer, schon schimpflich genug.
Jetzt sagt vielleicht aus der Menge einer: »Was gibst du den Schlangen
Gift, lieferst Schafe im Stall reißenden Wölfinnen aus?«
Dehnt doch den Vorwurf, der wenige trifft, nicht aus auf sie alle;
Jegliche Frau werde nach ihren Verdiensten geprüft.
Mag auch der jüngere Sohn des Atreus Helena, mag auch
Atreus' älterer Sohn zeihn ihre Schwester der Schuld,
Kam durch die Schuld Eriphyles, der Talaustochter, auch Oecleus'
Sohn bei lebendigem Leib mit seinen Pferden zum Styx,
Ist doch Penelope, während ihr Mann zwei Lustren umherirrt,
Während er ebensolang Kriege führt, trotzdem ihm treu;
Schau auf den Phylaciden und sie, die – wie's heißt – ihrem Gatten
Folgte und fand vor der Zeit, die ihr bestimmt war, den Tod!
Die aus Pagasae kaufte den Sohn des Pheres vom Tod frei,
Sie, die man statt des Gemahls trug zum Begräbnis hinaus.
»Capaneus, nimm mich hin, nun wird unsre Asche vereint sein«,
Sprach Iphis' Tochter und sprang mitten ins Feuer hinein.
Ist doch auch nach ihrer Tracht und Benennung weiblich die Mannheit;
Wahrlich, kein Wunder ist's da, daß ihrem Volk sie gefällt.
Freilich, unsere Kunst verlangt keine solche Gesinnung;
Zu meinem Schifflein gehörn kleinere Segel ja bloß.
Liebe, die man bei mir lernt, die umfaßt nur lockere Spiele;
Lehren, wie eine Frau liebenswert ist, möchte ich.
Nicht widersteht eine Frau den Fackeln, dem grausamen Bogen –
Waffen, die Männern – ich seh's – seltener bringen Gefahr.

Häufig betrügen die Männer, die zarten Mädchen nur selten;
Wenige, fragst du danach, sind des Betruges zu zeihn.
Treulos verstieß die vom Phasis, die Mutter schon war, ihr Iason,
Und eine andere Braut kam an des Aesonsohns Brust.
Ginge es, Theseus, nach dir, den Seevögeln hätt' Ariadne,
Als du sie einsam am Strand ließest, zur Nahrung gedient.
Fragst du, warum »Neun Wege« ein Weg heißt, so hör von den Wäldern,
Welche für Phyllis ihr Laub abwarfen, weinend um sie.
Er war berühmt, weil so fromm er war; dennoch gab er, der Gastfreund,
Dir, Elissa, das Schwert und einen Anlaß zum Tod.
Was euch vernichtete, sag' ich: Vom Lieben habt ihr nichts verstanden.
Kunst fehlte euch, nur durch Kunst hat eine Liebe Bestand.
Wenn doch auch jetzt sie davon nichts verstünden! Jedoch Cytherea
Hieß mich's zu lehren und selbst trat sie vor Augen mir da;
Sprach dann zu mir: »Was haben die armen Mädchen verbrochen?
Waffenlos gibt ihre Schar Männern in Waffen man preis.
Die machten zwei kleine Bücher zu Liebeskünstlern; durch deine
Ratschläge bilde du aus jetzt auch die andre Partei.
Er, der die Ehefrau aus Therapnae eben noch schmähte,
Sang zur Versöhnung schon bald auf seiner Leier ihr Lob.
Kenn' ich dich recht, kränke du die gepflegten Mädchen nicht, denn nach
Ihrer Gunst mußt du stets streben, solange du lebst.«
Sprach's, und vom Myrtenkranz – denn mit Myrten im Haar stand sie vor mir –
Gab sie danach mir ein Blatt und ein paar Beeren dazu.
Was ich empfing, ließ mich auch ihre Göttlichkeit spüren; es glänzte
Reiner der Äther, und mir wich von der Brust eine Last.
Hier holt, solange sie mich begeistert, euch Lehren, ihr Mädchen,
Denen Gesetz und Scham, denen ihr Recht es erlaubt.
Denken sollt ihr schon jetzt an das nahende Alter; so wird euch
Ungenützt unter der Hand niemals verstreichen die Zeit.

Treibt es, solang es noch geht und ihr noch euer wirkliches Alter
Angebt; wie Wasser im Lauf gehen die Jahre dahin.
Nicht läßt sich, wenn sie vorbeifloß, zurückrufen jemals die Welle,
Nicht kehrt auch, wenn sie verrann, jemals die Stunde zurück.
Nutzen muß man die Zeit, denn sie gleitet mit eilendem Fuße
Fort; nicht so gut, wie sie war, wird in der Zukunft sie sein.
Hier, dieses fahle Gestrüpp – als ein Veilchenbeet hab' ich's gesehen;
Von diesem Dornenstrauch nahm einst ich mit Freuden den Kranz.
Einst kommt die Zeit, wo du, die du jetzt die Liebenden aussperrst,
Kalt als Greisin bei Nacht liegst im verlassenen Bett.
Aufgebrochen wird nicht deine Tür dann bei nächtlichem Streite;
Du siehst mit Rosen bestreut morgens die Schwelle nicht mehr.
Weh mir, wie schnell wird der Körper doch schlaff und runzelig, und die
Farbe, von der das Gesicht schimmerte, ist dann dahin.
Haare, die – du möchtest schwören – schon grau waren, als du ein Mädchen
Warst, die verbreiten sich jetzt plötzlich dir über den Kopf.
Mit ihrer dünnen Haut ziehen Schlangen ihr Alter aus; Hirsche
Macht es, wenn sie ihr Geweih abwerfen, nicht grade alt.
Unsere Vorzüge schwinden rettungslos hin; pflückt die Blume!
Wenn ihr sie nicht pflückt, dann fällt schmählich von selber sie ab.
Nimm hinzu, daß Geburten die Zeit der Jugend verkürzen;
Erntet man ständig ihn ab, schwindet dem Acker die Kraft.
Luna, Endymion vom Berg Latmus läßt dich nicht erröten;
Nicht schämt die Göttin, die rot glänzt, sich des Cephalus-Raubs;
Mag man der Venus Adonis, um den sie noch trauert, auch nachsehn –
Wo hat Harmonia sie, wo den Aeneas denn her?
Folgt dem Beispiel der Göttinnen, sterbliche Wesen, verweigert
Freuden, wie ihr sie gewährt, Männern nicht, die euch begehrn.
Mögen sie euch auch betrügen, was geht euch verlorn? Alles bleibt euch;
Nehmen sie tausend sich auch – daraus entsteht kein Verlust.

Eisen, das nutzt sich ab; vom Gebrauch wird der Kieselstein kleiner;
Der Teil hält stand, und es droht keinerlei Einbuße ihm.
Wer verbietet denn, Licht vom offenen Lichte zu nehmen?
Wer will im tiefen Meer sparsam das Wasser bewahrn?
Trotzdem gibt's Fraun, die zum Manne »Da ist nichts zu machen« noch sagen?
Sag, was verlierst du? Doch nur, daß du dann Wasser verbrauchst!
Nicht macht mein Wort euch zu Dirnen, es läßt nur nicht zu, daß ihr grundlos
Angst vor Verlust habt; was ihr schenkt, bringt euch keinen Verlust.
Doch ich hab' später erst vor, mit stärkerem Winde zu segeln;
Bin ich im Hafen noch, soll sanfte Luft treiben mein Schiff.

Ich fange an mit der Pflege: Wenn Trauben gepflegt sind, kommt guter
Wein hervor; hoch steht die Saat, wenn man das Ackerland pflegt.
Schönheit ist Gottes Geschenk, doch wie wenige können sich rühmen,
Schön zu sein – fehlt dies Geschenk doch einem Großteil von euch!
Sorgfalt gibt euch ein schönes Gesicht; wird's vernachlässigt, geht sein
Reiz ihm verlorn, mag's auch gleich dem der Idalie sein.
Wenn die Frauen der Vorzeit noch nicht ihren Körper so pflegten,
Lag's an den Männern, denn die waren ja auch nicht gepflegt.
Denn wenn Andromache einst sich in grobe Tuniken hüllte,
Ist das ein Wunder? Ihr Mann war doch ein rauher Soldat!
Hättest du, Frau des Aiax, wohl aufgeputzt zu ihm kommen
Sollen, zu ihm, dessen Schild aus sieben Stierhäuten war?
Einst herrschte rohe Schlichtheit, doch jetzt ist Rom golden, besitzt jetzt
Riesige Schätze, die ihm gab die bezwungene Welt.
Schau du nur aufs Capitol, wie es jetzt ist und wie es gewesen:
Jupiter, dem es gehört, war – glaubst du – anders als jetzt.

Würdig der hohen Versammlung ist heute die Kurie; als einst
Tatius König war, da war sie aus Stoppeln ja bloß.
Und das Palatium, das jetzt im Glanze der Feldherrn und Phoebus'
Strahlt, was war mehr es denn als Weide für Pflugochsen einst?
Möge das Altertum andre erfreuen, ich preise mich glücklich,
Jetzt erst zu leben; es paßt zu meiner Art diese Zeit,
Nicht weil geschmeidiges Gold jetzt der Erde entrissen wird, nicht weil
Zu uns die Perlmuschel kommt, die man am fernen Strand sucht,
Nicht weil Berge man jetzt durch das Graben nach Marmorstein abträgt,
Nicht weil die Mole des Meers bläuliche Fluten vertreibt,
Nein, weil Verfeinerung herrscht und weil nicht bis in unsere Zeit als
Rest aus der Urväterzeit bäurisches Wesen sich hielt.
Ihr auch, beschwert eure Ohren doch nicht mit den teueren Steinen,
Die dunkle Inder für uns sammeln in grünlicher Flut;
Zeigt euch auch nicht belastet mit golddurchwirkten Gewändern;
Oftmals verjagt uns der Prunk, der uns doch anlocken soll.
Sauberkeit nimmt uns ein; nicht soll ungeordnet das Haar sein,
Welchem ein Handgriff die Form geben kann oder auch nimmt.
Mehr als nur eine Frisur gibt's; es soll eine jede, was ihr steht,
Wählen; sie frage dabei erst ihren Spiegel um Rat.
Lange Gesichter vertragen recht gut einen sauberen Scheitel;
Diese Frisur ist es, die Laodamia einst trug.
Über der Stirn soll ein kleiner Haarknoten bleiben, so daß die
Ohren noch sichtbar sind: So will es das runde Gesicht.
Fallen soll über die beiden Schultern das Haar bei der einen;
So, Sänger Phoebus, siehst du, wenn du zur Leier greifst, aus.
Binde die andre sich's auf wie die hochgeschürzte Diana,
Wie sie's gern trägt auf der Jagd nach dem verängstigten Wild.
Der steht ihr Haar, wenn füllig und locker es ihr auf dem Kopf liegt;
Fest gebunden und straff lege es die sich herum.
Diese gefällt, wenn sie sich mit cyllenischem Schildpatt es aufputzt;
Locken, wie Wellen geformt, trage die andre am Kopf.
Aber du zählst nicht die Früchte der astreichen Eiche, die Bienen
Hyblas auch zählst du mir nicht, noch in den Alpen das Wild,

Noch kann ich so viele Haarmoden zahlenmäßig erfassen,
Denn jeder neue Tag fügt neue Frisuren hinzu.
Vielen steht's, wenn sie ihr Haar nur nachlässig kämmen; oft glaubst du,
Gestern zuletzt sei's geschehn, aber sie kämmte es grad.
Kunst gleicht dem Zufall. So war's beim Alciden, der, als er Iole
In der besiegten Stadt sah, »Diese hier liebe ich« sprach.
Dich auch, verlassene Cnosserin, hob, wie du warst, damals Bacchus
In seinen Wagen. »Euhoe!« schrieen die Satyrn dabei.
O wie nachsichtig hilft die Natur eurem Liebreiz nach, die ihr
Oftmals auf vielerlei Art Nachteile ausgleichen müßt!
Wir werden übel entblößt, und die Haare, die uns die Zeit raubt,
Fallen, wie wenn von dem Baum Boreas Laub schüttelt, aus.
Frauen färben ihr graues Haar mit germanischen Kräutern,
Und sie verbessern des Haars wirkliche Farbe durch Kunst.
Frauen erscheinen umwallt von gekauftem Haar; als Ersatz für
Eignes verwandeln für Geld fremdes in eigenes sie.
Auch erröten sie nicht, wenn sie's kaufen; vor Hercules' Augen
Und vor dem Musenchor wird's offen – wir sehn es – verkauft.

Was soll von Kleidern ich reden? Ich will jetzt nicht teure Besätze,
Dich auch nicht, Wolle, vom Rot tyrischer Schnecken gefärbt.
So viele Farben sind für weniger Geld jetzt verfügbar:
Wenn sein Vermögen am Leib dennoch man trägt – wie verrückt!
Sieh hier die Farbe der Luft, wenn sie frei ist von aller Bewölkung,
Regengüsse auch nicht lauwarmer Südwind erzeugt;
Sieh, diese Farbe gleicht dir, die du den Listen der Ino
Phrixus und Helle – so heißt's – konntest entreißen dereinst.
Meereswellen ahmt diese hier nach und sie heißt auch nach ihnen;
Solche Gewänder – glaub' ich – ziehen die Nymphen sich an.
Die wirkt wie Krokus; es hüllt sich die taufrische Göttin beim Anschirrn
Ihres Gespanns, das den Tag bringt, in ein Krokusgewand.
Purpurnen Amethysten gleicht die, die den Myrten von Paphos,
Thrakiens Kranich ist die, ist weißen Rosen auch gleich.

Deine Eicheln und Mandeln – auch die fehlen nicht, Amaryllis,
Und seinen Namen verlieh wollenen Stoffen das Wachs.
So viele Blumen die junge Erde erzeugt, wenn im warmen
Frühling die Knospen der Wein treibt, da der Winter entfloh,
So viele Säfte oder noch mehr trinkt die Wolle: Bestimmte
Farben wähl aus, denn es wird jede nicht jeder Frau stehn.
Schneeweißen stehen die dunklen Farben: Sie standen Briseïs;
Als sie geraubt wurde, trug grad sie ein dunkles Gewand.
Weiß steht den Bräunlichen: Du auch gefielst, Cepheus' Tochter, in weißen
Kleidern; du hattest sie an, als du Seriphos betratst.

Fast hätt' ich euch noch ermahnt: Laßt den trotzigen Bock unter eure
Achseln nicht kommen; das Bein sei nicht von Borstenhaar rauh.
Doch nicht vom Kaukasusfeld sind die Mädchen, die ich unterrichte,
Trinken, Caïcus, aus dir mysisches Wasser ja nicht.
Soll ich euch etwa auch lehrn, daß ihr nicht eure Zähne durch Trägheit
Braun werden laßt, daß den Mund morgens mit Wasser ihr spült?
Ihr versteht euch darauf, mit Kreide die Haut euch zu weißen;
Wangen, die nicht durch ihr Blut rot sind, die rötet die Kunst.
Kunst füllt den leeren Raum zwischen Augen und Brauen aus, und ein
Schönheitspflästerchen sitzt auf einem reinen Gesicht.
Ihr umrahmt ohne Scheu euch mit feiner Asche die Augen
Oder mit Krokus (er wächst, schimmernder Cydnus, bei dir).
Ich schrieb ein Büchlein, worin ich von Mitteln für euere Schönheit
Sprach; ist's auch klein, macht die Müh', die ich mir gab, es doch groß.
Dort sucht euch Hilfe und Rat für die angeschlagene Schönheit;
Untätig ist meine Kunst niemals in euerem Dienst.
Nie aber soll der Liebhaber Schminktöpfchen, die auf dem Tisch stehn,
Vorfinden. Nur eine Kunst, die ihr verheimlicht, macht schön.

Wen stößt's nicht ab, wenn das ganze Gesicht von Hefe verschmiert ist,
Wenn, weil sie schwer ist, hinab zum warmen Busen sie fließt?
Wie erst Oesypum stinkt, ein Saft, den, auch wenn aus Athen er
Kommt, man gleichwohl aus dem Fell schmutziger Schafe gewinnt!
Gutheißen kann ich's auch nicht, wenn vor dem Geliebten das Mädchen
Salbe aus Hirschmark gebraucht oder die Zähne sich putzt;
Dies schenkt zwar Schönheit, jedoch mit anzusehn ist es sehr häßlich;
Häßlich ist viel, wenn's entsteht, ist's aber fertig, gefällt's.
Sie, die jetzt so berühmt sind, die Werke des fleißigen Myron,
Die waren Klumpen aus Erz und rohe Masse zuvor.
Um einen Ring herzustellen, muß man das Gold zuerst hämmern,
Und das Gewand, das du trägst – schmutzige Wolle war's einst.
Als es entstand, war ein rauher Stein noch, was jetzt ein berühmtes
Bildwerk ist: Venus, die nackt auswringt ihr tropfendes Haar.
So laß auch uns, während du dich zurechtmachst, glauben, du schliefest.
Besser, du läßt dich erst sehn, ist letzte Hand angelegt.
Warum soll ich den Grund für die weiße Gesichtsfarbe kennen?
Schließ deine Schlafzimmertür: Unfertig zeig nicht dein Werk!
Es ist gut, wenn die Männer vieles nicht wissen; das meiste
Dürfte wohl anstößig sein, deckt man das Innre nicht zu.
An dem geschmückten Theater hoch oben die Goldfigurn – schau nur,
Voller Verachtung siehst du: Holz ist's, von Blech nur bedeckt.
Aber das Volk darf erst dann, wenn sie fertig sind, ihnen sich nähern;
So macht auch ihr nur, solang Männer nicht da sind, euch schön.
Doch ich verbiete dir nicht, dir das Haar vor den Augen des Freundes
Kämmen zu lassen, daß weit über den Rücken es fließt.
Dann hüte du dich besonders davor, daß du mißgelaunt bist, und
Löse das Haar dir nicht oft, wenn's schon geflochten war, auf.

Laß die Friseuse in Ruh': Die hass' ich, die ihr das Gesicht mit
Nägeln zerkratzt, in den Arm ihr mit der Haarnadel sticht.
Fluchend dem Haupt ihrer Herrin, das sie berührn muß, und blutend
Weint in das Haar, das sie haßt, Tränen die Sklavin hinein.
Hat eine schütteres Haar, hüt' ein Wächter die Schwelle ihr, oder
Zur Bona Dea soll sie, muß sie frisiert werden, gehn.
Unverhofft meldete man einem Mädchen einst meine Ankunft:
Aufgeregt setzte ihr Haar sie da verkehrt herum auf.
So eine große Blamage, die treffe bloß unsere Feinde,
Und jungen Partherfraun nur soll diese Schmach widerfahrn.
Häßlich ist ja ein Tier, das verstümmelt ist, häßlich ein Feld, dem
Gras fehlt, ein Busch ohne Laub oder ein Kopf ohne Haar.

Leda, Semele – nicht ihr kamt zu mir zur Belehrung, auch du nicht,
Die übers Meer trug des Stiers Scheinbild, Sidonierin,
Helena auch nicht, die du – nicht dumm! –, Menelaus, zurückwillst,
Und welche du – auch nicht dumm! –, troischer Räuber, behältst.
Unterricht sucht hier die Masse, die schönen und häßlichen Mädchen,
Und von dem Schlechteren ist mehr als vom Guten stets da.
Hilfe und Lehren der Kunst brauchen Schöne nicht kraft ihrer eignen
Gabe: der Schönheit, die auch mächtig ist ohne die Kunst.
Ist das Meer ruhig, dann kann der Seemann sorglos sich ausruhn,
Ist's aber aufgewühlt, treibt eifrig die Helfer er an.
Selten doch ist ein Gesicht frei von Fehlern: Verbirg diese Fehler,
Und, soweit's möglich ist, halt Mängel des Körpers versteckt.
Sitz, wenn du klein bist, damit, wenn du stehst, man nicht annimmt, du säßest;
Strecke, so klein du auch bist, aufs weiche Polster dich hin.
Hier auch, damit, wenn du daliegst, man ja nicht, wie groß du bist, messe,
Schau, daß mit deinem Gewand du deine Füße bedeckst.
Die, die zu mager ist, trage nur Stoffe aus dichtem Gewebe;
Weit sei der Mantel im Schnitt, der von den Schultern ihr fällt.

Ist eine blaß, dann trage sie Kleider mit purpurnen Streifen,
Doch bei dem pharischen Fisch such, bist zu dunkel du, Rat.
Schneeweißes Leder soll einen häßlichen Fuß stets verbergen;
Sind deine Beine zu dürr, lös ihre Bänder nie ab.
Sind die Schultern zu hoch, dann kleiden sie Schnallen, die flach sind;
Um eine schmächtige Brust schlinge ein Band sich herum.
Nur mit sparsamen Gesten bekräftige die ihre Worte,
Bei der die Finger zu dick, spröde die Nägel auch sind.
Wenn eine Mundgeruch hat, rede nie sie mit nüchternem Magen,
Und von des Mannes Gesicht halt' weiten Abstand sie stes.
Sind deine Zähne schwarz oder sind sie zu groß oder wachsen
Schief sie im Mund dir, dann bringt Lachen dir große Gefahr.

Wer möchte dieses wohl glauben? Die Mädchen lernen auch lachen,
Wollen in diesem Bereich ebenfalls anmutig sein:
Mäßig nur öffne der Mund sich, und beiderseits seien dort Grübchen;
Oben am Rand sei der Zahn halb von der Lippe bedeckt,
Und sie sollen auch nicht durch ständiges Lachen das Zwerchfell
Spannen, der Klang sei vielmehr weiblich und irgendwie leicht.
Manche gibt's, die das Gesicht durch entstellendes Lachen verzerren;
Lacht eine andere froh, möchte man meinen, sie weint.
Irgendwie rauh und abstoßend klingt es, wenn jene lacht: Wie die
Häßliche Eselin, die vom rauhen Mühlstein her brüllt.
Welchen Bereich spart die Kunst aus? Sie lernen, mit Anstand zu weinen,
Können, wenn's ihnen beliebt, schluchzen auf jederlei Art.
Ja, sie betrügen sogar einen Laut um den Klang, den die Regel
Vorschreibt; die Zunge auch kann lispeln auf ihren Befehl.
Charme liegt im Fehler: Man lernt, wie man einige Wörter nicht richtig
Artikuliert, und die Kunst, schlechter zu sprechen als sonst.

Auf dieses alles verwendet – es nützt euch ja – euere Sorgfalt;
Lernt, wie mit weiblichem Schritt ihr euren Körper bewegt.

An eurem Reiz hat der Gang einen nicht zu verachtenden Anteil,
Da fremde Männer er lockt, doch in die Flucht sie auch schlägt.
Diese bewegt mit Geschick ihre Hüften, sie läßt ihre Kleider
Flattern im Wind und voll Stolz streckt sie im Schreiten den Fuß.
Jene spaziert daher wie die sonnengerötete Gattin
Eines Umbrers und weit greift mit den Schritten sie aus.
Aber auch hier sei ein Maß, wie in vielem: Ist bäurisch der eine
Schritt, wird der andere Gang weichlicher sein als erlaubt.
Doch den unteren Teil deiner Schulter, den obern des Armes
Lasse entblößt, und von links biete dem Blick er sich dar:
Das steht euch ganz besonders, ihr Schneeweißen; seh' ich's – die Schulter
Möcht' ich, soweit sie sich zeigt, küssen, und das immerzu.

Wunder des Meers waren sie, die Sirenen: Sie hielten mit lieblich
Tönender Stimme das Schiff, auch wenn's das schnellste war, auf.
Sisyphus' Sohn, als er's hörte – gelöst hätt' er fast seinen Körper
Von seinen Fesseln; denn Wachs schloß den Gefährten das Ohr.
Einschmeichelnd ist's, wenn man singt: Deshalb sollen die Mädchen es lernen;
Knüpfte doch statt des Gesichts vielen die Stimme das Band.
Nachsingen solln sie bald das, was zuvor sie im Marmortheater
Hörten, bald Lieder, gespielt in der ägyptischen Art;
Auch mit der Linken die Cithara, rechts das Plectrum zu halten,
Soll die gebildete Frau, wie sie mir vorschwebt, verstehn.
Felsen und wildes Getier bewegte die Leier des Thrakers
Orpheus, den Drillingshund auch, ja, auch die Tartarusseen;
Felsen auch haben, weil du, gerechtester Rächer der Mutter,
Sangst, voller Eifer von selbst dir neue Mauern erbaut;
Wenn er auch stumm war – dem Klang der Leier Arions, so glaubt man,
Lauschte der Fisch voller Gunst (gut ist die Sage bekannt).
Lerne du gleichfalls, die Saiten der Harfe beim Feste mit beiden
Händen zu zupfen, denn gut paßt sie zu lieblichem Scherz.

Dir sei Callimachus' Muse bekannt, die des koischen Dichters,
Und was der teïsche Greis, welcher den Wein liebte, sang;
Sappho auch solltest du kennen – denn wer schreibt erotischer? –, lies auch
Ihn, bei dem Geta, der Schelm, listig den Vater betrügt,
Auch ein Gedicht des Properz, des zärtlichen, könntest du lesen
Oder ein Gallusgedicht oder, Tibull, was von dir
Oder, besungen von Varro, das Vlies, geschmückt mit den goldnen
Wollzotteln – Phrixus, es schuf einst deiner Schwester schon Leid –
Und den Flüchtling Aeneas, den Uranfang des erhabnen
Rom, das berühmteste Werk, das es in Latium gibt.
Und vielleicht gerät unter diese Namen auch meiner,
Und, was ich schrieb, wird nicht Opfer des Lethestroms sein,
Und es wird einer sagen: »Lies die gepflegten Gedichte
Unseres Lehrers, worin beide Partein er belehrt,
Oder aus den drei Büchern des Werks mit dem Titel ›Amores‹
Wähl etwas aus und das lies ausdrucksvoll und mit Gefühl,
Oder auch einen der ›Briefe‹ trag vor mit melodischer Stimme.
Er schuf die Gattung ganz neu, andere kannten sie nicht.«
Mögest du, Phoebus, dies wollen und ihr, treue Götter der Dichter,
Ihr, neun Musen, und du, Baccus, mit Hörnern geschmückt.

Ich will – wer zweifelt daran? –, daß ein Mädchen das Tanzen beherrsche,
Daß sie die Arme bewegt, wenn es verlangt wird beim Wein.
Meister des Ausdruckstanzes, die Zierde der Bühne, erregen
Liebe: So groß ist der Reiz, den die Bewegungskunst hat.

Scheu hab' ich, Kleinigkeiten zu lehren: Beim Knöchelspiel sei ihr
Jeglicher Wurf, und was du, Würfel, dann anzeigst, bekannt.
Bald soll drei Zahlen sie werfen, bald überlegen, zu welcher
Seite am schlausten sie hält, welcher den Kampf sie erklärt;
Vorsichtig und überlegt möge sie den Söldnerkampf spielen,
Wenn ein einzelner Stein gegen zwei Feinde verliert,
Wenn der gefangene Krieger noch kämpft ohne seine Gefährtin,
Wenn der Rivale auch oft wieder zurückläuft den Weg.

Und in ein offenes Netz möge glatte Bälle man werfen;
Keiner, nur der, den du dann nehmen wirst, werde bewegt.
Wieder ein Spiel ist nach feiner Berechnung in so viele Felder,
Wie in Monde des Jahrs flüchtiger Lauf, unterteilt.
Je drei Steine nimmt hier auf beiden Seiten das kleine
Brett auf, und Sieger ist, wer in eine Reihe sie bringt.
Widme dich tausend Spielen; es ist eine Schande, wenn Mädchen
Nicht sich aufs Spielen verstehn: Vorspiel zur Liebe ist's oft.
Aber gering ist die Mühe, die Würfel geschickt zu verwenden,
Schwieriger die, daß man hier auch seine Fassung bewahrt.
Dann sind wir unvorsichtig, und mitten im Eifer entlarven
Wir uns selbst, und durchs Spiel liegt unser Herz offen da;
Zorn schleicht sich ein, dieses häßliche Übel, dazu die Gewinnsucht;
Scheltworte gibt es und Zank, schmerzliche Unruhe auch.
Vorwürfe macht man einander, es hallt das Geschrei durch den Äther,
Und zu den Gottheiten, die zürnen, ruft jeder für sich.
Spielbrettern traut man nicht: Was wünscht man sich nicht durch Gelübde!
Wangen, von Tränen benetzt, hab' ich sogar oft gesehn.
Jupiter möge euch stets vor so üblem Betragen bewahren,
Wenn euch nur etwas dran liegt, daß ihr den Männern gefallt.

Mißgünstig gab die Natur nur diese Spiele den Mädchen;
Größer doch ist das Gebiet, das sich den Männern hier zeigt:
Die haben schnelle Bälle, den Wurfspieß, die Reifen und Waffen,
Haben das Pferd, das man zwingt, daß es herumläuft im Kreis.
Euch kennt weder das Marsfeld, noch trägt euch die eiskalte Virgo
Noch auch der tuskische Fluß sanft mit der Strömung dahin.
Aber ihr dürft und ihr sollt durch Pompeius' schattige Halle
Hinschlendern, wenn euch der Kopf glüht unterm Jungfraungestirn.
Sucht das Palatium auf, das dem lorbeertragenden Phoebus
Heilig ist – er hat im Meer Schiffe Ägyptens versenkt –,
Geht zu den Prachtmonumenten der Schwester des Feldherrn und seiner
Frau und des Schwiegersohns, den wegen des Seesiegs man ehrt,

Zu der memphitischen Kuh Altären voll Weihrauch und zu den
Drei Theatern, die weit sichtbar sind, macht euch auch auf.
Schaut die Arena euch an, die vom warmen Blute befleckt ist,
Und den Wendepunkt, den glühende Räder umfahrn.
Was sich versteckt, das kennt niemand, und kennt man's nicht, weckt's kein Verlangen;
Fehlen dem schönen Gesicht Zeugen, dann nützt es auch nichts.
Magst du auch besser noch als Amoebeus und Thamyras singen,
Erntet dein Leierspiel, wenn niemand es kennt, nicht viel Dank.
Hätte der koische Maler Apelles nirgends die Venus
Aufgestellt, wäre sie noch unter den Wogen versteckt.
Was denn außer dem Ruhm erstreben die heiligen Dichter?
Prägt dieser Wunsch doch allein unser gesamtes Bemühn!
Unter dem Schutze der Götter und Könige stand einst der Dichter,
Große Belohnungen trug damals der Chor stets davon;
Heiliges Ansehn und einen verehrungswürdigen Namen
Hatte der Dichter; man gab Schätze in Fülle ihm oft.
Ennius hat es verdient – er, der aus Calabriens Bergen
Kam –, großer Scipio, daß an deiner Seite er ruht.
Jetzt liegt der Efeu entehrt, und die Sorge, die wachsam sich um die
Kundigen Musen bemüht, die wird jetzt Faulheit genannt.
Gern jedoch wacht man für Ruhm. Wer würde Homer denn wohl kennen,
Läg' nicht die Ilias vor, dieses unsterbliche Werk?
Wer würde Danaë kennen, wenn stets sie gefangen geblieben
Wäre und hätte, bis sie alt war, im Turme gesteckt?
Euch, ihr reizenden Mädchen, sind Menschenansammlungen nützlich.
Über die Türschwelle setzt oft euren schweifenden Fuß.
Wölfinnen streben zur Herde, ein einziges Schaf zu erbeuten,
Jupiters Adler auch stürzt gern sich auf Vögel im Schwarm.
So zeige auch sich dem Volke die Frau, welche auffallend schön ist;
Unter den vielen wird dort einer wohl sein, den sie fängt.
Wo sie auch sei, soll sie bleiben, voll Eifer bedacht zu gefallen,
Soll all ihr Sinnen darauf richten, daß reizvoll sie wirkt.
Zufall regiert überall, wirf die Angel stets aus; in dem Wasser,
Wo du's am wenigsten glaubst, dort wird ein Fisch für dich sein.

Oftmals durchirren die Hunde vergeblich die waldreichen Berge,
Und in das Netz geht der Hirsch, ohne daß einer ihn jagt.
Worauf konnte in Fesseln Andromeda weniger hoffen,
Als mit verweintem Gesicht jetzt einem Mann zu gefalln?
Bei dem Begräbnis des Manns sucht ihr oft einen neuen; es steht euch,
Geht ihr mit offenem Haar, laßt ihr dem Schmerz freien Lauf.

Aber meidet die Männer, die, daß sie ihr Äußeres pflegen,
Offen zur Schau stelln und die kunstvoll die Haare frisiern.
Was sie euch sagen, zu tausend Mädchen schon sagten sie's vorher;
Unstet ist Amor hier, streift ohne Behausung umher.
Was macht die Frau, wenn der Mann vielleicht eine glattere Haut hat,
Wenn er imstande ist, mehr Männer zu haben als sie?
Kaum werdet ihr mir das glauben, doch glaubt mir: Es stünde noch heute
Troja, hätte es nur Priamus' Lehren befolgt.
Manche gehn unter dem Schein erlogener Liebe auf Raub aus,
Suchen auf so einem Weg schnöden Gewinn nur für sich.
Weder das Haar, das von flüssiger Narde glänzt, noch eine knappe
Schuhlasche täusche euch, die fest in den Schuhfalten sitzt,
Noch täusche euch eine Toga aus fein gewobenen Fäden,
Noch auch, wenn Ring an Ring an ihre Finger sie reihn:
Kann doch von denen grad der, der am besten gepflegt ist, ein Dieb sein,
Und seine Liebesglut gilt lediglich deinem Gewand!
»Gib mir das Meine zurück«, schreien oft die bestohlenen Mädchen,
»Gib mir das Meine zurück«, schallt übers Forum es laut.
Mit deinen appischen Nymphen siehst du, Venus, dieses Gestreite
Von deinem Tempel aus Gold voller Gelassenheit an.
Einige Namen gibt's, deren Ruf ohne Zweifel sehr schlecht ist.
Manchem – o weh! – wirft man vor, daß er die Freundin betrog.
Lernt aus den Klagen der andern, für das, was ihr selbst habt, zu fürchten,
Laßt einem Mann, der betrügt, nie eure Tür offen stehn.

Glaubt, Cecropiden, nur ja nicht den Schwüren des Theseus: Die Götter,
Die er zu Zeugen jetzt ruft, die rief er früher schon an.
Dir, Demophoon, auch, du Erbe des treulosen Theseus,
Schenkt kein Vertrauen man mehr, seit du die Phyllis betrogst.
Machen sie viele Versprechungen, macht ihnen ebenso viele;
Erst wenn sie schenken, schenkt auch Freuden, die ausgemacht sind.
Die ist imstande, die ewigen Flammen der Vesta zu löschen,
Fähig, dein Tempelgerät, Inachus' Tochter, zu stehln,
Und ihrem Mann ein Getränk mit Wolfswurz und Schierling zu reichen,
Die ein Geschenk nimmt und dann Freuden der Venus versagt.

Näher am Stoff will ich bleiben: Die Zügel zieh an, und vom schnellen
Wagen laß, Muse, dich nicht tragen heraus aus der Bahn!
Worte, auf Tannenholztafeln geritzt, solln die Furt erst erproben;
Eine geeignete Magd nehme den Brief in Empfang.
Lies nun genau und entnimm dem Wortlaut, ob er nur heuchelt,
Oder sein Bitten sein Herz und wahre Sehnsucht verrät.
Schreibe nach kurzer Zeit ihm zurück: Eine Zwischenzeit stachelt
Immer den Liebenden an, dauert sie nur nicht zu lang.
Laß, daß er's leicht mit dir hat, den werbenden Jüngling nicht hoffen,
Schlag aber dennoch nicht hart, was er dich bittet, ihm ab.
Lasse ihn fürchten und hoffen zugleich, und sooft du zurückschreibst,
Werde geringer die Furcht, größer die Hoffnung in ihm.
Zwar gepflegt, doch normal und vertraut solln die Worte, ihr Mädchen,
Sein, die ihr schreibt, denn die Art, wie man im Volk spricht, gefällt.
Ach, wie oft hat ein Brief ein Herz, das noch schwankte, entzündet,
Hat ein barbarischer Stil Schönheit zuschanden gemacht!
Aber da euch daran liegt, daß, obwohl euch die Ehre des Haarbands,
Wie es die Gattin trägt, fehlt, ihr eure Männer betrügt,

Laßt von der Magd oder von einem Sklaven den Brief für euch schreiben;
Liebespfänder vertraut Sklaven, die neu sind, nicht an:
Sah ich doch untreue Frauen, die, weil ihnen so ein Beweisstück
Angst schuf, ein elendes Joch trugen für ewige Zeit.
Freilich, ein Schurke ist der, der ein solches Pfand bei sich aufhebt,
Flammen des Ätna jedoch gleicht die Gewalt, die es hat.
Aber Betrug mit Betrug zu bekämpfen, ist, mein' ich, gestattet;
Waffen mit Waffengewalt abzuwehrn, hat man das Recht.
Ein und dieselbe Hand möge vielerlei Handschriften lernen.
Ach, geht zugrund', die ihr mich zwingt, daß ich so etwas lehr'!
Antworten ist nur gefahrlos, wenn ausgelöscht ist, was im Wachs stand,
Daß eine Schrifttafel nicht zweierlei Handschrift enthält.
Rede, wenn du ihm schreibst, den Liebhaber immer als Frau an:
»Sie« soll in euerem Kode stehen an Stelle von »er«.

Wenn es erlaubt ist, den Blick jetzt von Kleinem auf Größres zu lenken
Und meine Segel sich voll aufblähn zu lassen, so hört:
Mit zur Schönheit gehört, das wilde Gemüt zu bezähmen;
Strahlender Friede geziemt Menschen, den Tieren die Wut.
Zorn macht, daß das Gesicht schwillt, von Blut werden dunkel die Adern;
Wilder als Gorgos Blick blitzen die Augen vor Glut.
»Fort mit dir! Nein, so viel bist du mir nicht wert, Flöte«, sagte
Pallas einst, als in des Stroms Spiegel ihr Antlitz sie sah.
Würdet auch ihr euch mitten im Zorn im Spiegel erblicken,
Kaum eine würde da noch kennen das eigne Gesicht.
Und nicht weniger schädlich für euer Gesicht ist der Hochmut:
Nur mit freundlichem Blick locke man Amor herbei.
Uns ist – glaubt dem Erfahrenen! – maßloser Dünkel zuwider;
Oftmals, auch wenn man nichts sagt, sät ein Gesichtsausdruck Haß.
Sieht er dich an, sieh ihn auch an, und lächelt er zärtlich, so lächle;
Winkt er dir zu, zeige gleich, daß du's gemerkt hast, und wink.

Vorspiel ist dies; seine Spielzeugwaffen läßt fort jetzt der Knabe,
Greift in den Köcher und holt spitze Geschosse hervor.
Freudlose mögen wir auch nicht: Sei Aiax verliebt in Tecmessa;
Uns, ein fröhliches Volk, fesselt die heitere Frau.
Niemals würde ich euch, Andromache oder Tecmessa,
Bitten, daß eine von euch meine Geliebte soll sein.
Wären da nicht eure Kinder, die, daß ich es glaube, mich zwingen,
Kaum könnt' ich's glauben, daß je mit euren Männern ihr schlieft.
Was, diese freudlose Frau, die hätte etwa zu Aiax
»O du mein Schatz!« und was sonst Männer erfreut, einst gesagt?

Wer verbietet uns, Großes als Beispiel für Kleines zu nehmen,
Und daß wir auch ohne Scheu nennen den Feldherrn dabei?
Diesem vertraut ein guter Feldherr die Führung von hundert
Mann an, das Reiterheer dem, jenem die Fahnen zum Schutz:
So prüft auch ihr, wozu von uns Männern ein jeder sich eignet,
Und einen jeglichen stellt an seinen richtigen Platz.
Gaben schenke der Reiche, der Rechtsanwalt leiste euch Beistand,
Und der Beredsame führ' seiner Klientin Prozeß.
Wir, die Schöpfer von Versen, solln Verse nur schicken: Zum Lieben
Ist unsre Gruppe ja mehr als alle andren gemacht.
Wir verbreiten weithin den Preis gefälliger Schönheit:
Nemesis ist ja berühmt, Cynthia ist ja berühmt,
Und in den Ländern des Westens und Ostens kennt man Lycoris,
Mich auch fragen sie oft, wer denn Corinna wohl sei.
Ferner: Den heiligen Dichtern ist Heimtücke fremd. Mit dem Wesen,
Das ihr gemäß ist, stimmt unsere Kunst überein.
Weder berührt uns Ehrgeiz noch Gier nach Besitz, denn das Forum
Mögen wir nicht, ziehn das Bett und einen Ruheplatz vor.
Aber wir gehen euch leicht auf den Leim, glühn in heftigem Feuer,
Können nur allzu treu, wenn wir dann lieben, auch sein.
Freilich: Gefühlvoller macht die friedliche Kunst unser Wesen;
Dem, was wir gerne tun, paßt unser Charakter sich an.

Seid den aonischen Sängern gefällig, ihr Mädchen; in ihnen
Wirkt eine Gottheit; es sind ihnen die Musen geneigt.
In uns wohnt ein Gott, und wir stehn in Verkehr mit dem Himmel,
Und vom ätherischen Sitz kommt zu uns göttlicher Geist.
Frevel ist's, von den kundigen Dichtern sich Geld zu erhoffen;
Weh mir, kein Mädchen gibt's, das vor diesem Frevel sich scheut!
Wahrt doch zumindest den Schein und zeigt eure Raubgier nicht offen:
Liebt euch ein Neuer, zuckt der, sieht er das Netz, nur zurück.
Nie wird ein Reiter ein Pferd, das jüngst erst die Zügel verspürt hat,
Lenken mit *dem* Zaum, womit sonst ein dressiertes er lenkt;
So auch fängst du ein Herz, das vom Alter gefestigt ist, und die
Blühende Jugend dir nicht, gehst du den nämlichen Weg:
Dieser noch wenig Erfahrne, der Amors Feldlager jetzt erst
Kennt und als neuester Fang zu dir ins Schlafzimmer kam,
Der soll dich allein kennen, an dir immer hängen; man gebe
Stets einen hohen Zaun um dieses Saatfeld herum.
Flieh die Rivalin; solange er dir nur gehört, wirst du siegen;
Herrschaft und Liebe bestehn, muß man sie teilen, nicht lang.
Doch jener alte Soldat liebt sachte und mit Überlegung,
Und er erduldet auch viel, was ein Rekrut nicht erträgt.
Der zerbricht nicht die Tür und versengt sie mit wütendem Feuer,
Fährt seiner Herrin auch nicht kratzend ins zarte Gesicht,
Reißt nicht die eigenen Kleider entzwei und die Kleider des Mädchens,
Noch treibt zu Tränen er sie, weil er das Haar ihr zerrauft.
So etwas paßt nur zu Knaben, die Jugend und Liebe befeuern;
Grausame Wunden erträgt er, der Erfahrne, gefaßt.
Ach, nur ein langsames Feuer verbrennt ihn wie Heu, wenn es feucht ist,
Oder wie Holz, welches grad oben im Bergwald man schlug.
Diese Liebe ist sichrer, nicht leicht, doch ersprießlicher jene.
Pflückt drum die Früchte, die bald fallen, mit eiliger Hand.

Alles nun geb' ich euch preis, hab' dem Feinde die Tore entriegelt;
Treulos ist sonst der Verrat – euch zeig' ich Treue durch ihn!

Was man uns leichthin gewährt, nährt schlecht eine längere Liebe;
Auch eine Abweisung misch ins frohe Spiel ab und zu.
Laß vor der Türe ihn liegen und »Grausame Tür« zu ihr sagen,
Laß voller Demut ihn oft, oft unter Drohungen flehn.
Süßes vertragen wir nicht; laß bitteren Saft uns verjüngen:
Oft geht ein Kahn unter, weil günstiger Wind ihn versenkt.
Dies ist der Grund, der nicht zuläßt, daß Männer die Ehefrau lieben,
Denn sie können zu ihr kommen, wann immer sie wolln.
Denk dir dazwischen die Tür, laß den Pförtner mit grausamer Miene
Sagen: »Du darfst nicht« – wenn du ausgesperrt bist, liebst auch du!
Fort mit den stumpfen Schwertern, man kämpfe von jetzt an mit scharfen!
Meine – ich zweifle nicht dran – richtet man bald gegen mich.
Während dein Liebhaber dir noch ins Netz geht, und auch, wenn du grad ihn
Fingst, laß ihn hoffen, nur er herrsche in deinem Gemach.
Später erst spür' er: Da ist ein Rivale, der mit ihm dein Bett teilt;
Läßt solche Kniffe du weg, welkt eure Liebe dahin.
Gut rennt das mutige Pferd, wenn die Schranken entriegelt sind, dann erst,
Wenn es noch andere gibt, die es verfolgt und besiegt.
Kränkung erregt die Glut, war auch längst sie erloschen, aufs neue:
Seht – ich gesteh's –, ich bin nur, wenn ich gekränkt bin, entflammt.
Aber der Grund für den Schmerz soll sich allzu offen nicht zeigen;
Unruhig denke er stets, da sei noch mehr, als er weiß.
Ansporn sei, daß du erfindest, daß streng dich ein Sklave bewacht, und
Daß dein zu harter Mann dich mit seiner Fürsorge quält:
Lust, die uns ohne Gefahr zuteil wird, ist nicht so willkommen;
Bist du auch freier als selbst Thaïs, fingiere Gefahr.
Mag's auch bequem durch die Tür gehn, laß dennoch durchs Fenster ihn steigen,
Und in deinem Gesicht sehe man Zeichen der Angst.

Schlau soll die Magd dann hervorspringen, rufend: »Nun sind wir verloren!«;
Du bring den Zitternden gleich irgendwo in ein Versteck.
Doch neben all diese Angst soll sorglose Wonne auch treten,
Daß er nicht denke, zu hoch seien die Nächte erkauft.

Wie man den schlauen Gemahl und den wachsamen Hüter der Schwelle
Täuschen kann, wollte ich hier eigentlich erst übergehn.
Nur die Ehefrau fürchte den Mann, sei in strengem Gewahrsam:
Dieses gehört sich, dies wolln Kaiser, Gesetze und Scham.
Daß man auch dich, die der Stab eben freiließ, bewacht – wer ertrüg' dies?
Lasse dich einweihn von mir, daß du es lernst, wie man täuscht.
Mögen dich so viele Augen, wie Argus hatte, bewachen –
Wenn du nur ernstlich es willst, hat deine Täuschung Erfolg.
Freilich wird dir beim Schreiben von Briefen der Wächter im Weg sein;
Aber man wird dir doch wohl Zeit lassen, daß du dich wäschst.
Und die Vertraute kann die beschriebenen Tafeln befördern,
Die an der wärmenden Brust unter dem Band sie versteckt;
Oder sie kann an der Wade Papier heimlich anbinden, kann auch
Unterm geschnürten Fuß tragen die zärtliche Schrift.
Paßt nun der Wächer auch hier auf, als Schreibfläche leihe dann ihren
Rücken die Mitwisserin, trage die Worte am Leib.
Sicher auch ist's, und es täuscht das Auge, wenn man den Brief mit
Milch schreibt, die frisch ist; streu dann Kohlenstaub drüber und lies.
Täuschen wird auch, was die Spitze des feuchten Leinstengels aufschreibt;
Leer ist die Tafel, und doch trägt sie verborgene Schrift.
Stets war Acrisius eifrig besorgt, das Mädchen zu hüten,
Aber ihr eignes Vergehn machte zum Großvater ihn.
Was kann der Wächter schon tun, wo's in Rom doch so viele Theater
Gibt, wo das Mädchen doch gern Pferde beim Wettrennen sieht

Oder die pharische Kuh mit dem Sistrum verehrt voller Andacht,
Dorthin auch geht, wohin der, der sie begleitet, nicht darf,
Wo doch die Bona Dea von ihrem Tempel die Männer
Fernhält – es sei denn, dorthin sind sie vom Mädchen bestellt –,
Wo doch häufig das Bad, solange die Kleider des Mädchens
Draußen der Wächter bewacht, heimliche Freuden verbirgt,
Wo doch die listige Freundin, wann immer es nötig ist, krank ist,
Und, ist sie noch so sehr krank, dennoch ihr Bett gerne räumt,
Wo doch der Zweitschlüssel schon durch den Namen verrät, was wir treiben,
Und nicht allein durch die Tür Wege, wie du sie suchst, führn.
Auch durch viel Wein läßt die Sorgfalt des Wächters sich unwirksam machen,
Las man die Traube auch einst nur auf den spanischen Höhn.
Manche Arznei gibt's auch, die tiefen Schlaf bewirkt und die Augen
Lähmt und lethaeische Nacht auf sie herabsinken läßt.
Gut ist's auch, wenn die Vertraute den lästigen Mann dadurch hinhält,
Daß sie ihn länger bezirzt, bis sie zuletzt mit ihm schläft.
Doch wozu Umschweife machen und kleinliche Einzelvorschriften,
Wo schon durchs kleinste Geschenk leicht man den Wächter besticht?
Glaube mir nur, Geschenke erobern Menschen und Götter;
Wird doch durch Gaben sogar Jupiter gnädig gestimmt.
Was wird der Kluge wohl tun, da selbst Dumme sich über Geschenke
Freuen? Er wird das Geschenk nehmen und hält dann den Mund.
Aber beim ersten Mal muß man den Wächter für lange Zeit kaufen,
Denn: Gab er erst einmal nach, wird er's auch häufiger tun.
Klage erhob ich – ich weiß noch –, man müsse vor Freunden sich hüten,
Und diese Klage betrifft nicht nur die Männer allein.
Bist du zu gutgläubig, werden andere Fraun deine Freuden
Ernten; der Hase, den du aufscheuchst, fällt anderen zu.
Die auch, die dir so eifrig ihr Bett überläßt und ihr Zimmer,
Glaub mir, nicht einmal nur war sie auch zusammen mit mir.

Auch darf die Magd, die euch dient, auf gar keinen Fall allzu schön sein:
Mehrere Male vertrat sie ihre Herrin bei mir.

Wohin nur laß ich Verrückter mich treiben? Was stürz' ich mit nackter
Brust auf den Feind zu, verrat' durch eigne Aussage mich?
Zeigt doch den Vogelstellern der Vogel nicht, wo man am besten
Fallen stellt; nicht lehrt der Hirsch laufen den feindlichen Hund.
Nützlichkeit, fahre dahin! Was ich anfing, will treu ich beenden,
Reiche den lemnischen Fraun mir zum Verderben das Schwert.
Macht, daß wir glauben, wir würden geliebt – und das ist doch nicht schwierig.
Gern stellt der Glaube sich ein, wenn man sich stark etwas wünscht.
Liebevoll blicke die Frau den Jüngling an, seufze aus tiefstem
Herzen und frage, warum er denn so spät komme heut.
Tränen füge hinzu und erheuchelten Schmerz über eine
Andere Frau und zerkratz ihm mit der Hand das Gesicht.
Dann ist er gleich überzeugt und wird sich von selber erbarmen
Und sagt: »Die hier verzehrt ganz sich in Liebe zu mir.«
Namentlich wenn er gepflegt ist und gerne der Spiegel ihn anschaut,
Glaubt er auch, Göttinnen selbst müßten entflammt sein durch ihn.
Kränkung – was immer es sei – möge dich nur mit Maßen verwirren;
Sei nicht von Sinnen, wenn du von der Rivalin erfährst;
Glaube es auch nicht zu schnell. Wie es schadet, wenn man zu schnell glaubt,
Zeigt euch nun Procris' Fall; nehmt dieses Beispiel nur ernst.
Nahe den purpurnen Hügeln des blumenreichen Hymettus
Sprudelt ein heiliger Quell; weich ist vom Rasen der Grund.
Niedrige Bäume bilden den Hain; in des Erdbeerbaums Schatten
Duftet's von Rosmarin-, Lorbeer- und Myrtengebüsch.
Buchsbaum mit dichtem Laub, Tamarisken mit schwankenden Zweigen,
Zierlicher Schneckenklee, Pinien fehlen da nicht,
Und von den sanften Zephyrn bewegt, von erquickender Brise
Zittert da mancherlei Laub, zittern die Grasspitzen auch.

Gern ruht hier Cephalus aus: Allein, fern von Dienern und Hunden
Setzte er oftmals erschöpft hier auf den Boden sich hin.
Und er pflegte zu singen: »O komm, meine Hitze zu lindern,
Schmiege dich an meine Brust, flüchtige Brise, komm her!«
Übereifrig hat leider dies Wort dann der ängstlichen Gattin
Jemand zu Ohren gebracht, der es vernahm und behielt.
Procris, als sie es hörte, geriet in dem Wahn, diese Brise
Sei eine Frau, außer sich und war vor Schmerz plötzlich stumm,
Und sie erblaßte, wie spätes Weinlaub am Stock, der von Trauben
Leer ist, erbleicht, wenn der Frost erstmals ihm zugesetzt hat,
Und wie die reifen Quitten am Zweig, der sich unter der Last krümmt,
Und wie Kornelkirschen, die nicht so recht eßbar noch sind.
Als das Bewußtsein zurückkehrt, zerreißt an der Brust sie das feine
Kleid, kratzt die Wangen auch, die dies nicht verdienen, sich wund;
Rasend, mit offenem Haar, enteilt sie wie die Bacchantin,
Wenn sie der Thyrsus erregt, ohne Verzug querfeldein.
Als sie der Stelle sich naht, läßt im Tal sie zurück die Begleiter;
Tapfer betritt sie dann selbst heimlich und leise den Hain.
Procris, wie war dir zumute, als du, ganz verwirrt, im Versteck dich
Bargst, welche Glut tobte dir in der erschütterten Brust?
Jetzt, glaubtest du doch wohl, werde sie, wer sie auch sei, diese Brise,
Kommen, und jetzt würdest du selber mit ansehn die Schmach.
Bald tut's dir leid, daß du kamst – denn du möchtest ihn doch nicht ertappen –,
Bald ist's dir recht: So bewegt Liebe dein Herz hin und her.
Was ihr befiehlt, daß sie's glaubt, sind der Ort, der Name, der Zeuge
Und der Verstand, der stets meint, was er befürchtet, sei wahr.
Als sie im Gras, das zerdrückt ist, die Spuren des Körpers erblickt hat,
Schlägt an die zitternde Brust heftig ihr zuckendes Herz.
Und schon hatte die Mitte des Tages die Schatten verkleinert,
Gleich weit waren bereits Abend und Morgen entfernt:

Siehe, der Sohn des Cylleniers, Cephalus, kommt aus dem Walde
Und läßt das Wasser des Quells sprudeln ans heiße Gesicht.
Procris, du bangst im Versteck; da liegt er im Gras wie gewohnt und
Ruft: »Sanfte Zephyrn und du, Brise, o kommt doch zu mir!«
Als nun zur Freude der Ärmsten die Namensverwechslung ihr klar wird,
Kehrt die Besinnung zurück, Farbe belebt das Gesicht,
Und sie springt auf und bewegt das Laub, das im Weg steht, mit ihrem
Körper und will, daß ihr Mann gleich in die Arme sie schließt.
Der aber glaubt, was er sah, sei ein Wild; mit dem Schwung seiner Jugend
Schnellt er empor – und er hält in seiner Rechten den Speer.
Unglücklicher, was tust du? Das ist kein Wild, weg mit der Waffe –
Wehe, dein eignes Geschoß hat die Geliebte durchbohrt!
»Wehe mir«, ruft sie, »durchbohrt hast du ein Herz, das dich liebte.
Dies ist die Stelle, wo stets Cephalus Wunden mir schlug.
Vor der Zeit muß ich sterben, doch ohne daß mich eine andre
Kränkte; dies, Erde, wird dich leichter mir machen im Grab.
Schon flieht mein Hauch in die Luft, welche Argwohn mir schuf durch den Namen;
O ich versink'! Deine Hand drücke die Augen mir zu.«
Er hält an trauernder Brust den sterbenden Leib der Geliebten,
Wäscht von der Wunde das Blut mit seinen Tränen ihr ab.
Und aus der unbesonnenen Brust flieht allmählich der Atem,
Welchen, als er entschwebt, aufnimmt des armen Manns Mund.

Aber nun wieder zur Sache! Ich muß eng ans Thema mich halten,
Daß das ermüdete Schiff in seinen Hafen gelangt.
Du wartest schon voller Spannung, daß ich dich zum Gastmahl jetzt führe,
Und auch in diesem Bereich suchst du Belehrung bei mir.
Spät komm erst, tritt voller Anmut beim Lampenlicht ein. Die Erwartung
Macht dein Erscheinen erwünscht, schafft dir am schnellsten Kontakt.

Bist du auch häßlich, Betrunknen wirst dennoch schön du erscheinen,
Und allein schon die Nacht macht, daß man Mängel nicht sieht.
Iß mit den Fingerspitzen – man kann ja auch ausdrucksvoll essen –,
Schmier das Gesicht dir nicht voll mit deiner fettigen Hand.
Iß auch nicht vorher daheim; doch hör auf, bevor du die Grenze
Dessen erreichst, was du schaffst; iß nicht so viel, wie du kannst.
Würde doch Priamus' Sohn, wenn er sähe, wie Helena gierig
Reinschlingt, von Abscheu erfüllt sagen: »Welch törichter Raub!«
Eher gehört sich's für Mädchen zu trinken, auch steht's ihnen besser:
Bacchus, zu Venus' Sohn paßt du ja wirklich nicht schlecht.
Dies freilich nur insoweit, als der Kopf es verträgt, Geist und Füße
Tauglich noch sind und du nicht doppelt das Einfache siehst.
Abstoßend ist eine Frau, die mit Wein bis zum Rand gefüllt daliegt;
Diese verdient es, daß jetzt irgendein Mann sie beschläft.
Auch ist's nicht ungefährlich, bei Tische dem Schlaf zu erliegen:
Vieles geschieht, wenn man schläft, dessen man später sich schämt.

Weitres zu lehren hindert mich Scham, doch die holde Dione
Sagt mir: »Wovor du dich schämst, dies ist doch *mein* Wirkungsfeld.«
Jede erkenne sich selbst. Euer Leib lehr' euch, welche Methode
Richtig ist. Jeder Frau steht jegliche Stellung ja nicht.
Ist ihr Gesicht wunderschön, dann soll auf dem Rücken sie liegen;
Die, der ihr Rücken gefällt, soll man vom Rücken her sehn.
Auf seinen Schultern trug Milanion gern Atalantes
Schenkel: In *der* Position soll, sind sie schön, man sie sehn.
Kleine solln reiten; dagegen saß niemals rittlings auf Hector
Seine thebanische Frau, weil sie so überlang war.
Die, deren lange Seite so hübsch ist, daß gern man sie anschaut,
Drücke die Knie aufs Bett, biege den Hals leicht zurück.
Sind ihre Schenkel jugendlich, makellos auch ihre Brüste,
Stehe der Mann, während sie schräg übers Lager sich streckt.
Denk nicht, es stehe dir schlecht, das Haar wie die Mutter aus Phyllos
Aufzulösen; den Hals bieg, trägst du's offen, zurück.

Du, der Lucina den Leib mit Runzeln gezeichnet hat, reite
Wie schnelle Parther, denn die sitzen verkehrt auf dem Pferd.
Tausend Spiele kennt Venus; sehr einfach ist's, auch wenig mühsam,
Liegt sie nach rechts geneigt da, halb auf den Rücken gelehnt.
Doch nicht der Dreifuß des Phoebus und Ammon auch nicht, der Gehörnte,
Künden ein wahreres Wort, als meine Muse es singt.
Gibt es noch Treu und Glauben – der Kunst, die mich lange Erfahrung
Lehrte, vertraut: Mein Gedicht wird sich bewähren bei euch.
Bis in ihr innerstes Mark gelöst soll die Frau alle Wonnen
Spüren; das Lustgefühl soll gleich groß für beide dann sein.
Nicht sollen schmeichelnde Worte verstummen und liebliches Flüstern,
Lockere Worte solln nicht aufhören mitten im Spiel.
Du auch, der die Natur es versagt hat, Lust zu verspüren,
Täusche mit künstlichem Laut süße Empfindungen vor.
Unglücklich ist das Mädchen, bei welchem die Stelle, die gleiche
Lust Mann und Frau schenken soll, stumpf und empfindungslos ist.
Hüt dich nur, wenn du was vortäuschst, dich zu verraten; bemüh dich,
Daß durch Bewegung und Blick du dabei glaubwürdig wirkst.
Das, was du gern hast, bekunde dein Mund durch Laute und Keuchen;
Der Teil – wie schäm' ich mich jetzt! – hat sein geheimes Signal.
Die, welche nach den Freuden der Venus vom Freund ein Geschenk will,
Die will dann selber wohl nicht, daß er die Bitte erfüllt.
Laßt auch das Licht nicht ins Zimmer durch weit geöffnete Fenster;
Besser ist's, an eurem Leib bleibt da so manches versteckt.

Nun hat ein Ende das Spiel, es ist Zeit, daß vom Schwanengespann ich
Absteige, welches das Joch auf seinem Hals trug bis hier.
Wie einst die Männer soll jetzt auch die Mädchenschar auf ihre Beute
Schreiben, wenn sie sie weiht: »Dies hat mich Naso gelehrt.«

ANHANG

HESIOD, WERKE UND TAGE

ERLÄUTERUNGEN

Zum Text

1 *Pïerisches Land:* Ein schmaler Küstenstrich in Thessalien.
11 *Falsch wars ...:* Hesiod modifiziert seine Ansicht der ›Theogonie‹ (225), daß es nur eine – böse – Tochter mit Namen »Streit« gibt.
41 *in Knolle:* Asphodelen, ein weißblühendes Liliengewächs mit eßbaren Knollen, das billigste Nahrungsmittel. Sogar solche Armut ist besser als ein reich gedeckter Tisch, der aus Rechtlosigkeit resultiert.
45 *hängtest ... weg in den Rauchfang:* Um es zu bewahren, wenn es nicht gebraucht wird. Gemeint ist, daß Seefahrt und Seehandel nicht nötig sind, um ein Auskommen zu haben.
52 *Mark des Narthex:* Narthex ist eine hochgewachsene Staude mit holzigen, markhaltigen Stengeln. Ihr Hohlraum diente als Behälter u. a. für glimmendes Feuer.
68 *Töter des Argos:* Der hundertäugige Argos war von Hera zum Wächter der Io bestellt worden (»Argusauge«), die von Zeus geliebt und deshalb von der Göttermutter in eine Kuh verwandelt worden war. Argos wurde im Auftrage des Zeus von Hermes getötet.
71 *Kronion:* Zeus, der Sohn des Kronos.
73 *Grazien:* Die Chariten, die Göttinnen der Anmut und Festesfreude.
75 *Horen:* Naturgottheiten, die Wachstum und Reife fördern und schließlich zu den Göttinnen der Jahreszeiten wurden.
84 *Epimetheus:* »Nachbedacht«, Bruder des Prometheus (»Vorbedacht«).
146f. *und Kornfrucht vom Felde/Aßen sie nicht:* Gemeint ist wohl, daß das erzene Geschlecht sich von Fleisch oder wild wachsenden Früchten ernährte.
151 *noch gabs kein schwärzliches Eisen:* Damit ist die Bronzezeit der Archäologie gemeint. Bronze war das Material für Speer- und Pfeilköpfe.
159 *Heroen:* Halbgötter, weil sie einer Verbindung von Göttern und Göttinnen mit sterblichen Männern oder Frauen entstammen. Ihre Taten bilden den Inhalt der Epen.

161 f. *der Krieg … im kadmeïschen Land:* Es handelt sich um den Kampf der beiden Ödipussöhne Eteokles und Polyneikes gegeneinander, in dem sie sich gegenseitig umbrachten. Die Kriege um Theben und um Troia waren bevorzugte Stoffe epischer Sagen.
219 *Eid … krummen Entscheidung:* Der Eid wird als ein Gott *(Horkos)* verstanden, der den Menschen straft, wenn er meineidig wird.
383 *Plejaden:* Das Siebengestirn. Die Plejaden galten als Töchter des Atlas. Zeus bewahrte sie vor der Zudringlichkeit Orions, indem er sie an den Himmel versetzte.
384 *wenn es hinabtaucht:* Ungefähr Anfang November.
385 f. *Vierzig Tag und Nächte … unsichtbar:* Das Siebengestirn blieb von ungefähr Anfang April bis Mitte Mai unsichtbar.
419 *hat größeren Teil an den Nächten:* Die große Hitze der »Hundstage« wurde auf den Sirius zurückgeführt, der den ganzen Tag mit der Sonne am Himmel war.
426 *Drei Spannen lang für ein Zehn-Hand-Rad:* Ungefähr 69 cm und 76 cm.
430 *Athenes Knecht:* Der Schmied.
504 *Monat Lenaion:* Gemeint ist die Zeit um Januar–Februar. Den Namen hat der Monat von den *Lenai*, den Anhängerinnen des Bakchos.
507 *Thrakien:* Gebiet nördlich des Ägäischen Meeres.
524 *»Ohnegebein«:* Der Oktopus.
533 *»Dreibein«:* Wie im Rätsel der Sphinx ist ein alter Mann gemeint, der einen Stock benutzt.
568 *Pandions Tochter:* Prokne, Tochter des athenischen Königs Pandion, wird von Tereus geheiratet und später in eine Nachtigall verwandelt. Sie ist eine Schwester Philomeles, die in eine Schwalbe verwandelt wird. Erzählt u. a. von Ovid, ›Metamorphosen‹ VI 424–674.
571 *»Hausträgerin«:* Schnecke.
598 *wenn erstmals sich zeigt der Riese Orion:* Einige Tage nach der Sommersonnenwende in der zweiten Hälfte des Juni.
605 *ein Mann, der den Tag durchschläft:* Ein Dieb.
609–10 *Wenn dann Sirius schon und Orion …*: Ungefähr Mitte September.
610 *es sieht den Arktur die rosenfingrige Eos:* Eos kann Arkturos (»Bärenhüter«) im Sternbild Bootes sehen, wenn er Mitte September früh aufgeht. Die Zeit galt als Herbstbeginn.
615 *Regengestirn:* Die Hyaden sind das Sternbild am Kopf des Stieres und galten als Schwestern der Plejaden.
626 *Zeus' Regen:* Als Wettergott sendet Zeus auch Regen.
636 *das aiolische Kyme:* Die Aioler bewohnten die nördlichste der drei Zonen in Kleinasien: Aioler, Ionier und Dorer im Süden. Kyme liegt etwas südlich von Lesbos auf dem Festland.
651 *Euboia:* Eine große, Mittelgriechenland östlich vorgelagerte Insel. Aulis ist eine Hafenstadt an dem Punkt der Ostküste von Böotien, der

der Insel Euböa am nächsten kommt; der Sund ist nur etwa 65 Meter breit. Aulis galt als der Ort, wo die griechische Flotte sich vor der Abfahrt nach Troja sammelte.

654 *Amphidamas:* König von Chalkis. Galt als Kriegsheld im Kampf von Chalkis gegen Eretria um die Ebene von Lelanton.

646f. In der Umstellung folgt der Übersetzer Wilamowitz, wegen der sprachlichen (nicht gedanklichen) Schwierigkeit, Vers 648 als Nachsatz zu Vers 646f. zu verstehen. Allerdings bleibt das unsicher.

698 *vier Jahre mannbar, freie im fünften:* Die Hochzeit soll vier Jahre nach der Geschlechtsreife erfolgen.

Zu den vom Übersetzer fortgelassenen Versen

76 »Den ganzen Schmuck ordnete ihr passend am Leib Pallas Athene«. Von manchen Editoren als unpassender Nachklang von Vers 72 empfunden und deshalb athetiert.

93 »Rasch nämlich altern die Sterblichen im Elend« ist ein hier unpassender Vers aus der ›Odyssee‹ (XIX, 360), der vermutlich von einer Randnotiz in den Text geraten ist.

120 »Reich an Schafen, lieb den unsterblichen Göttern«. Stammt aus einem Zitat, nicht aus handschriftlicher Überlieferung, und ist unecht.

169 »Fern von den Unsterblichen, unter ihnen ist Kronos König«. Ist wohl nicht echt. Der Vers stammt aus einem Scholion und ist wohl der Beginn einer aus einem Papyrus noch kenntlichen Variante.

189 »Leute, die das Recht mit den Fäusten suchen; der eine wird die Stadt des andern zerstören«. Der Vers wird von manchen verurteilt, weil er Vers 192 vorwegnimmt und den Zusammenhang stört.

310 »(Und arbeitend, viel lieber den Sterblichen) wirst du sein und den Sterblichen; denn sehr verabscheuen sie die Untätigen«. Der Vers ist schlecht bezeugt.

329 »Indem er Unpassendes tut mit geheimem Beischlaf mit dessen Frau«. Umständliche Erweiterung des vorhergehenden Verses, ohne daß Neues hinzugefügt würde.

706 »Und recht behutsam sein in der Beachtung der Unsterblichen, Seligen«. Der Vers paßt schlecht in den Kontext.

Nachtrag der Unreinheitsverbote (724–759)

724 Und niemals bringe in der Frühe die Spende vom dunklen Wein für Zeus dar mit ungewaschenen Händen und auch nicht die Spenden für die andern Unsterblichen. Denn dann erhören sie nicht und verabscheuen die Gebete.

727 Und schlag nicht zur Sonne gewendet im Stehen das Wasser ab.

[Aber wenn sie unterging, bis sie aufgeht, denke daran] (729) und harne nicht auf den Weg noch neben dem Weg im Gehen, [und auch nicht von Bekleidung entblößt; die Nächte gehören den Göttern.] (731) Im Hokken tut's der recht fromme Mann, der Verständiges weiß, oder er geht an die Mauer des wohlumschlossenen Hofes.

733 Und zeig nicht im Haus die Scham mit Samen bedeckt dem Herd aus der Nähe, sondern meide das.

735 Und säe deine Nachkommen nicht, wenn du vom Übel bedeutenden Begräbnis heimkehrst, sondern nach dem Opfermahl.

737 Und durchschreite mit deinen Füßen nicht der immer strömenden Flüsse schönfließendes Wasser, bevor du gebetet hast, den Blick auf die schönen Fluten, mit Händen, die du gewaschen in dem Wasser, dem ersehnten, hellen. (740) Wer einen Fluß durchwatet in übler Verfassung (?) und mit ungewaschenen Händen, dem verübeln es die Götter und Schmerzen geben sie ihm später.

742 Und schneide nicht bei der Götter festlichem Mahl von dem Fünfzweig (der Hand) das Trockne vom frisch Nachwachsenden mit dem schimmernden Eisen.

744 Und leg nicht die Schöpfkanne über den Mischkrug, wenn man trinkt; denn darauf steht Unheil.

746 Und laß nicht, wenn du ein Haus baust, es ungeglättet stehen, daß sich nicht die schreiende Krähe daraufsetzt und krächzt.

748 Und nimm nichts aus Fußtöpfen, zum Essen oder Waschen, ohne etwas zu spenden; denn auch darauf steht Strafe.

750 Und setze nicht auf Nichtzubewegendes, denn das ist nicht gut, einen zwölftägigen Knaben; das bewirkt einen zeugungsunfähigen Mann; und auch keinen zwölf Monate alten; auch damit hat's die gleiche Bewandtnis.

753 Und nicht soll ein Mann im Badwasser einer Frau baden; denn schlimme Strafe steht auch darauf, im Lauf der Zeit.

755 Und kommst du zum Brand der Opfer, sprich nichts Tadelndes, auch nicht murmelnd; Gott verargt auch das.

757 Und harne nicht an Mündungen der Flüsse, die sich in die Salzflut ergießen, und nicht an den Quellen, sondern meide das gänzlich, und entleer dich dort nicht; denn das ist nicht gut.

Erläuterungen zu den Unreinheitsverboten

727 Das Hocken der Männer ist bei den Griechen unüblich und galt nach Herodot (2,35) als ägyptischer Brauch.

742–745 Verbot in Rätselform. Der Fünfzweig ist die Hand, das Trockne und Frische bezeichnet die Teile der Fingernägel.

750 Mit dem *Nichtzubewegenden* ist vermutlich ein Grabstein gemeint.

Nachtrag der »Bedeutungsvollen Tage« (765–828)

765 Beachte die Tage, die von Zeus kommen, genau und nach Gebühr, und sage den Knechten, daß der Dreißigste des Monats der beste Tag ist, die Arbeiten zu überprüfen und die Rationen zu verteilen, wollen die Menschen die wahren Bedeutungen auseinanderhalten und so die Tage verbringen.

769 Folgende nämlich sind die Tage von Zeus, dem Sinnreichen: Erstens ist der Erste, Vierte und Siebente ein heiliger Tag; denn an diesem gebar Leto Apollon mit dem goldenen Schwert; (772) auch der Achte und Neunte; diese beiden Tage im beginnenden Monat sind besonders geeignet, menschliche Arbeiten zu verrichten; (774) auch der Elfte und Zwölfte, beide ausgezeichnet, sowohl Schafe zu scheren wie erfreuende Frucht zu mähen. (776) Der Zwölfte aber ist viel besser als der Elfte; denn an ihm spinnt die Fäden die in der Luft schwebende Spinne (778) um Mittag, zur Zeit, wo die Kluge (die Ameise) ihre Ernte aufhäuft. An ihm sollte die Frau den Webstuhl einrichten und ihr Werk beginnen.

780 Im beginnenden Monat meide den Dreizehnten, beginn an ihm nicht mit der Saat; doch dann Pflanzen zu setzen, ist er der beste. (782) Der Sechste der Monatsmitte ist Pflanzen sehr unzuträglich, aber gut für die Geburt von Knaben. Für ein Mädchen aber ist er nicht zuträglich, nicht für den Anfang der Geburt noch in die Ehe zu treten. (785) Auch ist der sechste Tag des Monatsanfangs nicht günstig für die Geburt eines Mädchens, hingegen um Ziegenböcke zu verschneiden und die Böckchen der Schafe und eine Hürde draußen auf der Weide aufzurichten, ist es ein freundlicher Tag. (788) Und er ist gut für die Geburt eines Knaben, doch wird der gern Kränkendes reden und Lügen und schmeichelnde Worte und heimlich flüstern. (790) Am Achten des Monats verschneide den Eber und brüllenden Stier, die ausdauernden Maultiere aber am Zwölften.

792 Am großen Zwanzigsten, um die Mitte des Tags, wird ein kundiger Mann geboren, sehr verständig ist der im Sinn. (794) Gut für die Geburt eines Knaben ist der Zehnte, eines Mädchens der Vierte in der Monatsmitte. An ihm gewöhne auch Schafe ein und die fußschleppenden krummgehörnten Rinder (796) und den scharfzahnigen Hund und die ausdauernden Maultiere, indem du die Hand auflegst. Gib aber acht (798) und meide den Vierten des schwindenden und beginnenden Monats, daß nicht Schmerzen dir das Herz verzehren (?); denn dieser Tag ist ganz voll von Bestimmung.

800 Am Vierten des Monats führe die Gattin ins Haus und beachte dabei die Vogelzeichen, die zu diesem Beginnen die besten sind.

802 Die Fünften aber meide, da sie schlimm sind und bedrohlich. Am Fünften nämlich, sagt man, betreuten die Erinyen den Eid bei seiner Geburt, ihn, den der Streit gebar, ein Leid für die Meineidigen.

805 In der Monatsmitte am Siebenten wirf der Demeter heilige Frucht, mit sorgfältiger Beachtung seiner Bedeutung, auf die ebene gerundete Tenne, (807) und der Holzfäller haue die Balken für ein Gemach und die vielen Schiffshölzer, die geeignet sind für die Schiffe. Am Vierten aber beginne, die schmalen Schiffe zu bauen.

810 Der Neunte der Monatsmitte ist am Nachmittag gut, der Neunte des Monatsanfangs ist frei von jeglichem Schaden für die Menschen. Vortrefflich ist er, zu pflanzen, und für die Geburt von Mann und Frau. Und nie ist er ein ganz schlimmer Tag.

814 Wenige wissen auch, daß der Siebenundzwanzigste (der Neunundzwanzigste?) des Monats der beste ist, [den Anfang zu machen mit einem Vorratsgefäß und das Joch auf den Nacken zu legen Rindern und Mäulern und schnellfüßigen Pferden,] (817) das Schiff mit seinen vielen Bänken ins weinfarbene Meer zu ziehen. Und wenige benennen ihn richtig.

819 Am Vierten öffne den Vorratskrug. Der in der Monatsmitte ist vor allem ein heiliger Tag. Wenige wissen auch, daß der Vierte nach dem Zwanzigsten der beste des Monats ist, zur Zeit der Morgenröte; am Nachmittag ist er weniger gut.

822 Das sind die Tage, die den Erdbewohnern ein großer Nutzen sind, die andern aber sind von wechselnder Bedeutung, ohne Bestimmung, bringen nichts mit sich. Der eine hebt den, der andere den hervor, wenige aber kennen sie wirklich. (825) Bald erweist sich als Stiefmutter ein Tag, bald als Mutter. (826) Mit diesen Tagen lebt man von gutem Geist begleitet und gesegnet, wenn man all das weiß bei seinen Geschäften und (auch? so?) den Unsterblichen keinen Anstoß gibt und man dabei die Vogelzeichen abschätzt und Übertretungen meidet.

Erläuterungen zu den »Bedeutungsvollen Tagen«

Die ›Tage‹ sind uns in dem Bestand überliefert, den ihnen die Alexandriner gegeben haben. Demokrit bezieht sich auf sie als hesiodisch, doch ist nicht klar, welchen Text er vor Augen hatte. Diskrepanzen im Stück lassen mit der Möglichkeit von Erweiterungen rechnen. Die abergläubische Tendenz, assoziativer Charakter der Anordnung und Widersprüche zu dem in den ›Werken‹ Gesagten haben an Hesiods Autorschaft am Ganzen oder an Teilen zweifeln lassen.

792ff.: Diese wichtige Bedeutung des 20. eines Monats gilt besonders für Attika. Manchen (nicht Hesiod) galt der Tag als Apollons Geburtstag.

802ff.: *Erinyen:* Rachegottheiten. Sie verfolgten z.B. Orest, weil er seine Mutter Klytaimestra getötet hatte.

LITERATURHINWEISE

Ausgaben

Hesiodi Carmina, hrsg. von A. Rzach, Leipzig 1913[3].
Hesiod, Works and Days, hrsg. von M. L. West, Oxford 1978.

Übersetzungen

Hesiod, Sämtliche Werke, deutsch von Th. von Scheffer, Wiesbaden 1965[3].
Hesiod, Werke und Tage, übertragen von A. von Schirnding, München 1966.

Monographien

H. Fränkel, Dichtung und Philosophie des frühen Griechentums, München 1969[3].
B. Effe, Dichtung und Lehre – Untersuchungen zur Typologie des antiken Lehrgedichts (Zetemata 69), München 1977.
E. Heitsch (Hrsg.), Hesiod (Wege der Forschung 44), Darmstadt 1966.
R. Lamberton, Hesiod, New Haven – London 1988.
W. Nicolai, Hesiods Erga – Beobachtungen zum Aufbau, Heidelberg 1964.
W. J. Verdenius, Aufbau und Absicht der Erga, in: Hésiode et son influence (Entretiens sur l'antiquité classique 7), Vandœuvres – Genève 1962, 110–170.
H. Munding, Hesiods Erga in ihrem Verhältnis zur Ilias, Frankfurt/M. 1959.

VERGIL, VOM LANDBAU

ERLÄUTERUNGEN

INTENTION

Nicht fachmännische Unterweisung in Landwirtschaftskunde, sondern Daseinsdeutung hat Vergil in seinem Epos vom Landbau seiner Mitwelt und der Nachwelt gegeben. In erstaunlicher Verlagerung der Schwerpunkte bringt er nahezu alles, was ihm am Herzen liegt, nicht in *den* Abschnitten, die – mehr oder weniger streng sachbezogen – thematisch von Ackerbau, Baumkultur, Viehzucht und Bienenpflege handeln, sondern gerade in den Teilen, die man lange nur als Digressionen, als Exkurse, als Abschweifungen also vom eigentlichen Thema angesehen und so allenfalls als hübsche, dem Abwechslungsbedürfnis des Lesers dienende Einzelbildchen be- und ver-zeichnet hat. Ein Überblick über die wichtigsten Partien soll zeigen, daß Vergil in diesen großartigen, seinem Gedichte als Wesensbestandteile eingewobenen Bildern und Betrachtungen Tieferes und Ernsteres als lediglich das Vergnügen der Leser angestrebt hat.

QUELLEN

Im Stofflichen lehnt sich Vergil auf weiten Strecken seines ersten und dritten Buches an das 37 v. Chr. erschienene landwirtschaftliche Werk ›Rerum rusticarum libri tres‹ des M. Terentius Varro (116–27 v. Chr.) an. Varro handelt aufgrund eigener Erfahrung und, größerenteils, im Anschluß an griechische und römische Fachliteratur im 1. Buch über Ackerbau (›De agri cultura‹), im 2. und 3. über Groß- und Kleintierzucht und über einige Wildarten (›De re pecuaria und de villaticis pastionibus‹). Unter seinen lateinischen Vorlagen nimmt das Werk ›De agri cultura‹ des alten M. Porcius Cato (234 bis 149 v. Chr.) den vornehmsten Platz ein. Seine griechischen Quellen sind vor allem Cassius Dionysius aus Utica und Diophanes aus Nicaea in Bithynien (beide 1. Jh. v. Chr.). Cassius übersetzte 88 v. Chr. das große landwirtschaftskundliche Werk des Karthagers Mago, das alle bis dahin vorliegenden Einzelschriften zusammenfaßte und verdrängte, ins Griechische und verkürzte es auf 20 Bücher. Diophanes machte aus dieser Übersetzung des Cassius für seinen König Deiotarus einen Auszug, der noch 6 Bücher umfaßte.

Vergil hat wahrscheinlich den Auszug des Diophanes selbst eingesehen. Darüber hinaus benutzte er die zoologischen Schriften des Aristoteles (384–322) und die botanischen des Theophrast (ca. 372–287 v. Chr.), weiterhin für das Astronomische das Lehrgedicht ›Phainomena‹ des Aratos von Soloi (315–239 v. Chr.), für anderes die Lehrgedichte des Nikander aus Kolophon (2. Jh. v. Chr.) über Ackerbau (Γεωργικά), Bienenzucht (Μελισσουργικά) und Heilkunde (Θηριακά und 'Αλεξιφάρμακα). Dem zuerst genannten Werke Nikanders entlehnte Vergil den übrigens auch sonst in griechischer Literatur dieser Zeit anzutreffenden Titel: ›Georgica‹ – ›Vom Landbau‹[1].

Daß Vergil, ebenso wie Varro, das Werk des alten Cato mit besonderer Liebe gelesen und nicht nur den Stoff, sondern auch viel von der in diesem Buche lebendigen uritalisch-echtrömischen Gesinnung in sich aufgenommen hat, ist durch die ›Georgica‹ hindurch an verschiedenen Stellen deutlich zu spüren. Gründliche Belehrung verdankte er auch den Werken seines Zeitgenossen Hyginus. Für das in den betrachtenden Teilen geformte mythische und philosophische Gut schöpfte Vergil zunächst aus den Werken der großen griechischen und römischen Dichter, aus Homer, Hesiod, Kallimachos, Theokrit, Apollonios Rhodios, Ennius, Lukrez, Catull u. a. Daneben aber standen ihm die Scholien zu den genannten Dichtern und außerdem mythographische Handbücher zur Verfügung. In die Gedankenwelt und sicher auch in die Literatur der großen griechischen Philosophen wurde er durch seinen Lehrer Siron eingeführt; er hatte auch durchaus Gelegenheit, aus Ciceros philosophischen Werken Anregung zu empfangen. So lebte er in einem Reichtum von religiösen, philosophischen, poetischen und allgemein wissenschaftlichen Gedanken, die er nun auf seine ganz persönliche Art gestaltet und zum Gedichte geformt hat.

CHARAKTERISTIK DER EINZELNEN BÜCHER

Im folgenden findet der Leser Angaben zum Inhalt des jeweiligen Buches, zu seiner Gliederung und Kunstgestalt. Dargestellt ist weiterhin die Auseinandersetzung Vergils mit Vorgängern und Vorbildern, wobei es außer um den Nachweis der eigenständigen dichterischen Leistung vor allem auch um die Verdeutlichung der weltanschaulichen Position geht. Schließlich werden im engeren Sinne philologische Probleme an-

[1] Die Annahme, Vergil habe auch Xenophons ›Oikonomikos‹, der durch Ciceros Übersetzung den gebildeten Römern bekannt war, gelesen, scheint uns trotz Schanz-Hosius § 228 und H. Morsch (1878, 193) nicht unwahrscheinlich zu sein.

gesprochen wie Fragen nach der Chronologie und dem Verhältnis Vergils zum politischen Geschehen der 30er Jahre.

Erstes Buch: Getreideanbau

PROÖMIUM (1–42)

Seit alters werden Epen – und zur Gattung des Epos zählt ein in stichischen Hexametern geschriebenes Werk nun einmal, wenigstens in einem weiteren Sinne – mit einem Proömium eröffnet, das sich an eine Gottheit wendet. Bei Homer ist es eine Muse, bei Hesiod sind es die Pierischen Musen (›Werke und Tage‹) oder die Muse vom Helikon (›Theogonie‹), und selbst der Atheist Lukrez stellt seinem Lehrgedicht ›De rerum natura‹ einen Hymnus an Venus voran (»Aeneadum genetrix, alma Venus«; ›Von der Natur der Dinge‹ I 1), der dann zu Memmius weiterführt, dem das Werk gewidmet ist (»Memmiadae nostro« I 26).

Anders Vergil. Er setzt mit der Widmung an Maecenas ein (I 2) und leitet von ihr zum Anruf an zwölf Gottheiten über. Während aber Homer, jedenfalls der dichterischen Fiktion nach, die Muse erzählen läßt (Μῆνιν ἄειδε, θεά – Ἄνδρα μοι ἔννεπε, μοῦσα), spricht Vergil in eigener Person (»hinc canere incipiam« I 5), wie auch schon Lukrez (»pangere conor« I 25), freilich mit der Bitte, Venus möge ihm dabei zur Seite stehen (»te sociam studeo scribendis versibus esse« I 24). Auch Vergil erwartet solche Hilfe (»da facilem cursum« I 40), aber nicht nur von den Göttern, sondern vor allem auch von dem zum Gottmenschen erhobenen Caesar Octavianus.

Die Götter, die Vergil anruft, sind nicht die zwölf *Di Consentes* des Varro, aus dessen Sachbuch ›De re rustica‹ er vielfach schöpft, sondern solche, die in irgendeiner Weise mit der Landwirtschaft zu tun haben: Sonne, Mond, Liber, Ceres, Fauni, Dryades; Neptunus, Aristaeus, Pan; Minerva, Triptolemus, Silvanus. Von ihnen erwartet der Dichter Belehrung und damit Hilfe in der Sache.

Das Proömium bringt in seinen ersten fünf Versen eine Inhaltsangabe zu den vier Büchern und erweist sich damit als Vorwort zum Gesamtwerk. Schon dies deutet darauf hin, daß es zuletzt geschrieben wurde. Noch deutlicher wird dies, wenn man sich erinnert, daß die ›Georgica‹ – der Suetonischen Vergilvita zufolge – in den Jahren 37 bis 30 v. Chr. entstanden sind. Der hymnische Ton, mit dem Vergil Octavianus unter die Götter einbindet, ist am ehesten begreiflich, wenn man annimmt, daß zum Zeitpunkt der Abfassung die den Bürgerkrieg beendende Schlacht bei Actium (31 v. Chr.) bereits geschlagen war. Allerdings wird diese Vermutung – ihre Richtigkeit vorausgesetzt – noch zu Schwierigkeiten bei der Beurteilung des im Ton vergleichbaren Finales des ersten Buches führen.

HAUPTSTÜCK (43–465)

Das erste Buch gliedert sich, von Proömium und Finale abgesehen, in drei Themengruppen, nämlich 1. Bestellung des Ackers (43–203), 2. Kalender der ländlichen Arbeiten (204–350) und 3. Wetterzeichen (351–465).

1. BESTELLUNG DES ACKERS (43–203)

»Quid faciat laetas segetes« – so setzt das erste Buch ein, und mit »vere novo« (43) wendet es sich der Bestellung des Ackers im Frühjahr zu. Von Anfang an ist alles Sinnen und Trachten des Bauern auf eine reiche Ernte gerichtet. Da heißt es, planend vorsorgen, nicht nur in einem technischen Sinn, daß eben alles Gerät bereit ist und kein Tag versäumt wird, sondern in einem tieferen Verständnis für die besondere Leistungsfähigkeit des jeweiligen Bodens. Das sind jene »Gesetze«, die der Dichter in die Tage Deucalions und Pyrrhas zurückdatiert, in denen das Menschengeschlecht aus Steinen entstanden ist, ein »durum genus« (63):

> Gleich im Anbeginn fügte in diese Gesetze und fest in
> ewiges Bündnis Mutter Natur die Lande ...
>
> (60–61)

Die Menschen, ein hartes Geschlecht unter harten Lebensbedingungen, das ist zugleich der Grundton, auf den das gesamte erste Buch gestimmt ist. Mag sich der Bauer noch so mühen, immer ist sein Werk bedroht von Nässe und Dürre, von Schatten, Unkraut, Schädlingen – eine heillose Welt also, und das bei Vergil, den doch jedermann für den Künder einer »heilen Welt« halten möchte?

Das Gedicht hat damit schnell den Punkt erreicht, an dem Vergil sich ideologisch festlegen muß: Soll er es mit dem als Dichterpersönlichkeit hochverehrten Lukrez und damit (weiterhin) mit den Epikureern halten? Sie, die großen »Entlarver« (F. Klingner 1967, 209), lehrten doch, daß es keine Götter gebe, und wenn ja, daß sie sich, in ihren Intermundien selig mit sich selbst beschäftigt, jedenfalls nicht um die Menschen kümmerten. Gegen die nach mechanischen Gesetzen ablaufenden Prozesse der Natur aber ist der Mensch nahezu ohne Chance.

Vergil kann die schwere Arbeit des Bauern, sein Ausgeliefertsein an die Widrigkeiten der Natur, weder leugnen noch verharmlosen. Aber er unterlegt ihr einen tieferen, finalen Sinn: Jupiter selbst hat es so gewollt, damit der Mensch herausgefordert sei, seine Fähigkeiten zu entfalten, den Daseinskampf zu bestehen.

> Er selber, der Vater
> wollte den Landbau erschweren. Er ließ als erster die Fluren
> künstlich bestellen und schärfte den menschlichen Geist an der Sorge
> Wetzstein, duldete nicht, daß starr sein Reich ihm verdumpfe.
> (121–124)

Dies also ist der Sinn all der Plage, die Jupiter dem Menschen auferlegt, und hier findet Vergil eines jener Worte, die den Erklärern ob ihrer Tiefe immer wieder Rätsel aufgeben:

> Labor omnia vicit | improbus. –
> In allem bewährte sich siegreich | arge Mühsal.
> (145–146)

Hierin gipfelt zugleich die Kulturentstehungslehre, die der Dichter in sein Werk einbezogen hat. Er stellt sich damit gegen Lukrez auf die Seite Hesiods (›Werke und Tage‹ 50ff.): Das Goldene Zeitalter ist unwiederbringlich vorbei, Jupiter führt das Szepter. Er will, daß der Mensch es nicht bequem habe. In einem Vergleich macht Vergil das Los des Bauern – es ist das Menschenlos schlechthin – noch einmal deutlich:

> So stürzt durch das Schicksal
> alles in steten Verfall und treibt absinkend nach rückwärts
> wie ein Ruderer, der stromauf mit Mühe den Nachen
> vorwärts zwingt: Läßt flüchtig nur einmal die Arme er sinken,
> reißen ihn jäh die Fluten zurück in sausender Strömung.
> (199–203)

»Sic omnia fatis | in peius ruere« – eine pessimistische Sicht, die weit über die Fragen der Ackerbestellung hinaus ins Allgemeine führt. Vergil läßt da die schlimme Bürgerkriegszeit durchscheinen, und als Leser beginnt man zu ahnen, daß die ›Georgica‹ im Grunde nur ein Gleichnis sind: Nicht Belehrung des Bauern, so treffend sie im einzelnen sein mag, ist ihr Ziel, sondern Deutung der Welt und des Weltgeschehens.

2. KALENDER DER LÄNDLICHEN ARBEITEN (204–350)

Trotz der düsteren Grundstimmung hellt sich der Horizont nun etwas auf. Der bäuerliche Kalender orientiert sich an den Gestirnen. Sie zeigen die Zeit und bringen auch frohe Tage mit sich.

Daß für alles, was mit der Beschreibung des Himmels zusammenhängt, Aratos' ›Phainomena‹ die Quelle waren, bedarf keines Beweises. Vergil folgt Arat freilich nicht sklavisch, sondern ordnet seinen Stoff so, wie sein Kunstwille ihn braucht. Für den sezierenden Intellekt manchen Kritikers ist das ein Ärgernis; denn er will eine exakte Gliederung aufspüren. Doch damit verkennt man das Wesen von Dichtung. Dem Dichter vereint sich scheinbar Widerstrebendes und Getrenntes auf einer höheren Ebene, dem Gesetz der Komplementarität folgend, zu einer sinnreichen Ordnung. Friedrich Klingner hat mit einem unvergleichlichen Gespür für Synästhesien aufgezeigt, wie hinter dem äußeren Gang der Verse eine gleichsam musikalische Dramaturgie am Werke ist, auf die man aufmerksam geworden sein muß, wenn man ein Werk wie ›Vom Landbau‹ genießen will.

So finden wir hier nach der Schilderung der harten Bauernarbeit das Bild eines beschaulichen Winterabends, ein idyllisches Genrebild, das überdies noch durch einen Vergleich gehöht wird:

> Einladend winkt der gemütliche Winter, bannet die Sorgen.
> Also behängen voll Freude das Heck die Schiffer mit Kränzen,
> wenn mit lastender Fracht sie endlich im Hafen gelandet.
>
> (302–304)

Doch bald darauf (316ff.) folgt die Schilderung eines Gewitters, in dem sich die Naturgewalten, mit Vernichtung drohend, wild entladen – eine Passage von wunderbarer Sprachgewalt, in der man das Tosen der Elemente geradezu mitzuerleben meint.

Aber auch dies ist nur Episode. Alles hellt sich alsbald wieder freundlich auf, und ein Ceresfest tritt vor unser geistiges Auge, eingeleitet von der Mahnung, die Götter zu ehren:

> Aber vor allem verehre die Götter, bringe der großen
> Ceres jährlich Opfer dar in freundlichen Auen,
> wenn der Winter endlich vergeht, im heiteren Lenze.
>
> (338–340)

Wenn wir so das ländliche Volk in fröhlichem Tanz vereint finden, scheint alle Daseinsangst verflogen. Alles ist heiter gestimmt und voller Lebenslust. Wird man da nicht an Beethovens Pastorale erinnert?

3. WETTERZEICHEN (351–465)

Indes, die Feste werden zwar gefeiert, wie sie fallen; im übrigen aber hat man sich vorzusehen, denn die Natur bleibt drohend. Doch Jupiter ist kein Unhold: Er legt dem Menschen eine harte Bürde auf, aber er sorgt auch für ihn, indem er Zeichen gibt, die ankündigen, wie sich das Wetter gestalten wird. Das setzt voraus, daß man solche Zeichen beobachtet und richtig zu deuten versteht.

Auch für dieses Lehrstück ist Aratos die Quelle (›Semeia‹). Der Dichter macht es uns dieses Mal leicht: Er hält sich an die von seinen Kritikern erwartete Ordnung.

In einzelnen Szenen, die von der Wetterfühligkeit der Tiere handeln, scheint Vergil aus eigener Erfahrung zu sprechen, war er doch auf dem Lande aufgewachsen, Sohn eines Bauern aus Andes nahe Mantua. Aber er bleibt nicht bei der Beschreibung von Phänomenen stehen, sondern forscht nach deren Ursachen. So stellt er die Hypothese auf, die Tiere reagierten auf Veränderungen des Luftdrucks, die dem Wettergeschehen vorauszueilen pflegen – eine einleuchtende naturwissenschaftliche Erklärung, die (auch einem Lukrez akzeptabel) ohne die Annahme eines göttlichen Einwirkens auskommt:

> Freilich, so scheint mir, nicht göttliche Kraft noch schicksalsgeschenkte
> tiefere Zukunftsschau läßt Tiere das Wetter vorhersehn.
>
> (415–416)

FINALE (466–514)

Die Überleitung aus den Wetterzeichen zum Finale bringt dem Leser in Erinnerung, daß das eigentliche ›Georgica‹-Gemäße vielfach nur den Schleier bildet, hinter dem sich das wirklich Gemeinte vorbereitet, um von Zeit zu Zeit durchzubrechen. So war am Ende des dritten Hauptteils die Rede von der Sonne als Wetterankündigerin, und schon wechselt das Ziel:

> Wer wagte, die Gottheit der Sonne | falsch zu nennen?
>
> (463–464)

Denn jetzt sind wir unversehens bei jenen Naturerscheinungen, von denen der Tod des Diktators Caesar begleitet war, der eine neue, grausame Phase des Bürgerkriegs zur Folge hatte. Die Sonne also als Künderin des politischen Wetters! Aber in all der Not naht auch schon der Retter, der junge Caesar Octavianus, wie wir ihn bereits aus der 1. Ekloge (1, 6ff.) kennen: Er soll dem Unheil wehren, das dem Lande droht. Die di indigetes, Romulus, Vesta werden angerufen, diesen Octavianus bei seinem Rettungswerk doch wenigstens nicht zu behindern:

> Diesen Herrscher im Jugendglanz, wollt ihn doch nicht hindern,
> Retter zu sein der zerrütteten Welt!
>
> (500–501)

Die Schrecken des Bürgerkrieges verdichtet Vergil zum Schluß wieder in einem Vergleich:

Bruderkrieg tobt überall auf dem Erdkreis.
Also entstürmen dem Start die Viergespanne, durchrasen
zielüberrennend die Bahn, machtlos sich bäumend am Leitseil
fliegt der Lenker mit fort. Nicht fügt sich der Wagen den Zügeln.
(511–514)

In einer scharfsinnigen Analyse will J. Bayet (1930) in dem Finale zwei Schichten unterscheiden: gewissermaßen ein »Altfinale«, das in den Jahren 39/38 v. Chr. entstanden ist, und die erst spät, d. h. nach Actium (31 v. Chr.) eingefügten Caesar-Verse (498–504). Dort herrsche Verzweiflung, hier Sieges- und Friedenshoffnung. Dies ist für ihn zugleich Hauptstütze seiner These, das erste Buch ›Vom Landbau‹ sei ursprünglich ein selbständiges Gedicht gewesen, das den Eklogen näherstand als die Bücher II bis IV.

Friedrich Klingner (1967, 222 ff.) wendet sich entschieden gegen diese Hypothese. Er sieht keinen Einschub, der einen Bruch verursacht haben soll. Der von der Gesamtanlage des Werkes geforderte dunkle, schwere Schluß des ersten Buches werde durch die Apotheose-Verse nicht gestört.

Es mag sein, daß ein solch ästhetisches Argument nicht jedermanns Sache ist, zumal die uns vorliegende Fassung des Finales ihm nicht voll zu entsprechen scheint. Dennoch sind wir der Ansicht, daß Friedrich Klingner recht hat, wenn er den Beweis aus dem zweifellos späten Gesamtproömium führt: »Und wenn man sich auf die späten Apotheose-Verse im Proömium des ersten Buches beruft, so lese man sie doch einmal nach denen des Finales. Man wird den gewaltigen Unterschied der Gemütslage spüren: Furcht und Hoffnung hier, feierliche Huldigung ohne alle Sorge dort« (1967, 225).

Zweites Buch: Kultivierung von Bäumen und Sträuchern

Während im ersten Buch der ›Georgica‹ dargestellt war, unter welchen Mühen der Bauer dem Boden und dem Wetter die Getreideernte abringen muß, setzt das neue Thema den Dichter in die angenehme Lage, die Gebefreudigkeit der Mutter Erde rühmen zu können. Damit wird ein freundliches Gegenstück zu der düsteren Grundstimmung des ersten Buches möglich.

PROÖMIUM (1–8)

Daß Vergil auf Gegensätze abzielt, zeigt sich auch sogleich beim Proömium: Dem ausführlichen Vorspruch zum ersten Buch (und zugleich zum Gesamtwerk) entspricht ein verhältnismäßig knapper Bacchus-Anruf:

> Jetzt, Vater Bacchus, besinge ich dich ... (2)

Auch die Überleitung bleibt karg. »Hactenus arvorum cultus et sidera caeli – Pflege der Fluren besang ich bisher und Sterne des Himmels« (1). Dieser gewissermaßen prosaische Einstieg in ein neues Gebiet dient der Vorbereitung einer Steigerung. Er ist aber auch durch die Quellenlage mitbegründet. Denn Theophrasts Werke über die Pflanzen sind reine Sachbücher. Doch hat sich Vergil, wie wir nach den Erfahrungen mit dem ersten Buch ohnehin erwarten, nicht sklavisch an die Systematik der Vorlage gehalten. Seine Komposition folgt eben einem Stilwillen, der den Stoff so organisiert, wie die Verfolgung tiefer liegender Absichten es erheischt.

HAUPTSTÜCK (9–457)

Auch das zweite Buch gliedert sich in seinem Hauptstück in drei Themengruppen, nämlich: 1. Vielfalt der Bäume und Sträucher (9–176), 2. Anpflanzen (177–345) und 3. Pflege von Bäumen und Sträuchern (346–457).

1. VIELFALT DER BÄUME UND STRÄUCHER (9–176)

Mit der Vergegenwärtigung der Vielfalt von Arten und Formen der Bäume und Sträucher, die der Landwirt in seine Pflege nehmen kann, setzt der erste Hauptteil ein:

> Reich an Formen entläßt Natur aus Ursprung die Bäume
> stets verschiedener Art.
>
> (9–10)

Der Ausdruck »arboribus ... creandis« läßt aufhorchen. Ist da wirklich nur der Formenreichtum gemeint, den die Natur aus sich hervorbringt, oder geht es auch um die Möglichkeiten, die der Bauer hat, aus dem, was die Natur hervorsprießen läßt, neue Variationen zu züchten? Tatsächlich folgt bald die Mahnung an den Bauern, er solle es nicht daran fehlen lassen,

> das wilde Gewächs ‹zu› veredeln durch züchtende Pflege.
>
> (36)

Dies läßt erwarten, daß der Dichter sogleich die Folgen ausmalt, die sich einstellen müssen, wenn man die Pflege (des »colere«) vernachlässigt.

Doch ehe Vergil sich diesem Gedanken zuwendet, schiebt er eine Bitte an seinen Gönner Maecenas ein, ihn bei seinem Werke zu unterstützen. Dabei findet er hohe Worte für eine Lobpreisung:

> Du meine Zier, Dir gebührt meines Ruhmes vorzüglichster Anteil,
> Maecenas!
>
> (40–41)

Hier hatte Vergil freilich protokollarische Rücksichten zu nehmen: Das Maecenas-Lob mußte in einem angemessenen Verhältnis zu dem Rühmenden bleiben, das über Octavianus zu sagen war. Doch dafür sorgte allein schon der kürzere Umfang.

Nun greift der Dichter den Faden wieder auf und mahnt erneut, sich der Kultivierung der Pflanzen zu widmen. Denn was da stark und üppig aus dem Boden hervorschießt (»laeta et fortia«), ist zunächst unfruchtbar (»infecunda«) und auch immerzu davon bedroht, wieder zu degenerieren (»degenerare« 59). Darin erkennen wir einen leisen Anklang an das aus dem ersten Buch vertraute »labor«-Motiv.

Im weitern folgen Beispiele für alle die vielfältigen Möglichkeiten des Veredelns, z.B. durch Aufpfropfen von Reisern, bis hin zu dem Baum, der sich da

> mit gesegneten Ästen ... erhoben und sieht voll
> Staunen neuartig Laub und Frucht, ganz fremd seinem Stamme.
>
> (81–82)

Möchte man, wenn man die Versfolge, aus der diese Zeilen stammen, betrachtet, nicht geradezu erwarten, Vergil werde nun wie in des Franziskus Sonnengesang vom »Bruder Baum« zu sprechen beginnen? So sehr versenkt er sich in das Leben der vegetativen Natur.

Das Schwelgen in der Fülle und Vielfalt bildet den Auftakt zu der wohl vollendetsten Partie der gesamten ›Georgica‹, dem Lob Italiens (»laudes Italiae« 136–176). In Italien, der »Saturnia tellus«, lebt noch ein Abglanz jenes Goldenen Zeitalters, das mit dem Abtreten des Saturnus und der Machtübernahme durch Juppiter von der Erde verschwunden ist. Hier könnte man Vergleiche anstellen mit jenen »laudes«, mit denen ein Platon, Isokrates, Lysias, Demosthenes die griechische Heimat gerühmt und aus dem Kreis der sie umgebenden Länder herausgehoben haben.

Bei Vergil spielt jedoch auch aktuelle Tagespolitik herein; denn mit der Abgrenzung gegenüber den Lockungen und Gefahren des Orients wird deutlich auf Antonius und seine Liaison mit Cleopatra angespielt, eine Gefährdung Roms, die im Jahre 32 v. Chr. der letzten Krise zutrieb. Doch das bleibt nur eben angedeutet, um den Glanz Italiens um so heller erstrahlen, es hervortreten zu lassen als »die Idee, als Land des Maßes und der Mitte« (F. Klingner 1967, 238). Hätte man damals schon Bedarf an Nationalhymnen gehabt, in diesen Versen wäre der Stoff bereitgelegen. Worauf es Vergil ankommt, ist, sein Werk als ein *carmen Ascraeum* (176) vorzustellen, als eine Dichtung in der Nachfolge jenes

Hesiod aus Askra in Böotien, der zuerst die Arbeit des Bauern in Versen zu rühmen wußte.

2. ANPFLANZEN VON BÄUMEN UND STRÄUCHERN (177–345)

Wieder wählt Vergil einen recht prosaischen Übergang zum neuen Thema: »Nunc locus arvorum ingeniis – Jetzt heißt's prüfen der Fluren Natur ...« (177). Damit beginnt ein Lehrstück für den landwirtschaftlichen Praktiker: Wie prüft man die Qualität des Bodens, um seine Eignung für den Anbau verschiedener Pflanzen zu erkennen? Daß sich nach solch bescheidenem Beginn wieder ein Gipfel erheben werde, erwarten wir bereits. Diesmal freilich wird es nur ein bescheidener Vorberg: Die »laudes Campaniae« rühmen die Schönheit und Fülle der Landschaft, in der Vergil am liebsten weilte: Neapel und sein Umland (217–225).

Es geht weiter mit der sachlichen Erörterung verschiedener Erdarten. Vergil kennt sich da aus, das merkt man sogleich. Zweck der Bodenprüfungen ist es, den rechten Standort für den Baum oder den Strauch ausfindig zu machen, den man anpflanzen will. Da muß der Boden auch einmal für eine tiefe Pfahlwurzel ausreichen. Die der Eiche erstreckt sich »bis zum Tartarus« (292), »kein Winterorkan kann je sie entwurzeln« – hyperbolisch gewiß, aber in bester homerischer Tradition (›Ilias‹ XII 132ff.).

Das Epos steht auch Pate, wo die Anpflanzung eines Weinbergs beschrieben wird: Wie Soldaten stehen die Rebstöcke da, und der Wortschatz läßt Anklänge auch an Lukrez erkennen, hinter dem in solchen Partien Ennius zu stehen scheint: Vergil ganz in der Tradition des lateinischen Epos (vgl. F. Klingner 1967, 248).

Der Freude am Wohlgegliederten, am ästhetisch Schönen folgt sogleich das Erlebnis der Vernichtung: Da fährt ein Flammensturm in die Ölpflanzung, weil weidende Hirten nachlässig mit dem Feuer umgingen. Die Frucht generationenlangen Bauernfleißes ist im Nu vernichtet (303–314) – eine schaurig-schöne Versfolge, die gedanklich bei Homer vorgebildet ist (›Ilias‹ XI 155ff.). Wir finden also ein ganzes Nest von Epenverarbeitung, das diesem zweiten Hauptabschnitt sein eigentümliches Gepräge verleiht.

Nun aber ist es soweit, daß man ans Anpflanzen der Stecklinge gehen kann; denn der Frühling stellt sich ein, und das ist die rechte Zeit dafür:

> Frühling zumal treibt Knospen im Hain, grünt lieblich in Wäldern,
> Frühling läßt schwellen das Land, nach zeugendem Samen verlangend.
> (323–324)

Dies ist der Auftakt zum eigentlichen Höhepunkt unseres zweiten Themas: Himmel und Erde vermählen sich: »pater omnipotens Aether«

(325) und »Terra, coniunx laeta« (326). Es ist jene »heilige Hochzeit«, ἱερὸς γάμος, die nach unserer Kenntnis zuerst Aischylos in seinen Danaiden (fr. 55 Werner) in die Literatur eingeführt hat. Auch Vergils großes Vorbild, Lukrez, spricht davon (›Von der Natur der Dinge‹ I 10ff.). Was aber bei ihm, dem Leugner der Götter, nur Allegorese sein kann, ist bei Vergil tief-religiöses Bekenntnis. Er will den Sinn dessen wieder aufdecken, was im Alltag des Bauern durch die ewige Wiederkehr des stets Gleichen zu glanzloser Routine zu verkommen droht.

3. PFLEGE VON BÄUMEN UND STRÄUCHERN (346–457)

Die Keime sind angegangen; nun bedürfen sie der betreuenden Pflege. Wieder setzt die Darstellung betont schlicht, ja prosaisch wirkend an: »Quod superest ... – Was noch übrigbleibt ...« (346); dem Leser ist das bereits vertraut.

Insbesondere wendet sich Vergil nun der Pflege der jungen Rebschößlinge zu, und er kommt dabei bald auf die Abwehr der vielen Gefahren zu sprechen, die dem zarten Grün drohen. Zu den schlimmsten Feinden zählen da die Ziegen. So findet das Gedicht aus der Beschreibung ganz alltäglicher Verrichtungen zu dem Höhepunkt des dritten Themas, dem Bacchusfest (380–396) im Herbst.

In die Schilderung des dionysischen Treibens flicht Vergil die bekannte etymologisierende Theorie von der Entstehung der Tragödie aus dem Bocksopfer (τράγος – »Bock«) ein. Die Parallele zu dem Ceresfest des ersten Buches ist unübersehbar (I 338–350). Galt dort alle Sorge des Landmanns der Getreideernte, sein Dankgebet infolgedessen der Schutzpatronin Ceres-Demeter, so hier im zweiten Buch, in dem die Weinlese stellvertretend für alle Ernten von Bäumen und Sträuchern zu verstehen ist, dem Bacchus-Liber-Dionysos. Das bringt die Möglichkeit der Steigerung von dem in stillen Mysterien gefeierten Wirken der Demeter und des Triptolemos zu dem lärmenden, orgiastischen Treiben bei den Dionysien.

Daß Ceres und Liber im Proömium des ersten Buches (I 7) nebeneinander genannt wurden, zeugt im übrigen einmal mehr von der kunstreichen Verflechtung der Bücher.

Danach wendet sich das Gedicht den Ölbäumen zu, findet da zu bukolischen Tönen und läßt sein drittes Thema damit insgesamt sanft und freundlich ausklingen.

FINALE (458–542)

Im Finale steigert sich Vergil noch einmal, jetzt zum Lob des Bauern, namentlich desjenigen, der seine Arbeit nicht in stumpfem Trott verrichtet, sondern sich bewußt ist, in welchem Maße er als Gestalter der Natur zum Mitvollzieher des Jupiterwillens geworden ist:

Überglücklich die Bauern, wenn sie ihrer eigensten Güter
inne würden!
(458–459)

Was so hymnisch ansetzt (»O fortunatos nimium ...!«), wirkt auf den ersten Blick wie ein Widerspruch zu früher Ausgeführtem. Eine Palinodie somit? Wenn man Vergil so betrachtet, wird man ihm schwerlich gerecht. Denn die Einheit der Vorstellungen liegt eben darin, daß das Los des Bauern, so sehr es auch drücken mag, gemessen an alldem, was der in die Tagespolitik verstrickte Städter zu gewärtigen hat, immer noch im Abendrot der Goldenen Weltzeit leuchtet.

Lukrez wären solche Gedanken fremd. Es kommt aber hier nicht zu einem Aufeinanderprallen sich ausschließender Ideologien. Denn Vergil, der als Epikureer begonnen hat, ist immer noch weit davon entfernt, dieser Lehre abzuschwören. Nur den materialistischen Überbau kann er nicht mitmachen. Die Lebenshilfe jedoch, die sich in dem Wahlspruch λάθε βιώσας konzentriert hat, bleibt ihm lieb. Sichtlich leidet er nicht unter jener Angst vor dem Tod, oder richtiger: vor dem, was nach dem Tode kommen könnte, die Lukrez dazu zwingt, sich so verbissen von ihr freizukämpfen, indem er jeden Gedanken an eine Postexistenz der Seele als schieren Aberglauben abtut, wofür ihm die Atomlehre die wissenschaftlichen Argumente an die Hand gibt.

Gewiß, auch Vergil leidet an dieser Welt, er sieht ihre Zerrissenheit und beklagt die Bedrohung des Menschendaseins, aber er sieht eben doch auch die Möglichkeit, die verlorengegangene Harmonie der Welt in sich selbst und für sich selbst neu zu gewinnen – um den Preis des Rückzugs aus der *vita activa.* So charakterisiert ihn auch die Suetonvita, nämlich als einen scheuen Menschen, der den Preis des Verzichts auf eine Teilnahme am Treiben der großen Welt bereitwillig zahlt.

Die Fachfragen der Philosophie interessieren auch Vergil; er greift aber nicht ins Arsenal der großen hellenistischen Schulen, sondern weiter zurück zu den ursprünglicher beobachtenden Vorsokratikern. Gut, wenn die Musen ihm einen Weg auch durch diese Fragen zeigen (»Musae ... | caelique vias et sidera monstrent ...« 475–477), doch ist er nicht traurig, wenn ihm solches Wissen versagt bleiben sollte (»sin, has ne possim naturae accedere partis, frigidus obstiterit circum praecordia sanguis ...« 483–484): Gerne will er sich »ruhmlos« (»inglorius« 486) auf sein Musengefild beschränken.

Insgesamt sieht Vergil die sentimentalische und die naive Weltsicht, wie wir heute sagen würden, als kompatibel an:

Selig, wer es vermochte, das Wesen der Welt zu ergründen,
wer so all die Angst und das unerbittliche Schicksal
unter die Füße sich zwang und des gierigen Acheron Tosen!
Selig auch jener, dem die ländlichen Götter vertraut sind,
Pan und der alte Silvanus, der Schwesternreigen der Nymphen!
(490–494)

Der Bauer und sein bescheidenes Glück sind es also, mit denen der Dichter sich identifizieren möchte:

> Aber der Bauer durchfurcht mit gekrümmter Pflugschar die Erde:
> Hier beginnt im Jahre sein Werk, so erhält er die Heimat,
> so sein bescheidenes Gut, Kuhherden und tüchtige Stiere.
>
> (513–515)

Damit scheint der Gedankengang zurückzuschwingen zum Bild des Goldenen Zeitalters, in dem Saturnus noch auf Erden weilte. Da »hörte man ⟨noch⟩ nicht die Kriegstrompeten schallen, nirgends klirrte der Hämmer Geläut schwertschmiedend am Amboß« (539–540). Jäh treten dem Dichter wieder das wahnwitzige Treiben im Lande und die Agonie der freien Republik vor die Seele. Fast gewaltsam reißt er sich von diesen quälenden Vorstellungen los und strebt mit zwei Versen abrupt zum Ende:

> Aber wir haben des Rennens gewaltige Strecke durchmessen,
> Zeit ist's, vom Joche zu lösen der Rosse dampfenden Nacken.
>
> (541–542)

Drittes Buch: Tierzucht

»Quae cura boum, qui cultus habendo | sit pecori« (I 3), so hatte Vergil das Thema im Proömium des ersten Buches (und damit des Gesamtwerkes) vorgestellt. Während aber in der entsprechenden Passage für das zweite Buch die den tatsächlichen Schwerpunkt bildenden Rebstöcke angekündigt sind, ist hier das Pferd ausgespart, dem doch das besondere Interesse des Dichters gelten wird.

PROÖMIUM (1–48)

Ehe der Dichter zu seinem Thema ansetzt, bringt er ein breites, in dieser Hinsicht dem des ersten Buches vergleichbares Proömium, das die Interpreten besonders beschäftigt, aber auch entzweit hat.

Verständlicherweise sucht man in den Werken Vergils nach Hinweisen auf seine äußere und innere Entwicklung. Ansatzpunkte hierfür ergeben sich immer dann, wenn von auch anderweitig bezeugten Zeitumständen und Personen die Rede ist. Der Blick fällt dabei zuerst auf Maecenas, besonders aber auf Caesar Octavianus.

Diesem Octavianus einen Musentempel zu errichten macht Vergil sich im Proömium anheischig. Natürlich ist das kein reales Bauwerk, sondern eine Metapher für ein Kunstwerk, das die Taten des Octavianus verherrlichen soll:

In medio mihi Caesar erit templumque tenebit –
Waltend im innersten Herzen des Tempels thront mir Caesar.

(16)

Da drängt sich die Vermutung auf, Vergil habe sich zu dem Zeitpunkt, als er diese Verse niederschrieb, bereits mit dem Plan getragen, die ›Aeneis‹ zu schreiben (oder gar neben der Arbeit an der ›Aeneis‹ die ›Georgica‹ umgearbeitet). Doch gerade bei solch »offensichtlichen« Hinweisen ist besondere Vorsicht geboten. Könnte es sich bei dem Marmortempel am Mincio um eine Vertröstung handeln, um einer lästig drängenden Zumutung (»tua, Maecenas, haud mollia iussa« 41) zu entgehen? Bei der ganzen Art Vergils ist dies aber fast ebenso unwahrscheinlich wie die Vermutung, der Dichter habe sich (wie Horaz in Oden 3, 25) für inkompetent gehalten, ein solches Epos zu schreiben. Denn zum einen spricht aus diesem Proömium das triumphierende Vollgefühl dichterischen Könnens, zum andern aber sind die Zusagen schon zu verbindlich, als daß noch an ein Taktieren zu denken wäre:

Ragen soll mir aus parischem Stein, ein atmend Gebilde,
dort des Assaracus Stamm, die Namen der Juppitersöhne,
Ahnherr Tros, auch du, und Trojas Erbauer Apollo.

(34–36)

Von einem so engagiert verkündeten Projekt könnte Vergil sich nicht mehr zurückziehen. Sein Weg führte vielmehr mit Notwendigkeit zu einem großen Epos. Dieses Epos mußte aber noch keineswegs die ›Aeneis‹ sein, wie wir sie kennen; wahrscheinlicher ist, daß Vergil zunächst an ein Octavianus-Epos dachte, in dem es darum gehen mußte, Ennius zu übertreffen. Hinweise auf die troische Vorgeschichte des julischen Hauses scheinen dies hinreichend deutlich anzuzeigen.

HAUPTSTÜCK (49–477)

Das Hauptstück des dritten Buches gliedert sich, anders als die ersten beiden, in zwei Themenkreise, nämlich: 1. Pferd und Rind (49–283) und 2. Ziege und Schaf (284–477). Mit dieser Zweiteilung bildet es (wie in vielem anderen) mit dem vierten Buch eine nähere Einheit.

1. PFERD UND RIND (49–283)

Für das folgende Lehrstück steht Varro als Hauptquelle außer Frage. Allerdings hatte dieser (in ›De re rustica‹ II) gerade die umgekehrte

Reihenfolge geboten, also zuerst das Kleinvieh behandelt, dann erst Pferd und Rind. Die Umstellung läßt wieder auf eine bestimmte Kompositionsabsicht Vergils schließen. Er wollte das pathetisch einsetzende Buch – das insofern wieder der Anlage des ersten ähnelt – durch Einschaltung bukolischer Szenen etwas aufhellen, um dann das dämonisch finstere Finale wirkungsvoll dagegensetzen zu können.

Vom Leben der Pflanzen zu dem der Tiere ist mehr als nur ein Schritt. Die größere Nähe zum Menschendasein ist (auch ohne Darwin) offensichtlich. Tod und Vergänglichkeit treten da deutlicher und schärfer in den Blick. Wenn wir vom »Sterben« einer Pflanze sprechen, bleibt das eine Metapher; der Tod eines Tieres macht uns unmittelbar betroffen.

Grundsätzlich wird im weiteren alles dem natürlichen Ablauf entsprechend dargestellt: Auswahl der Elterntiere, Paarung, Geburt, Aufzucht. Die Erzählung verläuft aber nicht einsträngig; vielmehr wird das eine Mal die Kuh, das andere Mal die Stute in den Blick genommen, und überdies sorgen dazwischengeschaltete Schilderungen für Abwechslung und Erhöhung.

Da ist zunächst das Pferderennen (103–112), Höhepunkt eines Pferdedaseins. Entsprechende Passagen der ›Ilias‹ XXIII 262 ff., 500 ff.) bieten sich zum Vergleich an. Ähnliches beobachtet man dort, wo von der Erziehung zum Kriegspferd gehandelt wird (179–208). Die stärkste Steigerung aber erkennt man da, wo die Tiere von der Paarungslust erfaßt werden, und da wieder ganz besonders, wo der Dichter auf die Roßbrunst (»hippomanes« 280) zu sprechen kommt. Das Dämonische des Vorgangs hellt sich auch dadurch nicht auf, daß mythische Bilder den Bezug zum Menschenleben herstellen sollen: Hero und Leander, Glaucus und Venus werden beschworen, doch hier wie dort steigert sich *amor* zu *furor*.

Das ist wieder der Punkt, an dem Lukrez zum Widerpart werden muß. Sein Venushymnus ist ein durch die Metaphorik abgemildertes Bekenntnis zu einer Sexualität, der sich alles bedingungslos unterzuordnen hat. Vergil bestreitet dem Geschlechtstrieb nicht seine naturgegebene Rolle, aber er setzt ihn keinesfalls absolut. Seine zerstörerischen Wirkungen erfüllen ihn vielmehr mit Besorgnis und Trauer. Diese sehr persönliche Einstellung hat ihn wohl auch davon abgehalten, zum Elegiker zu werden, wiewohl es in seinen Eklogen Ansätze dazu gibt. Man erinnere sich nur an den letzten Satz des Gallus in der letzten Ekloge:

> Amor besiegt doch alles; so weichen auch wir denn dem Amor!
> (10, 69)

Doch auch dies ist mehr Klage als Bekenntnis. »So weichen auch wir denn dem Amor!« will besagen, daß es unmöglich ist, dem Gott zu widerstehen, nicht aber, daß sein Recht über jedem anderen stünde.

Wenn man die Schilderung des Frühlings im zweiten Buch (II 324–331) zum Vergleich heranzieht, könnte man geneigt sein, auf einen inneren Widerspruch zu schließen. Auch dort war das kosmische Geschehen überwältigend und gewagt beschrieben. Erinnern wir uns an das Prinzip der Komplementarität, das scheinbar Gegensätzliches als unterschiedliche Aspekte ein und derselben Erscheinung in eins zu setzen vermag! Vergil ist nicht prüde, aber es erschüttert ihn, daß die Wirkungen des *sexus* bis zur Selbstzerstörung gehen können.

2. ZIEGE UND SCHAF (284–477)

Der ernst geführten und grundsätzlich gemeinten Auseinandersetzung mit Lukrez folgt eine heiter gestimmte Szene. Sie erwächst wie von selbst aus der Überleitung zwischen den beiden Themengruppen unseres Hauptstückes:

> Aber es flieht inzwischen die Zeit, flieht unwiederbringlich,
> während, gefesselt von Liebe, wir einzelne Dinge durchschweifen.
> Sei's denn vom Großvieh genug! Nun bleibt noch die weitere Sorge,
> wolletragende Herden zu hüten und struppige Ziegen.
> Hier ist Arbeit, von hier winkt Ruhm euch, rüstige Bauern!
> Wohl ist mein Herz sich bewußt, was es heiße, mit Worten dies alles
> rein zu bezwingen und kleines Geschehn hier feiernd zu ehren.
> Aber mich reißt durch des steilen Parnassus einsame Gipfel
> süße Gewalt ...
>
> (284–292)

Mit diesen Versen spielt Vergil auf eine Stelle bei Lukrez an, in der dieser über die Schwierigkeit klagt, komplizierte Details der epikureischen Philosophie in Verse zu zwingen:

> Jetzt wohlan! Lern kennen, was übrig, und höre es klarer!
> Und ich täusche mich nicht im Herzen, wie dunkel es ist; doch
> hat mit scharfem Thyrsos die Hoffnung auf Ruhm mich getroffen
> und hat zugleich in die Brust mir geworfen süßes Verlangen
> nach den Musen, von dem ich befeuert mit kräftigem Sinn jetzt
> wegloses Musengefild durchwandre, das vorher noch keines
> Füße betreten.
>
> (›Von der Natur der Dinge‹ I 921–927, übersetzt von Karl Büchner).

Beim Vergleich dieser beiden Versfolgen kann man beobachten, wie Vergil mit seinem großen Vorläufer ringt, aber auch mit ihm spielt: Dort das schwierige Große, hier das noch schwierigere Unbedeutende – beides Pfade zum steilen Gipfel des Parnaß.

Die Ausführung im einzelnen bereitet Vergil indes keineswegs die schalkhaft vorgegebenen Nöte. Er bewegt sich im vertrauten bukolischen Milieu. Aber auch da weiß er noch eine neue Höhe zu erklimmen, wenn er, von Italien ausgehend, schildert, wie unterschiedlich die Weideverhältnisse im sonnendurchglühten Afrika gegenüber denen im eisigen Nordland der Skythen sind. Aus diesem Gegensatz entwickelt er nicht nur ein Bild von der Vielgestaltigkeit der Lebensbedingungen in der *Oikumene,* sondern vor allem auch so etwas wie ein zweites »Lob Italiens« (vgl. II 136–176), das hier aber erst im Rückblick erkennbar wird:

> Wenn aber endlich der Föhnwind braust und der fröhliche Sommer
> naht und Schafe und Ziegen entläßt in Schluchten, auf Triften,
> dann mit des Lichtbringers frühem Gestirn durch kühle Gefilde
> wollen wir weiden, wenn jung noch der Morgen, silbern das Gras und
> – köstlich dem Vieh! – der Tau noch perlt auf zartgrünen Halmen.
> Wenn dann mählich den Durst die vierte Stunde geweckt hat,
> und schrill klagenden Lieds im Buschwerk zirpen die Grillen,
> sollen am Brunnen oder an tiefen Weihern die Herden
> trinken aus Eichenholzröhren die silbern rinnende Welle.
> Glüht aber siedend der Mittag, dann suche ein schattiges Tal dir,
> wo die gewaltige Eiche des Jupiter, uralten Stammes
> weithin wölbt ihr Dach, wo Steineichen dicht und dunkel
> ragen im dämmrigen Hain, von heiligem Schatten umschauert;
> dann gib frisches Wasser aufs neu und weide sie wieder
> bis zum Sinken der Sonne, wenn kühl durch die Lüfte der Abend
> atmet, der tauige Mond die Wälder erquickt, vom Gestade
> hallt des Eisvogels Schrei, der Stieglitz ruft aus dem Dornstrauch.
>
> (322–338)

Wer möchte da nicht weiterlesen! Anweisungen an Hirten sind es nur, und doch entfaltet sich aus ihnen ein bukolisches Gegenstück zu dem monumentalen Preis Italiens im zweiten Buch.

Im übrigen strebt der Dichter nun energisch dem Finale zu, wie er ja des öftern davon spricht, die Zeit drohe zu verfliegen, womit er wohl nicht nur die Kürze des Lebens meint, auch weniger die Geduld des Lesers, als vielmehr die Grenzen, die der normale Schreibraum einer Papyrusrolle ihm setzt (I: 514, II: 542, III: 566, IV: 566 Verse).

FINALE (478–566)

Das Finale des dritten Buches gehört zum Düstersten, was Vergil je geschrieben hat. Es handelt von der großen Viehpest, die Noricum vor kurzem heimgesucht hatte. Erschüttert schildert der Dichter das Hinsiechen der Pferde und Rinder, in deren Wesen er sich doch so liebevoll versenkt hatte, und erschreckt beschreibt er das Übergreifen der Seuche auf den Menschen, das befürchten läßt, das Ende der Menschheit sei herangekommen – eine endzeitliche Schreckensvision: Die Erinye Tisiphone ist aus der Hölle hervorgebrochen, mit ihr Krankheit und Angst (»Morbi Metusque« 552). Keine Heilkunst kann da helfen, die bisher angewandten Mittel schaden mehr als sie nützen (»quaesitaeque nocent artes« 549), bis man endlich daraufkommt, die Kadaver zu vergraben.

Damit erlischt die Pest. Doch Vergil entläßt uns nicht aus dieser Düsternis: kein Schimmer von Hoffnung, nur Verwesung, Übelriechendes und Ekelerregendes. Man sieht sich an Thukydides' Pestschilderung gemahnt.

Auch das erste Buch hatte mit schlimmen Bildern einer aus den Fugen geratenen Welt geschlossen. Aber es waren »nur« die gewiß schrecklichen politischen Leidenschaften, die sich im Bürgerkrieg ohne Ende austoben; die Natur, die Welt des Bauern blieb intakt. Hier aber erscheint alles als gefährdet, auch der stille Bezirk des Landmanns ist nicht ausgenommen, ja das Leben schlechthin in Frage gestellt. Man kann, so will es scheinen, der Vernichtung nur mit Vernichtung begegnen.

Viertes Buch: Bienenhaltung

Den Anstieg vom Thema des zweiten Buches, das dem vegetativen Leben der Pflanzen galt, über das dritte, in dem Vergil das animalische Leben der Tiere behandelte, zu den Bienen im vierten Buch bewertet man richtig, wenn man berücksichtigt, daß für die Alten das Leben der Bienen eine ans Göttliche heranreichende Daseinsform war.

In Vergils Vorlage, Varros Handbuch ›De re rustica‹ kam den Bienen eine so herausragende Stellung nicht im entferntesten zu. Sie wurden in seinem dritten Buch, in dem es um Hasen und andere Kleintiere geht, nur anhangsweise miterledigt (r. r. 3, 16), allerdings in besonderer Ausführlichkeit.

Wenn Vergil anders verfuhr, dann hatte er auch etwas Besonderes vor. Dem dämonisch-finsteren Grundton, auf den das dritte Buch vor allem im Finale gestimmt war, wollte er ein lichtes, freundliches Buch entgegensetzen.

PROÖMIUM (1–7)

Das Proömium des vierten Buches wendet sich wieder an Maecenas: »Hanc etiam, Maecenas, aspice partem – Auch dies sieh an, Maecenas!« (2). Das liest sich wie eine schulmäßige Überleitung, aber nur, wenn man die Anrede aus dem Zusammenhang reißt; denn schon der erste Vers entrückt das Thema in lichte Höhen, wenn es da von den »caelestia dona« der Bienen heißt:

> Weiterhin will ich des Honigs, des Lufttaus, himmlische Gaben
> näher betrachten.
>
> (1–2)

Hieran schließen sich Verse, in denen für die Charakterisierung der Bienen Sprachmittel verwendet werden, die man sonst bei der Beschreibung von Völkerstämmen findet:

> Führer, von adligem Mute beseelt, des ganzen Geschlechtes
> Wesen und Wirken, Völker und Schlachten will ich besingen.
>
> (4–5)

Denn so könnte auch ein Heldenepos beginnen: »magnanimos duces ... et proelia dicam.«

HAUPTSTÜCK (8–558)

Das vierte Buch gliedert sich in seinem Hauptstück wieder in zwei Themengruppen: nämlich: 1. Bienenvölker (8–314) und 2. Aristaeus-Legende (315–558). Damit entspricht es dem Gliederungssystem des dritten Buches. Es sei aber nicht verschwiegen, daß es auch den Versuch gibt, eine Dreiteilung herzustellen.

1. BIENENVÖLKER (8–314)

Vergil folgt im ganzen dem natürlichen Ablauf, beginnend von der Wahl eines geeigneten Standplatzes, vom Ausschwärmen des Volkes und dem Kampf rivalisierender »duces« (man wußte noch nicht, daß der »Weisel« weiblichen Geschlechts war) über die Aufzucht der jungen Brut hin zur Imkerei im engeren Sinn mitsamt der Vorsorge für den Winter.

Daß diese Darstellung in *einer* Ebene ablaufen würde, wird kein Georgica-Leser mehr erwarten. Es werden Gipfel sichtbar. Einer davon, der Kampf zweier Völker (67–87), war bereits im Vorspruch angekündigt. Die Darstellung strebt naturgemäß sogleich eine heroische Stilebene an, und bei näherem Zusehen beobachtet man, wie Vergil die Gelegenheit nutzt, sich nicht nur mit Lukrez, sondern (gewissermaßen durch ihn hindurch) auch an Ennius zu messen. Hatte der Gedanke, an ein großes Epos heranzugehen, ihn schon so sehr erfaßt?

Eine zweite Stelle hebt sich heraus. Sie handelt vom Gartenbau (116–148). Ein alter Mann aus Corycus (in Kilikien; möglicherweise weiland Seeräuber, von Pompeius zwangsumgesiedelt) hatte da auf herrenlosem Ödland ein Wundergärtchen angepflanzt, ein Idyll, bei dem der Dichter gerne länger verweilte, wenn sein Thema ihm dies erlaubte. Columella hat diese »Lücke« entdeckt und sie mit dem 10. Buch seines Werkes ›De re rustica‹ zu füllen versucht. Das reizvolle Gedicht lohnt die Lektüre.[1]

[1] W. Richter: Columella, De re rustica – Landwirtschaft, 3 Bde., München 1981 bis 1983.

An den Kern dessen, worauf es Vergil ankommt, führt eine dritte Versfolge heran, in der erzählt wird, wie die Bienen den eben geborenen Zeus-Jupiter in seiner Höhle auf Kreta mit Nektar ernährten und zum Dank dafür mit einer besonderen, geheimnisvollen *natura* begabt wurden:

Auf denn, von Art und Natur, die Jupiter selber den Bienen
schenkte, berichte ich nun, ihrem Lohn, weil damals dem hellen
Klang der Kureten sie folgten und klirrendem Erze und tief in
Kretas Grottengewölbe des Himmels Herrscher ernährten.

(149ff.)

Das also ist der Grund für die Teilhabe der Bienen am »göttlichen Allgeist«, von dem sich ihre Kunst, Honig zu bereiten, ihre Fähigkeit, zu planen und vorzusorgen, aber auch Staaten zu bilden, herleitet. Damit sind sie zugleich sehr nahe an den Menschen herangerückt.

Insgesamt bietet gerade das vierte Buch viele Möglichkeiten, Anklänge an Vorgänger und Vorbilder zu beobachten. Von Varro, Ennius, Lukrez war schon die Rede. Aber auch die Alexandriner wären zu nennen, Kallimachos vor allem, und deren römische Adepten, die Neoteriker, unter ihnen als bedeutendster Catull.

Der erste Themenkreis des vierten Buches klingt mit Versen aus, die von Bienenkrankheiten handeln (251–280). Daran schließt sich die Beschreibung einer Methode, zu einem neuen Bienenvolk zu gelangen (281–314). Damit sind wir bei der sog. *bugonia* angelangt, jener geheimnisvollen »Herstellung« von Bienen aus Rinderkadavern. Dieses sehr merkwürdige Rezept ist keine Erfindung Vergils, sondern traditionelle Lehre, die man erst spät anzuzweifeln begann. Für Vergil ist die *bugonia* Realität; auf ihr baut er den zweiten Themenkreis des vierten Buches auf.

2. ARISTAEUS-LEGENDE (315–558)

Mit der Aristaeus-Legende stoßen wir auf das Hauptproblem der gesamten ›Georgica‹. Servius berichtet nämlich in seinem Kommentar zur 10. ›Ekloge‹ (10, 1), an der Stelle der Aristaeus-Legende habe ursprünglich eine Lobpreisung des Cornelius Gallus gestanden. Als dieser aber, zum Verwalter der neu gewonnenen Provinz Ägypten bestellt, wegen seiner selbstherrlichen Amtsführung in Ungnade gefallen und der Verurteilung durch Selbstmord zuvorgekommen war, habe Vergil auf höhere Weisung das vierte Buch umgearbeitet. In seinem Kommentar zum vierten Buch ›Vom Landbau‹ (IV 1) bietet derselbe Servius eine abweichende Version, so daß man nicht so ganz genau weiß, woran man ist. Aber eine Nachricht wie diese, mochte sie auch erst in später Zeit belegt sein (400 n.Chr.), durfte die Forschung nicht beiseite schieben.

Vergil war gewiß keine Kämpfernatur. Ihn aber gleich als »Fürstenknecht« abzustempeln geht zu weit. Es mochte durchaus sein, daß er das Verhalten des Gallus auch selbst mißbilligte, weil er in Ägypten einen neuen Marcus Antonius heranwachsen sah, der den endlich errungenen Frieden wieder zu gefährden drohte. Das mußte freilich noch nicht bedeuten, daß er deshalb etwas an seinem ›Georgica‹-Manuskript änderte. Der Vergilvita des Sueton (27) zufolge las er die Dichtung, sich mit Maecenas abwechselnd, dem Octavianus vor, als dieser aus dem Osten nach Italien zurückgekehrt war und sich zur Kur in Atella aufhielt. Das war im Sommer 29 v. Chr.; der Selbstmord des Gallus fällt ins Jahr 26 v. Chr. Es macht schon Schwierigkeiten sich vorzustellen, daß man die Veröffentlichung der ›Georgica‹ drei Jahre hinauszögerte, obwohl doch niemand ahnen konnte, daß der hoch in der Gunst stehende Gallus einmal so enden würde.

Es gibt aber auch Stimmen, die der Nachricht des Servius mehr Gewicht beimessen als diesen Überlegungen. Von daher erklärt sich die Folgerung, daß die Arbeit an der Neufassung der ›Georgica‹ neben der Arbeit an der ›Aeneis‹ herlaufen mußte, so daß mit gegenseitigen Einwirkungen, ja mit der Übernahme von Versatzstücken zu rechnen sei. Die Suche danach hat zwar einiges an Anklängen und Parallelen zutage gefördert, doch blieben diese Beweisstücke keineswegs unangezweifelt.

Der Streit der Philologen ist nicht entschieden. Das wissenschaftliche Interesse an diesem Problem ist überdies in Gefahr, sich mit politischer Leidenschaft zu vermengen, hat man doch mit einem »Principat« neueren Datums einschlägige Erfahrungen gemacht, die noch in schmerzlicher Erinnerung sind.

Schlimm, wenn Vergil auf politischen Druck hin seinen Text geändert haben sollte. Doch meinen wir, daß die Änderung, wenn sie denn wirklich vorgenommen worden sein sollte, keineswegs so tiefgreifend gewesen sein mußte, wie man sie sich gemeinhin vorstellt. »Ultimam partem huius libri esse mutatam«, schreibt Servius. Es könnte also u. U. schon genügt haben, den letzten Vers (566) zu ändern, also an die Stelle eines Galluslobs mittels Zitats aus der 10. Ekloge den ersten Vers der 1. Ekloge einzusetzen. Etwas merkwürdig ist die Anbindung des Verses mittels »audaxque iuventa« ohnehin. Die »laudes Galli« könnten aber auch bei der Begegnung des Aristaeus mit Proteus, die Homer (›Odyssee‹ IV 385) in Ägypten lokalisiert, ihren Platz gehabt haben, und dort wären sie leicht zu streichen gewesen.

Die Aristaeus-Legende als solche gibt ein Beispiel hellenistischen Kunstgeschmacks: Man liebte es, mehrere Erzählungen kompliziert ineinander zu verweben. Aristaeus hat sein Bienenvolk durch eine Bienenseuche verloren. Ratlos und traurig wendet er sich an seine Mutter, die Nymphe Cyrene. Sie kann selbst nicht helfen, rät ihrem Sohn aber, sich an Proteus zu wenden: Ihn müsse er überwinden, dann werde er ihm verraten müssen, wie er zu neuen Bienen kommen könne. Der

Überfall auf den wandelbaren Meeresgott gelingt, und Aristaeus erfährt von ihm den Grund des Unheils: Er, Aristaeus, habe schuld am Tod der Eurydice und damit auch am Tod des Orpheus, der ihn seitdem als rächender Dämon verfolge. Ihm müsse er ein Sühneopfer darbringen. Dies tut Aristaeus denn auch alsbald, und siehe da – aus den Rinderkadavern entsteht ein neues Bienenvolk (548–558). Diese *bugonia* (»Entstehung aus einem Rind«) war es, von der die Legende ihren Ausgang nahm und auf die sie wieder hinausführte.

Daß Vergil hier Motive der ›Ilias‹ (Achilleus klagt seiner Mutter Thetis sein Leid) und aus der ›Odyssee‹ (Menelaos erkundigt sich bei Eidothea; auf ihren Rat überwältigt er Proteus beim Robbenzählen) verwendet hat, ist offensichtlich. Weniger bekannt wird sein, daß für die der Daphnisekloge ähnelnden elegischen Partien Hermesianax (fr. 2, 13 D) und Euripides (›Alkestis‹) zu Rate gezogen wurden. Auch von Catulls Peleus-Epyllion (c. 64) scheint, zumindest was die Komplexität der Komposition anlangt, ein wichtiger Anstoß ausgegangen zu sein.

Wenn das alles ein später eingefügtes Ersatzstück sein soll, muß man einräumen, daß sich der Dichter die Sache nicht leichtgemacht, sondern dem Gesamtwerk eine neue Richtung gegeben hat. Und man muß wohl auch zugeben, daß das vierte Buch, so wie wir es vor uns haben, seiner ganzen Anlage nach einem Ende zustrebt, dem die Aristaeus-Legende aufs beste entspricht oder eben nur etwas von der Art der Aristaeus-Legende entsprechen konnte. Wie die »laudes Galli« das hätten leisten sollen, bleibt hingegen schwer vorstellbar. Dies wohl auch der Grund, warum sich Friedrich Klingner (1967, 326–363) mit einer bei ihm sonst nicht gewohnten Leidenschaftlichkeit für die Echtheit des vierten Buches in der uns vorliegenden Form eingesetzt hat.

Im Orpheus-Mythos wird die unentrinnbare Endgültigkeit des Todes aufgezeigt. Gibt es dennoch ein »ewiges Leben«? Diese Frage positiv zu beantworten ist der Sinn der Aristaeus-Legende; darauf läuft jeder Gedanke zu:

> Zeichen und Beispielen solcher Natur ⟨der Bienen⟩ nachsinnend, erklärten
> manche, die Bienen durchwirke ein Teil vom göttlichen Weltgeist,
> feurigen Äthers Gewalt, denn Gott durchflute das Weltall:
> Länder und Meere, unendlich gedehnt, und die Tiefen des Himmels;
> hieraus schöpfe sich Schaf und Rind und Mensch und der wilden
> Tierwelt ganzes Geschlecht das zartentspringende Leben,
> hierhin ströme gelöst dann alles am Ende auch wieder
> heim ins All, nichts sinke in Tod, nein, lodere lebend
> auf zu Gestirnen und folge dem Schwung des erhabenen Himmels.
> (219–227)

In diesen Versen ist nicht von einer Unsterblichkeit des Individuums die Rede, sondern von der Unzerstörbarkeit der »Lebensmaterie«, Orphische Vorstellungen, platonisches Philosophieren (Rückkehr zu den Sternen) und stoisches Gedankengut stehen hinter dieser Lehre. Lukrez hätten solche Verse wohl nicht behagt, auch wenn sie in einem weitesten Sinne mit der epikureischen Vorstellung vereinbar sein mögen, daß alles nach dem Tode in die Atome zerfällt, aus denen es gebildet war, so daß aus diesen selben Atomen auch wieder neue Lebewesen »komponiert« werden können.

Wenn man nach dem Verhältnis dieser Unsterblichkeitslehre Vergils zu der berühmten Versgruppe im sechsten Buch der ›Aeneis‹ (VI 724ff.) fragt, so kann man wohl kaum anderes annehmen, als daß Vergil seinen Gedanken in einer höchst bemerkenswerten Weise weiterentwickelt hat, sofern er dort das individuelle Leben als prä- und postexistent ansieht: »Quisque suos patimur manes«. Von einer Doublette ist man da weltenweit entfernt. Konnte der gleiche Dichter bei paralleler Arbeit an zwei großen Werken wirklich so gespalten denken? Mußte nicht auch er sich sagen: »Manum de tabula!«

FINALE (559–566)

In den das vierte Buch (und damit das Gesamtwerk) abschließenden acht Versen spricht der Dichter Octavianus an, der noch am Euphrat kämpfend und siegend weilt; er sieht ihn zum Olymp emporstreben:

> ... gibt er Gesetze willigen Völkern, so strebt er hinan die Bahn zum Olympus
>
> (561f.)

In den letzten vier Zeilen verabschiedet sich Vergil vom Leser mit einer autobiographischen Notiz, die ihm als *Sphragis* (Siegel) dient. Während Octavianus im Osten seine ganze Tatkraft darauf verwendet, die Kriegsfackel endgültig auszutreten, leiste er sich den Luxus, am geliebten Golf von Neapel seinen Dichterträumen nachzuhängen:

> Mich, Vergil, ernährte in Huld Parthénope damals,
> da mir, ferne von Ruf und Ruhm, aufblühte die Dichtung.
> Hirtengedichte ersann ich im Spiel; mit dem Mute der Jugend,
> Tityrus, sang ich von dir unterm Dach breitästiger Buche.
>
> (563–566)

NAMENREGISTER

Abydos: Stadt am Hellespont (heute Dardanellen)
Acerrae: Stadt in Kampanien, am Clanius
Acheron: Fluß in der Unterwelt
Achilles: Sohn der Meergöttin Thetis und des Peleus, berühmtester Griechenheld vor Troja
Ätna: Vulkan auf Sizilien
Alburnus: Waldgebirge in Lukanien, östlich von Paestum
Alkinoos: der aus der ›Odyssee‹ bekannte König der Phäaken
Alpheus: Fluß in Elis, bei Olympia
Aminaea: Gegend in Picenum (Mittelitalien)
Amphrysus: Fluß in Thessalien, an dem Apollo die Herden des Admetus weidete
Amythaon: Vater des Melampus, berühmter Wahrsager
Anio: Nebenfluß des Tiber
aonisch: = böotisch, Beiwort der Musen und des Musenberges Helikon
Apollo: Sohn des Juppiter und der Latona, Gott des Lichtes, der Dichtkunst und der Prophetie
Arethusa: Quelle bei Syrakus und Quellnymphe
Argos: Stadt auf der Peloponnes
Ariadne: Tochter des Minos und der Pasiphaë, Geliebte des Theseus und des Bakchus, der ihre Krone unter die Sterne versetzte
Aristaeus: Sohn des Apollo und der Kyrene, verdient durch Einführung der Bienenzucht
Arkadien, hiervon arkadisch: Landschaft in der Mitte der Peloponnes, Heimat des Pan und des Aristaeus
Arkturus: Stern im Sternbild des Rinderhirten (Bootes); sein Auf- und Niedergang ist von Stürmen begleitet
Armenien: Landschaft in Asien, beiderseits des Euphrat
Askanius: Ausfluß des bithynischen Sees Askania, in eine Bucht der Propontis, des heutigen Marmarameers
askräisch: von Askra, der Heimat des Hesiod, in Böotien
Assarakus: Ahnherr des Aeneas
Athos: Gebirge in Mazedonien, auf dem östlichen Ausläufer der Chalkidike
attisch: aus Attika, der Landschaft um Athen
Aurora: (Göttin der) Morgenröte
Ausonien: = Italien
Avernersee: Kratersee bei Baiae (Kampanien), durch einen Kanal mit dem Meer verbunden

Bakchus, hiervon bakchantisch: Sohn des Juppiter und der Semele, Gott des Weines
Baktra: Hauptstadt von Baktriana in Persien
belgisch: von den Belgiern, den Bewohnern des nördlichen Gallien
Beroë: Tochter des Okeanus, Nymphe
Bisalten: thrakisches Volk
Bootes: Sternbild des Rinderhirten, nach seinem hellsten Stern auch Arkturus genannt
Britanner: die Bewohner Britanniens
Bruttium: die Südwestspitze Italiens
Bumastus: großbeerige Traubenart
Busiris: sagenhafter König Ägyptens, berüchtigt durch seine Menschenschlächterei

Caesar: 1. C. Iulius Caesar, der Diktator (100–44 v. Chr.) 2. C. Iulius Caesar Octavianus, genannt Augustus, der Kaiser (63 v. Chr. – 14 n. Chr.)

Camillus: eroberte Veji, befreite Rom von den Galliern (um 390 v. Chr.)
Capua: Stadt in Kampanien
Cayster: Fluß in Kleinasien, mündet bei Ephesus
Ceraunia: Vorgebirge in Epirus
Ceres: Göttin des Getreides
Chalyber: Volk an der Südostküste des Schwarzen Meeres, berühmte Schmiede
Chaos: Urzustand der Welt
Chier: Wein aus Chios, der Insel in der Ägäis
Chiron: berühmter Kentaur, heilkundig
cinyphisch: von Cinyps, einem Fluß in Libyen an der Syrtenküste
Clanius: Fluß in Kampanien
Clitumnus: Fluß in Umbrien
Corycus: Stadt in Kilikien (Südostkleinasien)

Dädalus: sagenhafter Baumeister und Erfinder
Daker: Volk an der unteren Donau
Decier: römische Nationalhelden, die sich in Schlachten aufopferten (4./3. Jh. v. Chr.)
Deiopea: Nymphe
Delos: Insel in der Ägäis, auf der Latona die Zwillinge Apollo und Diana gebar
Deukalion: Urvater der Menschheit, schuf mit seiner Gattin Pyrrha durch Steinwürfe ein neues Menschengeschlecht
Dodona: in Epirus, berühmt durch seine Eichenhaine
Drimo: Nymphe
Dryaden: Baumnymphen

eleusische Mutter: Ceres, die in Eleusis (Attika) verehrt wurde
elisch: aus Elis, der Landschaft Olympias, stammend
Elysium: das Reich der Seligen
Emathia: alter Name für Mazedonien und Thessalien
Enipeus: Strom in Thessalien
Ephyre: Nymphe
Epidaurus: Stadt in der Argolis (Peloponnes)
Epirus: Landschaft in Nordwestgriechenland
Erichthonius: sagenhafter König von Athen
Eridanus: der Po
Erinyen: Fluch- und Rachegeister
Etrusker: Bewohner Etruriens (Mittelitalien)
Eurydike: Gattin des Orpheus
Eurystheus: König von Mykene, der dem Herkules die berühmten Arbeiten auferlegte

falernisch: aus dem falernischen Gebiet in Kampanien, wo ein berühmter Wein wuchs
Faune: italische Wald- und Herdengötter
Furie: = Erinye, Rachegeist

Galaesus: Fluß in der Umgebung von Tarent
Ganges: Strom in Indien
Gargara: Spitze des Idagebirges in Mysien (Kleinasien)
Gelonen: Volk in Südrußland
Geten, hiervon getisch: Volk in Südrußland
Glaukus: 1. Meergottheit 2. Sohn des korinthischen Königs Sisyphus, wurde von seinen Stuten zerfleischt, die er von der Paarung zurückgehalten hatte

Haemus: Gebirge zwischen Donau und Hebrus, der heutige Große Balkan
Hebrus: Fluß in Thrazien (die heutige Maritza)
Hellespontus: die heutigen Dardanellen
Herkules: Sohn des Juppiter und der Alkmene, der berühmte Heros
Hermus: Hauptfluß Lydiens
Hippodame: vielumworbene Tochter des Königs Oinomaos in Elis, von Pelops zur Frau gewonnen
Hylaeus: Kentaur

Hylas: auf der Argonautenfahrt jugendlicher Begleiter des Herkules
Hymenaeus: Gott der Hochzeit
Hypanis: der heutige Bug

Iberer: spanischer Volksstamm
Ida: Gebirge in Phrygien (Kleinasien)
Inachus: Vater der Io, die, von Juppiter in eine Kuh verwandelt, von Juno verfolgt wurde
Ino: Tochter des Kadmus, in eine Meergottheit verwandelt
Ister: Unterlauf der Donau
ituräisch: von den Ituräern, einem arabischen Volk, das in dem Gebiet zwischen Syrien und dem Libanon lebte
Ixion: König der Lapithen, Büßer in der Unterwelt, an ein ständig sich drehendes Rad geschmiedet

Japydergefild: Gegend am Timavus, in Venetien
jonisches Meer: westlich von Griechenland
julischer Hafen: von Agrippa an der kampanischen Küste bei Baiae errichtet (37 v. Chr.)
Juno: Tochter des Saturnus, Gemahlin Juppiters, die Götterkönigin
Juppiter: der oberste Gott

Kaikus: Fluß in Mysien (Kleinasien)
kalabrisch: aus Kalabrien, der Landschaft in Süditalien
Kampanien: Landschaft in Mittelitalien
Kanopus: Stadt in Unterägypten, in der Nähe von Alexandrien
karpathische Fluten: das Meer zwischen Rhodos und Kreta
Kastalia: Quelle am Parnaß bei Delphi, Apoll und den Musen geheiligt
kekropisch: athenisch, nach Kekrops, dem sagenhaften Gründer Athens
Keleus: König von Eleusis bei Athen
Kentauren: Fabelwesen, halb Pferd, halb Mensch
Keos: Insel im Ägäischen Meer
Kerberus: dreiköpfiger Höllenhund
Kithaeron: Gebirge zwischen Attika und Böotien
Klio: eine der neun Musen, auch als Nymphe vorgestellt
Klymene: Nymphe
Kokytos: Strom in der Unterwelt
Kureten: Priester der Kybele
Kybele: die »Göttermutter« *(Magna Mater)* aus Phrygien
Kydippe: Nymphe
Kyklopen: sagenhafte Riesen, Schmiede
Kyllarus: Pferd, das Pollux von Neptun erhalten hatte
Kymodoke: Nereide, Meernymphe
Kyrene: Nymphe, Mutter des Aristaeus
Kytorus: Berg in Pontus, am Schwarzen Meer

Lageos: Traubenart (»Hasenwein«, von der Farbe)
Lapithen: mythisches Bergvolk in Thessalien, bekannt durch den Kampf mit den Kentauren
Latona: durch Juppiter Mutter des Apoll und der Diana
Lesbos: Insel in der Ägäis
Libyen, hiervon libysch: Nordafrika, insbesondere die libysche Wüste
Ligea: Nymphe
Ligurer: italisches Volk um Genua
Lucina: Göttin der Geburt
Lucrinersee: bei Baiae, dem Avernersee benachbart und mit ihm durch einen Kanal verbunden
Luna: Mond(göttin)
Lydien: Landschaft im westlichen Kleinasien
Lykorias: Nymphe
Lykus: Fluß, wohl in Kleinasien

Maecenas: Freund und Berater des Augustus, Förderer des Vergil, des Horaz u. a.
mäotische See: das Asowsche Meer
Manen: Seelen der Verstorbenen, Unterweltsgeister
Mantua: Stadt in Norditalien, Heimat Vergils

Marius: römischer Feldherr, Überwinder des Jugurtha sowie der Cimbern und Teutonen (156–86 v. Chr.)
Mars: Kriegsgott der Römer
Marser: Stamm in Latium
Massikerwein: vom Massikus, einem Berg zwischen Latium und Kampanien
Mazedonien: Nordgriechenland zwischen Thessalien und Thrazien
Medien, hiervon Meder: Landschaft in Asien
Melampus: Sohn des Amythaon, Wahrsager und Zauberer
Melicertes: Sohn der Ino, wie diese in eine Meergottheit verwandelt
Mella: Nebenfluß des Ollius, der nahe bei Mantua in den Po mündet
Merkur: Sohn des Juppiter und der Maia, der Götterbote
Methymna: Stadt auf der Insel Lesbos
milesisch: aus Milet stammend, einer Handelsstadt an der Westküste Kleinasiens
Mincio: Fluß bei Mantua
Minerva: Tochter des Juppiter, Göttin der Weisheit, der Künste und Wissenschaften sowie des Spinnens und Webens
Molorchus: Winzer bei Nemea (in der Argolis), wo die nemeischen Spiele gefeiert wurden
Molosser: Hunderasse aus dem östlichen Epirus
Musen: die Göttinnen der Dichtkunst
Mykene: sagenberühmte Stadt in der Argolis
Mysien: Landschaft in Nordwestkleinasien

Neptun(us): Gott des Meeres
Nereus: Meergottheit, Vater der Nereiden
Nesaee: Nereide, Meernymphe
Nisus: König von Megara, dessen Macht an einer purpurnen Locke hing; wie Skylla, seine Tochter, die ihm die Locke raubte, in einen Meervogel verwandelt
Noricum: Land südlich der Donau, etwa dem heutigen Österreich entsprechend
Nymphen: weibliche Naturgottheiten, in Gewässern, auf Bergen und in Bäumen

Okeanus: das Weltmeer sowie die zugehörige Gottheit
olympisch: aus Olympia, dem Ort der Wettspiele stammend
Olympus: Berg an der Grenze von Mazedonien und Thessalien, Wohnsitz der Götter
Opis: Nymphe
Orithyia: Tochter des athenischen Königs Erechtheus, von Boreas, dem Nordwind, nach Thrazien entführt
Orkus: die Unterwelt
Orpheus: Sohn Apolls und der Muse Kalliope, berühmter Sänger, der seine aus der Unterwelt zurückgewonnene Gattin Eurydike wieder verlor
Ossa: Berg in Thessalien

Paestum: Stadt an der Westküste von Lukanien, berühmt durch seine Rosen
Palatium: = Palatin, einer der sieben Hügel Roms
Pales: italische Hirtengöttin
Pallene: westliche Landspitze der makedonischen Halbinsel Chalkidike
Pan: Hirtengott
Pangaea: Gebirge in Thrazien
Panopea: Meernymphe, Tochter des Nereus
parischer Stein: Marmor aus Paros, einer Insel in der Ägäis
Parnassus: Berg bei Delphi, Apoll und den Musen heilig
Parthenope: = Neapel
Parther, hiervon parthisch: Volk und Reich des Zweistromlandes
Pelion: Berg in Thessalien, südlich vom Ossa
pelläisch: = makedonisch, im Machtbereich Mazedoniens befindlich (von Pella, der Hauptstadt Mazedoniens)
Pelops: Sohn des Tantalus, der ihn den

Göttern zur Speise vorsetzte; nur Ceres aß davon; die fehlende Schulter wurde durch eine Elfenbeinschulter ersetzt
Peneios: Fluß im Tempetal (Thessalien)
Phasis: Fluß in Kolchis an der Ostküste des Schwarzen Meeres
Philippi: Ort in Thrazien, bei dem Octavianus die Caesarmörder Brutus und Cassius besiegte (42 v. Chr.)
Philyra: Tochter des Okeanus, Mutter des Chiron
Phöbus: »der Strahlende«, Beiname des Apollo
Pholus: Kentaur
phrygisch: aus Phrygien, einer Landschaft im nordwestlichen Kleinasien stammend
Phyllodoke: Nymphe
Pisa: Gegend in Elis, = Olympia
Pluto: Gott der Unterwelt
Pollux: Sohn des Juppiter und der Leda, Zwillingsbruder des Kastor
Pontus: Kolchis am Pontus (am Schwarzen Meer), die Heimat der Zauberin Medea
potnisch: aus Potniae, einer Stadt in Böotien stammend
Priapus: Gott der Fruchtbarkeit in Feld und Garten
Proserpina: Tochter des Juppiter und der Ceres, von Pluto geraubt und zur Gemahlin gemacht
Proteus: weissagender Meergreis, der sich in beliebige Gestalten verwandeln konnte
Psithia, hiervon psithisch: Traubenart

Quirinus: römischer Gott, Romulus als Gott
Quiriten: offizielle Bezeichnung der römischen Bürger

Raetiker: Wein aus Rätien, der westlichsten Donauprovinz
Remus: mit seinem Zwillingsbruder Romulus sagenhafter Gründer Roms
Rhesus: thrakischer König, Bundesgenosse der Trojaner
Rhodier: Wein aus Rhodos, der Insel südwestlich von Kleinasien
Rhodope: Gebirge in Thrazien, Teil des Großen Balkans
Rhoecus: Kentaur
Riphäergebirge: sagenhaftes Gebirge im hohen Norden
Romulus: sagenhafter Gründer Roms

Saba, hiervon Sabäer: weihrauchreiche Gegend in Arabien
Sabeller: = Sabiner
Sabiner: Bergvolk in Mittelitalien
Saturn(us), hiervon saturnische Erde: Vater des Juppiter, italischer Urkönig des Goldenen Zeitalters; saturnische Erde = Italien
Scipio: der ältere Africanus, der Sieger über Hannibal, sowie der jüngere Africanus, der Zerstörer Karthagos
Sila: herdenreicher Bergwald in Bruttium
Silarus: Fluß in Lukanien, mündet in den Golf von Salerno
Silvanus: italischer Waldgott
Sirius: hellster Stern im Großen Hund, bringt die »Hundstage« mit sich
Sisyphus: Büßer in der Unterwelt, der immer wieder einen Felsblock auf eine Anhöhe wälzen mußte
Skylla: Tochter des Nisus, verriet ihre Heimatstadt durch den Raub der Purpurlocke an den Landesfeind, in einen Meervogel verwandelt
Skythen, hiervon Skythien, skythisch: Volk nördlich des Schwarzen und des Kaspischen Meeres
Sol: der Sonnengott, die Sonne
Spio: Nereide, Meernymphe
Strymon: Fluß in Thrazien
Styx, hiervon stygisch: Fluß in der Unterwelt

Tanager: Nebenfluß des Silarus
Tarent: Handelsstadt in Kalabrien
Tartarus: die Unterwelt, das Totenreich

Taygete: Tochter des Atlas, eine der Plejaden
Taygetus: Gebirge in Lakonien (Peloponnes)
Tethys: Meergottheit, Gemahlin des Okeanus
Thalia: eine der neun Musen, auch als Nymphe vorgestellt
Thasos: Insel im ägäischen Meer
Theseus: athenischer Heros
Thetis: Meergottheit, Gemahlin des Peleus, Mutter des Achilles
Thrazien, hiervon thrakisch: Land zwischen Mazedonien und dem Schwarzen Meer
Thule: Land (Insel) im äußersten Norden
Thymbra: Stadt und Gebiet in der Troas, mit einem Apollo-Heiligtum
Timavus: Fluß zwischen Venedig und Triest
Tisiphone: eine Erinye
Titanen: urtümliches Göttergeschlecht
Tithonus: Bruder des Priamus, Gemahl der Aurora
Tityrus: Hirtenname in Vergils Eklogen
Tmolier: Wein aus Tmolus, einer Stadt in Lydien (Kleinasien)
Tros: Stammvater des trojanischen Königsgeschlechts und somit auch der Julier in Rom
tyrisch: aus Tyrus stammend, einer Hafen- und Handelsstadt in Phönizien, berühmt wegen ihres Purpurs
Tyrrhenische Flut: das Tyrrhenische Meer

Venus: Göttin der Liebe
Vesta: Göttin des Herdes, in deren Tempel ein ewiges Feuer brannte
Volcanus: Gott des Feuers, Waffenschmied der Götter
Volsker: Stamm im südlichen Latium

Xantho: Nymphe

Zeus: = Juppiter

LITERATURHINWEISE

(Literatur zu Vergil im allgemeinen in den Hinweisen zur ›Aeneis‹)

Ausgaben

P. Vergilius Maro, Opera, hrsg. von R. A. B. Mynors, Oxford 1969.
P. Vergilius Maro, Opera, Bd. 1: Bucolica et Georgica, hrsg. von R. Sabbadini, Rom 1930.

Kommentierte Ausgabe

Vergil, Georgica, hrsg. und erkl. von W. Richter, München 1957.

Ausgabe mit Kommentar und deutscher Übersetzung

P. Vergilius Maro, Georgicon libri IV – Landbau, Vier Gesänge, übers. und erkl. von J. H. Voss, Eutin – Hamburg 1789.

Literaturbericht

W. Suerbaum, Spezialbibliographie zu Vergils Georgica, in: Aufstieg und Niedergang der römischen Welt, hrsg. von H. Temporini – W. Haase, II, 31, 1, Berlin – New York 1981, 395–499.

Monographien, Aufsätze

J. Bayet, Les premiers Géorgiques de Virgile, Revue de Philologie 56, 1930, 128–150 und 227–247.
E. Burck, Die Komposition von Vergils Georgika Hermes 64, 1929, 279–321.
E. Fraenkel, Vergil und Cicero, Atti e Memorie della r. Accademia Virgiliana di Mantova N. S. 19/20, 1926/27, 217–227.
M. Fuhrmann, Fluch und Segen der Arbeit – Vergils Lehrgedicht von der Landwirtschaft in der europäischen Tradition Gymnasium 90, 1983, 240–257.
H. Klepl, Lukrez und Virgil in ihren Lehrgedichten, Diss. Leipzig 1940.
F. Klingner, Über das Lob des Landlebens in Virgils Georgica Hermes 66, 1931, 159–189.
Ders., Römische Geisteswelt, Leipzig 1943 (1965[5]).

Ders., Studien zur griechischen und römischen Literatur, Zürich–Stuttgart 1964.
Ders., Virgil: Bucolica – Georgica – Aeneis, Zürich–Stuttgart 1967.
H. Morsch, De Graecis auctoribus in georgicis a Vergilio expressis, Diss. Halle 1878.
T. Oksala, Studien zum Verständnis der Einheit und der Bedeutung von Vergils Georgica, Helsinki 1978.
H. Oppermann, Vergil und Oktavian – Zur Deutung der ersten und neunten Ekloge, Hermes 67, 1932, 197–219.
W. Schadewaldt, Sinn und Werden der vergilischen Dichtung, Zürich 1960.
E. Schäfer, Die Wende zur Augusteischen Literatur – Vergils Georgica und Octavian Gymnasium 90, 1983, 77–101.
L. P. Wilkinson, The Georgics of Virgil – A critical survey, Cambridge 1969.

OVID, LIEBESKUNST

ERLÄUTERUNGEN

Vorbemerkung: Die aus dem Griechischen stammenden Eigennamen sind zum Zweck der Vereinheitlichung in der Regel in der lateinischen Form bzw. Orthographie wiedergegeben.

ERSTES BUCH

1–34 *Proömium:* Liebe als erlernbare Kunst der Bezähmung Amors; Erfahrung als Quelle der Inspiration; Absicherung gegenüber den Ehegesetzen.

3 *lenkt:* Mit v. Albrecht (Übersetzung z. St.) lese ich »reguntur« statt »moventur«. Das auf der Doppelbedeutung von AMOR = »Liebe« und »Gott der Liebe« beruhende Wortspiel ist in der Übersetzung nicht nachzumachen.

5 *Automedon:* berühmter Wagenlenker des Achilles.

6 *haemonischen* = thessalischen; gemeint ist die Argo, das Schiff der Argonauten.

11 *Philyras Sohn:* der Kentaur Chiron, Sohn der Nymphe Philyra und Erzieher des Achilles.

15 *Hector:* Achilles wird den stärksten Verteidiger Trojas im zehnten Jahr der Belagerung töten (Homer, ›Ilias‹, XXII. Buch).

17 *Aeacusenkel:* Aeacus ist der Vater von Achilles' Vater Peleus.

18 *Göttinnen:* Amor ist Sohn der Venus, Achilles Sohn der Nymphe Thetis.

19 *mit dem Pflug:* der erste von zahlreichen Vergleichen aus der Welt des Ackerbaus, der Pflanzen- und Viehzucht und der Jagd; vgl. dazu S. 207.

25 *o Phoebus:* Der Dichter weist in V. 25–28 Quellen der Inspiration, auf die sich andere Dichter berufen, zurück: Phoebus als Gott der Weissagung und Dichtung, den Ruf eines bisher nicht zweifelsfrei identifizierten Vogels (am plausibelsten ist wohl der Vorschlag von E. Lefèvre [Hermes 95, 1967, 126 bis 128], an Wissen, das durch den römischen Brauch der Deutung des Vogelflugs bzw. -rufes, das *augurium*, erworben wird, zu denken) und die Musen (= Clio und ihre Schwestern), die Hesiod, den »Begründer« des Lehrgedichts (vgl. S. 204f.)

zum Dichter weihten, als er in Ascra in Boeotien am Fuße des Helicon Schafe weidete (›Theogonie‹ 22ff.).

31 *Haarbänder:* Diese Haartracht und der breite Besatz am unteren Saum der bis auf die Füße herabreichenden Stola kennzeichnen die verheirateten Frauen, die aus Rücksicht auf die Ehegesetze des Augustus (»Verbrechen« = Ehebruch, vgl. dazu S. 200f.) aus dem Bereich der ›Ars‹ ausgeschlossen sein sollen.

35–40 Gliederung des ersten und zweiten Buches (= Anweisungen für die Männer) in drei Hauptteile.

36 *Soldat:* In der römischen Liebeselegie wird das (häufig vergebliche) Werben des Liebhabers oft mit dem Kriegsdienst verglichen.

39 *Wagen:* Der erste von mehreren Vergleichen des Lehrgangs (vgl. lat. »cursus«!) mit Wagenfahrt, Schiffahrt und Wagenrennen, bei dem auf einer ovalen Rennbahn der Wendepunkt geschickt umfahren werden mußte.

41–262 Erster Hauptteil der Anweisungen für die Männer: Orte, wo Mädchen zu finden sind.

41–66 Einleitung: Rom als die Stadt der Liebe.

53 *Perseus:* Er holt sich aus dem Lande der Aethiopier, die hier als Volk am Ost- und Südrand der Erde mit den Indern gleichgesetzt werden, Andromeda, nachdem er sie von einem Meerungeheuer befreit hat.

54 *die grajische Frau:* Helena (grajisch = griechisch). *der phrygische Mann:* Paris (phrygisch = trojanisch).

57 *Gargara:* Stadt im kleinasiatischen Mysien, bekannt für ihren Getreidereichtum. *Methymna:* Stadt auf Lesbos mit berühmtem Weinbau.

60 *Aeneas:* der Sohn der Venus und Stammvater Roms.

67–88 Verschiedene Treffpunkte und Gelegenheiten innerhalb Roms.

67 *Pompeius' ... Halle:* beim Theater des Pompeius südöstlich vom Marsfeld.

68 *Hercules' Löwengestirn:* Sternbild des an den Himmel versetzten, von Hercules getöteten nemeïschen Löwen; also im Juli.

69 *Stiftung des Sohnes:* des Marcellus, also das Theater des Marcellus; daneben ließ seine Mutter, Augustus' Schwester Octavia, die Porticus Octaviae errichten. Beide Bauten befanden sich am linken Tiberufer, etwa auf der Höhe des Forum Romanum.

72 *Halle der Livia:* genannt nach der Frau des Augustus, im Osten der Stadt.

73 *wo die Beliden ...:* die Säulenhalle rings um den Apollotempel auf dem Palatin (dazu vgl. zu III 119 u. 389). Unter den Marmorgruppen in den Zwischenräumen der Säulen befanden sich offensichtlich Statuen der fünfzig Beliden (= Enkelinnen des Beleus), die auf Befehl ihres

Vaters Danaus in der Hochzeitsnacht ihre fünfzig Vettern, die Söhne des Aegyptus, ermordeten.

75 *der Tag:* das Fest zu Ehren des schönen Jünglings Adonis, der in der griechischen Version des orientalischen Mythos auf der Jagd von einem Eber getötet und von seiner Geliebten Venus betrauert wird.

76 *der siebte:* der jüdische Sabbat.

77 *memphitischen Tempel:* der Isistempel am Ostrand des Marsfeldes. Die ägyptische (= memphitische) Göttin wird im griechisch-römischen Mythos mit Io gleichgesetzt, die Jupiter zu seiner Geliebten macht und zur Verheimlichung des Seitensprunges vor Juno in eine Kuh verwandelt.

82 *die appische Nymphe:* Beim Venustempel auf dem Forum Iulium wurden offensichtlich auch die Quellnymphen der appischen Wasserleitung verehrt, wohl als Statuen, aus deren Mund Wasser in die Luft schoß.

89–134 Das Theater.

99 *sie kommen, gesehen zu werden:* Vgl. Goethe, ›Faust I‹, V 119f.: »Die Damen geben sich und ihren Putz zum besten und spielen ohne Gage mit.«

101–134: Mythologische Einlage: *Der Raub der Sabinerinnen:* Da nach der Gründung Roms Frauenmangel in der Stadt herrscht, lädt Romulus an einem Festtag die benachbarten Sabiner ein und läßt deren Frauen bei einer Theateraufführung von seinen Männern rauben. Nachdem schon Livius, ›Ab urbe condita‹ I 9, bei seiner Bearbeitung des Stoffs den Schwerpunkt auf die psychologische Seite des Geschehens gelegt hatte, malt Ovid nun die von dem Vorgänger gewissermaßen »übriggelassene« Darstellung der Reaktion der Frauen im Moment des Überfalls aus.

105 *Palatiums:* der palatinische Berg in Rom, vgl. zu III 119.

114 *plötzlich:* Mit J. Delz, Museum Helveticum 28, 1971, 52f. lese ich »repente« statt des überlieferten, zweifellos korrupten »petenda«.

133 *geheiligt:* Madvigs Konjektur »sollemni« ist dem handschriftlich überlieferten »sollemnia« m.E. vorzuziehen.

135–162 Der Zirkus: Vgl. Ovids Bearbeitung desselben Themas in ›Amores‹ III 2 und dazu S. Merkle, Živa Antika 33, 1983, 135–145.

147 *Festzug:* Feierliche Prozession auf der Bahn vor Beginn des Rennens, bei der Götterbilder getragen wurden.

163–170 Gladiatorenkämpfe.

164 *Forum:* Gladiatorenkämpfe fanden vor der Erbauung von Amphitheatern auf dem zu diesem Zweck mit Sand bestreuten Forum statt.

165 *der Sohn der Venus:* Amor.

171–176 Die gespielte Seeschlacht: Am 12. 5. 2 v. Chr. ließ Augustus in einem am rechten Tiberufer ausgegrabenen großen Bassin eine Seeschlacht der Perser und Athener, also vermutlich das berühmte Treffen bei Salamis 480 v. Chr., nachstellen.

172 *Athens:* Das im lat. Text gebrauchte Adjektiv »Cecropius« = athenisch spielt auf den sagenhaften Gründerkönig Cecrops an.

173 *von beiden Meeren:* vom östlichen adriatischen und vom westlichen tyrrhenischen Meer.

177–228 Der Triumphzug.

177–212: Einlage: *Der im Jahre 1 v. Chr. geplante Partherfeldzug des C. Caesar.*

177 *Caesar:* Hier ist wohl noch Augustus selbst gemeint, aber der Feldherr (vgl. 181 f.) ist sein zwanzigjähriger Enkel (von Tochter Julia und deren Mann M. Agrippa) und Adoptivsohn Gaius Caesar. Die Expedition kam übrigens nicht zustande.

179 *ihr vom Stamme des Crassus:* der Triumvir M. Licinius Crassus und sein Sohn Publius, die 53 v. Chr. bei Carrhae in Mesopotamien im Kampf gegen die Parther fielen; dabei erbeutete der Feind römische Feldzeichen.

183 *das Alter von Göttern:* Ob ernstgemeinte Panegyrik oder Ironie – die Vergöttlichung der kaiserlichen Familie ist traditionelles Motiv in der augusteischen Dichtung.

187 *der von Tiryns:* Hercules, der in dieser Stadt in der Argolis erzogen worden sein soll.

190 *Thyrsus:* der mit Efeu und Weinranken umwundene Stab der Bacchantinnen (vgl. zu Vers 312) und Abzeichen der Macht des Weingottes, der die Menschheit bis an die Grenzen der Welt (Indien) erobert hat.

191 *Glücklich und jung:* eine von zwei Übersetzungsmöglichkeiten: Neben der hier gewählten Bedeutung »vom selben Glück (*auspicia* = Vorzeichen) gesegnet und in ebenso jungen Jahren wie einst dein (Adoptiv-)Vater« wäre auch »gestützt auf die Autorität (*auspicia* = Oberbefehl) und die Alterserfahrung des (Adoptiv-)Vaters« denkbar.

195 *Da du Brüder hast:* Warum C. Caesar die Kränkung der eigenen Brüder L. Caesar und Agrippa Postumus rächen soll, ist nicht ohne weiteres einsichtig; möglicherweise ist an eine Rache für den Partherkönig Phraates IV. und seine vier Söhne gedacht: Während diese als Geiseln in Rom festgehalten wurden, ermordete ihr Halbbruder Phraataces ihren Vater und bemächtigte sich der Herrschaft, also: »Da du selbst Brüder hast, räche die Kränkung der anderen Brüder«; der Vater in Vers 198 wäre dann auch Phraates.

197 *Vater des Vaterlandes:* Der Ehrentitel *pater patriae* wurde Augustus am 5. 2. 2 v. Chr. offiziell verliehen.

202 *Latium:* das Gebiet um Rom.

209 *Wie ... der Parther den Rücken zeigt:* die bekannte Kampftaktik der Parther: Scheinflucht auf leichten Pferden, plötzliches Umwenden und Beschießen des Verfolgers; vgl. dazu III 248 u. 786.

213 *Also wird kommen der Tag:* Schilderung des typischen römischen Triumphzuges, in dem u.a. allegorische Figuren der besiegten Völker und ihrer Länder, Berge und Flüsse mitgeführt wurden.
216 *Flucht:* Vgl. zu Vers 209.
225 *Danaës Stammland*: Danaë ist die Mutter des Perseus, von dessen Sohn Perses der Sage nach die Perser (= Parther) abstammen.
226 *im achaemenischen Tal:* (der lat. Plural war im deutschen Pentameter nicht nachzumachen) achaemenisch = persisch bzw. parthisch, nach dem Herrscherhaus der Achaemeniden.

229–252 Das Gastmahl.
232 *die Hörner des Bacchus:* Das zunächst schwierige Verständnis der Verse 231 bis 236 beruht auf der Vermischung zweier Ebenen: Bacchus sowohl als gehörnter (= ungeheuer kräftiger) Gott als auch als flüssiger Wein kämpft sowohl mit dem geflügelten (und daher gegen Feuchtigkeit empfindlichen) Gott Amor als auch mit der Liebe in der Brust des Mannes. Die von der deutschen Orthographie geforderte Entscheidung für Groß- und Kleinschreibung erschwert das Verständnis zusätzlich (vgl. auch zu Vers 3).
247 *die Göttinnen:* Juno, Minerva und Venus beim berühmten Paris-Urteil, vgl. zu Vers 625 f.

253–262 Treffpunkte außerhalb Roms.
255 *Baiae:* beliebter Badeort mit heißen Schwefelquellen am Golf von Neapel.
259 *ein Tempel Dianas:* Bei der Stadt Aricia, ca. 24 km von Rom entfernt, befand sich ein Tempel Dianas (= die Jungfrau in Vers 261), dessen Priester sein Amt (»Reich«, weil er den Titel *rex* trug) dadurch erwarb, daß er seinen Vorgänger im Kampf tötete.

263–770 Zweiter Hauptteil der Anweisungen für die Männer: Wie man ein Mädchen gewinnen kann.

263–268 Überleitung zum zweiten Hauptteil.
264 *Thalia:* eine der neun Musen; ihre ungleichen Räder spielen an auf die unterschiedliche Länge von Hexameter und Pentameter innerhalb des elegischen Distichons, des Versmaßes der ›Liebeskunst‹.

269–350 Selbstvertrauen und die Überzeugung, daß grundsätzlich jede zu gewinnen ist.
272 *der maenalische Hund:* Der Maenalus, ein Gebirge in Arkadien, steht hier für das u.a. für seine Jagden berühmte Land.
283 *Byblis:* Während sie hier, vom Bruder zurückgewiesen, Selbstmord begeht, wird sie in Ovids ›Metamorphosen‹ (IX 454ff.) in eine Quelle verwandelt.
285 *Myrrha:* Ihre Liebe zum Vater und die Verwandlung in Myrrhe schildert Ovid ausführlich in ›Metamorphosen‹ X 298ff.

289–326: Mythologische Einlage: *Pasiphaë.*

289 *Ida:* Hoher Berg auf der Insel Kreta.

293 *Cnossus ... Cydonea:* kretische Städte.

295 *Pasiphaë*: Gattin des kretischen Königs Minos.

298 *lügnerisch:* die Lügenhaftigkeit der Kreter war sprichwörtlich.

312 *dem aonischen Gott:* In der Hauptstadt Aoniens (= Boeotien), Theben, ist Bacchus geboren, dessen Anhängerinnen, die Bacchantinnen, in rauschhafter Begeisterung dem Schwarm des Gottes (vgl. Vers 537ff.) in Wälder und Berge folgen.

323 *Europa:* Sie wurde von dem in einen Stier verwandelten Gott Jupiter über das Meer nach Kreta entführt.

Io: vgl. zu Vers 77.

325 *Kuhbild aus Ahorn:* angefertigt von Daedalus (zu ihm vgl. II 21ff.).

326 *der Sohn:* Minotaurus, ein Mensch mit dem Kopf eines Stiers (vgl. II 24).

327 *die Kreterin:* Aerope. Sie liebt ihren Schwager Thyestes, dem ihr Mann Atreus aus Rache die eigenen Kinder zum Mahle vorsetzt, woraufhin der entsetzte Sonnengott sein Gespann nach Osten (Aurora = Morgenröte) zurücklenkt.

331 *die Tochter:* Aus Liebe zu Minos, der die Hauptstadt ihres Vaters, des Königs Nisus, belagert, schneidet Skylla Nisus sein magische Kräfte verleihendes Haar ab. Skyllas Bestrafung ist hier mit der der bekannteren Skylla, des Meerungeheuers in der ›Odyssee‹ (XII 80ff.), gleichgesetzt.

334 *Atreus' Sohn:* Agamemnon, der nach seiner Heimkehr aus Troja von seiner Frau Clytaemnestra ermordet wird.

335 *Crëusa:* Aus Rache an Jason, der sie verlassen hat, tötet Medea in Korinth (= Ephyra) die neue Braut ihres Mannes, Crëusa, mit Hilfe eines vergifteten Kleides, das seiner Trägerin den Leib verbrennt, und anschließend die eigenen Kinder, die sie von Jason hat; vgl. Euripides, ›Medea‹.

337 *Phoenix ... Hippolytus:* Beide weisen die Liebe ihrer Stiefmütter zurück, werden von diesen bei ihren Vätern verleumdet und grausam bestraft (»Potiphar«-Motiv).

339 *Phineus:* Er läßt sich von seiner zweiten Frau dazu überreden, seine Söhne aus erster Ehe zu blenden, und wird später selbst geblendet.

351–398 Der Weg über die Dienerin.

363 *Troja:* Seinen Einzug in die Stadt verdankte das hölzerne Pferd der Freude der Trojaner über den vermeintlichen Abzug der Griechen, vgl. Vergil, ›Aeneis‹, Buch II.

389 *versuchen:* Mit W. Stroh, ›Acta conventus omnium gentium Ovidianis studiis fovendis‹, Bucurestiis 1976, 563f. halte ich die überlieferte Form *»temptasses«* für richtig, glaube aber, daß man sie mit *»ne«* statt mit *»non«* verbinden muß.

399–436 Die Wahl des günstigen Zeitpunktes, besonders beim Schenken.

401 *Ceres:* Wieder steht der Name sowohl für die Göttin wie für ihre Gabe, das Getreide.

405 *Kalenden:* römische Bezeichnung für den Monatsersten.

406 *Monat des Mars:* Der März, so daß der 1. April gemeint ist. Da dieser Monat der Venus heilig war, war der Monatserste vielleicht eine Art Valentinstag, an dem die Geliebte Geschenke erhielt; ein solcher Brauch ist jedoch nur für den 1. März bezeugt.

407 *Tonpuppen:* wahrscheinlich die kleinen Geschenke, die man an den Saturnalien (21./22. 12. – gewissermaßen ein Vorläufer unseres Weihnachtsfestes) austauschte und die auf einer Art Jahrmarkt verkauft wurden. Ob auch der Circus Maximus als Verkaufsort diente und wann die dort angebotene Geschenkware kostbarer war (»Schätze von Königen«), hat sich bisher nicht feststellen lassen.

409 *die Plejaden:* der Untergang dieses Gestirns (8.–11. 11.) bringt ebenso Sturm wie der des *Böckleins* Anfang Oktober.

413 *an dem Tag:* Am 18. 7. 390 (387) v. Chr. erlitten die Römer (latisch = latinisch = römisch) im Kampf gegen die Gallier an der Allia eine der wenigen großen Niederlagen ihrer Geschichte, weshalb dieses Datum als »Schwarzer Tag« galt, an dem die Geschäfte geschlossen waren.

415 *am siebenten Tag:* dem jüdischen Sabbat.

421 *locker gegürtet:* eig. »ohne Gürtel um die Tunica«, wie es für Händler typisch war; die Übersetzung versucht, die vom Original durchaus bezweckte Assoziation, daß der Händler oft nicht nur Geschäfte mit den Frauen treibt, ebenfalls zum Ausdruck zu bringen.

436 *Wären zehn Münder ...:* Anspielung auf ein berühmtes Homer-Zitat: Der Dichter könnte nicht die ganze Zahl der griechischen Trojakämpfer nennen, »auch nicht, wenn mir zehn Zungen und wenn zehn Münder mir wären« (›Ilias‹ II 488).

437–458 Liebesbriefe I: Schmeicheleien und Versprechungen.

437 *Wachs:* Man schrieb seine Briefe auf Wachstäfelchen.

441: *Achilles:* Er läßt sich erst durch Priamus, der heimlich nachts in das Lager der Griechen kommt, zur Herausgabe der Leiche des von ihm erschlagenen Hector bewegen (Homer, ›Ilias‹ XXIV).

457 *Cydippe:* Sie weist die Werbungen des Acontius zurück, worauf dieser auf einen Apfel schreibt: »Bei Diana, ich werde den Acontius heiraten« und diesen beim Dianafest vor Cydippes Füße rollen läßt. Da in der Antike meist laut gelesen wurde, tut die Überlistete auf diese Weise einen Schwur, den sie dann halten muß.

459–486 Liebesbriefe II: Behutsame Rhetorik und Beharrlichkeit.

477 *Penelope:* Trotz heftiger Bedrängungen durch die Freier hält sie Odysseus bis zu seiner Heimkehr nach zwanzig Jahren die Treue.

478 *Troja:* fällt nach zehn Jahren Belagerung.

487–504 Verschiedene Möglichkeiten der Annäherung: Sänfte, Säulenhalle, Theater.

505–524 Männliche Schönheitspflege.

507 *cybeleïsche Mutter:* die kleinasiatische (phrygische) Muttergottheit Cybele wurde von Kastraten verehrt, deren Kleidung und Körperpflege betont unmännlich waren.

509 *Tochter des Minos:* Ariadne, vgl. zu Vers 527ff.

511. *Phaedra:* Zu ihrer Liebe zu ihrem Stiefsohn Hippolytus, der hier wegen seiner Jagdleidenschaft als ungepflegt bezeichnet wird, vgl. zu Vers 337.

512 *Adonis:* Vgl. zu Vers 75.

513 *Marsfeld:* der Platz, wo u.a. die römische Jugend Sport trieb.

515 *die Lasche am Schuh:* Statt des korrupten »lingua« lese ich mit G. P. Goold, Harvard Studies 69, 1965, 65f. »lingula«, das III 443f. an der sachlich entsprechenden Stelle steht. Wenn nun innerhalb desselben Distichons erst von der Schuhlasche, dann von »dentes« und dann gleich wieder vom Schuh die Rede ist, können hier nicht die »Zähne« gemeint sein – man denke auch an die traditionelle Reihenfolge bei Körperbeschreibungen –, auch wenn »dentes« in der speziellen Bedeutung »Häkchen, an denen der Schuh um eine Lasche herum festgeschnürt wird« nicht belegt ist.

522 *der Bock:* der Schweißgeruch unter den Achseln.

525–630 Werbung beim Gelage.

525 *Liber:* Bacchus.

527–564: Mythologische Einlage: *Ariadne und Bacchus.*

528 *Dias:* der Insel Naxos, wo Theseus Ariadne (= die Cnosserin), obwohl er ihr die Rückkehr aus dem Labyrinth verdankt und sie aus Kreta entführt hat, einsam zurückgelassen hat.

541 *Mimalloniden:* Bacchantinnen, vgl. zu Vers 312.

542 *Satyrn:* ausgelassene, lüsterne Gesellen in Menschengestalt und mit Pferdeschwanz und -ohren, oft auch Pferdehufen.

543 *Silen:* der ständig betrunkene, glatzköpfige, dickbäuchige, stumpfnasige und auf einem Esel reitende ältere Anführer der Satyrn.

558 *kretischer Kranz:* das Sternbild »Krone der Ariadne«.

563 *»Hymenaee«:* Anrufung des Hochzeitsgottes Hymenaeus. *»Euhion, euhoe«:* Anrufung des Bacchus.

567 *Vater der Nacht:* Bacchus, da die Nacht die Zeit des Gelages ist.

579 *der Mann:* »vir« kann auch den ständigen Begleiter einer Frau bezeichnen.

582 *Kranz:* Wahrscheinlich Anspielung auf die Sitte, beim Gelage durchs Los einen »Vorsitzenden«, den Symposiarchen, der das *regnum vini* innehat, zu bestimmen.

593 *Eurytion:* ein Kentaur, der sich bei der Hochzeit des Lapithenkönigs Pirithous mit Hippodamia im Rausch an der Braut vergreift und dadurch den Kampf der Lapithen und Kentauren auslöst.
625 *im phrygischen Wald:* auf dem kleinasiatischen Ida, wo Paris als Schönheitsrichter der Venus den Vorzug vor Juno und Minerva (= Pallas) gibt.
627 *der Vogel der Juno:* der Pfau.

631–658 Versprechungen und Schwüre.
635 *Styx:* der Unterweltsfluß, bei dem die Götter sonst unverbrüchliche Eide schwören.
653 *Phalaris:* Tyrann des sizilischen Stadtstaates Agrigent (565–549), der Menschen in einem innen hohlen ehernen Stier marterte, indem er Feuer darunter anzünden und sie stierähnlich herausbrüllen ließ; sein erstes Opfer war der Erfinder des Stiers, Perillus.

659–722 Tränen, Küsse und Gewalt; männliche Initiative oder gespielte Zurückhaltung.
679 *Phoebe:* Tochter des Leucippus und Verlobte des Idas, die zusammen mit ihrer mit Lynceus verlobten Schwester Hilaïra vor der Hochzeit von Castor und Pollux geraubt wird.
681–704: Mythologische Einlage: *Achilles und Deïdamia:* Da dem Achilles der Tod im Kampf um Troja geweissagt ist, hält seine Mutter Thetis ihn im Palast des Königs Lycomedes von Scyrus in Frauenkleidern versteckt; dies erleichtert es ihm, sich der von ihm geliebten Königstochter Deïdamia zu nähern.
682 *Haemonier:* Achilles, der aus Haemonien (= Thessalien) stammt.
683 *die Göttin:* Venus, die beim Parisurteil den Sieg davongetragen hatte, vgl. zu Vers 625.
685 *Priamus' Schwiegertochter:* Helena, die griechische (= grajische) Frau, die Paris geraubt hatte.
687 *des gekränkten Gemahls:* Menelaus, dem die Griechen nach Troja folgten.
689 *der Mutter:* Thetis, vgl. zu Vers 681–704.
691 *Aeacus' Sproß:* Achilles, vgl. zu Vers 17.
692 *Kunst Pallas':* Minerva ist gleichzeitig Göttin weiblicher Handarbeiten und der Kriegskunst.
694 *Hector:* Vgl. zu Vers 15.
696: *den pelischen Speer:* Der Schaft zu diesem Speer stammt vom Berg Pelion in Achilles' Heimat Thessalien.

723–738 Leidendes Äußeres.
727 *des Kranzes der Pallas:* Kranz aus Zweigen des der Minerva heiligen Ölbaums, den der Sieger in den Olympischen Spielen bekam.
730 *mancher glaubt ...:* Die Überlieferung des lat. Verses ist offensichtlich verderbt und nur versuchsweise wiederherzustellen. Der hier

vorgelegte Vorschlag stammt von einem Teilnehmer eines im WS 82/83 in München gehaltenen ›Ars‹-Seminars, Herrn Stefan Mairoser.
731 *Side ... Naïs:* Der mythologische Zusammenhang der hier genannten Beispiele für bleiche Verliebte ist nicht ganz klar; vielleicht wurde er durch den vorausgehenden Vers verdeutlicht.
734 *mit einer Haube:* Bedecken des Haares mit einem *palliolum* als Zeichen von Krankheit.

739–754 Warnung vor falschen Freunden.
743 *»Nicht hat ...«:* Fingierter Einwurf des Lesers.
der Enkel des Actor: Patroclus, der beste Freund des Achilles.
744 *Pirithous:* der beste Freund des mit Phaedra verheirateten Theseus.
745 *Pylades:* der beste Freund des mit Hermione verheirateten Orestes.
Phoebus: Pallas ist seine Schwester wie Castor der Bruder der Helena; man soll hier wohl »castus« = »keusch« mithören.

755–770 Verschiedene Charaktere und Altersgruppen erfordern verschiedene Methoden.
761 *Proteus:* der sich in verschiedene Gestalten verwandelnde Gott wird erstmals in Homers ›Odyssee‹ beschrieben (IV 456ff.).

771–772 Überleitung zum dritten Hauptteil.

ZWEITES BUCH

1–98 Proömium: Rückblick; Thema des zweiten Buches; Schwierigkeiten, den geflügelten Amor festzuhalten.
1 *»Io Paean!«:* an Apollo gerichteter Freudenruf.
4 *dem maeonischen Greis und dem Ascraeer:* Homer aus Lydien (= Maeonien) und Hesiod aus Ascra (vgl. zu I 25).
5 *der Priamussohn:* Paris, der Helena aus Amyclae (bei Sparta) raubte.
8 *Hippodamia:* Tochter des Königs Oenomaus von Pisa in Elis, der sie nur demjenigen zur Frau geben will, der ihn im Wagenrennen besiegt; Pelops gelingt dies durch eine List.
15 *Cytherea:* Venus, nach der vor der Südspitze Lakoniens gelegenen Insel Cythera, wo sich ein Heiligtum der Göttin befand und wo sie der Sage nach aus dem Schaum des Meeres geboren wurde.
16 *Erato:* die Muse der erotischen Dichtung. Das Wortspiel mit dem griechischen Namen des Liebesgottes (Eros) ist durch die lateinische Namensform verhüllt.
21–96: Mythologische Einlage: *Daedalus und Icarus:* Der wegen Mordes verurteilte Baumeister und Erfinder war zu König Minos nach Kreta geflohen und hatte dort das Labyrinth für den Minotaurus (vgl.

zu I 325 f.) erbaut. Vgl. die Fassung des Mythos in Ovids ›Metamorphosen‹ (VIII 183 ff.) und dazu M. v. Albrecht, ›Römische Poesie‹, Heidelberg 1977, 63–79.

24 *Semibovemque virum …:* Nach einer bei Seneca d. Ä. erzählten Anekdote (›Controv.‹ II 2,12) wurde Ovid von Freunden gebeten, drei ihnen mißfallende Verse in seinen Werken zu streichen, woraufhin die Kritiker und der Dichter jeweils auf einen Zettel die Verse schrieben, die getilgt werden bzw. nach Meinung Ovids unbedingt stehen bleiben sollten; darunter befand sich auch dieser Vers.

27 *Vaterland:* Athen. Daedalus hatte dort seinen ihm zur Erziehung anvertrauten Neffen heimtückisch von der Akropolis gestoßen, weil dieser bereits als Knabe ein genialer Erfinder war.

29 *dem Knaben:* Icarus.

41 *Styx:* der Unterweltsfluß.

55 *die tegaeische Jungfrau:* Callisto, die Tochter des tegaeischen (= arkadischen) Königs Lycaon, Geliebte Jupiters und durch ihn Mutter des Bootes, die nach ihrer vor Junos Rache schützenden Verwandlung als Sternbild des Großen Bären an den Himmel versetzt wurde.

80 *der clarische Gott:* Apollo, nach seinem Heiligtum in Claros in Kleinasien.

85 *dem Gott:* dem Sonnengott.

96 *den Namen:* Icarisches Meer.

99–732 Dritter Hauptteil der Anweisungen für die Männer: Wie man sich die Gunst der Geliebten erhält.

99–106 Nutzlosigkeit des Liebeszaubers.

99 *haemonischen* = thessalischen. Thessalien galt als Land der Hexen und Zauberer.

100 *vom Kopf zierlicher Fohlen:* das Hippomanes, ein zur Herstellung von Liebestränken verwendeter fleischiger Auswuchs an der Stirn neugeborener Fohlen.

101 *medeïsche Kräuter:* Zauberkräuter. Medea ist die berühmteste Zauberin des antiken Mythos.

102 *das marsische Lied:* Dem in Latium lebenden Volksstamm der Marser sagte man eine besondere Vorliebe für Zauberei nach.

103 *Circe:* die Zauberin im IX. Buch der ›Odyssee‹.
die Kolcherin: Medea (vgl. zu Vers 101); im lat. Text wird sie als Frau vom Phasis (= Fluß in ihrer Heimat Kolchis) bezeichnet und Jason als Sohn Aesons.

107–144 Liebenswürdigkeit und Bildung.

109 *Nireus:* Da Homer ihn ›Ilias‹ II 673 f. als den schönsten Griechen nach Achilles bezeichnet, fabelte man in der Antike von einer homoerotischen Beziehung.

110 *Hylas:* Von Hercules geliebter Knabe, der ihm von Nymphen (= Najaden) entführt wurde.
122 *die zwei Sprachen:* Latein und Griechisch.
124 *des Meers Göttinnen:* Circe und Calypso.
125–142: Mythologische Einlage: *Odysseus und Calypso am Strand:* eine von Ovid frei erfundene Form der Darstellung des in ›Ilias‹ X von Odysseus zusammen mit Diomedes unternommenen nächtlichen Kundschafterganges.
130 *Odrysenfürst:* der thrakische (= odrysische) König Rhesus, der von Diomedes und Odysseus im Schlaf getötet und seines Gespanns beraubt wurde.
134 *Simoïs*: Fluß bei Troja.
135 *Dolon:* Trojanischer Kundschafter, der das Gespann des Achilles (haemonisch = thessalisch, nach der Heimat des Achilles) stehlen wollte, den griechischen Spähern Diomedes und Odysseus in die Arme lief und, nachdem er ihnen den Standort der thrakischen Zelte verraten hatte, von ihnen getötet wurde.
139 *Pergamon:* Troja.

145–176 Friedfertigkeit und Nachgiebigkeit.
150 *der chaonische Schwarm:* die Tauben, da sie dem Jupiter von Dodona in Epirus (= Chaonien) heilig sind.
169 *Einmal, ich weiß noch ...:* Fiktives Beispiel für die persönliche Erfahrung, aus der die Lehren der ›Liebeskunst‹ hervorgegangen sind (vgl. zu I 25): Der Dichter spielt an auf ›Amores‹ I 7, wo er von Mißhandlung Corinnas im Streit berichtet.

177–250 Dienstleistungen für die Geliebte (»servitium amoris«). Vgl. zu diesem Abschnitt S. 203 f.
185 *Nonacris:* der nördliche Teil Arkadiens.
188 *Milanion:* Liebhaber der Atalante, der sie erst nach Überwindung der hier aufgezählten Schwierigkeiten gewann.
191 *Hylaeus:* Milanions Nebenbuhler, ein Kentaur.
192 *den anderen:* Amors Bogen.
193 *maenalische Wälder:* Vgl. zu I 272.
206 *den verderblichen Hund:* (im Lat. Plural) der schlechteste Wurf hieß »Hundswurf«.
207 *Söldnerspiel:* ein vielleicht dem Schach ähnliches Brettspiel, bei dem die Figuren aus Glas, Edelstein, Elfenbein oder Wachs waren.
217 *Er:* Hercules, der, nachdem er die von seiner »Stiefmutter« Juno veranlaßten zwölf Arbeiten – meist die Beseitigung von »Unholden«, aber auch die Besorgung der Äpfel der Hesperiden, eine Episode, zu der auch das vorübergehende Tragen des Himmelsgewölbes anstelle von Atlas gehört – vollbracht hat, in den Olymp aufgenommen wird.
219 *unter ionischen Mädchen:* bei der Königin Omphale, welcher Hercules zur Sühne für den Mord an Iphitus dienen mußte.

221 *der tirynthische Held:* Hercules, vgl. zu I 187.
231 *Hundsstern:* der Sirius. Wenn die Sonne sich Ende Juli bis Anfang August in seiner Nähe befindet, ist es meist besonders heiß (»Hundstage«).
233 *Kriegsdienst:* Vgl. zu I 36.
239 *Cynthius:* Apollo, nach dem Berg Cynthus auf der Insel Delos. Aus Liebe zu König Admetus von Pherae diente er diesem als Hirt.
249 *Leander:* Um zu Hero, seiner Geliebten, zu gelangen, mußte er jedesmal den Hellespont durchschwimmen.

251–260 Gefälligkeiten gegenüber der Dienerschaft der Geliebten.
256 *der Glücksgöttin Tag:* ein Fest der Plebejer und Sklaven am 24. 6.
257 *an dem Tag:* die *Feriae Caprotinae* am 7.7., zur Erinnerung an ein Ereignis aus der Zeit nach der Vertreibung der Gallier aus Rom (390). Die momentane Schwäche der Römer ausnutzend, forderten damals die Latiner (bei Ovid ist es, abweichend von der übrigen Überlieferung, die »gallische Schar«), das Recht, mit ihnen Ehen zu schließen, und verlangten während einer Belagerung, ihnen vornehme Frauen und Mädchen zu schicken. Auf den Rat einer klugen Sklavin hin sandten die Römer verkleidete Sklavinnen, die nach einer durchzechten Nacht die Latiner entwaffneten und so die Eroberung des Lagers ermöglichten. Zum Andenken an diese Tat durften jährlich am 7. 7. die Sklavinnen als römische Frauen verkleidet der Juno opfern und ausgelassene Scherze treiben und wurden reichlich beschenkt.

261–272 Besonnenheit beim Beschenken der Geliebten.
266 *am Heiligen Weg:* die Via Sacra in Rom mit ihren zahlreichen Verkaufsständen.
267 *Amaryllis:* Scherzhafte Umdeutung eines Vergilverses, ›Bucolica‹ 2, 52: Unter den Geschenken, die Corydon dort dem Alexis anbietet, erwähnt er auch »Kastanien, die meine Amaryllis liebte« (»castaneas nuces, mea quas Amaryllis amabat«) – als sie nämlich einst seine Geliebte war. Ovid verändert den Sinn dahingehend, daß eine Amaryllis zu seiner Zeit sich mit solchen bescheidenen Geschenken nicht mehr zufriedengeben würde.
269 *Taube:* Der Kontext verlangt zweifellos, der Überlieferung »columba« den Vorzug zu geben.
271 *Erbschaft:* Anspielung auf das in der Kaiserzeit weit verbreitete Unwesen der Erbschleicherei.

273–286 Verse auf die Geliebte.
277 *golden sind jetzt die Zeiten:* satirische Verdrehung der in der didaktischen Poesie (vgl. S. 204ff.) traditionellen Lehre vom stetigen moralischen Niedergang der Menschheit in einer Abfolge von goldenem, silbernem usw. Zeitalter (erstmals Hesiod, ›Werke und Tage‹ 106ff.),

wobei das goldene Zeitalter einen in jeder Beziehung paradiesischen Urzustand darstellt; vgl. auch zu III 113.

287–294 Die Geliebte soll sich als Herrin fühlen.

295–314 Lob der Geliebten.
298 *die koischen:* durchsichtige Seidenkleider, die ursprünglich auf der Insel Kos hergestellt wurden.
301 *Hat sie die Tunica an:* d.h. ist sie nur leicht bekleidet.
305 *bewundre die Arme:* denn auf die richtige Bewegung der Arme kam es beim antiken Tanz ganz besonders an.
308 *ihr offen gestehn, welche Genüsse sie schenkt:* Mit G. P. Goold, Harvard Studies 69, 1965, 70f. lese ich »et, quae dat gaudia, voce notes«.
309 *Medusa:* Wer sie ansah, wurde versteinert.

315–336 Pflege der kranken Geliebten.
330 *Schwefel und Eier:* Sowohl der Ausräucherung mit Schwefel als auch Eiern schrieb man reinigende Kraft zu.
332 *Testament:* Vgl. zu Vers 271.

337–372 Gewöhnung und nicht zu lange Trennung.
353 *Demophoon:* Er liebte Phyllis, die Tochter seines Gastfreundes Lycurgus, verließ sie aber; vgl. zu III 38.
355 *Penelope:* Vgl. zu I 477.
356 *Phylacus' Enkel:* Protesilaus, der Gemahl der Laodamia, der als erster Grieche im Trojanischen Krieg fiel.
360 *der Gast:* Paris.
371 *der Atride:* Menelaus, Sohn des Atreus.

373–424 Diskretion beim Seitensprung; Anregungsmittel.
380 *Aoniens Gott:* Bacchus, vgl. zu I 312: Wie dort Pasiphaë wird hier die eifersüchtige Geliebte in ihrer Raserei mit einer Bacchantin verglichen.
382 *die Fremde vom Phasis:* Medea, vgl. zu I 335 u. II 103.
383 *die Schwalbe:* Procne. Aus Rache an ihrem Mann Tereus, der ihre Schwester vergewaltigt hat, setzt sie diesem den gemeinsamen Sohn zum Mahle vor und wird anschließend in eine Schwalbe verwandelt; vgl. Ovid, ›Metamorphosen‹ VI 424ff.
387 *Zensoramt:* Der römische Zensor war u.a. Sittenrichter. Zu den Ehegesetzen des Augustus, auf die hier angespielt wird, vgl. S. 200f.
395 *die Täfelchen:* Vgl. zu I 437; es könnten, wenn das Wachs nicht vollständig geglättet wurde, Reste früherer Beschriftung erkennbar sein.
399 *Als der Atride sich noch mit einer begnügte:* Agamemnon mit seiner Frau Clytaemnestra.
402 *Chryses:* Der Vater eines im Trojanischen Krieg von Agamemnon erbeuteten Mädchens (als Priester trägt er Lorbeer und Bänder) wird bei seiner Bitte um Rückgabe der Tochter, mit der die Handlung der ›Ilias‹

einsetzt, zunächst zurückgewiesen: Chryseïs ist also die erste Frau, mit der Agamemnon Clytaemnestra betrügt.

403 *Lyrnesierin:* die einst von Achilles in Lyrnessus gefangengenommene Briseïs, Agamemnons zweite Geliebte, die der Heerführer als Ersatz für die schließlich doch freigegebene Chryseïs dem Achilles wegnimmt (so die genauere Übersetzung des im Vers durch »du Entführte« wiedergegebenen »abducta«). Vom Zorn des Achilles über diese Tat und seinen Folgen handelt Homers ›Ilias‹.

405 *die Priamustochter:* Cassandra, Clytaemnestras dritte Nebenbuhlerin. Agamemnon ist »Fang seines eigenen Fangs«, weil er sich in die nach der Eroberung Trojas gefangengenommene Seherin verliebt hat.

408 *Tyndareus' Tochter:* Clytaemnestra, die ihren Mann mit Aegisthus, dem Sohn des Thyestes, betrügt.

420 *Eryx:* Berg auf Sizilien mit einem Heiligtum der Venus.

421 *Alcathous:* Gründer von Megara.

422 *das Kraut:* vielleicht die Endivie oder die wilde Rauke.

423 *hymettischen Honig:* Der Hymettus, ein Gebirge in Attika, war für seinen Honig berühmt.

425–492 Eifersucht als Anreiz.

425 *Erato:* Vgl. zu Vers 16.

426 *Wendepunkt:* Vgl. zu I 39.

431 *Boreas ... Eurus ... Zephyrus ... Notus:* Nord-, Ost-, West- und Südwind.

463 *Concordia ... Gratia:* Göttinnen der Eintracht und der Anmut.

467 *Anfangs war diese Welt ...:* Eine Art Exkurs über die Liebe als die Welt ordnendes und kulturschaffendes Prinzip (Vers 467-488). Zu dieser für die Gesamtdeutung der ›Ars‹ wichtigen Version der im Lehrgedicht traditionellen Kulturentstehungslehre vgl. S. 209f.

491 *Machaon:* berühmter Arzt in Homers ›Ilias‹.

493–534 Selbsterkenntnis und Bescheidenheit.

498 *Heiligtum:* der Apollotempel in Delphi.

517 *Hybla:* Stadt auf Sizilien in der Nähe von Syracus, berühmt für ihren Honig.

518 *Pallas' ... Baum:* der Ölbaum.

535–600 Kluges Verhalten gegenüber dem Rivalen.

540 *auf der Burg Jupiters:* auf dem Capitol in Rom, dem Endpunkt des Triumphzuges eines siegreichen römischen Feldherrn.

541 *pelasgische Eichen:* Sie standen im Hain des Jupiterorakels in Dodona und konnten weissagen.

551 *ihr Mann:* Vgl. zu I 579. Zu der Anspielung auf die ›Amores‹ (I 7 und II 5) vgl. zu Vers 169.

561–594: Mythologische Einlage: *Mars und Venus:* Mit besonderer

Meisterschaft der Psychologisierung bearbeitet Ovid hier das berühmte homerische Vorbild (›Odyssee‹ VIII 266–366).

562 *Mulciber:* Vulcanus, der Gott des Feuers, der Schmiedekunst und des Handwerks und Ehemann der Venus, die ihn mit dem Kriegsgott Mars betrügt.

566 *Gradivus:* Mars.

567 *die Füße des Gatten:* Vulcanus hinkte – bereits in der ›Ilias‹ (I 559f.) Anlaß zu dem berühmten »unauslöschlichen« homerischen Gelächter der Götter. Die das Hinken ihres Mannes imitierende Venus gehört zu den Höhepunkten psychologischer Darstellungskunst Ovids.

579 *Lemnos:* Lieblingsaufenthaltsort des Vulcanus, an dem sich ein Heiligtum des Gottes befindet.

585 *einer:* Merkur, vgl. ›Odyssee‹ VIII 338.

588 *Paphos:* Stadt auf Cypern mit berühmtem Venusheiligtum.

Thrakien: Dort hat Mars seinen Wohnsitz.

593 *Dione:* Venus (eigentlich der Name ihrer Mutter).

598 *Feuer und Wasser:* Symbole der rechtsgültigen Eheschließung. Der Bräutigam brachte seiner Braut an die Türschwelle seines Hauses Feuer und Wasser entgegen, oder man trug dem Hochzeitszug eine Fackel voraus und besprengte die Braut mit Wasser.

599 *das Gesetz:* die Ehegesetzgebung des Kaisers Augustus, vgl. dazu S. 200f.; zum Ausschluß der Matronen (= verheiratete Frauen; im lat. Text steht wie in I 32 für die Trägerinnen »instita«, der Besatz am unteren Saum der Stola) aus dem Bereich der ›Liebeskunst‹ vgl. zu I 31.

601–640 Verschwiegenheit und Verhüllung.

601 *Ceres' heiligen Brauch:* die Mysterien der Demeter von Eleusis in Attika.

602 *des thrakischen Samos ... Kulte:* der Mysterienkult der Kabiren, ursprünglich wohl phrygischer Gottheiten, auf Samothrake.

606 *Tantalus:* Er erleidet diese Qualen als ewige Strafe in der Unterwelt, weil er Geheimnisse der Götter auf der Erde ausplauderte.

607 *Cytherea:* Venus, vgl. zu Vers 15.

609 *Truhen:* die kostbar gearbeiteten »cistae« zur Aufbewahrung der heiligen Geräte des Mysterienkults.

610 *Becken:* Instrumente der beim Mysterienkult ertönenden wilden Musik.

613 *Venus:* So wurde die Göttin seit Praxiteles (4. Jh. v. Chr.) gerne in Plastik und Malerei dargestellt.

625 *setzen wir ... eine Inschrift:* d.h. wir feiern laute Triumphe, denn die »tituli« waren mit Inschriften bedeckte Schilder, auf denen man beim Triumphzug die Siege des Feldherrn lesen konnte.

641–702 Mängel als Vorzüge; Liebe zu einer reiferen Frau.

643 *der Held:* Perseus, dessen Frau Aethiopierin ist, vgl. zu I 53.

659 *Venus:* Anspielung auf den von antiken Autoren oft erwähnten in Wollust verschwimmenden Blick der Göttin.
664 *Konsul:* Die Römer bezeichneten die Jahre durch die Namen der jeweiligen Konsuln. – *Zensoren:* römische Beamte, die u.a. Personallisten mit Geburtsdatum führten.
669–674: Diese Verse passen, wie Kenney zweifellos richtig erkannt hat, nicht in den Zusammenhang und sind deshalb zu tilgen.
700 *Gorge:* Die mythologische Anspielung ist bisher nicht zweifelsfrei geklärt. M. v. Albrecht (Übersetzung z. St.) denkt an »die Verbindung einer Gorge mit ihrem eigenen Vater ..., aus der Tydeus entsprungen sein soll. Dann wäre die Pointe hier die Torheit des Vaters, der die unerfahrene Tochter der erfahrenen Mutter vorzieht. Vgl. Apollodor 1 8, 5.«

703–732 Das Liebesspiel.
711 *Lyrnesierin:* Briseïs, vgl. zu Vers 403.
714 *phrygischem* = trojanischem.
726 *Laß ... nicht ... hinter dir:* Das nur einmal und verhältnismäßig spät überlieferte »desere« wurde gewählt, da es sprachlich keine Schwierigkeiten macht und gut ins Bild paßt. Möglicherweise aber hat W. Stroh, ›Acta conventus omnium gentium Ovidianis studiis fovendis‹, Bucurestiis 1976, 565 recht, wenn er hinter dem mehrfach und gut bezeugten »desine« eine sonst nicht belegte umgangssprachliche Wendung vermutet, die den Wendungen »puellam posse« (z. B. Horaz, Epoden 12, 15) und »puellam continuare« (Ovid ›Amores‹ III 7, 24) entsprechen würde, also »eine Frau (ergänze: zu beschlafen) aufhören«.

733–746 Epilog an die Männer und Überleitung zum dritten Buch.
734 *Myrtengewinde:* der Schmuck der Venus (vgl. zu III 53) als Schmuck für den Lehrer der Liebeskunst.
735 *Danaër* = Griechen.
Podalirius: Arzt in Homers ›Ilias‹.
736 *Aeacus' Sproß:* Achilles, vgl. zu I 17.
737 *Telamons Sohn:* der große Aiax.
738 *Automedon:* Vgl. zu I 5.
741 *Waffen:* Nachdem Hector dem Patroclus die Waffen des Achilles abgenommen hat, schmiedet Vulcanus diesem neue (Homer, ›Ilias‹ XVIII 468 ff.).
743 *Amazone:* Die Amazonen, ein sagenhaftes Volk kriegerischer Frauen, dulden in ihrem Staat Männer nur zur Erhaltung der Art.
744 *die Spolien:* die dem besiegten Feind abgenommenen Waffen, die im Tempel geweiht wurden.

DRITTES BUCH

1–100 *Proömium:* Mythologische Beispiele für lasterhafte und tugendhafte Frauen, für betrogene Frauen; Auftrag der Venus an den Dichter: ›Liebeskunst‹ nun auch für die Frauen; Aufforderung an die Frauen, die Jugendzeit für die Liebe zu nutzen.

1 *Amazonenkampf:* Die vor Troja kämpfenden Griechen (= Danaër) mußten auch Krieg mit einem den Trojanern zu Hilfe kommenden Heer von Amazonen (vgl. zu II 743) unter ihrer Königin Penthesilea führen.

3 *Dione:* Venus (eigentlich der Name ihrer Mutter).

4 *der Knabe:* Amor.

11 *der jüngere Sohn des Atreus:* Menelaus, den Helena mit Paris betrügt.

12 *Atreus' älterer Sohn:* Agamemnon, den Helenas Schwester Clytaemnestra mit Aegisthus betrügt.

13 *die Schuld Eriphyles:* Sie überredete, von Polynices, dem Bruder des Königs Eteocles von Theben, mit einem Halsband bestochen, ihren Mann Amphiaraus (= Oecleus' Sohn) zur Teilnahme am Zug der Sieben gegen Theben, bei dem Amphiaraus mit seinem Gespann von der Erde verschluckt wurde.

15 *Penelope:* Vgl. zu I 477.
zwei Lustren: zweimal fünf Jahre.

17 *den Phylaciden:* Protesilaus, Phylacus' Enkel, der nach seinem Tode (vgl. zu II 356) zur letzten Umarmung noch einmal zu seiner Frau Laodamia zurückkehrte, worauf diese ihm in den Tod folgte.

19 *Die aus Pagasae:* Alcestis, die Gattin des Admetus (= Sohn des Pheres), für den sie stirbt, um ihn vom Tode zu retten; vgl. Euripides, ›Alcestis‹.

21 *Capaneus:* einer der Sieben gegen Theben, dem Euadne, Iphis' Tochter, bei seiner Bestattung auf den Scheiterhaufen folgt.

23 *die Mannheit:* Im Deutschen kaum nachzuahmendes Wortspiel mit der Tatsache, daß »Virtus« (»Tugend, Mannhaftigkeit, Mannheit«), zur Gottheit personifiziert, dem Genus des Wortes entsprechend weibliches Geschlecht hat.

29 *Fackeln ... Bogen:* Amors Waffen.

33 *die vom Phasis:* Medea, vgl. zu I 335 u. II 103 (Jason ist in der Übersetzung aus metrischen Gründen griechisch zu lesen: »I-ason«).

35 *Theseus ... Ariadne:* Vgl. zu I 528.

38 *Phyllis:* Als Demophoon (vgl. zu II 353) Phyllis mit dem Versprechen, an einem bestimmten Tag zur Hochzeit zurückzukehren, verlassen hat, läuft sie ihm neunmal vergeblich an den Strand entgegen und erhängt sich dann, worauf die trauernden Bäume ihre Blätter über ihr Grab streuen.

40 *Elissa:* Dido, die vom »pius« Aeneas verlassen wird und sich in das Schwert stürzt, das er ihr geschenkt hat, vgl. Vergil, ›Aeneis‹, Buch IV.
43 *Cytherea:* Venus, vgl. zu II 15.
47 *zwei kleine Bücher:* ›Liebeskunst‹ I und II.
49 *die Ehefrau aus Therapnae:* Helena, die der griechische Lyriker Stesichoros (ca. 640–555) in einem seiner Gedichte geschmäht haben soll, weshalb Helenas Brüder, die Dioskuren, ihm das Augenlicht raubten. Nur durch eine Palinodie (poetischer Widerruf) wurde er wieder sehend.
53 *Myrtenkranz:* Die Myrte war der Venus heilig.
58 *Gesetz ... Recht:* die Ehegesetze des Augustus, vgl. zu I 31, II 387, 599 u. S. 200f.
83 *Luna:* Erstes von drei Beispielen für Göttinnen, die bereitwillig Liebesfreuden schenkten: die Mondgöttin liebt Endymion, der aus der Gegend des Berges Latmus im kleinasiatischen Karien stammt.
84 *die Göttin, die rot glänzt:* die Morgenröte Aurora, die den Cephalus entführt und zu ihrem Geliebten macht. Man beachte das Spiel mit »rot« (die Wiedergabe von »roseus« durch das traditionelle Beiwort »rosenfingrig« würde hier nicht passen) und »schämt sich nicht«.
85 *Adonis:* Vgl. zu I 75.
86 *Harmonia:* Tochter der Venus von Mars.
Aeneas: Sohn der Venus von Anchises.

101–250 Schönheitspflege.

101–132 *Lob der Zivilisation.* Zu diesem für die Gesamtdeutung der ›Liebeskunst‹ wichtigen Abschnitt vgl. S. 210.
101 *Pflege:* Die Doppelbedeutung von »cultus« (Schönheitspflege, Zivilisation, Kultur) läßt sich in der Übersetzung nicht nachahmen.
106 *Idalie:* Venus, nach ihrem Heiligtum in Idalium auf Cypern.
110 *ihr Mann:* Hector.
111 *Frau des Aiax:* Tecmessa.
113 *jetzt ist Rom golden:* Wieder spielt der Dichter auf den Weltzeitaltermythos an (vgl. zu II 277), indem er das eigene Zeitalter als golden bezeichnet, und diesmal nicht ironisch, sondern in einem ernst zu nehmenden Bekenntnis zur römischen Kultur der augusteischen Epoche. Freilich schließt sich der schon II 277ff. geäußerte Tadel des mit dieser Kultur verbundenen Luxus unmittelbar an.
117 *die Kurie:* Versammlungsraum des römischen Senats.
118 *Tatius:* Mitregent des Romulus, des sagenhaften ersten Königs Roms.
119 *Palatium:* der palatinische Berg in Rom, auf dem sich ein prachtvoller Apollotempel (vgl. zu I 73 u. III 389) und die Wohnung des Augustus (und seiner Nachfolger, vgl. unser Wort »Palast«) befand.

133–168 Haartracht.
147 *mit cyllenischem Schildpatt:* Im Gebirge Cyllene im Nordosten Arkadiens soll Merkur geboren und erzogen worden sein und die erste Leier aus einer Schildkröte hergestellt haben.
150 *Hyblas:* Vgl. zu II 517.
156 *beim Alciden:* Hercules, Enkel des Alceus. Nach der Eroberung der Stadt Oechalia führte er Iole als Sklavin und Geliebte mit sich.
158 *Cnosserin:* Ariadne, vgl. I 527ff.
162 *Boreas:* der Nordwind.
168 *vor Hercules' Augen und vor dem Musenchor:* In der Nähe des Circus Flaminius und der dort befindlichen Läden hatten Hercules und die Musen einen Tempel.

169–192 Kleidung.
170 *tyrischer Schnecken:* Die phönizische Stadt Tyrus war für ihre Purpurfärberei berühmt.
175 *diese Farbe gleicht dir:* der Wolke, im Mythos die personifizierte Nephele (griech. = Wolke), die ihre Kinder Phrixus und Helle den Nachstellungen ihrer bösen Stiefmutter Ino entzieht.
177 *sie heißt auch nach ihnen:* Es dürfte das »cumatile« gemeint sein (von griech. *kŷma* »Woge«), ein wasserblauer Stoff.
180 *die taufrische Göttin:* die Morgenröte Aurora.
181 *Myrten von Paphos:* In dieser Stadt auf Cypern befand sich ein Heiligtum der Venus, der die Myrte heilig war (vgl. zu II 734 u. III 53).
183 *Amaryllis:* Vgl. zu II 267.
189 *Briseïs:* Vgl. zu II 403.
191 *Cepheus' Tochter:* Andromeda, vgl. zu I 53 u. II 643.
192 *Seriphos:* eine der Cycladen. Dorthin begibt sich Perseus mit Andromeda nach deren Befreiung, um auch seine Mutter Danaë, die sich in der Gewalt des Polydectes befindet, zu befreien.

193–250 Körperpflege; Diskretion bei der Schönheitspflege.
193 *den trotzigen Bock:* Achselschweißgeruch.
196 *Caïcus:* Fluß im kleinasiatischen Mysien.
204 *Cydnus:* Fluß im kleinasiatischen Cilicien.
205 *ein Büchlein:* Ovids Lehrgedicht über die weibliche Gesichtspflege (›Medicamina faciei femineae‹); es ist nur fragmentarisch überliefert.
219 *Myron:* Bronzegießer des 5. Jahrhunderts v. Chr., bekannt durch seinen ›Diskuswerfer‹.
238 *geflochten:* Mit v. Albrecht (Übersetzung z. St.) lese ich »nexas« statt »lapsas«.
244 *Bona Dea:* Scherzhaft gemeint, aber hier war sie vor Männeraugen sicher, denn zum Kult dieser Göttin waren nur Frauen zugelassen.
248 *jungen Partherfraun:* Der eigentliche Witz der Stelle ist verkannt, wenn die Erklärer (zuletzt v. Albrecht, Übersetzung z. St.) schreiben,

die Parther seien hier nur »als sprichwörtliche Feinde der Römer erwähnt«. Die erste Assoziation ist doch wohl das »verkehrt herum«, das den Dichter an die bekannte Kampftaktik der Parther erinnert (vgl. zu I 209 und zu dem mit unserer Stelle verwandten Vers III 786). Damit verliert, was zunächst nach Völkerhaß klingt, seine Spitze, ja, übertriebenes Feinddenken wird m.E. sogar verspottet.

251–280 Verbergen körperlicher Mängel.
251 *Leda, Semele:* Geliebte des Jupiter.
252 *Sidonierin:* die Phönizierin Europa, der Jupiter sich in Gestalt eines Stiers näherte.
254 *troischer Räuber:* Paris.
270 *dem pharischen Fisch:* Welcher ägyptische Fisch (nach der Insel Pharos vor Alexandria) gemeint ist und was er bewirkt, konnte bislang nicht geklärt werden.

281–296 Richtiges Lachen, Weinen, Sprechen.
284 *Oben am Rand ...:* wörtlich: »den oberen Rand der Zähne soll der unterste Teil der Lippe bedecken« – im deutschen Pentameter ist das so leider nicht wiederzugeben.

297–310 Gang und äußere Erscheinung.
303 *eines Umbrers:* Volksstamm in Mittelitalien, der seit Anfang des 3. Jahrhunderts v.Chr. von Rom abhängig war.

311–328 Singen und Musizieren.
311 *die Sirenen:* Kurze Wiedergabe des bekannten Abenteuers des Odysseus (Homer, ›Odyssee‹ XII 158ff.).
313 *Sisyphus' Sohn:* Odysseus soll vor der Hochzeit seiner Mutter Anticlea mit Laërtes von dem listigen Sisyphus (einer der berühmten Hadesbüßer) gezeugt worden sein.
316 *knüpfte ... das Band:* wörtlich: »war Kupplerin« (»lena«).
319 *Plectrum:* Stäbchen, mit dem die Cithara geschlagen wurde.
321 *des Thrakers:* im lat. Text »des rhodopeïschen«, nach Rhodope, einem Gebirge in Thrakien.
322 *den Drillingshund:* Cerberus, der Höllenhund mit drei Köpfen. Orpheus stieg in den Tartarus (= Unterwelt), um seine verstorbene Frau Eurydice auf die Erde zurückzuholen.
323 *Rächer der Mutter:* Amphion, der zusammen mit seinem Bruder Zethus seine Mutter Antiope an der Dirce rächt, der Antiope niedrige Sklavendienste leisten mußte. Durch Amphions Leierspiel werden die Steine dazu bewegt, von selbst die Mauern Thebens zu erbauen.
326 *der Fisch:* ein Delphin, der Arion rettete: Der Sänger hatte sich von räuberischen Matrosen, bevor sie ihn über Bord warfen, die Erlaubnis zum Vortrag eines Abschiedsliedes erbeten und so den Delphin angelockt.

329–348 Literarische Bildung.
329 *Callimachus:* der berühmteste hellenistische Dichter (ca. 300–240 v. Chr.).
des koischen Dichters: Philetas von Kos, hellenistischer Dichter (geb. ca. 320 v. Chr.), von dessen Werk fast nichts erhalten ist.
330 *der teïsche Greis:* Anakreon, frühgriechischer Lyriker (6. Jh. v. Chr.).
331 *Sappho:* frühgriechische Lyrikerin, um 600 v. Chr.
332 *Ihn, bei dem Geta ...:* Terenz (2. Jh. v. Chr.) oder eher (vgl. Ovid ›Amores‹ I 15, 18) sein griechisches Vorbild Menander (342–291 v. Chr.), in dessen Typenkomödien öfters ein listiger Sklave im Dienste eines verliebten jungen Mannes dessen geizigem Vater Geld aus der Tasche lockt.
333 *Properz ... Gallus ... Tibull:* Ovids Vorgänger in der römischen Liebeselegie, vgl. S. 201 ff.
335 *besungen von Varro, das Vlies:* Das verlorene Argonautenepos des Varro von Atax (geb. 82 v. Chr.) dürfte in irgendeiner Form die Vorgeschichte enthalten haben: die Flucht der Geschwister Phrixus und Helle (vgl. zu Vers 175) auf dem Widder mit dem Goldenen Vlies nach Kolchis, bei der Helle in dem dann nach ihr benannten Hellespont ertrank.
338 *das berühmteste Werk*: die ›Aeneis‹ Vergils (70–19 v. Chr.).
340 *des Lethestroms.* Fluß in der Unterwelt; wer aus ihm trinkt, vergißt alles.
345 *›Briefe‹:* Ovids ›Heroides‹, eine Sammlung von Briefen mythischer Frauen (Penelope an Odysseus usw.) im elegischen Versmaß.

349–352 Tanzen.
350 *die Arme:* Vgl. zu II 305.

353–380 Würfel-, Brett- und Ballspiele.
357 *Söldnerkampf:* Vgl. zu II 207.

381–432 Häufiges Auftreten in der Öffentlichkeit.
385 *das Marsfeld:* Vgl. zu I 513.
die eiskalte Virgo: eine Wasserleitung in Rom.
386 *der tuskische Fluß:* der Tiber, der in Tuskien (Toscana) entspringt.
387 *Pompeius ... Halle:* Vgl. zu I 67.
388 *unterm Jungfraungestirn:* Ende August.
389 *das Palatium:* Den Apollotempel auf dem palatinischen Berg (vgl. zu I 73 u. III 119) hatte Augustus zum Dank für seinen Seesieg über Antonius und die ägyptischen Schiffe der Cleopatra (im lat. Text »paraetonische« Schiffe, nach der ägyptischen Stadt Paraetonium) im Jahre 31 v. Chr. bei Actium geweiht.
391 *den Prachtmonumenten:* den Säulenhallen der Octavia, der Schwester des Augustus, der Livia, seiner Frau (vgl. zu I 69 u. 72), und

seines Schwiegersohnes Agrippa. Dieser wurde für seinen Seesieg über Sextus Pompeius bei Naulochus 36 v. Chr. mit der »corona navalis«, einer Krone mit Schiffsschnäbeln als Zacken, geehrt (wörtlich: »dem die Seeschlachtehrung das Haupt umkränzt«).

393 *memphitischen Kuh:* Isis, vgl. zu I 77.

394 *Drei Theatern:* des Pompeius, Marcellus und Balbus.

396 *Wendepunkt:* beim Wagenrennen, vgl. zu I 39.

399 *Thamyras:* mythischer Sänger aus Thrakien.

Amoebeus: attischer Citharaspieler (3. Jh. v. Chr.).

401 *Apelles:* berühmter griechischer Maler (4. Jh. v. Chr.), dessen bekanntestes Gemälde, die ›Venus Anadyomene‹ (= auftauchende Venus), auf das hier scherzhaft angespielt wird, im Aesculaptempel auf der Insel Kos (daher der »koische Maler«) stand.

406 *der Chor:* Anspielung auf die frühgriechische Gattung der Chorlyrik (berühmtester Vertreter: Pindar, ca. 520–445 v. Chr.).

409 *Ennius:* römischer Dichter aus Rudiae in Calabrien (239–169 v. Chr.), der im Familiengrab der Scipionen bestattet worden sein soll.

415 *Danaë:* Sie wurde von ihrem Vater Acrisius in einem Turm gefangengehalten, da diesem der Tod von der Hand seines Enkels geweissagt worden war.

429 *in Fesseln Andromeda:* An einen Felsen gefesselt, erwartete sie das Meerungeheuer, vgl. zu I 53.

433–466 Warnung vor betrügerischen Männern.

444 *Schuhlasche:* Wenn ihre feste Verschnürung im Schuh hier Kennzeichen eines gutgekleideten Verführers ist, dann ist I 515 zweifellos »lingula ne rigeat« – »die Schuhlasche soll nicht hervorstehen« – zu lesen.

452 *appischen Nymphen:* Zur appischen Wasserleitung und den Nymphenstatuen beim Venustempel vgl. zu I 82.

457 *Cecropiden* = Athenerinnen (als Nachkommen des Stadtgründers Cecrops), die scherzhaft vor dem von Naxos, wo er Ariadne sitzenließ (vgl. zu I 528), nach Athen zurückgekehrten Theseus gewarnt werden.

459 *Demophoon:* Sohn des Theseus, vgl. zu Vers 38.

463 *Vesta:* eine der ältesten Gottheiten Roms, deren heiliges Feuer in ihrem Tempel nicht ausgehen durfte.

464 *Inachus' Tochter:* Isis bzw. Io, vgl. zu I 77.

469–498 Liebesbriefe.

469 *Tannenholztafeln:* Vgl. zu I 437.

483 *des Haarbands:* Vgl. zu I 31.

499–524 Warnung vor Zorn, Hochmut und freudlosem Wesen.

504 *Gorgos Blick:* Er versteinert, vgl. zu II 309.

506 *Pallas:* Die Göttin erfand die Flöte, warf sie aber weg, weil das Blasen des Instruments ihr Gesicht entstellte.

515 *der Knabe:* Amor.

525–576 Jedem Liebhaber das Seine, besonders dem Dichter; der junge und der alte Liebhaber.

527 *die Führung:* wörtlich: »Lenkung mit dem Stab« (»vite«), den der Centurio, der Befehlshaber einer Hundertschaft, führte.

536 *Nemesis ... Cynthia ... Lycoris ... Corinna:* die *puellae* der Elegiendichter Tibull, Properz, Gallus, Ovid.

547 *aonischen* = boeotischen, denn in Boeotien liegt der Musenberg Helicon. Die Musen heißen im lat. Text »Pierides«, nach Pieros, ihrem Vater bzw. dem Stifter ihres Kultes in Thespiae.

565 *Soldat ... Rekrut:* Vgl. zu I 36.

577–610 Gespielte Zurückhaltung, Eifersucht und Gefahr als Anreiz zur Liebe.

604 *Thaïs*: Diesen Namen trugen mehrere berühmte griechische Hetären im Zeitalter des Hellenismus.

611–666 Täuschung des Wächters; Warnung vor falschen Freundinnen und Dienerinnen.

614 *Kaiser, Gesetze:* die Ehegesetze des Augustus, vgl. S. 200f.

615 *der Stab:* Mit der »vindicta« wurde der Sklave in einem offiziellen Akt zum Zeichen seiner Freilassung berührt.

618 *Argus:* Hundertäugiger Wächter der in eine Kuh verwandelten Io, vgl. zu I 77.

631 *Acrisius:* Vater der Danaë, die, obwohl sie von ihm in einem Turm gefangengehalten wurde (vgl. zu Vers 415), von Jupiter geschwängert wurde; er kam zu ihr in Gestalt eines goldenen Regens.

635 *die pharische Kuh:* die mit der griechischen Io gleichgesetzte ägyptische (= pharische, vgl. zu Vers 270) Göttin Isis, vgl. zu I 77. *Sistrum:* eine Klapper, die beim Isiskult ertönte.

637 *Bona Dea:* Vgl. zu Vers 244.

643 *der Zweitschlüssel:* im Deutschen kaum nachzuahmendes Wortspiel mit dem lat. Wort für Nachschlüssel: »clavis adultera« = »nachgemachter, unechter, aber auch ehebrecherischer Schlüssel«.

645 *Wein:* im lat. Text »Lyaeus«, ein Beiname des Bacchus (»Sorgenlöser«).

646 *auf den spanischen Höhn:* Spanischer Wein hatte kein sehr hohes Ansehen, ist aber für den Wächter der Geliebten noch gut genug.

648 *lethaeische Nacht:* vom Unterweltsfluß Lethe, dessen Wasser, wenn man es trinkt, Vergessenheit bewirkt.

659 *Klage erhob ich:* I 739–754.

667–746 Rat zu vorgetäuschter Liebe; Warnung vor zu großem Argwohn.

672 *den lemnischen Fraun:* Die Frauen von Lemnos bringen ihre Männer um, nachdem diese sich von ihnen, die von Venus wegen Ver-

nachlässigung ihres Kultes mit üblem Körpergeruch bestraft worden waren, abgewandt und sich Sklavinnen aus Thrakien zum Beischlaf geholt haben.

687–746: Mythologische Einlage: *Cephalus und Procris:* Vgl. die Bearbeitung desselben Stoffes durch Ovid, ›Metamorphosen‹ VII 694ff. und dazu F. W. Lenz, Maia 14, 1962, 177–186.

687 *Hymettus:* attisches Gebirge, vgl. zu II 423.

698 *Brise:* Die Wiedergabe von lat. aura (»Luft«) durch »Brise« (vgl. schon Vers 693) versucht, die Verwechslung des Wortes mit einem Mädchennamen im Deutschen nachvollziehbar zu machen – »Aura« hat bei uns eine völlig andere Konnotation.

710 *wie die Bacchantin:* Vgl. zu I 312.

Thyrsus: Vgl. zu I 190.

725 *des Cylleniers:* des Merkur, der im nordarkadischen Gebirge Cyllene geboren wurde.

747–768 Richtiges Verhalten beim Gelage.

752 *schafft dir am schnellsten Kontakt:* wörtlich: »ist die größte Kupplerin« (lena).

755 *ausdrucksvoll essen*: Mit W. Stroh, ›Acta conventus omnium gentium Ovidianis studiis fovendis‹, Bucurestiis 1976, 565f. halte ich »quidam«, die Lesart der Handschriften, für richtig. »Die Haltung beim Essen hat ihre Bedeutung, Tischmanieren sind wichtig« – so versteht man, seit Heinsius »quiddam« konjiziert hat, aber dabei handelt es sich im Grunde um eine banale Feststellung. Strohs Auffassung der Stelle leuchtet mehr ein: »Nicht nur in anderen Bereichen – und ganz besonders bei der Redekunst – dient die richtige Gestik der Wirkung auf das Publikum, sondern es gibt auch beim Essen eine bestimmte Art der ausdrucksvollen Handbewegung.«

759 *Priamus' Sohn:* Paris.

762 *Venus' Sohn:* Amor.

765 *Wein:* im lat. Text »Lyaeus«, vgl. zu Vers 645.

769–808 Stellungen beim Liebesspiel.

769 *Dione:* Venus (eigentlich der Name ihrer Mutter).

775 *Milanion:* ein besonders gelungener Witz: Sonst trägt der schwer um sein Mädchen dienende Liebhaber der Atalante Netze und anderes Jagdgerät (vgl. II 185ff.), jetzt beim Koitus Atalantes Beine auf den Schultern.

778 *seine thebanische Frau:* Andromache, aus Theben im kleinasiatischen Mysien.

783 *Phyllos:* Stadt in Thessalien. Anspielung auf eine uns unbekannte Sage, oder es sind ganz allgemein die thessalischen Frauen gemeint, die im Altertum als Hexen galten und beim Zaubern ihr Haar auflösten (vgl. Lenz, Übersetzung z.St.).

785 *Lucina:* die Geburtsgöttin.

786 *Parther:* Zu ihrer Kampftaktik vgl. zu I 209 u. III 248.
789 *der Dreifuß des Phoebus ... Ammon:* die Orakel des Apollo in Delphi und des Jupiter im libyschen Ammon.

809–812 Epilog an die Frauen.
809 *Schwanengespann:* Schwäne sind der Venus und dem Apollo, den für dieses Werk zuständigen Göttern der Liebe und der Dichtung, heilig.
811 *Beute:* Vgl. zu II 744.

LITERATURHINWEISE

Forschungsbericht

J. Barsby, Ovid, Oxford 1978 (Greece & Rome. New Surveys in the Classics 12), 19–24.

Texte, Kommentare, Übersetzungen

E. J. Kenney, P. Ovidi Nasonis Amores Medicamina faciei femineae Ars amatoria Remedia amoris, Oxonii 1965.

P. Ovidi Nasonis de arte amatoria libri tres, erklärt v. P. Brandt, Leipzig 1902 = Hildesheim 1963.

A. S. Hollis, Ovid, Ars amatoria Book I, ed. with an introduction and commentary, Oxford 1977.

P. Ovidius Naso, Liebeskunst. Lateinisch-deutsch. Nach der Übersetzung W. Hertzbergs bearb. v. F. Burger (1923), München [14]1980 (Tusculum-Bücherei).

F. W. Lenz, Ovid, Die Liebeskunst. Lateinisch und deutsch, Berlin 1969 (Schriften und Quellen der Alten Welt).

M. v. Albrecht, Ovid, Die Liebeskunst. Übertragung, Nachwort, Zeittafel, Anmerkungen und bibliographische Hinweise, München 1979 (Goldmanns Klassiker 7576).

Untersuchungen

M. v. Albrecht, ›Epische‹ und ›elegische‹ Erzählung. Ovids zwei Daedalus-Fassungen. Dichtung in psychologischer und universaler Dimension, in: M. v. A., Römische Poesie. Texte und Interpretationen, Heidelberg 1977, 63–79.

S. Döpp, Virgilischer Einfluß im Werk Ovids, Diss. München 1968, 95–103.

B. Effe, Dichtung und Lehre. Untersuchungen zur Typologie des antiken Lehrgedichts, München 1977 (Zetemata 69), 238–248.

H. Fränkel, Ovid. A Poet between two Worlds, Berkeley-Los Angeles 1945, 53–72 = Ovid. Ein Dichter zwischen zwei Welten, Darmstadt 1970, 57–79.

J. Hoffmann, Poeta und Puella. Zur Grundkonstellation der römischen Liebeselegie, Diss. Erlangen-Nürnberg 1976.

A. S. Hollis, The Ars amatoria and Remedia amoris, in: J. W. Binns (Hrsg.), Ovid, London-Boston 1973, 84–115.
N. Holzberg, Ovids erotische Lehrgedichte und die römische Liebeselegie, Wiener Studien N. F. 15, 1981, 185–204.
E. J. Kenney, Nequitiae Poeta, in: N. I. Herescu (Hrsg.), Ovidiana, Paris 1958, 201–209.
U. Kettemann, Interpretationen zu Satz und Vers in Ovids erotischem Lehrgedicht. Intention und Rezeption von Form und Inhalt, Frankfurt-Bern 1979 (Studien zur klassischen Philologie 1).
W. Kraus, Ovidius Naso, in: M. v. Albrecht/E. Zinn (Hrsg.), Ovid, Darmstadt 1968 (Wege der Forschung 92), 67–166.
E. Küppers, Ovids Ars amatoria und Remedia amoris als Lehrdichtungen, in: Aufstieg und Niedergang der römischen Welt II 31.4, 1981, 2507–2551.
M. Labate, L'arte di farsi amare. Modelli culturali e progetto didascalico nell'elegia ovidiana, Pisa 1984.
E. W. Leach, Georgic Imagery in the Ars amatoria, Transactions and Proceedings of the American Philological Association 95, 1964, 142–154.
S. Merkle, Amores 3, 2 und Ars amatoria I, 135–162 – ein Selbstplagiat Ovids?, Živa Antika 33, 1983, 135–145.
M. Myerowitz, Ovid's Games of Love, Detroit 1985.
E. Pöhlmann, Charakteristika des römischen Lehrgedichts, in: H. Temporini (Hrsg.), Aufstieg und Niedergang der römischen Welt I 3, Berlin-New York 1973, 813–901.
N. Rudd, Ovid and the Augustan Myth, in: N. R., Lines of Enquiry. Studies in Latin Poetry, Cambridge 1976, 1–31.
W. Stroh, Ovids Liebeskunst und die Ehegesetze des Augustus, Gymnasium 86, 1979, 323–352.
Ders., Rhetorik und Erotik. Eine Studie zu Ovids liebesdidaktischen Gedichten, Würzburger Jahrbücher für die Altertumswissenschaft N. F. 5, 1979, 117–132.
J. C. Thibault, The Mystery of Ovid's Exile, Berkeley-Los Angeles 1964.
M. Weber, Die mythologischen Erzählungen in Ovids Liebeskunst, Frankfurt-Bern 1983 (Studien zur klassischen Philologie 6).
L. P. Wilkinson, Ovid recalled, Cambridge 1955, 118–143.
E. Zinn (Hrsg.), Ovids Ars amatoria und Remedia amoris. Untersuchungen zum Aufbau, Stuttgart 1970 (Der altsprachliche Unterricht. Beiheft 2 zu Reihe XIII).

Ovids ›Ars amatoria‹ am Gymnasium

O. Petersen/H. Weiß, Ovids Ars amatoria im Unterricht einer 10. Klasse, Der altsprachliche Unterricht 25, 1982, Heft 4, 23–30.

G. Fink, Ovid als Psychologe – Interpretatorische Schwerpunkte bei der Lektüre der ars amatoria, Der altsprachliche Unterricht 26, 1983, Heft 4, 4–11.

INHALT

ANHANG

Bibliothek der Antike

Herausgegeben von Manfred Fuhrmann

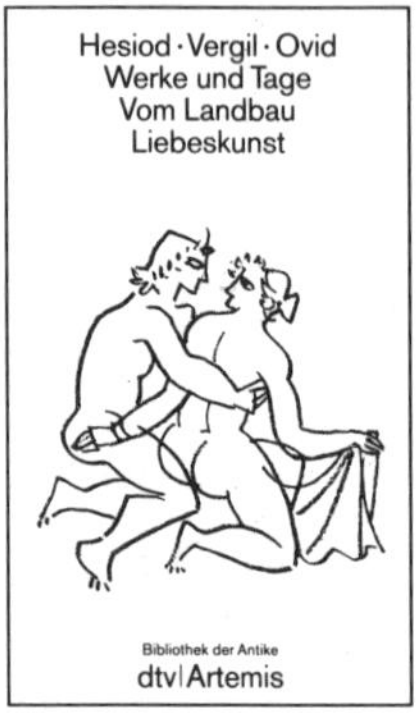

Die erste umfassende Taschenbuch-Ausgabe der antiken Literatur, Geschichtsschreibung und Philosophie in fünf Kassetten mit insgesamt 33 Bänden. Jede Kassette enthält den Grundbestand der wichtigsten, epochemachenden Werke einer Gattung. Alle Bände sind auch einzeln erhältlich. Einführungen, Erläuterungen und Register bieten jeweils in knapper Form den aktuellen Kenntnisstand der Wissenschaft.
Die ersten drei Kassetten:

Epos der Antike
Kassette mit 5 Bänden
dtv 59011

Homer: Ilias
dtv 2241

Homer: Odyssee und Homerische Hymnen
dtv 2242

Vergil: Aeneis
dtv 2243

Ovid: Metamorphosen
dtv 2244

Hesiod/Vergil/Ovid: Werke und Tage
Vom Landbau
Liebeskunst
dtv 2245

Erzählkunst der Antike
Kassette 5 Bänden
dtv 59012

Longos/
Achilleus Tatios:
Daphnis und Chloe
Leukippe und Kleitophon
dtv 2246

Heliodor: Die Abenteuer der schönen Chariklea
dtv 2247

Lukian:
Der Lügenfreund und andere Erzählungen
dtv 2248

Petron: Satyrikon
dtv 2249

Apuleius:
Der goldene Esel
dtv 2250

Drama der Antike
Kassette mit 5 Bänden
dtv 59013

Aischylos: Tragödien
dtv 2251

Sophokles: Tragödien
dtv 2252

Euripides: Tragödien
dtv 2253

Aristophanes:
Komödien
dtv 2254

Plautus/Terenz:
Die römische Komödie
dtv 2255